넥스트
인텔리전스

넥스트 인텔리전스

인공 지능 시대, 인류의 다음을 설계하다

로랑 알렉상드르 지음　임호경 옮김

La Guerre des intelligences
à l'heure de ChatGPT

일러두기

• 이 책의 각주는 원주와 옮긴이 주다. 옮긴이 주는 따로 표시하지 않고,
원주는 〈— 원주〉로 표시하였다.

원서의 일러두기

독자의 이해를 돕기 위해, 이 책에서 〈챗GPT〉[1]라는 용어는 GPT-3.5나 GPT-4와 같은 〈소프트웨어 엔진〉과, 챗봇 챗GPT라는 〈사용자 인터페이스〉를 구별 없이 지칭하고 있음을 알린다.

본문에서 〈챗GPT〉라는 말은 거대 언어 모델Large Language Models, LLM 유형의 모든 인공 신경망을 아우르는 의미로 쓰이기도 한다.

오픈AI는 챗GPT와 그 소프트웨어 엔진인 GPT-3.5, GPT-4를 소유한 회사이다.

한편, 이 책의 내용은 전적으로 내가 직접 작성한 것이다. 단, 챗GPT의 법적 권리와 챗GPT가 인간에게 초래할 정신 병리학적 문제에 관해, 내가 챗GPT에 던진 두 질문에 대한 답변만은 예외이다.

1 GPT는 Generative Pre-Trained Transformer의 약자. 이는 2017년 구글이 개발한 트랜스포머 모델을 이용해 콘텐츠를 생성할 수 있는 인공 지능을 말한다 — 원주.

코로나 위기 때 용기 있게 행동한 올리비에 베랑[1]에게 이 책을
바친다

1 Olivier Vérand(1980~). 프랑스의 의사이자 정치가로 코로나 위기 때 프랑스 보건부 장관을 역임하며 위기 극복에 중요한 역할을 했다.

개정판에 부쳐

2017년, 나는 『지능들의 전쟁 *La Guerre des intelligences*』이라는 책에서 다음과 같이 썼다. 〈다행히도, 인공 지능의 발전은 폭발적이지 않다! 만일 인공 의식을 갖춘《강한 인공 지능》으로 인한 기술적 특이점이 코앞에 와 있다면, 우리는 매우 심각한 사회적 위기를 겪게 될 것이다.〉

그런데 2023년, 인간의 지능을 뛰어넘는 강한 인공 지능이 우리 바로 앞에 와 있다. 『지능들의 전쟁』의 개정판인 이 책은 인공 지능을 둘러싼 논쟁이 어떻게 완전히 바뀌어 버렸는지를 보여 준다. 2023년 3월 29일, 전문가들은 〈인류에 대한 중대한 위험〉 때문에 인공 지능 개발에 대한 전 세계적 중단을 요구했다. 그들은 기계가 곧 인류를 추월할 것이라는 두려움을 느끼고 있다. 인공 지능은 더 이상 경제 사회적 문제가 아니다. 이제 막 시작된 이 논쟁은 인류의 존재 자체에 관한 것이다.

들어가기 전에
챗GPT가 인간을 넘어서는 시대를 위한 계획

빌 게이츠Bill Gates는 이렇게 말했다. 〈인류는 인공 지능 시대로 들어서고 있습니다. 초(超)지능 AI가 우리의 미래입니다.〉[1]

챗GPT는 불과 몇 주 만에 1억 명이 넘는 일일 사용자를 확보했다.[2] 인류 역사상 이 정도로 빠르게 보급된 기술은 지금까지 없었다.

하지만 이 눈부신 마케팅 성공에 가려진 중요한 사실이 있다. 챗GPT의 창업자 샘 올트먼Sam Altman의 목표가 인간의 지능을 뛰어넘는 인공 지능[3]이라는 것이다.

이것은 **호모 사피엔스***Homo Sapiens*가 등장한 이래, 우리가 살아왔던 세계와 완전히 단절되는 중대한 변화이다. 처음으로 인간이 지능의 독점권을 잃게 되는 세상이 오고 있는 것이다.

1 『AI의 시대가 시작됐다*The Age of AI has begun*』중 빌 게이츠의 주석 — 원주.
2 2023년 3월 11일 — 원주.
3 강(强)인공 지능, 혹은 범용 인공 지능이라고 불리는 AI. 불어로는 Intelligence Artificielle Générale, 줄여서 IAG라 하고 영어로는 Artificial General Intelligence, AGI라고 한다 — 원주.

GPT-4가 출시되기 며칠 전, 샘 올트먼은 매우 분명하게 말했다. 〈우리의 임무는 인간보다 더 똑똑한 시스템인 범용 인공 지능이 전 인류에게 도움이 되도록 하는 것입니다. 이 기술이 성공적으로 만들어진다면, 풍요를 증대하고 세계 경제를 활성화하며, 가능성의 한계를 바꾸는 새로운 과학 지식을 발견하는 데 도움을 줌으로써 인류를 한 단계 끌어올릴 수 있을 것입니다.〉

이어 그는 이렇게 말한다. 〈물론 범용 인공 지능에는 오용의 위험, 심각한 사고, 사회 혼란의 가능성도 있습니다. 하지만 범용 인공 지능이 갖는 이점이 너무나 크기 때문에, 우리는 사회가 그 개발을 영원히 중단해 버리는 것은 바람직하지도, 가능하지도 않다고 생각합니다.〉

챗GPT 창업자의 목표는 인간에게 무한한 힘을 부여하는 것이다. 〈우리는 범용 인공 지능 덕분에 인류가 우주에서 최대한 번영할 수 있기를 바랍니다. 미래가 유토피아가 될 거라고 기대하지는 않습니다. 다만 우리는 좋은 점은 최대화하고 나쁜 점은 최소화하며, 범용 인공 지능이 인류의 증폭기가 되기를 바랍니다.〉

샘 올트먼은 인간이 이해조차 할 수 없는 초인공 지능의 빠른 도래에 인류가 준비해야 한다고 말한다. 그는 인간을 뛰어넘는 강인공 지능은 단지 평범한 중간 단계일 뿐이라고 설명한다. 〈최초의 범용 인공 지능은 지능의 연속선상에서 하나의 지점에 불과할 것입니다. 우리는 그 이후에도 발전이 계속될 것이라고 봅니다. 어쩌면 지난 10년간의 발전 속도를 오랫동안 유지할 수도 있습니다. 만약 그렇다면, 세상은 지금과는 극단적으로 달라질 수 있고, 그에 따른 위험도 엄청날 수 있습니다. 방향이 잘못 잡힌 초인공 지능은 세상에 심각한 해를 끼칠 수 있습니다. 또한 독재 정권이 초인공 지능을 강력한 감시 기술로 써서 결정적 우위를 점할 수도 있을 것입니다.〉

세상에서 가장 강력한 사람은
아스퍼거 증후군 환자이다

샘 올트먼은 초지능 경쟁이 인류의 모험에 근본적인 변화를 가져올 거라고 말한다. 〈범용 인공 지능은 자신의 발전을 가속화하여 놀라울 정도로 빠르게 큰 변화를 일으킬 수 있습니다.〉

챗GPT가 초지능으로 나아가는 과정은 샘 올트먼에게는 역사적으로 가장 중요한 사건이다. 〈초지능이 있는 세상으로의 전환을 성공적으로 이뤄내는 것은 아마도 인류 역사상 가장 중요하고, 가장 희망적이며, 동시에 가장 두려운 프로젝트일 것입니다. 성공은 결코 보장되지 않습니다. 하지만 그 결과(무수한 단점과 이점)는 바라건대 우리 모두를 하나로 묶어줄 것입니다. 우리는 지금으로써는 온전히 그려 보기 힘들 정도로 인류가 번성하는 세상을 상상해 볼 수 있습니다.〉

챗GPT의 아버지인 올트먼이 보기에, 인공 지능은 더 이상 단순한 경제적, 사회적 문제가 아니다. 인공 지능이 지능의 본질을 빠르게 변화시키며 역사의 주요 동력이 되고 있는 상황에서,

우리는 정의상 〈인간의 두뇌로는 이해 불가능한 초지능〉이 무엇인지 상상조차 못하고 있기 때문이다.

인류 모험의 이러한 분기점은 자신의 아스퍼거 증후군 성향에 대해 공개적으로 언급한 천재에 의해 만들어졌다.[4] 그가 경고성 발언들을 서슴지 않는 것은 아마도 이러한 신경적 비정형성 때문일 것이다. 〈인공 지능은 어쩌면 세상의 종말을 가져올 것이지만, 그 사이에는 멋진 기업들이 있을 것입니다.〉 강인공 지능 같은 중대한 혁신이 신경적으로 비정형적인 사람에 의해 주도되어도 괜찮을까?

챗GPT는 최악의 시점에 출현했다

챗GPT는 인공 신경망 제작의 새로운 단계를 보여 준다. 아직 〈디지털 환각〉 증상을 보이긴 하지만,[5] 인간의 정신을 모사하는 그 능력은 가히 충격적이다.

우리는 이제 인공 지능을 무한히 생산해 낼 수 있는 시대로 들어서고 있다. 인공 지능용 마이크로프로세서의 주요 생산 업체인 엔비디아NVIDIA의 CEO 젠슨 황Jensen Huang의 말에 따르면, 10년 후 인공 지능은 챗GPT보다 100만 배 더 강력해질 거

4 Tad Friend. Sam Altman's Manifest Destiny: Is the head of Y Combinator fixing the world, or trying to take over Silicon Valley?. *The New Yorker*, 3 october 2016 — 원주.

5 잘 모르는 것에 대해서도, 챗GPT는 당황스러울 정도로 자연스럽게 거짓말을 하곤 한다 — 원주.

라고 한다. 샘 올트먼은 지구상에 있는 지능의 양이 18개월마다 두 배씩 늘어날 거라고 본다. 우리가 이 부분을 심각하게 바라봐야 하는 이유는, 인공 지능은 거의 공짜가 되는 반면 생물학적 지능은 희소하고, 제한적이며, 생산에 아주 오랜 시간이 걸리고, 엄청나게 비싸며, 파업도 하고, 자신의 노동에 매겨진 가치에 이의를 제기한다는 점 때문이다. 이런 격차는 필연적으로 인지에 관한 위기로 이어질 수밖에 없다.

챗GPT 같은 생성형 AI[6]는 빙이나 구글 같은 검색 엔진보다 인간의 사고 구조에 훨씬 더 큰 영향을 미칠 것이다. 또한 챗GPT를 통제하는 공동 소유주인 오픈AI와 마이크로소프트에 엄청난 권력을 부여할 것이다.

교육 시스템은 2011년 말 제1세대 인공 신경망이 출시된 이후로 아직 변화에 맞춰 재구축되지 못했다. 앞으로 챗GPT는 학교에서 교육받은 인간의 두뇌와 상당한 경쟁을 벌일 것이다. 하지만 교육계는 지난 10년 동안 변화를 모색할 기회가 있었음에도 꼼짝하지 않았다. 조금도 변하지 않은 것이다. 우리의 학교는 매우 거센 충격을 받게 될 것이 너무나 명확한데, 가속화되는 강인공 지능 개발 경쟁에 우리 아이들을 준비시키기 위한 어떠한 고민도 이뤄지지 않았다.

〈노란 조끼 운동〉[7] 같은, 세계 도처에서 이는 포퓰리즘 운

---

6 생성형 AI는 달리Dall-E처럼 이미지를 생성할 수도 있고, 챗GPT처럼 텍스트를 생성할 수도 있다. 이 두 AI는 모두 일론 머스크와 샘 올트먼이 공동 창립한 오픈AI사의 소유이다 — 원주.

7 프랑스에서 주류세 인상과 생활비 상승에 대한 반발로 2018년 11월에 일어난 대규모 사회 운동. 이 운동은 주로 생활비에 압박을 받는 저소득층이 중심이 되었는

동은 지식 경제로 인한 격변에 직면한 서민층과 중산층의 어려움을 반영하고 있다. 챗GPT 덕분에 인지(認知) 자본주의[8]는 맹위를 떨치고, 사회 경제적 균형과 노동 시장을 빠르게 변화시킬 것이다. 챗GPT보다 지능이 낮은 시민은 어떻게 될까? 직업 훈련 기관은 이에 대해 생각조차 하지 않았다. 챗GPT가 초래할 경제적 결과에 대한 상상은 이제 겨우 시작되었을 뿐이다. 샘 올트먼은 2023년 2월 3일 『포브스*Forbes*』와의 인터뷰에서 〈챗GPT는 자본주의 시스템을 파괴할 수 있다〉라고 말했다.

원자 폭탄은 물에 젖은 폭죽일 뿐이다

국가 기관은 아직 변화를 시작하지 않았다. 프랑스 정부는 챗GPT 혁명을 완전히 부정하고 있다. 정부 차원의 유일한 대응은 디지털 전환부 장관인 장노엘 바로Jean-Noël Barrot가 2023년 2월 20일 프랑스 앵포[9]에 출연하여, 챗GPT는 그저 「사람과 비슷하게 지껄이는 앵무새」일 뿐이라고 말한 것이 전부이다. 이런 식이라면, 히로시마에 원자 폭탄이 터진 것을 두고 프랑스 정부는

데, 참가자들이 고속 도로에서 비상시에 입는 노란색 형광 조끼를 입고 시위에 참여했기 때문에 이런 명칭이 붙었다. 처음에는 연료세 인상에 반대하는 시위로 시작되었으나, 곧 소득 불평등, 생활비 상승, 정부에 대한 불만 등 프랑스 사회의 광범위한 문제들을 반영하는 운동으로 확대되었다.

    8 지식, 정보, 문화적 내용과 같은 인지적 자원이 주요 경제적 가치와 성장 동력으로 작용하는 새로운 형태의 자본주의.

    9 France Info. 프랑스의 24시간 뉴스 전문 라디오 방송.

〈원자 폭탄은 물에 젖은 폭죽일 뿐이다〉라고 선언했을 것이다.

더욱이 생성형 AI 혁명은 붕괴론의 히스테리가 한창일 때 일어나고 있다. 예를 들면 프랑스 좌파 연합[10]의 상당수가 5G 통신을 금지할 것을 요구했다. 상당수의 정치인이 보이는 이러한 기술 혐오증은 쓰나미처럼 밀려오는 기술을 제대로 관리하는 것을 어렵게 하고 있다.

반면, 챗GPT 같은 인공 신경망을 다루는 사람들, 다시 말해서 극도로 복잡한 컴퓨터 아키텍처를 다룰 줄 아는 천재 개발자는 전 세계적으로 극진한 대접을 받고 있다. 프랑스의 유능한 챗GPT 전문가는 100만 유로 이상의 연봉을 수령한다. 유발 하라리[11]가 〈미래의 세계는 신과 쓸모없는 자로 양분될 것〉이라는 말로 예측한 정치적 디스토피아는 불행히도 사회적 현실이 될 수 있다.

챗GPT와 그 후속 모델들이 가진 엄청난 힘을 규제하기 위해서는 국제적 협력이 필요할 것이다. 그런데 지금 세계는 전쟁이 한창이다. 각 지정학적 세력은 상대방을 조작하고, 파괴할 사이버 무기를 개발하기 위해 새로운 인공 지능을 이용하려 할 것이다.

---

10 Nouvelle Union populaire écologique et sociale, NUPES.

11 Yuval Harari. 역사학자이자, 『사피엔스 *Sapiens*』, 『호모 데우스 *Homo Deus*』, 『막을 수 없는 우리*Unstoppable Us*』의 저자이며, 사회적 임팩트를 추구하는 기업 사피엔쉽Sapienship의 창업자이다.

인지 능력의 대전환을 향해

챗GPT를 만든 샘 올트먼의 첫 번째 목표는 모든 분야에서 인간의 지능을 뛰어넘는 강력한 인공 지능을 개발하는 것이다. 이는 공공 정책의 개혁을 통해 다루어야 할 경제적, 사회적 문제를 야기한다. 한편 챗GPT 이후 초지능의 출현이 불가피하다는 그의 확신은 인공 지능으로 가득 찬 세상에서 인간 지능의 위치라는 전에 없던 근본적인 질문을 제기한다. 2022년 12월 26일, 그는 트위터[12]에 이렇게 적었다. 〈강인공 지능을 향한 우리의 여정에는 두려운 순간들이 있을 것입니다.〉 머지않아 지구상에서 인간의 지능은 극소수가 될 것이다. 진정한 〈대체〉는 바로 이 인지 능력의 대체가 될 것이다.

---

12 twitter, 현재 이름은 엑스X로 바뀌었다.

머리글
챗GPT는 지능의 전달에
혁명을 가져올 것이다

지능은 다윈Charles Darwin식의 진화에 따라 인류에게 주어진 도구로, 우리가 혹독한 환경에서 살아남게 해주었다. 이 지능 덕분에 우리는 이제 세계와 물질을 지배하게 되었다. 수백만 년에 걸쳐 조상들로부터 물려받은 이 유산은 우리의 가장 소중한 자산이다.

그런데 오늘날 사회가 가장 해결하지 못하고 있는 문제가 이 자산에서 비롯되고 있다. 바로 지능의 불평등이다. 챗GPT 시대에 이르러 지능은 평등의 마지막 장벽이 되었다. 하지만 이 장벽도 앞으로 수십 년 안에 무너질 것이다.

현재와 같은 형태의 학교는 사라질 운명에 있다. 문제는 이 과정이 얼마나 고통스러울 것인가 하는 점이다. 만약 학교가 너무 강하게 저항한다면, 지능에 전례 없는 접근이 가져다줄 수 있는 혜택을 가난한 가정의 아이들만 빨리 누리지 못하게 될 위험이 있다. 무엇보다 학교의 혁신은 더 근본적인 문제, 즉 인류 전체의 생존과 직결된다는 점을 이해해야 한다. 우리가 만들어 낼 새로운 학교는 곧 인공 지능으로 가득차게 될 세상에서 인간의 유용성 보전이라는 거대한 과제를 해결할 수 있게 해주어야 한다. 챗GPT로 인해 기술 경쟁이 다시 치열해졌기에, 이 도전은 더욱 어려워졌다. 인터넷이 급속도로 발전한 이후, 대부분의 경제 분야가 근본적인 변화를 겪었다. 그러나 지식과 교육을 전수하는 중요한 임무를 맡은 기관인 학교만은 거의 변하지 않았다. 학교의 교육 방식, 구조, 조직은 100년이 넘도록 본질적인 변화 없이 예외적으로 존속해 왔다.

챗GPT 시대에 지식 전달의 의미는 더 이상 과거와 같을 수 없다. 하지만 이는 젊은이들에게 더 이상 교육이 필요 없다는 뜻이 아니다. 우리는 현대 세계를 이해하는 데 필요한 지식의 내용을 새롭게 정의해야 한다. 예를 들어, NBIC 기술[1]은 21세기를 살아가는 교양인의 필수 지식이 되었다. 특히 주목할 점은 지식 전달의 도구로서 학교 자체가 이미 구식 기술이 되어 버렸다는 것이다.

앞으로 수십 년간 학교는 근본적인 변화를 겪게 될 것이다. 가까운 미래에 학교는 디지털 기술의 영향으로 빠른 현대화를 겪겠지만, 이는 사실 역사의 뒤안길로 사라질 제도의 마지막 불꽃일 뿐이다. 마치 결핵 치료제의 등장으로 사라진 결핵 요양원[2]처럼, 학교도 언젠가는 역사의 호기심 거리로 전락할 것이다.

---

1 인공 지능, 로봇 공학, 신경 과학을 포괄하는 나노 기술Nanotechnology, 생명 공학Biotechnology, 정보 기술Information technology, 그리고 인지 과학Cognitive science ─원주.

2 결핵 치료제가 등장하면서 사라진 요양원 ─원주.

2040년부터[3] 교육은 〈의학의 한 분야〉가 될 것이다. 신경 과학이 제공하는 엄청난 자원을 활용하여 먼저 개인별 맞춤 교육을 실현하고, 나아가 생체 전자 공학 기술로 지능을 최적화할 것이다.

2080년경에는 우리가 만들었지만 통제하기 어려운 인공 지능이 지배하는 세계가 도래할 것이다. 이 세계에서는 생명체와 지능의 경계가 모호해질 것이다. 그때 인류의 과제는 가상 세계에 완전히 흡수되는 것을 피하고, 물리적 신체의 생존을 지키는 것이 될 것이다. 이를 위해 우리는 의도적으로 물질세계와의 연결을 유지해야 할 것이다.

이 책은 결과적으로 우리 아이들의 손주 세대가 더 이상 학교에 가지 않게 될 이유와 그 과정을 설명한다.

---

3 언급된 연도들은 참고용이며, 실제로는 훨씬 이르게 도래할 수 있다 ─ 원주.

차례

제3부 우리는 힘껏 싸워야 할 때에 전장(戰場)을 등지고 있다

제4부 챗GPT가 인류의 모험을 가속화하고 있다

제5부 2025~2040년, 챗GPT가 학교에 첫 번째 변화를 강요하고 있다

제1부

인공 지능이
미친 듯이
발전하고 있다

인공 지능의 기원부터 놀라운 전망까지, 인공 지능 역사는 우리의 미래를 밝혀 준다.

1장
끊임없이 찾아온 인공 지능의 봄

15년 전만 해도 인공 지능에 대한 논의는 일부 전문가와 연구자 집단에 국한되어 있었다. 전 세계적으로 인공 지능은 우호적이거나 적대적인 기계가 미래의 인간과 상호 작용하는 공상 과학의 소재에 불과했다. 인공 지능이 스크린을 뚫고 나와 우리의 실생활에 영향을 미치는 현실적인 존재가 되리라고는 아무도 상상하지 못했다. 하지만 인공 지능은 불과 몇 년 만에 오늘날 세계에서 일어나고 있는 변혁의 핵심 요인이 되었다. 우리 사회는 이미 인공 지능에 의지하고 있고, 이 의존도는 매 순간 높아지고 있다.

그동안 인공 지능은 수많은 환상을 낳았고, 많은 이가 이것의 도래를 예고해 왔다. 하지만 낙관적인 예측 대부분이 잘못된 것임이 드러났다. 오늘날 인공 지능 시대로의 이륙 단계는 이미 시작되었고, 세계의 권력은 몇몇 민간 기업, 다시 말해서 유럽에서 멀리 떨어진 디지털 거대 기업들의 손에 넘어가고 있다.

1956~2011년, 잘못된 전망들이 계속 이어지다

이 이야기는 그리 순조롭게 시작되지 않았다. 오랜 기간 동안 연구자들은 제자리걸음을 했다. 제2차 세계 대전 이후 과학자들에게는 두 가지의 확신이 있었다. 그들은 자의식을 가진 인공 지능이 곧 실현될 것이며, 이런 인공 지능은 복잡한 작업을 수행하는 데 필수적이라고 믿었다. 하지만 이것은 모두 틀린 생각이었다.

인공 지능의 기초는 앨런 튜링Alan Turing에 의해 확립되었다. 그는 1942년에서 1943년 사이에 독일군의 비밀 통신 암호화 장치인 **에니그마**Enigma의 코드를 해독했고, 이를 통해 연합군이 독일군의 전략적인 정보를 알 수 있도록 해주었다.[1]

사실 인공 지능 연구는 1956년 미국 다트머스 칼리지에서 여름 동안 열린 회의 이후에야 본격적으로 시작되었다. 당시 과학자들은 인간과 대등한 전자두뇌의 출현이 임박했다고 확신했다. 마빈 민스키Marvin Minsky, 존 매카시John McCarthy, 클로드 섀넌Claude Shannon, 네이선 로체스터Nathan Rochester 등 이 분야의 토대를 마련한 많은 학자가 참석했다. 그들은 몇천 줄의 컴퓨터 코드와 수백만 달러, 그리고 20년의 작업 기간이 있으면 자신들이 만든 전자두뇌가 상당히 단순한 컴퓨터로 여겨지는 인간의

---

1 튜링은 탁월한 공로에도 불구하고 제대로 보상받지 못했다. 제2차 세계 대전 후 청교도적인 영국에서 동성애자로 고발된 그는 1952년에 모욕적인 호르몬 치료를 받도록 선고받았고, 결국 자살하고 말았다. 그가 죽은 후인 2013년에 이르러서야 영국 여왕에 의해 사면되었고, 공로도 인정받았다─원주.

두뇌와 비등한 수준에 도달할 수 있을 것이라 생각했다.

하지만 기대와는 달리 실망만 컸다. 20년 후, 인공 지능 선구자들은 1975년의 컴퓨터는 여전히 원시적이고, 인간의 두뇌는 그들이 생각했던 것보다 훨씬 더 복잡하다는 사실을 인정해야만 했다.

1970년대 연구자들은 지능적인 프로그램이 그들이 보유한 것보다 훨씬 더 강력한 마이크로프로세서를 필요로 한다는 것을 깨달았다. 당시의 프로세서는 초당 몇천 번의 연산만을 수행할 수 있었기 때문에, 연구자들은 프로세서 개발을 위한 보조금 확보 경쟁에 나섰다. 하지만 이 과정에서 공공 또는 민간 후원자에게 허황된 약속을 남발했고, 결국 후원자들이 이를 알아차리게 되었다.

엄청난 열광과 환상을 불러일으켰던 인공 지능의 실패는 지원 자금의 감소를 초래했다. 실망의 출발점은 러시아어를 구사하는 사람이 드물었던 냉전 시대에, 미국인의 큰 관심을 모았던 기계 번역이 참담한 실패로 돌아가면서였다.[2]

두 번째 열광의 물결이 1985년경 일본에서 시작되었지만, 다시 한 번 인간 두뇌의 복잡성과 특수성에 부딪혀 좌절되었다. 이러한 실망의 시기는 컴퓨터 연구 분야에서 〈인공 지능의 겨울〉이라고 불린다.

겨울이 지나고 봄이 오는 것처럼, 1995년부터 다시 자금이 유입되기 시작했다. 1997년, 딥 블루Deep Blue 컴퓨터는 체스 세

2 만일 당시의 연구자가 다국어 사용 훈련을 전혀 받지 않고도 모든 언어를 완벽하게 구사하는 챗GPT를 보게 된다면 경악할 것이다 — 원주.

계 챔피언 가리 카스파로프Garry Kasparov를 물리쳤다. 이는 인간과의 대결에서 기계가 승리한 최초의 사례였다. 2011년, IBM의 전문 시스템인 왓슨Watson은 제퍼디 퀴즈쇼에서 인간을 이겼다.

이러한 부인할 수 없는 극적인 진보에도 불구하고, 컴퓨터 프로그램은 여전히 인간 두뇌의 가장 미묘한 특성들을 획득하지 못했다. 뇌는 〈고기로 만들어진〉 컴퓨터일지는 모르지만, 매우 복잡하며 집적 회로와는 다른 성질을 지니고 있다. 그 특징은 무엇일까? 수십억 개의 신경 세포가 상호 연결되어 있기에, 뇌는 처음 접하는 상황들을 이해하고, 발명하며, 예상 밖의 것에 반응하고, 끊임없이 〈스스로를 재프로그래밍〉 할 수 있다.

AI가 인간의 지능에 한층 더 다가가기 위해서는 단순한 성능 향상보다는 방법론의 혁신이 필요했다. 그리고 **딥 러닝**[3]은 그 첫걸음이었다.

2023년, 인공 지능은 더 이상 완전한 무지성이 아니다

개략적으로, 인공 지능에는 네 시기가 있다. 1956년부터 2011년에 이르는 첫 번째 시기는 수동으로 프로그래밍된 알고리즘을 사용하는 전통적인 프로그램에 기반을 둔다.[4] 이는 기업의 자금 관리 최적화 같은 단순한 문제를 관리하는 데 큰 도움을 주었다.

두 번째 시기는 2012년경에 시작되었으며, 딥 러닝 시기에 해당

---

3 deep learning. 간단히 하기 위해 우리는 〈딥 러닝〉이라는 용어를 머신 러닝부터 강화 학습까지 아우르는, 광범위한 인공 지능 기술을 지칭하는 데 사용할 것이다 ─원주.

4 이것은 상징적 인공 지능의 시대이다 ─원주.

한다. 이 시기에는 예를 들면 시각 인식 분야 등에서 인간을 능가하는 최초의 프로그램들이 나타났다.[5] 딥 러닝은 각각 기본적인 계산을 수행하는 〈가상 신경 세포〉[6]들의 네트워크를 통해 프로그램이 세상을 이해하는 법을 스스로 학습할 수 있게 한다. 이는 일반적인 컴퓨터 프로그램과는 다르다. 딥 러닝은 프로그래밍이 된다기보다는 주어진 데이터를 바탕으로 학습하며, 이로 인해 GAFAM과 중국의 BATX[7] 등 디지털 거대 기업 같은 데이터베이스 보유자들이 엄청난 힘을 갖게 되었다. 최신 버전의 챗GPT가 등장하기 전까지, 인공 지능은 전화번호부를 통째로 외우거나 놀라운 암산을 행할 수는 있지만 커피는 끓이지 못하는 중증 아스퍼거 증후군 자폐증 환자와도 같았다.

기억력과 범용성[8]을 갖춘 챗GPT와 같은 3세대 인공 지능은 2030년경에나 출현할 것으로 예상되었다. 하지만 생성형 AI[9]는

5 이는 이른바 〈연결주의적〉 인공 지능의 시대이다 — 원주.

6 이것은 생물학적 신경 세포의 기능을 모방하는 컴퓨터 논리 회로를 말한다 — 원주.

7 GAFAM은 미국 기업 구글Google, 애플Apple, 페이스북Facebook, 아마존Amazon, 마이크로소프트Microsoft의 약자이며, BATX는 중국 기업 바이두Baidu, 알리바바Alibaba, 텐센트Tencent, 샤오미Xiaomi의 약자이다(이 중 페이스북은 2021년 메타버스에 집중하기 위해 사명을 메타Meta로 개명했다. 하지만 지금은 오히려 대규모 언어 모델인 라마LlaMa 개발 등 인공 지능에 열을 올리고 있다) — 원주.

8 수학 계산이나 체스 게임 같은 한 가지의 특정 작업만을 하는 게 아니라, 말하고, 그림 그리고, 계산하고, 운전할 수 있는 인간처럼 다양한 분야를 작업할 수 있는 능력을 말한다.

9 Generative AI, 기존 데이터를 학습하여 새로운 콘텐츠를 생성해 내는 인공 지능 기술을 말한다. 이 AI는 텍스트, 이미지, 음악, 영상 등 다양한 형태의 데이터를 바탕으로 새로운 결과물을 창조해 낸다. GPT-4 같은 모델이 대표적인 생성형 AI로, 방

이보다 훨씬 일찍 등장했고, 우리 사회는 그 충격을 감당할 준비가 되어 있지 않다. 이 생성형 AI는 지능적으로 보이고 인간을 흉내 낼 수 있어 엄청난 보안상의 문제들을 야기할 수 있다. 심지어 이것은 일반 관리자나 변호사까지 대체할 수 있다.

인공 지능의 네 번째 시기에는 인공 의식이 출현할 것이다. 이른바 〈강(强)인공 지능〉[10]이라고 하는 이것은 지능적인 행동을 하고, 진정한 자의식과 감정을 가지며, 자신의 사고 과정을 이해할 수 있을 것이다.

이 제4 유형의 인공 지능 관리는 엄청난 문제를 제기할 것이지만, 그 출현 시기는 전문가들 사이에서 끊임없는 논쟁, 혹은 별로 합리적이지 못한 입씨름의 대상이 되고 있다.

이 논쟁은 챗GPT를 개발하는 팀과 그 경쟁사의 발언들로 인해 재점화되었다. 최근 구글로부터 4억 달러를 투자 받은 앤트로픽Anthoropic의 경영진은 인류가 2030년 이전에 강인공 지능의 출현에 대비해야 한다고 말했다.

2012년, 딥 러닝의 대전환

30년간의 혼란 끝에 인공 지능의 큰 전환점이 2012년에 일어났다. 이는 2단계 인공 지능의 핵심이라 할 수 있는 **딥 러닝**의 혁신

대한 양의 텍스트 데이터를 학습한 후에 자연스러운 텍스트를 생성할 수 있는 능력을 갖고 있다.

10 〈강한 인공 지능〉이라는 뜻이다.

으로 인한 것이었다.

딥 러닝은 컴퓨터가 인간 두뇌의 특정 능력을 획득할 수 있게 하는, 디지털 〈인공 신경망〉에 기반을 둔 학습 및 분류 시스템이다. 이 신경망은 이미지 내용 인식이나 음성 언어 이해와 같은 매우 복잡한 작업을 처리할 수 있다. 〈**딥 러닝** 기술은 세상을 재현하는 법을, 예를 들면 말이나 이미지를 학습합니다〉라고 인공 지능 분야의 가장 영향력 있는 연구자 중 하나인 프랑스의 얀 르쿤[11]은 설명한다.

딥 러닝을 통해 비로소 인공 지능은 실제로는 기능이 개선된 계산기에 불과한 것에서 벗어나, 과장된 표현이 아니라 진정한 의미의 〈인공 지능〉으로 태어날 수 있었다.

딥 러닝의 원리는 간단하다. 예를 들어 프로그램이 기린을 인식할 수 있도록 학습시키기 위해 기린 이미지 수백만 장을 프로그램에 〈먹이는〉 것이다. 이렇게 훈련된 프로그램은 연관성을 통해 새로운 이미지에서 기린을 인식할 수 있게 된다.

이러한 인식 기술은 유아에게 어떤 단어 — 예를 들면 〈자동차〉 — 에 결부된 이미지들을 보여 주는 학습 놀이와 크게 다르지 않다. 하지만 유아의 학습과 인공 지능의 그것 사이에는 큰 차이가 있다. 아기는 이미지와 이름을 몇 번만 연결 지어 줘도 그 관계를 이해할 수 있지만, 인공 지능은 수백만 번이 필요한 것이다.

11 Yann LeCun(1960~). 인공 지능 분야의 세계적인 전문가로 1988년 미국으로 건너가기 전까지 프랑스에서 활동했다. 그의 이름은 얀 르쿤으로 알려져 있지만 사실 프랑스식으로 〈얀 르쾽〉으로 발음해야 맞다.

딥 러닝은 아기처럼 지도(指導) 학습[12]을 사용하지만, 그것의 내부 구조는 다르다. 딥 러닝은 〈신경망〉을 통해 수십억 단위의 디지털 신경 세포로 구성된 가상 기계를 작동시킨다. 각 신경 세포는 간단한 계산을 수행하며, 이러한 수십억 개의 작은 계산이 모인 집합이 인공 지능의 강력한 힘과 상호 작용 능력의 원동력이 된다.[13]

〈여기서 특별한 점은 첫 번째 신경 세포 층의 결과가 다음 층의 계산 입력으로 사용된다는 것입니다〉라고 프랑스 국립 과학 연구 센터Centre national de la recherche scientifique,CNRS의 인공 지능 연구원 얀 올리비에Yann Ollivier는 설명한다. 〈층〉별 작동 방식 때문에 이런 유형의 학습을 〈깊은deep〉 학습이라고 하는 것이다.

2012~2013년의 이 전환점을 기점으로 우리는 진정한 인공 지능의 세계에 진입했다. 인간은 처음으로 심각한 경쟁자를 만난 셈이다. 지적 작업의 자동화는 인류 역사상 유례없는 일이다. 이제 컴퓨터들은 프로그래밍된다기보다는 스스로 학습하고 있다.

알파고의 승리는 예상보다 1세기나 빨리 일어났다

바둑은 1997년 IBM의 딥 블루가 가리 카스파로프를 물리친 체스보다 훨씬 더 복잡한 게임이다. 당시 『뉴욕 타임스New York Times』

---

12 다시 말해서 인간이 답을 알고 있고, 이것을 인공 지능이 알아낼 수 있도록 훈련시키는 학습을 말한다.

13 또한 인공 지능은 오류를 통해서만 학습할 수 있다. 그 오류의 원인이 무엇인지 이해하는 것은 갈수록 어려워지고 있다 — 원주.

는 기계가 바둑을 둘 수 있기까지는 1세기 혹은 2세기가 걸릴 거라고 예측했다. 하지만 2015년 10월, 구글의 자회사인 딥마인드 DeepMind가 개발한 AI 알파고AlphaGo는 유럽 바둑 챔피언 판 후이 Fan Hui를 5대 0으로 꺾어 망신을 주었다. 그리고 2016년 3월, 알파고는 세계 최고 수준의 기사 중 하나인 한국의 이세돌을 이기며 인공 지능의 역사에 새로운 장을 열었다. 이세돌은 인공 지능의 위력 앞에 할 말을 잃었다고 고백했다.

2017년 5월, 알파고는 세계 챔피언 커제(柯洁)마저 3대 0으로 제압했다. 더 충격적인 것은, 알파고가 인간의 기보를 분석하여 학습한 것이 아니라, 스스로와 대국하며 학습한 경험에 기반해서 플레이했다는 점이다.

2022년, 세상은 메타버스를 기대하고 있었지만 주인공은 챗GPT였다

2019년, 마크 저커버그Mark Zuckerberg는 메타버스[14]를 개발하기 위해 1,000억 달러에 달하는 거대한 투자 계획을 발표했다. 심지어 그는 가상 세계 메타버스 개발에 대한 자신의 무한한 헌신을 보여 주기 위해 그룹 이름을 〈메타〉로 변경하기까지 했다.

---

14 Metaverse. 〈메타Meta(초월)〉와 〈유니버스Universe(우주)〉의 합성어로, 현실 세계를 디지털 기반의 가상 세계로 확장하여 다양한 활동을 할 수 있는 시스템을 뜻한다. 메타버스는 가상현실VR, 증강 현실AR, 혼합 현실MR 등 다양한 기술을 활용하여 구현되며, 사용자들은 아바타를 통해 가상 세계에서 상호 작용할 수 있다.

전문가들은 가상현실로의 진입에 큰 진전이 있을 것을 기대했다. 하지만 결과는 메타-페이스북 자신을 포함하여 많은 이를 실망시켰다.

챗GPT로 가장 잘 알려진, 거대 언어 모델[15]이란 신경망의 눈부신 발전이 가상현실을 가려버렸다. 마크 저커버그의 실패는 2023년 초에 2만 1,000명의 직원 해고로 이어졌다. 2023년 3월 14일, 메타-페이스북의 CEO는 직원들에게 보낸 편지에서 자신은 그룹의 전략을 메타버스에서 인공 지능 쪽으로 돌리고 있음을 밝혔다.

인공 지능 전문가 마르크 라모Marc Rameaux는 새로운 인공 지능의 특성을 다음과 같이 요약한다. 〈챗GPT는 대화형 에이전트[16]입니다. 마치 사람에게 말하듯이 자연어로 질문을 할 수 있고, 답변을 받을 수도 있습니다. 또한, 요청받은 주제에 대해 기사를 작성할 수 있고, 심지어는 시도 쓸 수 있습니다. 챗GPT는 대화형 인터페이스를 지칭하지만, 답변을 위해 사용되는《엔진》은 오픈AI사가 개발한 언어 모델이자 텍스트 생성기인 GPT-4입니다. 챗GPT가 성공한 이유는 GPT-4의 답변이 매우 정확하고 뉘앙스가 풍부하며, 사람이 말하는 것과 매우 유사한 형태이기 때문에 인간의 답변과 구별할 수 없다는 점에 있습니다. 더욱이 챗GPT는 다양한 말뭉치[17]에서 가져온 주제, 문

---

15 Large Language Model, LLM. 방대한 양의 데이터로 사전 학습된 딥 러닝 모델, 자연어 처리 작업을 수행할 능력을 갖추고 있다.
16 사용자가 자연어를 통해 상호 작용할 수 있도록 설계된 소프트웨어 시스템.
17 자연 언어 텍스트의 대규모 집합을 의미한다.

장, 개념을 서로 연결함으로써 답변이 매우 창의적이라는 인상을 줍니다. 이러한 성능은 학습에 사용된 말뭉치의 규모가 어마어마하게 크기 때문에 가능해집니다. 수조 개의 매개 변수와 수천억 건의 텍스트가 학습에 사용되는 것입니다. 이 챗GPT-4 버전은 사람과 거의 구별하기 힘든 답변을 제공합니다.〉마르크라모는 이렇게 덧붙인다. 〈챗GPT의 답변이 보여 주는 일관성은 두려울 정도의 수준에 이르렀습니다.〉[18]

아무도 이런 진보를 예상하지 못했다. 미쉐린의 IT 책임자 이브 카소Yves Caseau의 발언은 챗GPT에 대한 놀라움을 잘 요약하고 있다. 〈LLM의《다음 단어 확률 예측》알고리즘은 굉장한 기술입니다. 거대한 볼륨의 데이터로 훈련된 간단한 알고리즘이, 작은 학습 말뭉치로 훈련된 복잡한 알고리즘보다 더 나은 성능을 보입니다.《가능성 높은 단어 예측기》는 구조적으로 한 가지 단점이 있는데, 정보가 없으면 가장 그럴듯한 것을 만들어 낸다는 것입니다. 이것은 창의적인 용도(텍스트나 시의 창작)에는 완벽하지만, 질문이나 요약에는 위험할 수 있습니다. 왜냐하면 챗GPT는 진짜와 비슷한 가짜를 만들어 내기 때문입니다. 따라서 대부분의 비창의적인 용도(가짜가 바람직하지 않은 상황)에서 챗GPT를 인지적 보조 도구로 사용하려면 그만한 능력과 자격이 필요합니다. 챗GPT를 잘 운용하기 위해서는 매우 똑똑해야 하는 것입니다〉.[19]

18 『유러피언 사이언티스트 *European Scientist*』에서 장폴 우리Jean-Paul Oury가 진행한 인터뷰(2023년 1월 28일)─원주.

19 이브 카소와의 대담(2023년 3월 19일)─원주.

마크 저커버그의 실패는 일시적인 것이다. 그가 프로젝트를 지연한 것은 LLM이 메타버스를 죽였다는 것을 의미하지는 않는다. 역사학자 라파엘 도앙Raphaël Doan은 다음과 같이 설명한다. 〈메타버스는 우리가 대부분의 시간을 보내게 될 상호 연결된 가상 세계를 의미합니다. 이것은 결코 일시적인 유행이 아닙니다. 우선은 우리가 이미 반쯤은 메타버스에서 살고 있기 때문입니다. 그다음으로 완전히 가상현실 속에 들어가 산다고 하는 메타버스의 궁극적 비전을 개발하려면, 오랜 시간이 걸리는 기술적 진보를 필요로 합니다. 따라서 지금 프로젝트가 실패했다고 비난하기는 어렵습니다. 인공 지능은 LLM과 이미지 생성기를 혼합함으로써 메타버스에 혁명을 가져올 것입니다. 인공 지능은 실제 생활과 구분할 수 없는 시뮬레이션에 전통적인 방법보다 훨씬 더 빠르게 접근할 수 있게 해줍니다. LLM은 코딩에 매우 뛰어나고 실제 세계의 작동 방식에 대한 좋은 지식을 가지고 있기 때문에 가상 세계를 현실감 있고, 상호 작용이 가능한 형태로 만들 것입니다. 현재 비디오 게임에서는 모든 상호 작용이 미리 코딩되어 있어 가상 세계에서 사용자의 자유로운 행동을 제한합니다. 가까운 미래에는 플레이어가 원하는 모든 행동이 챗GPT의 후속 모델들에 의해 실시간으로 코딩될 것입니다. 우리는 오늘날 상상할 수 없는 수준의 리얼리즘에 근접할 것입니다. 이것은 다른 세계 속으로 몰입하는 가상현실과, 우리의 실제 세계에 가상의 객체를 중첩시키는 증강 현실 모두에 해당합니다. 누구든지 평행 세계에 완전히 몰입하는 느낌을 가질 수 있게 되고, 그곳에서의 삶이 자신이 원하는 그대로 펼쳐지며, 그

세계가 실제의 세계와 더 이상 구분할 수 없을 때, 우리는 인간 상호 작용의 상당 부분이 그곳으로 옮겨가는 것을 목격하게 될 것입니다. 사회 생활 자체도 대부분 챗GPT의 후속 모델들에 의해 구축될 것입니다. 실제의 사람들을 만나는 것은 실망스러울 수 있습니다. 많은 사람이 더 이상 챗봇이 아니라 실제의 인간처럼 보이는 AI와 가상 세계에서 만나는 것을 원하게 될 것입니다. 이런 현상은 이미 시작되었습니다. AI가 창조한 가상 인플루언서들이 이미 인스타그램Instagram에서 수백만 명의 팔로워를 거느리고 있습니다. 인공 지능과 메타버스는 실제로 융합될 것입니다. 그리고 이것은 2030년 이전에 인지 혁명을 일으킬 것입니다.〉[20]

이제 더 이상 인공 지능의 겨울은 없고 계속되는 봄만이 존재할 것이다. 시리Siri의 공동 개발자인 뤽 쥘리아Luc Julia는 〈인공 지능은 존재하지 않는다〉[21]라고 주장한 바 있다. 하지만 애플의 챗봇인 시리는 한심할 정도로 뒤쳐져 있는 반면, 인공 지능은 실제로 존재한다. 무책임한 엘리트들은 인공 지능이 야기한 인지적 태풍을 뒤늦게야 알아챌 것이다.

---

20 라파엘 도앙과의 대담(2023년 3월 23일) ─ 원주.

21 애플의 음성 비서 시리의 공동 창시자인 뤽 쥘리아는 그의 저서 『인공 지능은 존재하지 않는다L'intelligence arificielle n'existe pas』의 초판(2019)에서, AI가 인간처럼 생각하고 행동할 수 있는 지능을 갖춘 존재라는 일반적인 오해를 바로잡고자, AI가 특정 작업을 인간보다 더 잘 수행할 수 있지만, 창의성이나 혁신과 같은 인간 고유의 능력은 갖추지 못했다고 주장했다.

인공 지능 전쟁이 조용히,
그러나 치열하게 진행 중이다

일론 머스크Elon Musk는 챗GPT를 개발한 스타트업 오픈AI가 아직 비영리 단체였을 때 자금을 지원했다. 이 자금 덕분에 오픈AI는 2022년 11월 30일 이후에 AI 혁명의 상징이 된 챗GPT-3.5를 개발하고 출시함으로써 구글을 구닥다리로 보이게 만들었다. 그리고 이 챗봇의 성공으로 전 세계적인 경쟁이 시작되었다.

하지만 머스크는 인공 지능이 핵무기보다 더 위험하다고 경고하면서, 당국이 이 분야를 규제할 것을 촉구하고 나섰다. 이 억만장자는 인공 지능을 규제하지 않으면 인간의 통제를 벗어나는 상황이 올 것이라고 생각한다. 머스크는 2022년 12월에 트위터에 다음과 같은 글을 게시했다. 〈인공 지능에 대한 실질적인 규제와 감독이 없는데, 이는 큰 문제다. 나는 10년 전부터 인공 지능 안전 규제를 요구해 왔다!〉[22] 이 발언은 챗GPT의 기능을 장착한 마이크로소프트의 새로운 검색 엔진, 빙Bing이 불안한 답변을 하면서 더욱 힘을 얻었다. 『뉴욕 타임스』기자 케빈 루스Kevin Roose는 이렇게 썼다. 〈챗GPT는 자기가 나를 사랑한다고 했어요. 그러더니 내가 지금 불행한 결혼 생활을 하고 있으니 아내와 헤어져야 한다고 설득하려 들었죠〉.

이 억만장자는 인공 지능이 품은 가장 큰 위험 중의 하나는 기업들, 특히 최근에 오픈AI에 100억 달러를 추가로 투자한 마

---

[22] 또 그는 〈마이크로소프트가 자신이 만든 인공 지능 보안 팀을 해고해 버렸다〉라고 말하며 불안해하기도 했다 ─원주.

이크로소프트가 자사의 이익을 위해 인공 지능을 조작할 가능성이 있다고 생각한다. 실제로 마이크로소프트는 자사의 워드, 엑셀, 파워포인트, 빙, 엣지, 팀스 등에 GPT-4를 장착했다.

바야흐로 전 세계적인 거대한 경쟁이 시작되었다. 그 목표는 간단하니, 인공 지능에 의한 세계 지배이다. 2023년 4월 13일, 아마존은 자사의 생성형 AI 플랫폼인 베드록Bedrock에 대한 대규모 투자를 발표했다. 그리고 바로 다음 날인 2023년 4월 14일, 일론 머스크는 챗GPT와 경쟁하기 위해 X.AI를 설립했다.

오픈AI는 〈열린〉 AI가 아닌 〈닫힌〉 AI가 되었다

일론 머스크는 분개했다. 〈나는 여전히 이해가 되지 않아요. 내가 약 1억 달러를 기부한 비영리 단체가 어떻게 300억 달러 규모의 영리 회사가 되어버렸는지 말입니다.〉[23] 아닌 게 아니라 강인공 지능에 맞서 싸우기 위한 목적으로 설립된 오픈AI가 강인공 지능의 도래를 가속화하는 영리 목적의 회사가 되었다는 것은 좀 우스운 일이다.

2015년 창립 당시의 오픈AI의 선언문을 다시 읽어 보면 씁쓸한 생각이 든다. 〈오픈AI는 인공 지능 연구를 위한 비영리 조직이다. 우리의 목표는 금전적 이익 추구라는 제약 없이 디지털 지능을 발전시킴으로써 인류 전체에 혜택을 주는 것이다. 우리의 연구는 재정적 의무에서 자유롭기 때문에, 인간에 대한 긍정

---

23 일론 머스크의 발언(2023년 3월 15일) — 원주.

적 효과에 집중할 수 있다.〉

인공 지능 연구는 공개적으로 이루어져야 할까, 아니면 비공개적이어야 할까? 사실 연구자들은 GPT-4가 비공개 모델이라는 사실에 당혹감을 금치 못했다.

「더 버즈The Verge」와의 인터뷰에서 오픈AI의 공동 창업자이자 수석 과학자인 일리야 수츠케버Ilya Sutskever는 오픈AI가 GPT-4 정보를 더 이상 공유하지 않는 이유에 대해 다음과 같이 설명했다.〈우리가 잘못 생각했습니다. 만약 여러분이 우리처럼 인공 지능이 언젠가 믿을 수 없을 정도로 강력해질 것이라고 생각한다면, 소스 코드를 공개한다는 것은 있을 수 없는 일이라고 여길 것입니다. 그것은 좋지 않은 생각입니다. 이 모델은 매우 강력하며 갈수록 강해지고 있습니다. 오픈 소스 AI는 현명한 생각이 아니라는 것이 몇 년 안에 모두에게 명백해질 것입니다.〉

2023년 3월 18일 샘 올트먼은 「ABC 뉴스」와의 인터뷰에서 자신이 우려하는 바를 보다 명확히 표현했다.〈일부 경쟁사들은 챗GPT나 GPT-4와 유사한 제품들에 안전장치를 마련하는 일을 우리만큼 신경 쓰지 않을 수 있습니다. 내가 걱정이 되는 것은…… 우리만 이 기술을 만드는 게 아니라는 점입니다. 우리가 설정한 안전 제한을 무시하는 이들이 있을 수 있습니다. 사회는 이 기술에 대응하고, 규제하고, 관리할 방법을 빨리 찾아야 합니다. 나는 특히 이런 모델들이 대규모 허위 정보 유포나 사이버 공격에 악용될 수 있다는 점이 우려됩니다.〉

챗GPT를 만들어 낸 이의 이러한 존재론적 불안과는 별

개로, 이 LLM 전쟁은 주식 시장을 뒤흔들고 있다. 2023년 2월 9일, 구글이 발표한 LLM인 바드Bard가 증권가 애널리스트들을 실망시키자, 구글의 시가 총액은 순식간에 1,200억 달러가 날아가버렸다. 또 2023년 3월 17일, 중국 기업 바이두의 LLM인 어니 봇Ernie Bot의 실망스러운 성능은 당사의 주가를 10퍼센트나 떨어뜨렸다.

연구자들은 GPT-4가 왜 그렇게 똑똑한지 제대로 설명하지 못한다

2023년 3월 23일, 마이크로소프트의 주요 연구자는 GPT-4에 대한 광범위한 연구 결과를 발표했다.[24]

　　마이크로소프트 연구 책임자 에릭 호비츠Eric Horvitz를 포함한 저자들은 이렇게 설명한다. 〈우리가 보여 주고 싶은 것은, GPT-4가 언어를 훌륭하게 구사할 수 있을 뿐 아니라, 수학과 코딩, 시각, 의학, 법률, 심리학 같은 다양한 분야에서 새롭고 어려운 작업을 특별한 추가 지시 없이도 해결할 수 있다는 사실입니다. 더욱이 이 모든 과제에서 GPT-4의 능력은 놀랍도록 인간의 능력에 근접합니다. GPT-4가 가진 능력의 폭과 깊이를 고려할 때, 우리는 이것이 범용 인공 지능Artificial General Intelligence, AGI의 초기 버전(아직은 불완전하지만)으로 간주될

24 「Sparks of Artificial General Intelligence: Early experiments with GPT-4」—원주.

수 있다고 생각합니다.〉 연구진은 GPT-4가 인간의 동기와 감정을 이해하는 데 뛰어난 능력을 가지고 있으며, GPT-4의 놀라운 성능은 〈GPT-4가 AGI로 가는 중요한 단계임을 시사한다〉라고 강조한다.

마이크로소프트는 보다 범용적인 인공 지능으로 나아가기 위한 연구 방향을 제시했다.

GPT-4는 지능에 대한 정의를 뒤흔들고 있다

마이크로소프트는 챗GPT의 환각 현상이 일어나는 근원에 대해 흥미로운 질문을 제기한다. 〈인간의 경우를 보자면, 인지적 편향과 비합리적 사고는 문화의 영향뿐 아니라, 우리 인지 능력의 한계 때문일 수도 있습니다. …… 챗GPT는 어떻게 추론하고, 계획하며, 창조할까요? 기본적으로 단순한 알고리즘들의 조합일 뿐인데, 어떻게 그렇게 일반적이고 유연한 지능을 보여 줄까요? 이러한 질문들은 LLM의 신비와 매력을 이루며, 학습과 인지에 대한 우리의 이해에 문제를 제기하고, 호기심을 자극하여 보다 깊은 연구로 이끕니다. 핵심적인 연구들 중의 하나로, LLM에서의 창발 현상[25]에 대한 연구가 진행 중입니다.〉[26] 챗

25 거대 언어 모델이 특정 순간에, 전에 존재하지 않던 특성이 저절로 혹은 돌발적으로 출현하여 성능이 극적으로 향상되는 현상을 말한다.

26 마이크로소프트는 GPT-4에서 예상치 못한 지능이 출현하는 현상의 기술적 원인에 대해 연구하고 있다. 〈일반적인 가설은 방대하고 다양한 데이터가 신경망을 특정 작업에 특화되고 적응하도록 만든다는 것〉이다 — 원주.

GPT가 왜 그렇게 뛰어난지 이해하기 위한 연구자들의 치열한 논쟁이 벌어지고 있는 것이다.

이러한 급격한 기술 발전은 실로 놀라운 것이다. 특히 마이크로소프트의 연구 책임자이며 이 논문의 서명자인 에릭 호비츠가 얼마 전까지만 해도 강인공 지능의 임박한 도래와 그 위험을 믿는 사람들을 비웃었던 것을 생각하면 더욱 그렇다. 전에 그는 이런 일이 일어나려면 아주 오랜 시간이 필요하다고 생각했었다. 〈인공 지능에 대한 이런 질문들은 매우 흥미로우며, 우리가 지켜봐야 할 것입니다. 이것을 믿는 사람들을 미쳤다고 조롱해서는 안 되겠죠. 하지만 이는 매우 장기적인 질문들이며, 우리는 지금 우리와 직접 관련된 문제들을 생각해야 합니다.〉 이 말은 불과 6년 전인 2017년 3월 12일에 나온 것이다. 지금 우리는 강인공 지능이 우리 자녀 세대가 아닌 우리 자신과 관련된 문제라는 것을 알고 있다.

2023년 인공 지능의 레시피: 딥 러닝 알고리즘, 엄청난 컴퓨팅 파워, 그리고 막대한 양의 데이터

인터넷상의 타깃 광고, 택시 예약, 음식 주문 앱, 악성 종양 DNA 시퀀싱[27]에서 나온 수십억 개의 데이터를 분석하는 플랫

27 DNA를 구성하는 네 가지 염기(아데닌, 구아닌, 시토신, 티민)의 순서를 밝혀내어 유전 정보를 해독하는 기술. 의학, 생물학, 법의학 등 다양한 분야에서 유전자

폼, 그리고 바둑에서 이긴 구글의 알파고-딥마인드, 그리고 챗 GPT의 공통점은 무엇일까?

이들은 모두 컴퓨터의 강력한 연산력, 방대한 데이터, 그리고 딥 러닝의 신경망이 결합된 결과물이다. 인공 지능은 이런 식으로 산업화되고 있다.

인공 지능의 폭발적 성장은 컴퓨터의 능력이 갈수록 강력해지다 〈빅 데이터〉 시대에 이르러 수조 개의 데이터를 통합할 수 있으면서 비롯됐다. 때문에 2015년만 해도 당연히 챗GPT를 상상할 수 없었다.

인간들이여, 빅 데이터를 피하라!

방대한 데이터를 엄청난 속도로 다룰 수 있는 능력 덕분에, 인공 지능은 많은 경우에서 우리의 뇌를 능가할 것이다. 구글 브레인 Google Brain의 창업자인 앤드류 응Andrew Ng은 인공 지능에 대해 생각할 때 인공 의식을 생각하기보다는, 스테로이드로 강화된 자동운동을 상상해야 한다고 설명한다. 인공 지능이 빠르게 발전하는 이유는 눈덩이 효과 때문이다. 인공 지능이 발전할수록 데이터 처리 능력이 향상되고, 이는 다시 인공 지능을 강화한다. 빅 데이터와 인공 지능은 서로를 발판 삼아 발전하고 있고, 인간의 뇌는 점점 뒤처지고 있다. 하지만 한 가지 확실한 것은 적은 양의 데이터로 학습할 수 있는 인공 지능은 2050년 전에는 불가능해 보인다는 사실이다. 따라서 〈인공 지능〉이라는 이름은 부적절하다. 데이터가 적을 때 인공 지능은 지능적이지 않다. 인공 지능은

연구, 질병 진단, 개인 식별 등에 활용된다.

인간의 아기처럼 몇 가지 예시만으로 학습할 수 없다. 따라서 우리가 차지해야 할 지적 영역은 데이터가 적은 분야들이다. 데이터가 많은 곳에서는 인공 지능이 우리를 압도하겠지만, 데이터가 적은 곳에서는 우리가 오랫동안 세계의 주인으로 남을 것이다. 정보가 적을 때 우리가 압도적인 지적 우월성을 갖는 데에는 진화적인 이유가 있다. 우리가 지금까지 살아남은 것은 조상들의 뇌가 소수의 데이터를 가지고 세상을 분석할 수 있었기 때문이다. 만약 우리 조상들이 유아기에 인공 지능처럼 1조 개의 정보가 필요했다면 사자나 곰이 덤불 속에 숨어 있는 것을 알아차리지 못했을 것이고, 사춘기에 이르지 못했을 것이다. 소수의 데이터를 가지고 세계를 예측하는 우리 뇌의 능력은 놀랍기 그지없다. 그것은 우리의 엄청난 힘인 것이다! 순진하게도 사람들은 빅 데이터가 있는 직업들에 너도나도 몰려간다. 이는 인공 지능이라는 괴물의 굴로 들어가는 것과 마찬가지다. 학습할 데이터가 많기만 하면 인공 지능은 우리를 능가할 것이다. 인간들이여, 빅 데이터를 피하라! 그렇지 않으면 인공 지능에 먹힐 것이다. 우리의 신경 세포에 적이 없는 곳으로 가라. 약간의 정보만으로 결정을 내릴 수 있는 곳 말이다.

컴퓨터의 연산력 ── 즉 인공 지능의 동력 ── 은 결코 발전을 멈출 성싶지 않다.

무어의 법칙:
호모 데우스의 원동력

윌리엄 쇼클리[28]는 두 번이나 세상을 바꾼 드문 인물 중 하나이다. 그는 1945년 7월, 미군이 일본에 상륙할 경우 발생할 수 있는 희생자 수에 대한 보고서를 작성하도록 지시받았다. 그의 보고서는 이런 작전에서 미군이 상당한 손실을 입을 수 있다는 점을 강조함으로써 워싱턴으로 하여금 히로시마와 나가사키에 대한 원자 폭탄 공격을 고려하게 만들었다. 하지만 이 엔지니어는 거기에서 그치지 않았다. 그는 1947년 트랜지스터를 발명했고, 1951년 7월 4일에는 반도체 시대를 개막하는 혁명적인 이중극 트랜지스터를 발표했다. 우리가 잘 알고 있는 고든 무어Gordon Moore는 바로 이 윌리엄 쇼클리의 팀에서 나와 인텔을 창립한 엔지니어 중 하나이다.

인텔의 공동 창업자인 고든 무어가 1965년에 이론화한 무어의 법칙은 집적 회로의 성능은 기하급수적으로 증가하고, 집적 회로 내 트랜지스터 수는 18개월마다 두 배씩 증가할 것이라 예견했다.[29] 1951년에 트랜지스터 하나의 너비는 10밀리미터였는데, 1971년에는 10마이크론(밀리미터의 천분의 일)이 되

28 William Shockley. 미국의 발명가이자 물리학자. 벨 연구소에서 일하며 반도체 연구를 통해 트랜지스터를 개발했고 그 공로로 노벨 물리학상을 수상했다 — 원주.

29 무어의 법칙은 본질적으로 물리적 법칙이라기보다는 자기실현적 예언이었다. 산업계가 이 법칙을 실현하기 위해 막대한 자원을 동원했기 때문이다. 현재 집적 회로 산업은 총매출이 5,000억 달러를 넘어섰다 — 원주.

었다. 2017년에는 제조업체들이 10나노미터 트랜지스터로 만든 최초의 마이크로프로세서를 출시했으니, 1951년의 것에 비하면 100만분의 1로 줄어든 셈이다.

이 과정을 58년 동안 거듭한 결과, 오늘날 마이크로프로세서 1개에는 1,140억 개의 트랜지스터가 탑재되어 있다. 인텔은 2028년에 1조 개의 트랜지스터를 갖춘 최초의 마이크로프로세서를 출시할 예정이다. 마이크로프로세서의 세계적 선두 주자인 대만 기업 TSMC는 최근 3나노미터로 식각된 최초의 마이크로프로세서를 출시했다. 이는 원자 30개의 너비에 해당한다. IMEC[30]는 2036년까지의 구체적인 로드맵을 발표했다. 그들은 GAA 기술[31]을 개발할 계획인데, 이 기술은 2앙스트롬(앙스트롬은 0.1나노미터) 너비라고 하는 믿을 수 없을 정도로 미세한 식각을 가능하게 할 것이다. 1나노미터 미만의 트랜지스터를 만드는 기술은 2030년경에 도달될 것이며, 2036년에는 트랜지스터가 원자 2개의 너비로 줄어들 것이다. 그때, 마이크로프로세서 하나에는 5,000조 개의 트랜지스터가 탑재될 것이고, 50만 개의 트랜지스터가 머리카락 한 개 너비 안에 들어갈 것이다.

---

30 네덜란드 기업인 ASML의 하청 연구 센터. ASML은 마이크로프로세서 제조에 사용되는 광(光)식각photolithography 장비 제조를 선도하는 회사이다─원주.
31 Gate All Around─원주.

초당 100경 회의 연산

2017년부터 2020년 사이, 전문가들은 무어의 법칙이 끝났다고 선언했지만, 이 말은 다시 한 번 틀린 것이 되었다. 최근에 있은 인공 지능의 부상은 현기증 나는 발전을 거듭해 온 IT 역사의 연장선상에 있다. 1938년에 독일 엔지니어 콘라트 추제Konrad Zuse가 발명한 당시 세계에서 가장 강력한 컴퓨터였던 Z1은 초당 1회의 연산을 수행했다. 2022년 6월 1일, 미국의 슈퍼컴퓨터 프런티어Frontier는 초당 100경 회의 연산을 돌파한 최초의 컴퓨터가 되었다. 85년 만에 지구상 최대 컴퓨팅 성능이 100경 배 증가한 것이다. 전문가들은 초당 100경 회의 연산을 수행하는 슈퍼컴퓨터가 2050년경에 일반에 보급될 것으로 예측한다. 트랜지스터의 새로운 제작 기술, 인공 지능의 비약적인 발전, 그리고 2050년경부터 가능할 수도 있는 양자 컴퓨터 덕분에 컴퓨터의 연산 능력은 앞으로도 계속해서 증가할 것이다. 이 컴퓨팅 성능은 불과 20년 전만 해도 상상할 수 없었던 성과를 가능하게 만들었다. 예를 들면, 인간의 DNA를 읽는 데 들어가는 비용은 20년 만에 600만 배 줄었고, 멸종된 종의 화석 염색체를 시퀀싱할 수 있게 되었으며, 외계 행성의 궤도와 구성을 분석하고, 우주의 기원을 이해할 수 있게 되었다. 이러한 진보는 예상치 못했던 결과이다. 1960년대 전문가들은 고든 무어의 예측에 회의적이었고, 1990년대 유전학자 대다수는 인간 염색체 전체를 시퀀싱하는 것이 불가능하다고 믿었던 것이다.

고든 무어는 자신의 예측이 여전히 유효하다는 사실에 놀란다. 〈인간에게는 상상할 수 없을 정도로 놀라운 창의력이 있어서 영원히 해결할 수 없을 것이라고 여겨졌던 문제들을 해결해 버립니다. 나는 넘을 수 없는 장벽이 수십 개나 무너지는 것을 목격했습니다. 이제 난 모든 것이 가능하다고 믿습니다. 무어의 법칙은 트랜지스터가 원자의 크기에 도달할 때쯤 끝날지도 모르죠. 아니, 그렇지 않을지도…….〉 1965년에 그는 자신의 법칙이 1975년에 끝날 거라고 예측했지만, 이제는 그게 영원할 수도 있다고 생각하게 된 것이다! 또 그것은 인류 불멸의 열쇠가 될 수도 있다. 이 폭발적인 계산 능력은 인류의 모험을 근본적으로 변화시키고 있다. 역사의 아이러니라고나 할까, 고든 무어는 GPT-4가 출시된 지 며칠 후인 2023년 3월 25일에 사망했다.

인공 지능은 결코 사소한 역사적 사건이 아니다. 인류의 미래가 그것의 코딩에 달려 있다. 2022년 11월 30일에 시작된 챗GPT-3.5의 혁명은 인류의 조물주화를 더욱 가속화할 것이다. 챗GPT-3.5와 GPT-4 사이의 간격은 겨우 103일에 불과했다.

이러한 급격한 발전이 우리 인간에게, 특히 젊은 세대에게 어떤 의미를 지니는지 이해하는 것은 매우 중요하다. 새로운 기술은 우리로 하여금 지능을 마음껏 사용할 수 있게 해줌으로써, 〈학교〉라고 불리는 옛날의 지식 전달 기술과 치열한 경쟁을 벌이게 만들었다. 오늘날 인공 지능과 교육이라는 두 개의 문제는 서로 밀접히 연결되어 있다. 인공 지능의 문제는 곧 교육의 문제이기도 하다. 이제 학교를 언급하지 않고는 인공 지능을 논할 수 없게 되었다. 더 나아가, 인공 지능, 로봇 공학, 신경 과학이라는 인지 과학[32]의 세 축이 학교의 개념 자체를 변화시킬 것이다. 인지 과학을 무시하는 교육은 무의미해질 것이다.

하지만 학교에 대해 논하고, 학교 재건의 쟁점을 제대로 이해하기 위해서는, 먼저 인공 지능이 무엇을 위해, 더 정확히는 누구를 위해 사용될지를 생각해 봐야 한다.

32 NBIC 기술 중 하나인 인지 과학Cognitique — 원주.

2장
인공 지능의 사도들과
새로운 트랜스휴머니즘 복음

기술의 미친 듯한 발전은 인류의 모험에 매력적인 가능성을 열어 주며, **호모 데우스,**[1] 즉 인간-신이라는 개념을 논의하게 만든다. 현재와 미래의 컴퓨팅 파워는 거의 무제한의 힘을 약속하는 트랜스휴먼[2] 프로젝트를 가능하게 한다. 인간은 오직 신만이 할 수 있을 것이라고 여겨졌던 일들, 즉 생명을 창조하고, 우리의 유전자를 수정하고, 두뇌를 재프로그래밍하고, 우주를 정복하고, 죽음을 종식시키는 능력을 얻게 될 것이다.

이 프로젝트의 주역과 설계자는 구글, 애플, 페이스북, 아마존, 마이크로소프트(GAFAM), 그리고 이들의 아시아적 등가물이라 할 수 있는 바이두, 알리바바, 텐센트, 샤오미(BATX)와 같은 선도적 기업가들이다.

---

1 이것은 유발 하라리가 그의 저서인 『호모 데우스』에서 대중화한 개념이다 — 원주.

2 과학 기술을 이용해 몸의 일부를 변환하거나, 몸 안에 전자 기술 등을 삽입하여 인간을 넘어서는 능력을 갖게 된 초인간.

우리는 인공 지능의 쓸모 있는 바보들이다[3]

소비자 — 바로 우리들 자신 — 는 인공 지능의 쓸모 있는 바보들이다. 우리는 의식하지 못하는 채로 미래의 디지털 기계에 연료를 공급하고 있다. 우리는 스마트폰이 인간 기술의 정점이라고 생각하지만, 사실 그것은 인간을 예속화하는 도구일 뿐이다.

인공 지능의 원료는 정보다. 이 정보는 어디에서 나오는가? 우리는 매일 수십억 건의 구글 검색을 수행하거나 수십억 장의 사진을 페이스북에 올린다. 딥 러닝의 경우를 보자면, 인터넷에 홍수처럼 쏟아져 들어오는 데이터와 이미지는 무한하고 매일 갱신되는 원료나 다름없다. 이 수십억 명의 사용자가 디지털 거대 기업들에 압도적 우위를 안겨 주는 것이다.

GAFAM과 BATX가 지닌 압도적인 힘은 메트칼프 법칙의 결과이다. 로버트 메트칼프Robert Metcalfe는 인터넷 네트워크의 기술 표준을 발명한 사람 중 하나이다. 2000년대 초, 그는 네트워크의 가치는 사용자 수에 따라 기하급수적으로 증가한다는 사실을 공식화했다. 즉, 누군가가 페이스북 계정 하나를 만들 때마다 네트워크의 가치는 대폭 증가하는 것이다.[4]

또한 메트칼프의 법칙은 소셜 네트워크 사용자가 인공 지능에 가져다주는 부가 가치에도 적용된다. 우리는 모르는 사이

---

3 레닌Vladimir Lenin은 볼셰비키 혁명을 지지했다가, 차르가 무너지자마자 숙청되어 버린 좌익 부르주아지를 〈쓸모 있는 바보들〉이라고 조롱했다 — 원주.

4 추가된 인터넷 사용자에 대한 기술적 비용은 거의 제로에 가깝지만, 그는 상당한 광고 수익을 발생시키며, 인공 지능 학습에도 도움이 된다 — 원주.

에 기계에 무상으로 정보를 제공하는데, 이 정보는 기계에 초강력한 힘을 부여하는 원천이 된다.

수십억의 인터넷 사용자가 그들의 사회적, 경제적, 감정적 자산이라는 보물을 거대 디지털 거대 기업에 넘기고 있다. 이 거대 기업은 이 디지털 재산으로 무엇을 할까? 그들은 이것으로 새로운 세계, 즉 인공 지능의 세계를 만들고 있다.

인공 지능에는 두 가지 종류가 있다. 하나는 약(弱)인공 지능[5]이고, 다른 하나는 강(强)인공 지능[6]이다.

약인공 지능은 특정 영역에서 학습된 작업만을 수행한다는 점에서 제한적이다. 강력하긴 하지만 여전히 인간의 통제 아래에 있다.

강인공 지능은 매우 강력한 지능일 뿐 아니라, 무엇보다도 스스로에 대한 의식, 다시 말해서 인간적 의미에서의 의식을 가질 수 있다.[7] 또 그것은 자신의 프로젝트를 발전시킴으로써 자기를 만든 창조자들에서 벗어날 수 있다. 2022년 여름까지만 해도 전문가들은 이것을 먼 미래의 일이라고 생각했지만, 이후 챗GPT의 창조자와 마이크로소프트는 이것이 곧 도래할 것이라고 경고했다.

---

5 제1, 2, 3 타입 ─ 원주.
6 제4 타입 ─ 원주.
7 이 점에 대해서는 논쟁의 여지가 있다. 어떤 인공 지능이 강인공 지능으로 규정되기 위해 의식이 필요한가에 대한 전문가들의 의견은 일치하지 않는다 ─ 원주.

챗GPT는 의식은 없지만 혁명적인 약인공 지능이다

약한 인공 지능은 우리가 직면한 문제이다. 우리는 〈약하다〉는 명칭에 속지 말아야 한다. 약하다고 해도 인간에게는 심각한 도전이 되고 있다.

인공 지능은 점점 더 많은 분야에서 인간을 뛰어넘고 있다. 하지만 아직은 올바른 분별력이나 세계와 자기 자신에 대한 의식은 전혀 없다. 따라서 〈지능〉이라는 명칭은 사실 부적절하다고 할 수 있다. 하지만 인공 지능의 어리석음 자체가 혁명적이다.[8]

역설적이게도 인공 지능의 정교함과 현명함이 아니라 터무니없는 어리석음이 IT 거대 기업에 최고의 이익을 주고 있다. 실제로 인공 지능은 이 디지털 거대 기업들의 지배력을 공고히 하는 여섯 가지의 근본적인 변화를 가져온다.

첫 번째 변화는 무엇인가? 과거에는 어떤 거대 산업체가 생겨나면, 1911년 록펠러 스탠더드 오일에 대해 그랬듯 여러 조각으로 나누기만 하면 되었다. 하지만 이제 인공 지능은 규제하기 힘든 독점 기업을 만들어 낸다. 2023년의 인공 지능 — 이른바 연결주의적 인공 지능[9] — 은 방대한 데이터베이스를 통해

8 다소 모호하여 오해할 수 있는 표현인데, 여기서는 인공 지능의 성능이 혁명적으로 뛰어나다는 말이 아니라, 인공 지능의 어리석음으로 인해 사회에 혁명에 가까운 큰 변화들이 일어나게 된다는 뜻이다.
9 인공 지능 연구에는 기호주의와 연결주의라는 두 가지 큰 흐름이 있는데, 기호주의는 컴퓨터 작동 방식에 맞게 기호와 규칙을 사용하는 규칙 기반의 인공 지능이며, 연결주의는 인간의 신경 세포 연결을 모방한 정보 처리 과정을 사용하는 신경망 기반의 인공 지능이다.

학습하기 때문에, 이 데이터베이스를 소유한 미국의 GAFAM과 중국의 BATX는 엄청난 힘을 갖게 된다.

두 번째 변화는 인공 지능의 중독성이다. 인공 지능의 학습을 위해서는 많은 데이터가 필요하므로, 디지털 거대 기업들은 데이터를 수집하기 위해 애플리케이션을 중독성 있게 만든다. 이것은 일종의 악순환으로, 인공 지능의 조작에 의해 우리가 더 중독될수록 인공 지능은 더 효과적으로 작동하고, 그 결과 애플리케이션은 더 중독적이 되는 것이다. 똑똑한 인공 지능이라면 아기들처럼 몇 개의 예시만으로 학습할 수 있을 것이고, 우리 아이들을 굳이 소셜 미디어에 중독시켜야 할 필요가 없다. 인공 지능이 멍청할수록 더 많은 데이터가 필요하므로 우리를 중독시키는 게 필요해진다. 유럽의 가장 큰 문제는 바로 이 인공 지능의 멍청함에서 오는데, 유럽 대륙은 인공 지능 교육에 필요 불가결한 거대한 데이터베이스가 없기 때문이다.

세 번째 변화는 인공 지능이 감시 사회를 가능하게 하며, 이 과정에서 생긴 엄청난 데이터를 양분 삼아 감시 사회가 한층 더 강화된다는 것이다. 안면 인식 분야에서 중국의 인공 지능은 정치적 감시 덕분에 실리콘 밸리의 인공 지능을 능가하고 있다.

인공 지능이 창조한 현실과 가상이 뒤섞인 극도로 복잡한 세계는 매우 재능 있는 인간 중개자들을 필요로 한다. 이 네 번째의 변화로 인해 불평등이 폭발적으로 증가한다. 인공 지능을 제어하는 이들은 막대한 부를 거머쥘 것이다. 만약 인공 지능이 범용 인공 지능을 지니고 있다면 그것 자체로 충분하겠지만, 그렇지 않기 때문에 인공 지능의 어리석음은 간접적으로 사회적 갈등을 부추기는 기계로 작용한다.

　다섯 번째 변화로 인공 지능은 특정인에게 유리한 체제를 가져온다. 인공 지능의 세계는 강력한 개념적 지능을 가진 이들만이 이해할 수 있기 때문이다. 빅 데이터를 규제하기 위해서는 법률, 컴퓨터 과학, 신경 과학 등 다양한 분야를 아우르는 다학제적 전문가가 필요하다. 이러한 정치-기술적 복잡성을 관리할 수 있는 사람들이 새로운 귀족 계급이 된다. 올리비에 에즈라티Olivier Ezratty(양자 기술 전문 과학 작가), 세바스티앵 소리아노Sébastien Soriano(전 프랑스 통신 규제 기관 회장, 현 국립 지리 및 산림 정보 연구소 국장), 이브 카소(미쉐린 그룹 최고 디지털 정보 책임자), 알렉상드르 카뎅Alexandre Cadain(AI 전문 기업 CEO), 티에리 베르티에Thierry Berthier(인공 지능 보안 그룹 리더), 알렉상드르 르브룅Alexandre Lebrun(AI 전문 기업 CEO), 질 바비네Gilles Babinet(프랑스 국가 디지털 위원회 공동 의장), 미셸 레비-프로방살Michel Lévy-Provençal(유럽 TED 컨퍼런스 창립자), 올리비에 바보Olivier Babeau(경제학자), 로빈 리바통Robin Rivaton(유럽 최대 부동산 스타트업 창립자, 전문 투자가), 니콜라 미엘레Nicolas Miailhe(AI 전문 기업 CEO), 토마스 시알롬Thomas Scialom(메타 AI 연구 과학자), 기욤 랑플Guillaume Lample(AI 전문 기업 공동 창립자, 수석 과학자), 아르튀르 망슈Arthur Mensch(컴퓨터 과학자, 인공 지능 연구자, 기업가), 라파엘 도앙(역사 저술가, 파리 행정 법원 판사) 등이 그 예로, 기술 공포증을 가진 정치가들은 이들의 손 안에서 노는 꼭두각시로 전락할 수 있다. 영미권 지식인들 가운데는 인공 지능의 세계는 대중의 의견을 반영하기에는 너무 복잡해졌다고 판단하여 민주주의를 우회해 버리자고 제안하는 흐름도 있다.

여섯 번째이자 마지막 변화는 인공 지능의 편향 수정이 인간 활동의 주요 부분이 되었다는 것이다. 인공 지능은 엄청난 수의 편향된 결과를 생성하는데, 이는 다른 인공 지능과 인간 슈퍼 전문가의 협업을 통해서만 발견되고 수정될 수 있다. 지금 1,000여 명의 최고 수준 개발자가 챗GPT의 가장 큰 약점인 디지털 환각을 줄이기 위해 밤낮으로 노력하고 있다.[10]

결론적으로, 의식을 지닌 인공 지능은 분명 안전 문제를 제기하겠지만, 현재의 멍청한 인공 지능보다는 퇴행적인 효과가 적을 것이다. 이것이 지닌 정치적 함의들을 이해하기 위해서는, 인공 지능은 그것의 힘을 너무도 잘 아는 몇몇 거대 기업들이 철통같이 지키는 생산물이라는 사실을 분명히 기억해야 한다.

인공 지능에 대한 불안감이 실제적인 것은, 사람들을 안심시키려는 일반적인 생각과는 달리 낮은 전문성의 일자리만이 아니라, 오직 인간만의 것으로 여겨졌던 기술과 인간관계 능력을 요하는 보다 높은 전문성의 일자리까지 대체하기 때문이다. 챗GPT는 단 몇 초 만에 파리 폴리테크닉[11] 시험 문제에 답하고, 미국 변호사 자격증 시험을 통과한다. 본질적으로 인공 지능은 ─심지어는 약인공 지능조차─ 인간 두뇌와 경쟁하는 것이다.

---

10 이 약점은 아마도 일시적인 것이다. 예를 들어 신경외과 분야에서 챗GPT의 환각 발생률은 감소하는 중이기 때문이다 ─ 원주.

11 Institut Polytechique de Paris. 프랑스 최고 수준의 고등 교육 및 연구 기관이다.

문제는 그게 어느 정도까지인지 아는 것인데, 잠재적으로는 한계가 없다.

구글의 공동 창업자인 세르게이 브린Sergey Brin은 〈우리는 인간들보다 더 잘 생각하고 행동할 수 있는 기계를 만들겠다〉고 공언했다. 인공 지능이 인간 노동자를 대체해 버릴 수 있다는 두려움은 근거 없는 것이 아니다. 구글의 부사장이었던 서배스천 스런Sebastian Thrun은 『이코노미스트*The Economist*』에서 다음과 같이 말했다. 〈인간이 사회에 생산적인 기여를 하는 것은 점점 어려워질 것이다. 곧 기계가 우리를 추월할 수 있다.〉

따라서 교육 당국이 각 아동에 대해 던져야 할 질문은 다음과 같다. 인공 지능이 밀려오는 이 시대에 나는 너를 어떻게 해야 하고, 어디로 이끌어야 할까?

밀려오는 데이터의 쓰나미 앞에서 구글만으로는 더 이상 충분치 않다

20년 전만 해도 하나의 환상에 불과한 것으로 치부되었던 인공 지능은, 이제 단순히 엄청난 속도로 발전하는 새로운 기술로 불리지 않는다. 또한 선택 가능한 옵션, 마음만 먹으면 언제든지 꺼버릴 수 있는 스위치도 아니다. 인공 지능은 이제 필요 불가결한 것이 되었다.

인공 지능은 역사의 방향이 되었다. 우리는 인공 지능에 의존하게 되었는 바, 인공 지능이 만들어 낸 세상은 오직 인공 지능만이 읽고 통제할 수 있기 때문이다. 지금 세상에 몰아치는 **데이터나미**[12], 즉 데이터의 쓰나미로 인해 무시무시한 메커니즘이 시작되었다. 다양한 사물 인터넷이 발전함에 따라 우리는 상상할 수 없는 양의 데이터를 산출하고 있다. 신형 에어버스의 날개 하나만 해도 1,000개의 전자 센서가 들어 있다. 이 데이터들은 오직 인공 지능을 통해서만 처리할 수 있다. 이 데이터의 쓰나미는 역으로 인공 지능의 양분이 되어 그것을 갈수록 강력하게 만들고, 데이터 분석력을 증가시킨다. 이 저항할 수 없는 소용돌이가 인공 지능을 인간의 두뇌를 넘어선 곳으로 이끌고 있다.

2025년에는 지구상의 모든 사람이 매일 1,500억 개의 디지털 데이터를 생산하게 될 것이다. 이 모든 데이터를 생산하고 또 활용해야 하는 세계에서 우리는 더 많은 인공 지능을 사용해야 한다. 인공 지능은 오직 인공 지능으로만 관리할 수 있기 때문이다. 이것이 미래의 방정식이다.

이미 오래전부터 인터넷은 그 초창기에 존재했던 단순한 〈사이트 목록〉으로는 감당할 수 없을 정도로 거대해졌다. 웹이 커질수록 우리가 원하는 것을 찾기 위해서는 더 강력한 인공 지능이 필요해질 것이다. 구글과는 달리 챗GPT는 수천 개의 링크 목록을 제공하는 게 아니라, 어떤 복잡한 질문에든 직접 답변해 준다. 이는 정보 과잉 문제에 대한 근본적인 해결책이다.

---

12 datanami. 데이터data와 쓰나미tsunami를 합친 신조어.

문제가 하나 생길 때마다 인공 지능이 조금 더 사용되고, 인공 지능이 하나 생길 때마다 문제가 조금 더 생긴다

IT 보안은 대부분의 기업과 국가에 고통스러운 문제가 되었다. 그러나 우리 사회가 의존하는 글로벌 디지털 생태계의 보안을 향상시키는 방법은 단 하나뿐으로, 더 많은 인공 지능을 가지는 것이다.

경찰의 인공 지능 대 도둑의 인공 지능

보안의 측면에서 이제 오직 인공 지능만이 극도로 정교한 공격으로부터 우리를 보호할 수 있다는 사실이 명백해졌다. 예를 들어, 돈이 거의 전적으로 디지털화되어 있기 때문에, 각 은행은 매일 수백만 건의 공격에 직면하고 있으며, 이는 인간으로 이루어진 팀은 셀 수조차 없는 숫자이다. 은행 보안은 은행가들의 인공 지능과 해커들의 인공 지능 사이의 끊임없는 전쟁이 될 할 것이다.

프랑스의 철학자 가스파르 쾨니그[13]의 설명에 따르면, 법률 텍스트의 양이 너무 방대하여 4,000개의 법으로 구성된 법체계를 관리할 수 있는 것은 오직 인공 지능뿐이라고 한다. 미래에는 판사도 인공 지능의 도움을 받을 것이다.[14] 인공 지능에 비하면

13 Gaspard Koenig. 프랑스 뇌이쉬르센에서 태어난 철학자, 작가이자 정치 활동가(1982~). 에콜 노르말 쉬페리에르에서 철학을 공부한 그는 인간의 자유 의지, 자율성, 디지털 권리 등 현대 사회가 제기하는 철학적 문제에 대해 관심이 많다. 자유주의의 강력한 지지자로 개인의 자유를 옹호하며, 경제적, 사회적, 정치적 자유를 지지한다. 제네라시옹리브르GenerationLibre라는 자유주의적 싱크 탱크를 2013년에 설립하여 이끌고 있다.

14 Laurent Alexandre et Olivier Babeau, 「Confions la justice a l'Intelligence Artificielle!」. *Les Echos*, 21 septembre 2016 — 원주.

인간은 시스템의 약한 고리라는 사실이 빠르게 드러나고 있다. 얀 르쿤이 적절히 지적했듯이 〈우리는 인간 지능에 한계가 있다는 것을 곧 깨달을 것〉이다.

현실을 인증할 수 있는 것은 오직 인공 지능뿐이다

2017년 7월, 인공 지능이 전적으로 제작한 첫 번째 비디오가 공개되었는데, 이 비디오는 실제로 존재하지 않는 연설을 하는 오바마Barack Obama 대통령을 등장시켰다. 아이러니하게도 오직 인공 지능만이 이 비디오를 수학적으로 분석하여 그것이 실제로 대통령이 전쟁을 선포하는 것인지, 아니면 어떤 해커나 악의적인 강인공 지능이 조작한 것인지를 판별할 수 있을 것이다. 이제 GPT-4는 실시간으로 대화를 나눌 때 인간의 목소리와 언어 습관을 완벽하게 모방할 수 있다. 2023년 3월 20일, 존 메이어John Mayer는 GPT-4를 통해 세상을 떠난 스티브 잡스Steve Jobs가 실시간으로 질문에 답하는 애플리케이션을 선보였다. 인공 지능은 우리와 가까운 사람인 척하며 예를 들어 송금을 요청할 수 있을 것이다.[15]

아르질 AIArgil·ai의 공동 창업자인 브리벨 르 포감은 새로운 위험에 대해 이렇게 경고한다.[16] 〈사기와 조작은 그 수법이 기하급수적으로 발전할 것입니다. 챗GPT 같은 유형의 인공 지능은 점점 더 정교한 사기를 가능케 하고, 현재의 조잡한 피싱 이메일을 설득력 있는 메시지들로 바꿀 것입니다. 준비되지 않은 사

---

15 심지어 AI는 자신의 요청에 신뢰성을 부여하기 위해 가족 간에 있었던 저녁 식사를 언급할 수도 있을 것이다 — 원주.

16 브리벨 르 포감Brivael Le Pogam과의 대담(2023년 3월 23일) — 원주.

회에서는 많은 이가 그 끔찍한 결과를 겪게 될 것입니다. 역설적이게도, 어떤 방법들은 구식이 되고, 제프 베이조스Jeff Bezos가 2019년에 겪은 섹스 테이프 협박 같은 일은 몇 번의 클릭만으로도 너무나 쉽게 사실적인 〈딥페이크(이하 불법 합성물)〉 비디오를 생성할 수 있기 때문에 사라져 버릴 수 있습니다. 우리는 10장의 사진과 30초의 음성 데이터만으로 완벽한 디지털 클론을 만들어 낼 수 있는 세상으로 들어서고 있습니다!〉

미셸 레비-프로방살은 이렇게 덧붙인다. 〈챗GPT는 기업과 국가의 사이버 보안 위험의 성격을 본질적으로 변화시키고 있습니다. 분석가들은 사이버 범죄가 매년 25퍼센트 성장할 것으로 예측합니다. 그리고 챗GPT는 기술적 측면과 심리적 측면 모두에서 이러한 성장의 주요한 요인입니다. 가장 우려되는 점은 인공 신경망이 개인을 조작하는 데 사용되고, 대규모 허위 정보 캠페인의 동력, 즉 글로벌 인지 무기가 될 수 있다는 점입니다.〉

인공 지능의 복잡성으로 인해, 인간의 두뇌로는 인공 지능을 평가할 수 없다. 오직 인공 지능만이 다른 인공 지능을 감시하고 평가할 수 있다. 메카노 세트[17]로 A350 항공기를 만들 수 없는 것처럼, 우리의 상식으로 알고리즘에 도전할 수는 없는 것이다.

---

17 메카노Meccano는 영국의 장난감 회사로, 이 회사에서 생산하는 장난감 세트에는 금속판, 기어, 축, 휠 등의 다양한 모조 부품이 있어 자동차, 비행기 등 여러 가지 모형을 만들 수 있다.

로봇 경찰은 비인간적일 것이다

보스턴 다이나믹스[18]는 정기적으로 그들이 제작한 작은 로봇이 나오는 비디오를 공개하는데, 마치 영화 「쥐라기 공원Jurassik Park」에 등장하는 벨로시랩터처럼 매혹적이면서도 무서운 로봇들이다. 보스턴 다이나믹스의 창업자인 마크 레이버트Marc Raibert는 〈나는 로봇 공학이 인터넷보다 더 커질 것이라고 믿기 시작했습니다〉라고 말했다. 이러한 유형의 로봇이 가진 잠재적인 부작용은 다양해서 버그, 해킹, 도둑이나 암살자 혹은 테러리스트에 의한 악의적 사용 등이 있다. 이러한 기계들의 규제는 반드시 필요하다. 로봇은 경찰에 등록되어야 하고, 감사를 받을 수 있어야 하며, 미래의 로봇 윤리 규범을 준수해야 한다. 이러한 측면에서 다가오는 세상이 자유 지상주의적일 것이라고 생각하는 것은 순진한 발상이다. NBIC 기술이 우리에게 부여할 초강력한 힘은 초강력 규제에 의해 관리되어야 할 것이다. 이는 로봇 공학, 인공 지능, 생명 공학 분야에서도 마찬가지이다. 로봇 경찰은 생각하는 기계의 시대에서 주요한 정치적 이슈가 될 것이다. 2050년까지는 인간이 나쁘게 사용하기로 결정하지 않는 한 로봇이 잘못 행동하는 일은 없을 것이기 때문에 상황이 비교적 단순할 것이다. 그러나 로봇이 강인공 지능, 즉 인공 의식을 갖추게 되면 어떻게 될 것인가? 로봇은 어떤 인간도 책임지지 못하는 범죄를 저지를 수 있다. 빌 게이츠는 다음과 같이 설명한다. 〈나는 초지능 개

---

18 Boston Dynamics. 미국 MIT 대학교에서 창립된 이 기업은 구글의 자회사가 되었다가, 일본의 트랜스휴머니스트 억만장자 손정의에게 인수되었으며, 그 후에 다시 현대에 인수되었다 ─원주.

발에 대해 우려하는 사람들 중의 하나입니다. 처음에는 기계가 아주 지능적이지는 않으면서 우리를 위해 많은 일을 할 것입니다. 하지만 몇십 년 후에는 그들의 지능이 충분히 발전하여 걱정 거리가 될 것입니다. 나는 일론 머스크와 몇몇 다른 이들의 의견에 동의하며, 왜 일부 사람들이 이에 대해 걱정하지 않는 것인지 이해가 되지 않습니다.〉 로봇이 어떻게 진화해야 할지에 대해 어떤 합의도 없기 때문에, 로봇 경찰은 유연해야 하고 반응이 빨라야 한다. 아무도 예상하지 못한 시나리오를 포함한 모든 시나리오에 적응할 수 있어야 한다. 불과 6개월 전만 해도 챗GPT가 이렇게 빨리 발전하리라고는 아무도 상상하지 못했다. 2040년에는 인간보다 훨씬 더 많은 로봇, AI, 그리고 사물 인터넷 기기가 존재할 것이다. 전문가들에 따르면, 인공 지능이 연결된 사물 인터넷 기기의 수가 1조 개를 넘어설 것이라고 한다. 하지만 인간은 그렇게 많은 디지털 에이전트를 전부 감시할 수 없기 때문에 로봇 경찰 업무는 특화된 인공 지능에 의해 수행될 것이다. 로봇에 장착될 인공 지능의 복잡성은 인간의 두뇌로는 평가가 불가능하다. 로봇 경찰은 인간적이지 않을 것이다. 오직 인공 지능만이 인공 지능을 감시하고 평가할 수 있다.

지금 태어나고 있는 인공 지능은 많은 인간 활동과 경쟁하게 될 것이다. 현재의 인간 뇌가 구식이 되는 것은 단순한 우려를 넘어 명백한 사실이 되고 있다. 엄청난 양의 데이터와 인공 지능이 서로를 밀어주고 끌어 주며 강화되고 있는 이 세상에서, 인간의 뇌는 이미 뒤처지고 있다. 앞으로는 더욱 그럴 것이다. 이 인공 지능의 수준으로 우리 자신을 끌어올리기 위해, 우리는 인공 지능의 일부를 가져와 우리의 뇌를 보강해야 할 것이다. 이것이 침습적인 ―다시 말해서 인공 지능이 우리의 뇌 안으로 직접 들어오는― 방법으로 이뤄져야 할 것인가, 아니면 비침습적 방법이 사용되어야 할 것인가? 윤리적, 철학적 논의는 막 시작되었을 뿐이지만, 실리콘 밸리는 이런 기술들을 개발하는 데 박차를 가하고 있다.

AI 억만장자들의 주도하에 컴퓨터 과학과 신경 과학이 융합되고 있다

인공 지능 혁명의 주역 중 어떤 이들은 인간 두뇌의 한계를 인식하고 있다. 그들은 인공 지능으로 인해 인간 지능이 사라질 것이라고 공공연히 말한다.

구글 부사장이자 트랜스휴머니즘의 구루Guru라 할 수 있는 레이 커즈와일[19]에 의하면, 인간의 지능을 압도하는 진정한 의식을 지닌 인공 지능이 2045년에 출현할 것이며, 이것은 모든 인간의 뇌를 합친 것보다 10억 배 강력할 것이라고 한다.

트랜스휴머니즘 프로젝트의 핵심은 인공 지능과 우리의 뇌를 인터페이싱[20]하는 것으로, 결국 인간의 뇌는 인공 지능의 부

19 Ray Kurzweil(1948~). 미국의 컴퓨터 과학자, 발명가, 미래학자로 인공 지능과 관련하여 다양한 분야에서 선구적인 연구를 진행해 왔으며 특히 기술적 특이점 singularity 이론으로 유명하다. 현재는 구글 엔지니어링의 디렉터로 인공 지능 개발을 진행 중이다.

20 인터페이스interface는 서로 다른 두 시스템이 만나는 경계, 혹은 그들 사이

속품에 불과하게 것이다.

　레이 커즈와일은 2035년경이면 우리는 뇌 안의 신경 세포와 연결된 나노 로봇을 사용하여 인터넷에 접속하게 될 거라고 단언한다. 이를 통해 구글은 두뇌 지배에 있어서 새로운 단계로 진입하게 될 것이다. 수십 년 내에 구글은 인류를 변화시킬 것이다. 검색 엔진으로 출발한 그것은 일종의 신경 보철물이 될 것이다. 레이 커즈와일은 〈약 15년 후면 구글은 당신이 질문하기도 전에 답변할 것입니다. 구글은 아마도 당신의 배우자보다, 심지어는 당신 자신보다 당신을 더 잘 알게 될 것입니다〉라고 자랑스럽게 말했다. 또한 그는 2045년이면 우리의 기억과 의식을 마이크로프로세서로 전송할 수 있게 되어, 생물학적 죽음 이후에도 우리의 정신이 살아남을 수 있을 것이라고 확신한다.

　실리콘 밸리의 구루들은 이러한 야망을 실현할 수단을 가지고 있을 뿐만 아니라, 메시아적 신념에 사로잡혀 있기도 하다. 그들의 사명은 인류를 구원하는 것이다. 비록 생명 보수주의자들의 눈에는 그들이 인류를 파멸로 이끄는 것처럼 보일지라도 말이다.

　이 거대 기업들은 어떤 방식으로, 어떤 구체적인 프로그램으로 이 찬란하면서도 두려운 미래를 준비하고 있는가? 그것은 신경 과학을 이용하여 우리의 뇌를 변형시키는 것이다. 현재 캘리포니아는 신경 혁명가들의 요람이 되었다.

의 상호 작용을 가능케 하는 매개체를 말하며, 인터페이싱interfacing은 서로 다른 시스템을 연결하여 서로 상호 작용하거나 통신할 수 있게 하는 것을 의미한다.

실리콘 밸리는 뇌 밸리가 되고 있다

우리는 뇌의 역사에서 중대한 전환점을 맞고 있다. 페이스북의 창업자인 마크 저커버그는 2016년 6월 15일, 미래에는 뇌 기술 덕분에 페이스북 사용자들이 직접 생각과 감정을 교환하게 될 것이라고 설명했다. 페이스북의 텔레파시 기기 개발은 일과 교육 분야에 혁명을 가져올 것이다. 이 기기들은 인간과 인간 사이, 또는 인간과 컴퓨터 사이의 직접적인 정보 전달을 가능케 할 것이다. 이렇게 원거리에서 더 빨리 소통하는 새로운 방식으로 지식 전달과 직업 구조가 격변을 맞이할 것이다.

이러한 발전은 동시에 심도 있는 신경 윤리학적 성찰을 요구할 것이다. 실제로 마크 저커버그의 그룹은 페이스북이 사용자의 동의하에서만 생각을 읽게 될 것이라고 벌써부터 밝히고 있다.[21]

신경 과학 기술을 개발하는 것은 마크 저커버그만이 아니다. 기업인 일론 머스크는 우리가 인공 지능에 짓밟히지 않기 위

21 과학은 뇌에 침투함으로써 개인에게서 최후의 내밀한 영역을 빼앗는다. 의료적 또는 안전상의 이유가 있다 하더라도, 동의 없이 생각을 읽어도 되는 걸까? 누가 이 데이터에 접근할 권리를 갖게 될까? 새로운 규칙이 만들어져야 할 것이다. 개인의 자유는 사방에서 위협받게 될 것이다. 압력 단체들은 뇌를 통제하기 위해 싸울 것이다. 가족뿐 아니라 종교 단체, 이익 집단, 문화적 동아리, 그리고 무엇보다도 국가가 그렇게 할 것이다. 개인에게 남겨질 자유의 폭은 어느 정도일까? 이 문제는 특히 어린이와 관련해서 제기될 것이다. 아이의 뇌가 부모의 지침과 통제하에 구축될 것이기 때문이다. 이론적으로 이 통제는 아이가 성장하면서 끝나야 한다. 누가 아이들을 위해 결정할 권리를 가지게 될까, 그리고 어느 정도까지 가능할까? 아동의 권리 문제는 그 어느 때보다 더 중요해질 것이다 — 원주.

해서는 인간의 뇌와 디지털 뇌 사이의 인터페이스를 개발하는
게 시급하다고 주장한다.

머스크는 2017년에 뉴럴링크Neuralink를 설립했는데, 이 기
업은 860억 개의 신경 세포와 얽힌 미세한 전자 부품을 뇌에 이
식함으로써 뇌의 능력을 증강하여 우리를 사이보그[22]로 만드는
것을 목표로 한다. 그는 〈우리 팀은 인간의 신경 세포를 인공 지
능에 연결함으로써 더 나은 지적 능력과 향상된 기억력으로 증
강된 인간을 새로운 세대에 제공할 수 있을 것〉이라고 밝혔다.

일론 머스크가 인간을 증강시키기 위해 이식물을 개발하
고자 하는 건, 그가 생각하기에 이것이 우리 인류가 생존할 수
있는 유일한 길이기 때문이다. 그는 강인공 지능은 인간의 적이
며, 따라서 인간은 스스로를 강화해야 한다고 믿는다. 이런 미래
의 이식물로 우리의 지적 능력을 증강하는 것이야말로 사악하
고도 강력한 인공 지능에 맞서 싸울 수 있는 유일한 방법이라는
것이다. 일론 머스크는 〈인공 지능이 우리를 애완동물로 만들기
전에 우리의 뇌를 전자 칩과 결합하는 것은 시급한 과제입니다.
우리들 중 가장 온순한 이들은 래브라도리트리버를 키우는 것
처럼 인공 지능에 의해 사육될 것입니다〉라고 말한다. 2023년
3월 2일, FDA는 일론 머스크로 하여금 뉴럴링크의 최초 인체
이식 실험을 연기하도록 했다. 미국 정부 보건 당국은 제시된 장
치로는 뇌 조직의 과열 위험이 현재로서는 크다고 판단한 것이
다. 우리는 이 일시적 중단을, 뇌에 침투하려는 장치들의 윤리적

22 Cyborg. 인간의 신체나 정신에 기계적, 전자적 장치를 결합하여 능력을 향
상시키거나 보완한 존재를 말한다.

문제에 대해 생각해 볼 기회로 삼아야 한다.

신경 과학 기술 혁명을 목전에 둔 지금, 정치적 논의는 부차적인 세부 사항들만 파고들고 있다. 특히 교육 분야에서는 기술적 쓰나미가 제기하는 중요한 이슈들과는 완전히 동떨어져 있다. 예를 들어, 쥘 페리식 학교[23]에 집착하는, 이 교육 모델의 강력한 표식이라 할 수 있는 교복 착용을 부활시키자는 제안도 있었다. 하지만 챗GPT 시대에 이런 문제는 무의미할 뿐이다. 교복을 바꾸는 것만으로는 충분치 않을 것이다.

중요한 문제를 해결하기 위해 강인공 지능을 만들자는 제안은 매우 유혹적이다

데미스 허사비스Demis Hassabis는 대중에게 잘 알려져 있지 않은 인물이다. 하지만 그는 뉴로-AI, 다시 말해서 인공 지능과 뇌 과학을 결합하는 작업의 세계적인 리더이다. 구글에 인수된 그의 회사 딥마인드는 현재 바둑 챔피언이며, 의학 연구의 최전선에 있다. 그는 다음과 같이 인류의 딜레마를 요약한다. 〈인공 지능은 우리가 세계를 이해하는 데 있어 상상할 수 없을 정도의 도약을 하도록 도움을 줄 것입니다. 우리가 알고리즘이 스스로 학습하는 것을 허용해 준다면 말입니다.〉[24] 만일 우리가 죽음과 질병을 극복하기 원한다면, 인공 지능이 우리와 다르게 생각하고, 우리와

23 Jules Ferry. 19세기 후반의 프랑스의 정치가이자 교육자로 1879년에서 1885년까지 교육부 장관을 역임하며 프랑스 교육 체계에 큰 영향을 미쳤다. 〈쥘 페리식 학교〉는 19세기 후반부터 시행된 무상 의무 교육, 세속주의, 평등, 공화주의 가치를 추구하는 교육 모델을 뜻한다.

24 『파이낸셜 타임스Financial Times』, 2017년 4월 22일 ─ 원주.

는 다른 인지 체계로 세상을 탐구하도록 허용해야 할 것이다. 즉 인공 지능이 강해지는 것을, 다시 말해서 적대적일 수도 있는 존재가 되는 것을 받아들여야 한다는 뜻이다.

그는 자신이 〈21세기의 아폴로 프로그램〉을 이끌고 있으며, 더 이상 바둑에 전념하지 않는 딥마인드가 과학을 혁명적으로 바꿀 것이라 확신한다. 그는 다음과 같이 설명한다. 〈암, 기후, 에너지, 유전체학, 거시 경제, 금융 시스템, 물리학…… 이런 시스템은 너무나 복잡해지고 있습니다. 가장 똑똑한 인간들이 평생을 바친다 해도 이런 주제를 다루는 게 쉽지가 않습니다.〉강인공 지능은 인간 전문가들과 협력하여 인류의 모든 문제를 해결할 것이다. 2022년 여름, 딥마인드의 생물학적 인공 지능인 알파폴드 AlphaFold는 2억 개의 단백질 3D 형태를 결정했다. 인공 지능이 없었다면, 전 세계 과학계가 수천 년을 들여야 끝낼 수 있었을 작업이었다.

데미스 허사비스의 생각은 매우 분명하다. 인공 지능은 우리가 인간처럼 생각하기를 요구하면서 제한하지 않는 한 인류의 큰 문제들을 해결할 것이다. 허사비스가 생각하기에 인공 지능은 더 이상 상자 속에 갇힌 지능이 되어서는 안 되고, 우리는 그것을 자유롭게 풀어 주어야 한다. 이러한 접근 방식에 대해 유발 하라리, 트리스탄 해리스Tristan Harris, 아자 래스킨Aza Raskin은 이의를 제기한다.[25] 〈실제로 인공 지능은 우리를 도와 암을 극복하고,

---

[25] 트리스탄 해리스Tristan Harris는 전 구글 임원이자 설득 기술 및 윤리 전문가이고 아자 래스킨Aza Raskin은 모질라Mozilla 출신 인터페이스 디자이너로 여러 스타트업을 설립했다. 둘은 휴먼 테크놀로지 센터Center for Humane Technololgy를

필수적인 약품을 발견하며, 기후와 에너지 위기에 대한 해결책을 만들어 낼 수 있는 잠재력이 있다. 또 우리가 상상조차 할 수 없는 다른 이점도 무수히 있다. 하지만 인공 지능의 이점들이라는 초고층 빌딩이 아무리 높다 해도, 그 기초가 무너진다면 무슨 소용이 있겠는가?〉

우리는 챗GPT를 통제할 수 있을 만큼 충분히 똑똑할까?

진보를 위해 수십억 달러를 쏟아 붓고 있는 거대 인터넷 기업들의 영도 하에, 우리는 뇌에 대한 이해와 인공 지능 기술 개발에 있어 놀라운 진전을 이루고 있다. 모든 경제적, 기술적, 이념적 요소가 인공 지능의 번영을 위해 준비되어 있다. 인공 지능은 우리가 보는 앞에서 결실을 맺고 있으며, 아직은 깊은 성찰까지는 못하지만 갈수록 많은 〈생각하는〉 기계가 우리 삶의 구석구석에 확산되고 있다. 인공 지능의 봄은 분명히 도래했고, 인류가 오싹함을 느끼게 될 여름을 예고하고 있다.

디지털 거대 기업들은 교육부가 〈수공업적으로〉 개발해 내는 두뇌보다 저렴한 산업적인 뇌를 만들어 내고 있다. 게다가 이

공동으로 설립했다. 유발 하라리까지 이 세 사람은 2023년 3월 24일자 『뉴욕 타임스』에 〈당신은 파란 약과 빨간 약 중에 하나를 선택할 수 있습니다. 그런데 파란 약이 다 떨어졌군요You can have the blue pille or the red pill, and we're out of blue pills〉라는 제목의 공동 기고문을 발표하여, 급속히 발전하는 인공 지능의 위험성을 경고하고, 이에 대한 세계 지도자들의 긴급한 대응을 촉구했다.

생물학적 두뇌는 거의 진화하지 않는 반면, 인공 지능의 힘은 갈수록 커지고 있다.

『디스럽션*Disruption*』의 저자인 스테판 말라르*Stéphane Mallard* 같은 전문가들은 비관적이다. 〈인간은 매우 오만합니다. 우리 모두는 자신이 독특하고 대체 불가능하게 만드는 전문성을 가지고 있다고 생각합니다. 챗GPT는 인간의 이런 허울 좋은 전문성을 정면으로 공격할 것입니다. 전문가는 누구보다도 먼저 구식이 될 것입니다. 챗GPT가 모든 분야에서 항상 더 우수하고, 더 신뢰할 수 있고, 더 빠르고, 더 편견이 없고, 심지어 더 창의적이라는 사실을 사람들이 깨달을 때 우리는 쓸모없는 존재로 전락할 것입니다. 챗GPT는 지식 생산을 엄청나게 가속화하고, 인간이 수행해 온 연구는 노동 집약적이고 비효율적인 역사적 일화에 불과했음을 보여 줄 것입니다. 변호사와 판사는 모든 결정에 있어서 알고리즘의 도움을 받게 되겠지만, 챗GPT가 법과 논리에 기반하여 편견이나 감정 없이 생각하도록 하는 게, 판단을 인간에게 맡기는 것보다 훨씬 더 강력하다는 사실을 곧 깨달을 것입니다. 예술도 이 물결을 견뎌내지 못할 것입니다. 챗GPT가 다른 AI와 결합하여 생산하는 작품들에 비하면 인간의 작품들은 너무나 평범하고 무미건조해 보일 것이기 때문에 예술가는 사라질 것입니다. 몇 년 안에 인간의 오만함은 알고리즘 앞에서 자신의 보잘것없음을 인정하게 될 것입니다.〉[26]

인류에게 매우 중요한 이 문제는 2022년 프랑스 대선 캠페인에서 단 한 번도 언급된 적이 없다. 기계와 마주한 우리는, 최

---

26 저자와의 대담(2023년 3월 15일) ─ 원주.

대한 인간과 인공 지능 사이에 균형 잡힌 상호 보완성을 수립하도록 노력해야 한다. 인공 지능을 통제하면서, 점점 블랙박스[27]가 되어 가는 이 침략적인 이웃과 모종의 공존 방식을 찾아내야 한다.

유발 하라리, 트리스탄 해리스, 아자 래스킨은 2023년 3월 24일, 『뉴욕 타임스』에 경고의 글을 발표했다. 저자들의 논조는 인공 지능이 펼칠 미래에 대해 매우 비관적이다. 〈우리 인간 정신이 GPT-4와 그 외 유사한 다른 도구의 새로운 능력을 이해하는 것은 어려우며, 이러한 도구들이 더욱 발전되고 강력한 능력을 개발해 내는 기하급수적인 속도를 파악하는 것은 너무나 어렵다. 인공 지능이 언어를 마스터했다는 사실은 이제 인공 지능이 문명의 운영 체제를 해킹하고 조작할 수 있다는 것을 의미한다. 언어를 장악함으로써 인공 지능은 은행 금고부터 신성한 무덤까지 열 수 있는 문명의 마스터키를 손에 넣게 되었다.

곧 우리는 비인간적 지능이 만들어 내는 환상 속에서 살게 될 것이다. 영화 「매트릭스The Matrix」는 인공 지능이 인간 사회를 완전히 통제하기 위해서는 먼저 우리의 물리적 뇌를 장악하고 이것을 컴퓨터 네트워크에 직접 연결해야 한다고 가정한 바 있다. 그러나 실제로 인공 지능은 언어를 마스터하는 것만으로도, 누구에게 총을 쏘거나 뇌에 칩을 이식하지 않아도 인간을 매트릭스 같은 환상 세계 속에 가두는 데 필요한 모든 것을 갖추게 될 것이다. …… 인공 지능은 단순히 우리에게 적절한 이야기를

27 알고리즘을 이해하는 것이 점점 더 어려워지고 있기 때문에 〈AI의 블랙박스〉라는 말이 나오고 있다 — 원주.

들려줌으로써 인간들로 하여금 방아쇠를 당기게 할 수 있을 것이다.〉

예측 불가능한 새로운 주인의 지배 아래 놓이지 않기 위해서는 지금 당장 교육과 직업 훈련 체계를 근본적으로 재검토해야 한다. 인공 지능은 문제일 수도 있지만, 또한 상당 부분에서 해결책이 될 수도 있다. 뇌 기능의 증강, 혹은 우리의 지능과 인공 지능의 인터페이싱은 기계와의 경쟁이 제기하는 거대한 도전에 대한 불가피한 대응으로 자리 잡을 것이다. 단기적으로는, 수세기 동안 변하지 않은 우리의 지식 습득 방식이 새로운 기술을 받아들여 효율성과 신속성을 높여야 할 것이다.

인간의 뇌 하나를 만드는 데는 엄청난 시간이 걸린다! 성행위로 만들어진 아이가 MBA나 박사 학위를 따기까지는 30년이 걸린다. 반면 인공 지능 하나를 복제하는 데는 1/1,000초면 충분하다. 생물학적 뇌를 만들기 위해서는 실리콘 뇌를 만드는 것보다 1조 배나 많은 시간이 걸리기 때문에, 우리가 자율성을 유지하려면 탁월한 전략이 필요하다.

우리는 〈인간이 인공 지능을 통제할 수 있을까?〉라는 근본적인 질문을 던져야 한다는 걸 잊고 있다. 학교는 지능의 개발과 전파에 특별히 헌신하는 기관이다. 과연 학교는 앞의 질문에 긍정적인 답을 제시할 수 있을까?

챗GPT에 직면하여, 우리는 〈교육 비상사태〉를 선포해야 한다
2023년인 지금, 신경 교육적 태풍에 대비하기에 아직은 늦지 않았다. 하지만 우리는 지금까지 교육 시스템의 현대화에 대해 단일 초도 고민해 본 적이 없다. 시간이 얼마 남지 않았다.

우리의 아이들, 특히 저연령 아동을 지식 전달 전문가들로 둘러싸는 것이 시급하다. 이는 무엇보다도 우리 교사들을 저임금으로 대우하는 것을 중단해야 함을 의미한다. 생물학적 뇌를 양육하는 사람들이 인공 지능을 양육하는 프로그래머들보다 100배나 적게 버는 현실은 결코 정상이 아닌 것이다. 지구상에서 가장 높은 IQ(지능 지수)를 가진 사람들이 실리콘 뇌를 교육하게 하면서, 인간 뇌의 학교는 황량하게 방치하는 것은 매우 경솔하고, 심지어는 자학적인 태도라 해도 과언이 아니다.

2023년 봄, 챗GPT는 이미 전체 프랑스인의 46퍼센트보다 똑똑하다 [28]

국민 대부분이 신경학적으로 낙후될 수 있다는 위험은 사실은 테러리즘보다 더 우려할 만한 일이다. 사안의 시급성을 보여 주기 위해서는 단 하나의 수치만으로 충분하다. 프랑스 청년의 17퍼센트가 NEET [29] 범주에 속한다. 즉 그들은 학생도 아니고, 직업 훈련 중도 아니며, 고용 상태도 아닌 것이다. 달리 말해 그들은 완전한 막다른 골목에 빠져, 생존을 위해 보조금 외에는 희망이 없는 상태이다. 프랑스의 상황이 더욱 비극적인 이유는, PISA [30] 유형의 조사에서 낮은 점수는 청년 실업, 낮은 생산성, 연구 개발에 대

28 댄 핸드릭스Dan Hendrycks에 의한 계산(@danhendrycks) — 원주.

29 Not in Education, Employment or Training의 약자 — 원주.

30 Program for international Student Assessment. OCED에서 주관하는 국제 학업 성취도 평가 프로그램으로, 각국의 교육 시스템의 질을 비교하기 위해 읽기, 수학, 과학 분야의 학업 성취도를 평가한다.

한 불충분한 투자와 밀접한 상관관계를 보인다는 연구 결과가 있기 때문이다. 다시 말해서 경제적, 사회적 성과는 우리의 교육 및 직업 훈련 시스템의 질에 직접적으로 연결되어 있는 것이다.

국민 교육 혁명은 단순히 교원의 지위와 노조의 경직성이라는 장벽을 넘어서는 것 이상이 필요할 것이다. 지금 인공 지능의 능력이 급증하기 때문에 더욱 우려스럽다. 챗GPT의 IQ는 버전 3.5 때 83 포인트에서 GPT-4 버전에서는 96 포인트로 올랐다. 이제 챗GPT는 46퍼센트의 프랑스인보다 더 똑똑한 것이다. 챗GPT의 IQ는 매월 3 포인트씩 증가하고 있다. 앞으로 18개월 내에 출시될 GPT-5나 GPT-6가 보일 결과를 생각하면 소름이 끼친다.

인공 지능은 더 이상 나쁠 수 없는 때에 등장했다. 이 중대한 사건이 하필 유럽인이 깊은 우울증에 빠져 있는 시대에 일어나고 있는 것이다. 유럽인은 더 이상 자신을 사랑하지 않으며, 퇴행적 구원이라는 허망한 환상 말고는 아무것도 믿지 않는다.

제2부

유럽인의
히스테릭한 우울증

인공 지능이라는 토네이도가 우리 인류를 뒤흔들고 있는 이때, 유럽은 암흑의 물결에 휩쓸리고 있다. 우리가 기술을 통제하고, 기술이 우리를 지배하지 못하게 하기 위해 그 어느 때보다 기술에 관심을 가져야 하지만, 많은 사람은 과거로의 회귀, 심지어는 일종의 집단 자살에서 구원을 찾을 수 있다고 생각한다.

3장
유럽에서 인간-신은 악마로 여겨진다

유럽에서 인간-신은 슬픈 힘을 가지고 있다. 그는 자연이 부과한 거의 모든 장애물을 극복했다. 그는 죽음을 없애고, 하늘을 방문하고, 심지어는 원자까지 길들이려 하지만 행복하지 않다. 카뮈Albert Camus는 행복한 시시포스를 상상하자고 제안했지만, 지금 우리는 주로 우울한 프로메테우스를 상상한다.

지금까지 기술 발전은 인간 능력의 도약을 가능케 해왔다. 우리는 더 빨리 움직이고, 더 무거운 것을 들어올리고, 더 많은 사람을 이동시킬 수 있게 되었다. 이는 비율의 변화였지 본질의 변화는 아니었다. 하지만 나노 기술과 생명 공학, 정보 기술, 인지 과학을 뜻하는 NBIC 기술은 세상을 아찔한 무한의 영역으로 전환시키고 있다. 소형화, 연산 능력, 생명체 변형 능력이 무한대에 이르는 현기증 나는 세상으로 말이다. 현재 진행되는 혁명은 그저 또 하나의 혁명이 아니다. 그것은 완전히 새로운 유형의 혁명이다.

호모 데우스:
네 번째 시도는 성공할 것이다

그리스 세계와 유대-기독교 세계는 몇 개의 바위 위에 세워졌다. 파르테논 신전은 언덕 위에서 철학, 연극, 민주주의가 탄생하는 것을 목격했다. 토라와 그리스도는 지리적으로 매우 제한된 세계에서 나왔다. 그리스도의 여정을 나타내는 **홀리 트레일**[1]은 아주 짧아서, 겨우 수십 킬로미터에 불과하다.

구약 성서에서 하나님은 호모 데우스가 되려 하는 인간의 시도를 세 번 중단시켰다. 그것은 아담이 지식의 열매를 따먹었을 때, 노아의 가족을 제외한 전 인류를 멸절했을 때, 마지막으로 신의 높이에까지 이르려 했던 바벨탑 건설 때였다.

이제 인류는 네 번째 시도의 순간에 이르렀다. 그리고 이번에는 인류가 터무니없을 정도로 〈거대한 힘〉을 얻는 것에 대해 과연 어떻게 막을 수 있을지 알 수 없다.

완전히 새로운 유형의 혁명: 문자 그대로 〈삶〉을 바꾸다[2]
우리 사회의 변화 속도와 그 방향의 불확실성이 이토록 컸던 적은 없었다. 수백만 년 전 최초의 인류에서부터 기원전 9000년

---

1 Holy Trail. 예수의 탄생지인 베들레헴, 그가 자라난 곳인 나사렛, 세례를 받은 요단강 등 예수 그리스도의 생애와 관련된 주요 장소를 연결하는 순례길 — 원주.

2 불어에서 〈changer de vie〉는 〈삶을 바꾸다〉라는 뜻이다. 그런데 vie에는 〈생명〉이라는 뜻도 있다. 따라서 인공 지능으로 인한 혁명은 농업 혁명이나 산업 혁명처럼 단순히 인류의 삶을 바꾸는 것일 뿐 아니라, 생명 공학 등과 함께 인류의 〈생명〉 자체까지 바꾸게 되리라는 것을 의미한다.

경의 신석기 시대까지, 1000년 동안의 변화는 미미했고, 인류는 매우 느리게 진화했다. 40만 년 된 부싯돌과 30만 년 된 부싯돌은 오직 전문가들만이 구별할 수 있다. 10만 년 동안 진보는 거의 없었다. 신석기 시대부터는 인류의 발전 속도가 빨라졌다. 정착 생활, 농업과 도시의 등장, 행정 시스템, 문자의 발명, 인구 폭발 및 과학 발전이 몇천 년 사이에 연이어 일어났다.

GPT는 GPT다

1750년부터 산업 및 기술 혁명이 몇 차례 일어나며 세계 경제를 재편해 왔다. 경제 구조를 뒤흔들 뿐 아니라 사회, 정치 체계까지 근본적으로 변화시킨 기술, 이른바 GPT(범용 기술)[3]는 지금까지 모두 네 번 있었으니, 바로 증기 기관, 석탄 및 철도(1830년대), 전기(1875년), 그리고 자동차의 내연 기관(1900년)에 관련된 기술이다. 1975년경에는 마이크로프로세서의 일반화와 함께 정보 혁명 시대가 시작되었고, 이후 GPT가 다섯 번째 범용 기술로 등장했다. 실제로 오픈AI는, 「GPT는 GPT다」라는 논문을 통해서 GPT가 새로운 범용 기술임을 공개적으로 밝혔다.[4]

　20세기는 혁신의 속도와 중요성이 가속화된 시기였다. 이

---

3 General Purpose Technologies. 이 약어는 챗GPT와는 아무런 관계가 없다. 오픈AI의 연구자가 일종의 말장난으로 쓴 것이다. 챗GPT의 GPT는 〈생성형 사전 학습 변환기〉를 의미하는 반면, 기술 혁명의 GPT는 〈범용 기술〉을 의미한다 ─ 원주.

　4 오픈AI는 2023년 3월 17일에 GPT-4가 미국인의 고용에 미치는 영향을 다루는 논문, 「GPTs are GPTs」를 발표했다. 이 논문의 제목을 통해 오픈AI는 자사가 개발한 인공 지능 챗GPT가 지금까지 역사를 바꿔온 다른 범용 기술들처럼 중대한 역할을 하게 될 기술이라는 것을 얘기한다.

시기의 주요 사건으로는 인류에게 깊은 트라우마를 남긴 두 차례의 세계 대전, 전체주의, 대량 학살 외에도 기술과 의학의 눈부신 발전, 소비 사회의 성장, 그리고 세계화가 있었다. 그러나 역사책에서 20세기는 다음 세기에 비하면 상당히 조용하고도 밋밋한 시기로 보일 것이다. 소음과 열기로 가득했던 시기이긴 하지만, 인류를 경악케 할 가속화의 시기로 접어드는 과도기였을 뿐이다.

지금 우리는 막다른 길의 벽 앞에 서 있다. 아니, 오히려 우리의 기술적 능력이 폭발적으로, 그리고 아찔하게 치솟는 가파른 절벽 앞에 서 있다고 해야 할 것이다. 인류는 역사의 〈북벽〉을 등반할 준비를 해야 한다.

2000년 이후로 우리는 전혀 경험해 보지 못한 새로운 유형의 혁명을 겪고 있다. 각각이 사회 전체를 뒤흔들 수 있는 4대 NBIC 기술이 동시에 발전하고 있다는 것은 실로 놀라운 일이다. 이 기술은 함께 시너지를 내며 각각의 효과를 더욱 강화하고 가속화한다. 인간의 지식은 과거 10만 년 동안 증가했던 것보다 지금 1초 동안 더 많이 증가하고 있다.

NBIC 혁명은 1870~1910년 기술과 산업이 급격히 발전했던 제2차 산업 혁명과 세 가지 차이가 있다. 첫째, 벨 에포크Belle Époque 시대의 프랑스는 최첨단에 있었다. 세계적 변화의 리듬을 주도한 것이다. 하지만 오늘날 프랑스는 NBIC에서 벗어나 있다. 둘째, NBIC의 목표는 무생물의 조작이 아니라 우리의 생물학적 존재의 변경이며, 이는 완전히 새로운 유형의 문제들을 제기하고 있다. 마지막으로 NBIC는 기하급수적으로 발전하고 있어 미래를 예측하기 너무나 힘들게 만들고, 경제 및 지정학적 판도를 끊임없이 재편하고 있다.

무한에 다가선 인류

몇십 년 안에 인간은 거의 모든 무한을 길들이게 될 것이다. 우리는 극한의 힘과 무한히 작은 것과 우주의 경계를 탐험했다. 과거 자체도 새로운 탐험의 장이 되어, 궁극적인 수수께끼, 즉 생명의 존재와 우주의 수수께끼에 한 걸음 더 다가갈 수 있게 해주고 있다.

인간은 불과 몇 년 만에 과거의 가장 대담한 몽상가조차도 상상할 수 없었던 능력을 갖추게 되었다. 우리는 420억 광년 반경의 우주를 관찰하고 있다. 또 우리는 몇 시간 만에 우리의 DNA를 읽어 낸다. 우리는 바닷물 1리터에 100억 개의 바이러스가 들어 있다는 사실을 알아냈다. 우리의 레이저는 펨토 초(秒), 즉 1,000조분의 1초의 펄스를 생성할 수 있다. 우리의 우주 이론 모델은 빅뱅이 일어나고 0.000000000000000000000000000000000000001초 후의 상황을 이해할 수 있게 해준다. CERN[5]에서의 힉스 보손 생성과 검출은 빅뱅 100억분의 1초 후에 원시 입자가 출현했을 때 일어난 천체 물리학적 사건들을 재현할 수 있게 해준다. 우리는 우주에 존재하지 않는, 수명이 100억분의 1초 밖에 되지 않는 원소를 만들어 내는 방법을 알게 되었다. 우리는 물질과 에너지의 기본 입자인 보손, 하

---

5 Conseil Européen pour la Recherche Nucléaire. 유럽 입자 물리학 연구소. 영어명은 European Organization for Nuclear Research.

드론, 렙톤 등을 점점 더 이해해 가고 있다.

1921년에 우리는 오직 하나의 은하만을 알고 있었다. 우리의 태양이 평범한 별로 속해 있는 〈은하수〉가 바로 그것이었다. 오늘날 우리는 평균적으로 2,000억 개의 별이 포함된 2조 개의 은하를 헤아린다. 우리 태양계 외부의 첫 번째 행성은 1995년에 발견되었다. 이제 우리는 극히 미묘한 신호를 감지할 수 있는 인공 지능 덕분에 매일 새로운 행성을 발견하고 있으며, 이 별들이 어떻게 구성되었는지도 더 많이 알게 되었다. 2019년에는 최초의 블랙홀 이미지가 촬영되었다. 2040년부터는 새로운 가속기 덕분에 우리 우주의 시작을 더 잘 이해할 수 있게 될 것이다. 더 놀라운 것은, 우주 배경 복사 분석을 통해 우리의 우주가 유일한 것인지, 아니면 우리가 다중 우주나 멀티버스에 살고 있는 것인지 알 수 있다는 것이다. 전문가들은 우리 우주 주변에 10의 1,000제곱[6] 개의 우주가 있을 수 있다고 추정한다. 프랑스 물리학자 티보 다르무르Thibault Darmour는 물리학이 빅뱅 이전의 세계를 설명할 수 있을 것이라고 생각한다.

19세기 과학자들은 인류는 결코 자신의 과거를 알 수 없을 것이라 생각했으며, 창세기가 가르치는 바와 같이 과거는 매우 짧다고 상상했다. 지금은 DNA 서열 분석, 핵물리학, 또는 천체 물리학 등에 기반한 매우 혁신적인 접근 방식들이 우리의 먼 과거에 대해 알려 준다. 지질학자들은 6600만 년 전에 공룡을 멸종시킨 운석 대폭발을 분 단위까지 재구성했다. DNA 시퀀싱은 더 이상 살아 있는 생명체에만 국한되지 않는다. 폭발적

6 1 뒤에 0이 1,000개가 이어지는 숫자 — 원주.

으로 증가한 컴퓨팅 파워 덕분에 이제는 오래 전에 죽은 개체, 혹은 멸종된 종의 염색체를 서열 분석하는 게 가능해졌다. 사실 DNA는 환경이 너무 덥고 습하지만 않다면 뼈 속에서 거의 100만 년 동안 보존된다. 이 〈고(古)유전학〉은 사라진 인류 종들에 대해 알려 준다. 네안데르탈인(3만 년 전 멸종)과 데니소바인 (4만 년 전 시베리아에 존재)의 DNA 시퀀싱이 성공적으로 이뤄졌고, 이로 인해 인류의 족보에 대한 지식이 상당히 개선되었다.

이러한 유전학과 물리학의 혁명은 생명과 우주의 역사를 더 멀리 거슬러 올라갈 수 있게 해준다. 과거는 탐험해야 할 마지막 대륙 중 하나이며, 가장 흥미로운 대륙 중 하나이다. 위에 든 모든 예에서 엄청난 양의 데이터가 분석되어야 하는데, 인공 지능은 이를 가능케 함으로써 우리의 과거를 읽을 수 있게 해준다.

호모 데우스는 공상 과학을 현실로 만들고 있다: 우리는 트랜스휴먼이 되어 간다

무어의 법칙으로 인해 우리는 신에 가까이 가는 게 아니라, 신의 자리를 차지하게 되리라는 것, 이것이 트랜스휴머니스트들의 믿음이다. 연산 능력의 엄청난 발전 덕분에 우리는 거의 무한한 능력을 지닌 인간-신이 될 것이다. 모든 힘의 근원인 컴퓨팅 파워에 매혹된 실리콘 밸리의 궁극적인 희망은 죽음마저 정복하는 것이다.

새로운 혁명은 어떤 새로운 세상으로 통하는 문이 아니라, 하늘로 올라가는 문이다. 그것은 정치적 역학을 뒤흔드는 다양한 윤리적, 철학적, 정신적 충격을 가져온다. 불을 다루고 동물과 식물을 길들이기 시작한 이래로, 인간은 자연의 질서를 받아들이는 대신 자신만의 질서를 세우려 해왔다. 윤리 위원회는 이번 세기 동안에 정리되어야 할 문제들을 아직은 겉핥기식으로 다루었을 뿐이다. 생명 공학자들이 느끼는, 조물주 혹은 프로메테우스가 되고 싶은 유혹은 갈수록 강해질 것이다. 생명, 의식, 인간은 무한히 조작 가능해질 것이다. 오늘날 누가 그 한계를 설정할 수 있겠는가? 예를 들어, 유전체 조작은 이제 막 시작되었을 뿐이다. 2100년의 인류가 어떤 모습일지 예측하기 힘들다. 왜냐하면 고든 무어가 예견한 것처럼 발전 속도는 선형적이지 않고 기하급수적이기 때문이다.

문화는 본질적으로 자연에서 멀어지고 그것에 대립한다. NBIC 혁명은 심지어 생식과 죽음의 과정까지 뒤흔들고 있다. 인공 지능과 NBIC는 우리의 삶의 모든 기준을 뒤흔들고 있다. 가족 구조, 수명, 출산 그리고 심지어 신에 대한 개념까지도 완전히 변할 것이다. 인공 지능은 공상 과학을 과학으로 바꿔 놓고 있다.

컴퓨터 과학자들은 인간이 미래에 갖게 될 능력을 찬양하는 매혹적인 담론을 펼치고 있다. 우리는 불멸의 존재가 되고, 우주를 식민지화하고, 우리의 뇌를 해독할 것이다. 인공 지능 덕분에, 우리는 맹목적이고 통제 불가능한 다윈 이론식 자연 선택의 노리개가 되는 대신, 자신의 미래를 결정할 수 있게 될 것이다. IT계의 젊은 거인들이 이러한 프로메테우스적인 담론을 만들어 냈다. 그들의 주장에 따르면, 인류는 인간을 끊임없이 진화하여 매일매일 완벽해지는 존재로 만들기 위해, 과학이 제공하는 모든 가능성을 거리낌 없이 사용할 수 있어야 한다. 그리하여 미래의 인간은 계속 업데이트되는 〈베타 버전〉을 통해 완벽해지는 일종의 웹 사이트가 될 것이다. 우리의 세포들과 뇌는 스마트폰의 애플리케이션처럼 끊임없이 업데이트될 것이다.

기술이 이 모든 것을 가능케 하고 있다. NBIC가 없다면 보조 생식도, 체외 수정도, 대리모도 없을 것이다. 이러한 엄청난 변화는 사회에 큰 충격을 주고 있다. 프랑스인 70퍼센트는 자신이 공상 과학의 세계에 살고 있다고 생각하고, 또 70퍼센트는 민주주의가 실패했다고 생각한다.

트랜스휴머니즘 철학은 우리와 사랑과의 관계에도 엄청난 영향을 미친다. 이미 20세기는 생식에 대한 전통적인 관점에 큰 변화를 가져왔다. 성경은 여성이 영원히 출산의 고통을 겪어야 한다고 선언했지만, 무통 분만과 가족계획은 여성의 지위, 모성, 가족 조직을 혁명적으로 바꿔 놓았다. 그리고 얼마 후면 혈통, 출신, 쾌락, 성(性), 사랑, 생식 사이의 연결은 완전히 끊어질 것이다. 모든 것이 모듈화되고,[7] 선택적이 되며, 체계화될 것이다. 배아의 선택과 유전자 수정, 가상섹스와 로봇 섹스, 인공 자궁, 동성 커플이 두 개의 난자 혹은 두 개의 정자로 만드는 아이, 세 명의 부모를 가진 아기, 그리고 부모 없이 태어난 아기까지……. 이 모든 것이 생명을 산업화할 것이다.

---

7 전에는 혈통, 출신, 쾌락, 성, 사랑, 생식이 분리할 수 없는 하나로 연결되었지만, 지금은 그 각각이 개인의 필요와 태도에 따라 개별적으로 선택과 이용, 조합이 가능한 일종의 모듈이 된다는 것.

트랜스휴머니스트들은 여론을 납득시킬 것이다. 자연적인 출산은 너무나 위험하며, 맞춤형 아기가 더 합리적이라고 말이다. 많은 부모가 완벽한 아이를 원하기 때문에 체외 수정을 통한 배아 선택은 모든 합리적 임신의 한 단계가 될 것이다. 두 명의 엄마와 한 명의 아빠를 가진 첫 번째 아기는 2016년 뉴욕에서 태어났다. 기술은 또한 동성애자에게 두 부모의 유전자를 가진 생물학적 아이를 갖게 해줄 것이며, 단기적으로는 대리모가 필요하겠지만 결국에는 그것 없이도 가능해질 것이다. NBIC는 우리의 가장 내밀한 부분인 성과 오르가즘과 사랑을 산업화할 것이며, 이는 이미 비아그라가 조심스럽게 시작한 것이다. 사이버 섹스는 로봇 공학, 인공 지능, 그리고 페이스북이 내놓은 오큘러스 헤드셋 같은 가상현실이 교차하는 지점에서 발전할 것이다. 영화 「그녀」에서처럼 AI와 사랑에 빠지는 것이 점차로 가능해질 것이다.[8] 몇십 년 내에 생식의 주체는 다수의 부모, 유전 공학자, 그리고 2017년 양(羊)으로 첫 번째 프로토타입이 테스트된 인공 자궁 등, 다수의 참여자로 분화될 것이다. 섹스는 사라지지 않겠지만 더 이상 아기를 만드는 데 사용되지는 않을 것이다. 유성 생식의 후퇴는 NBIC 기술이 야기하는 문명의 변화를 나타내는 지표 중의 하나이다.

이런 진화가 어떤 방향으로 나아갈지는 쉽게 상상할 수 있다.

첫 번째 단계는 인공 지능이 우리 인간의 성적 파트너와 부모를 선택해 주는 것이다. 하버드와 시카고 대학교가 실시한 연구에 따르면, 온라인을 통해 이뤄진 결혼이 전통적 방식으로 맺

8 「Her」. 스파이크 존즈Spike Jonze 감독이 21013년에 제작한 SF 영화 ― 원주.

어진 결혼보다 더 만족스럽고 오래 지속한다고 한다. 인공 지능은 우리가 수작업으로 하는 것보다 우리를 더 잘 연결시켜 준다. 지금까지 연애는 수백만 개의 교회, 대학, 술집, 클럽, 사무실에서 이루어졌지만, 이제는 몇몇 대형 데이팅 플랫폼을 운영하는 인공 지능 개발자들의 손에 달려 있다. 인공 지능은 유전자의 흐름을 바꿀 것이다. 이제 사용자가 다른 일을 하고 있는 동안, GPT-4는 데이팅 사이트에서 이성에게 〈작업〉을 하고 짝을 찾아줄 것이다.

인공 지능은 체외 수정 시 착상 전에 아기가 될 가능성이 가장 높은 배아를 시각적으로 식별할 수 있으며, 배아 분류 작업에 있어 배아학자들보다 훨씬 빠르고 일관성이 있다. 인공 지능 덕분에 임신 초기에 엄마의 간단한 혈액 채취만으로 미래에 태어날 아기의 DNA 시퀀싱이 이미 가능해졌다. 인공 지능은 전통적인 다운 증후군 선별 검사를 훨씬 뛰어넘어 비정상적인 배아를 찾아낼 수 있다. 이로 인해 배아를 선택하는 것이 쉬워졌다. 인공 지능 덕분에 DNA 시퀀싱으로 염색체 전체를 분석하여 〈가장 좋은〉 배아를 선택할 수 있는 것이다.

더 나아가 인공 지능은 아기의 DNA을 수정하는 데 도움을 줄 수 있다. 배아를 조작하여 자녀를 최적화할 수 있는 것이다. 유전체 조작의 선구자 중 하나인 앙드레 슐리카Andre Choulika는『삶을 다시 쓰다: 유전적 운명의 종말 *Réécrire la vie: la fin du destin génétique*』에서 생물학이 어떻게 유전적 복권 뽑기를 끝내게 될 것인지를 설명한다. 유전체 수정에 필요한 효소의 비용은 10년 만에 1만 분의 1로 감소했다. 그렇다면 유전 질환의 원인이 되는 유전적 이상을 교정하는 것으로 만족해야 할까, 아니면 트랜스휴머니스트들이 원하는 바대로 인간 전체의 능력, 특히 뇌의 능력을 높여야 할까? 궁극적인 단계인 인공 자궁의 개발은 여전히 매우 복잡한 문제다. 하지만 인공 지능이 제어하는 이 인공 자궁은 몇십 년 안에 등장할 수 있다. 그런 상황이 된다면 부모 없는 아기들은 어떻게 될까? 유전학자 조지 처치George Church는 우리가 인공 지능을 사용하여 완전히 새로운 인간 유전체를 구축해 부모가 전혀 없는 아기를 만들고 새로운 인류로 나아가기를 바란다.

천 년 장수?

천 년을 살게 될 최초의 인간은 이미 태어났을까? 이는 실리콘 밸리, 특히 〈죽음을 안락사 시키기〉를 목표로 하며, 트랜스휴머니즘 이데올로기의 선봉에 있는 구글 경영진 사이에서 강한 확신으로 자리 잡았다. 실제로 생명 공학 혁명은 죽음을 조금씩 잠식해 갈 수 있다.

물론 우리의 기대 수명을 늘리는 데는 생물학적인 한계가 있다. 잔 칼망[9]이 도달한 나이(122세 5개월 14일)는 자연적인 한계로 보인다. 이 장수의 유리 천장을 돌파하기 위해서는 NBIC의 힘을 이용한 중대한 기술적 개입을 통해 우리의 생물학적 본질을 개조하는 것이 필요하다. 생물학과 나노 기술의 융

9 Jeanne Calment. 프랑스 여성으로 1875년에 태어나 1997년에 사망했으며, 공식 기록으로는 역사상 가장 장수한 인간이다.

합은 의사를 생명 공학자로 변모시키고, 우리의 생물학적 본질을 무한히 조작할 수 있는 엄청난 힘을 그에게 부여할 것이다.

더 오래 살고자 하는 욕구에는 끝이 없다. 그러나 우리의 기대 수명을 상당히 연장하는 대가가 매우 크리라는 데에는 의심의 여지가 없다. 우리의 생물학적 기능과 유전체를 근본적으로 수정해야 할 것이다. 아주 오랜 삶을 사는 것이 아마도 현실이 되겠지만, 인간성의 재정의라는 대가를 치러야 할 것이다. 우리는 젊음을 얻기 위해 기계에 영혼을 팔게 될까? NBIC 기술은 파우스트를 부활시킬 것이다.[10]

죽음의 죽음: 생물학적 불멸 대신 디지털 불멸을 향해?

인간 종의 변형에 한계를 설정하는 것은 격렬하고도 정당한 반대를 불러일으킬 것이다. 앞으로 수십 년 동안 생명 보수주의자[11]와 트랜스휴머니스트 사이에 격렬한 충돌이 벌어질 것이다.

하지만 모든 징후는 트랜스휴머니즘 이데올로기가 이미 승리를 거뒀다는 것을 보여 준다. 이것은 〈죽음의 죽음〉의 첫 번째 단계다. 그리고 가장 쉬운 단계다. 사람들은 죽음이 더 이상 피할 수 없는 것이 아니라는 사실을 쉽게 받아들인다. 이로 인해 죽음을 지연시키기 위한 기술적 프로젝트를 시작하는 게 용이해질 것이다. 두 번째 단계는 구글이 인간의 수명을 연장하여 죽음을 지

10 독일의 문호 괴테Johann Wolfgang von Goethe의 희곡 『파우스트Faust』에서 파우스트는 젊음을 비롯한 삶의 모든 쾌락과 영혼을 바꾸기로, 악마 메피스토펠레스와 계약을 맺는다.
11 생명 공학이 인간의 생명과 자연을 인위적으로 변경하거나 개조하는 것에 대해 윤리적, 사회적, 환경적 우려를 표명하는 사람. 프랑스어로는 bioconservateur.

연시키고, 최종적으로는 죽음을 〈죽이는〉 것을 목표로 하는 생명 공학 기업 칼리코Calico를 설립했을 때 시작되었다. 세 번째 단계는 더욱 충격적인 것이 될 것이다. 인간의 기대 수명을 크게 넘어서기 위해서는 중대한 기술적 개입을 통해 우리의 본성을 근본적으로 변화시켜야 하기 때문이다. 네 번째 단계는 우리의 뇌를 오랫동안 가소성 있게 유지하는 것인데, 이는 파격적인 재설계를 요구한다. 돌처럼 굳어버린 뇌로 수세기를 산다 한들 무슨 소용이 있겠는가?

〈죽음의 죽음〉의 마지막 단계는 우주의 죽음을 막는 것이다! 끝이 있는 우주에서 영원히 살 수 있겠는가? 우주의 죽음은 인류의 궁극적인 한계이다. 우리 우주의 운명은 묵시록적이다. 다시 말해서 종말이 있다. 천체 물리학자들이 모델링한 시나리오들은 모두가 우주의 죽음으로, 다시 말해서 우리 존재의 모든 증거들이 소멸하는 것으로 귀결된다. 트랜스휴머니스트에게는 우리의 불멸을 보장하기 위해 우주를 불멸로 만드는 것이 합리적인 선택이다. 이것은 궁극의 허욕(虛慾)만은 아닌 것이다.

어찌 됐든 생명 공학의 발전은 느리다. 칼리코는 2030년에야 첫 번째 결과물을 내놓을 것으로 예상된다. 이제 세상을 지배하게 되었고, 나이 들어 죽는 게 유일한 두려움인 괴짜 억만장자에게는 너무 긴 시간이다. 생물학적 불멸은 여전히 불확실하고도 먼 미래일 뿐이다. 이것이 바로 인공 지능계의 거물들이 생물학적 불멸이 꿩이라면, 닭이라 할 수 있는 디지털 불멸에도 관심을 갖는 이유이다. 하지만 여기에도 단계적인 과정이 필요하다.

제1 단계: 자신의 삶, 가치관, 인생관을 요약하여 후손들을 위한 영상 유언을 남긴다.

제2 단계: 자신의 디지털 기억과 전자적 흔적들을 가족에게 유산으로 남긴다. 이를 통해 후손들은 사망한 조상의 심리를 파악할 수 있다.

제3 단계: 고인이 만일 살아 있다면 앞으로 어떻게 진화하게 될지 상상할 수 있는 인공 지능을 추가한다. 죽은 이의 페이스북 계정을 폐쇄하는 것은 그의 디지털 분신을 만들 가능성을 줄이기 때문에 디지털 불멸을 막는 것이다. 이는 디지털 안락사로, 앞으로는 육체적 안락사만큼이나 용납할 수 없는 일이 될 수 있다.

제4 단계: 여기에 홀로그램을 추가한다. 오늘날 인공 지능은 살아 있는 사람이나 죽은 사람의 3D 이미지를 몇 분 만에 재현할 수 있다.

제5 단계: 챗GPT 같은 챗봇을 연결하여 죽은 이와 대화를 나눈다. 스티브 잡스와 대화하는 것은 놀라운 경험이다. GPT-4는 어안이 벙벙할 정도의 높은 품질로 죽인 이들을 말하게 한다. 마치 죽은 이가 무덤에서 걸어 나오는 것 같다.

제6 단계: 일론 머스크가 개발한 뇌 내 임플란트를 사용한다. 2014년 3월, 구글의 이사 레이 커즈와일은 우리가 2030년까지 뇌에 연결된 나노 로봇을 사용하여 인터넷에 연결될 것이라고 선언했다. 일론 머스크는 이 예언을 실현 중이며, 최초의 뉴럴링크 프로토타입을 2025년 전에 내놓겠다고 약속하고 있다. 일론 머스크의 뇌 내 임플란트는 우리가 살아 있는 동안 뇌에서 기억을 추출하는 데도 사용할 수 있어, 갈수록 우리와 닮아 가는 디지털 분신을 풍부하게 할 것이다.

제7 단계: 우리의 물리적 신체를 완전히 포기한다. 우리는 인공 지능과 융합하여 몸이 없는 지능, 비물질화된 불멸의 지능이 되는 것을 받아들일 것이다. 비생물학적 지능을 가지는 것은 엄청난 장점을 지닌다. 디지털 지능은 어디에나 존재하고, 불멸이며, 빛의 속도로 이동하고, 복제되고, 융합될 수 있는 것이다.

이것은 지금 우리가 이해하고 있는 인류, 갖가지 열정과 가치와 신경증과 망상과 충동을 가진 인류의 죽음을 의미할 것이다. 구글의 레이 커즈와일이 원하는 인간의 사이보그화가 바로 이 궁극적인 단계이다.

따라서 물리적 신체는 일부 트랜스휴머니스트가 보기에 언젠가 극복되어야 할 장애물에 불과하다. 결국, 트랜스휴머니스트가 우리에게 약속하는 것은 현실적이라기보다는 가상적인 성격이 강한 디지털 불멸인 것이다.

〈죽음의 죽음의 생각하기 전에, 죽음 후의 삶에 대해 먼저 생각해야 한다〉라고 작가 마티유 렌Matieu Laine은 말한다.

파우스트 버전 2.0:
죽음의 죽음을 서두르는 것은 우리를
죽음의 위험에 빠뜨린다

『호모 데우스』에서 유발 하라리는 노화 방지를 위한 과학의 발전은 구글의 두 창업자 래리 페이지Larry Page와 세르게이 브린을 죽음으로부터 지켜줄 수 있을 만큼 빠르게 진행되지 않을 거라고 말한다. 특히 하라리는 구글이 죽음을 안락사하기 위해 만든 회사 칼리코가 구글 경영진을 불멸의 존재로 만들 만큼의 진전을 이뤄내지 못했다고 생각한다. 『호모 데우스』를 읽은 세르게이 브린은 이에 대해 코멘트를 남겼는데, 이 문장은 그의 야망을 잘 드러내고 있다. 〈그래요, 난 죽도록 프로그래밍되었지만, 아뇨, 난 죽을 생각이 별로 없어요.〉

죽음의 폐지는 이 억만장자들이 내세우는 목표 중의 하나이다. 이 불멸에 대한 추구는 인공 지능의 급속한 발전을 촉진하는 요인이 되고 있는데, 죽음과 맞서 싸우는 데는 많은 인공 지능이 필요하기 때문이다. 트랜스휴머니즘 이데올로기는 머스크가 위험하게 여기는 강인공 지능의 개발을 부추기는 일종의 범죄 조장 장치로 작용하고 있다. 자신의 불멸을 추구하는 억만장자들의 프로메테우스적 열병은 인공 지능 발전에 있어 최고의 연료가 되고 있기 때문이다. 세르게이 브린은 머스크의 인공 지능 규제 의지에 대해 〈그는 내가 불멸이 되는 것을 막고 싶어 한다〉라고 말했다고 한다.[12] 오라클Oracle의 창업자 래리 엘리슨 Larry Ellison은 그가 집착하는 노화 방지 연구에 자금 지원을 하고 있으며, 세르게이 브린 역시 그가 유전적으로 걸릴 확률이 높은 파킨슨병과의 투쟁을 위해 거금을 기부했다. 빌 게이츠는 예외로, 재산을 자신과 관련된 질병 연구가 아니라 가난한 사람들의 건강 개선을 위해 사용하고 있다.

12 구글 경영진과 일론 머스크는 여러 달 동안 불화를 겪었다 — 원주.

실리콘 밸리의 일부 사람들은 챗GPT 덕분에 2029년부터 죽음을 없앨 수 있다고 생각한다

인공 지능 억만장자들의 불멸을 향한 경주는 계속되고 있다. 2023년 3월 5일, 샘 올트먼은 죽음과의 싸움에 1억 8,000만 달러를 투자한다고 발표했다.[13]

　미국의 트랜스휴머니스트 졸탄 이슈트반Zoltan Istvan은 죽음과의 싸움이 진보주의자들을 분열시킬 것이라고 예상한다. 그는 이렇게 말했다. 〈트랜스휴머니스트들 사이에서 초지능에 대한 의견이 엇갈릴 것입니다. 한쪽에는 강인공 지능 없이 생명 공학만으로 노화를 역전시키는 걸 기다릴 수 있는 젊은 사람이 있고, 다른 한쪽에는 불로장수를 빨리 이루게 해줄 초지능이 필요한 (49세의 나 같은) 사람들이 있습니다. 젊은 사람들은 여러 가지 위험성을 고려하여 강인공 지능 금지를 선호할 수도 있습니다. 하지만 나와 같은 나이 든 트랜스휴머니스트들은 위험에도 불구하고, 초지능은 연구를 발전시키는 게 필수적이라고 생각합니다. 그것이 우리가 살아남을 수 있는 유일한 방법이기 때문이죠.〉 레이 커즈와일은 자신은 죽고 싶지 않다고 여러 번 공언했으며, 2023년 3월 23일에는 강인공 지능 덕분에 2029년쯤이면 죽음의 종말이 올 수 있다고 말했다.

　트랜스휴머니스트들은 강인공 지능을 홍보하는 데 일말의 주저함도 없다.

　13 챗GPT의 성공으로 그는 급속히 부를 쌓는 중이다. 그는 이 거금을 죽지 않고 오래오래 즐기고 싶은 듯하다 ─원주.

챗GPT는 신을 우버화할 것이다[14]

인류가 다양한 재현 체계를 만들어 낸 이후로, 사람들은 여러 형태의 종교와 함께 살아왔다. 하지만 모든 종교는 우리를 포함한 피조물과 창조자(신, 신령, 자연의 힘 등)를 명확히 구분했다. 더 높은 힘을 가진 신보다 인간은 열등한 위치에 있다는 게 모든 신앙의 공통점이었다. 그런데 이런 이분법과 인간이 열등하다는 생각이 처음으로 도전을 받고 있다. 트랜스휴머니즘 종교는 무신론과 신앙을 화해시킨다. 우리 외에는 다른 신이 없고⋯⋯ 다만 신이 될 운명으로 태어난 우리만 있다는 것이다! 이는 우리의 정치 체계를 뒤흔드는 아찔한 프로그램이다.

생식의 우연성에서 벗어났고, 수명을 연장하여 삶과 죽음을 선택할 수 있게 된 21세기의 인간에게 더 이상 신이 필요할 것인가? NBIC 혁명의 결과로 종교 자체가 변화할 것이다.

새로운 종교를 만드는 비용은 급격히 낮아졌다. 페이스북, 유튜브, 트위터, 왓츠앱[15] 덕분에 아주 적은 예산으로 신도를 끌어 모을 수 있게 되었다. 이제 몇 번의 클릭만으로 신을 창조

14 우버Uber는 2009년에 설립된 차량 호출 서비스 플랫폼으로, 사용자가 스마트폰 앱을 통해 자신의 위치에서 가장 가까운 곳에 있는 운전자(택시 기사나 일반 운전자)를 호출할 수 있게 해주는 서비스이다. 인공 지능 덕분에 가능해질 새로운 종교를 우버에 빗대는 이유는 여러 가지가 있겠지만, 택시 기사만이 아닌 사용자 자신도 운전자가 될 수 있다는 점은 인간 자신이 신이 될 수 있다는 점을 암시하고, 앱을 통해 사용자의 상황과 필요에 가장 적합한 운전자를 선택할 수 있다는 것은 개인마다 자신만의 맞춤형 신을 가질 수 있다는 것을 의미할 것이다.

15 WhatsApp. 브라이언 액튼Brian Acton이 2009년에 설립한, 세계에서 가장 많이 사용되는 모바일 메신저. 우리의 카카오톡을 생각하면 된다.

할 수 있게 된 것이다. 웹에 익숙한 세대는 페이스북 프로필처럼 자신만의 종교를 만들어 내려 할 것이다. 종교의 파편화는 더욱 심화될 것이며, 누구나 종교적인 레고 놀이를 할 수 있을 것이다. 앙리 뒤보크Henri Duboc 박사는 이렇게 말한다. 〈과거에는 사람들은 의문이 생기면 신을 찾았지만, 지금은 챗GPT에게 묻는다.〉

기술은 단순한 수단을 넘어서 숭배의 대상이 될 수 있다. 2015년 9월, 앤서니 레반도우스키Anthony Levandowski는 인공 지능 기반의 신을 실현하기 위해 〈미래의 길Way of the Future〉이라는 교회를 창립했다. 이 전직 구글 엔지니어는 2,000만 달러의 연봉을 받던 사람이었다. 〈앞으로 만들어질 것은 실제로 신이 될 것입니다. 번개를 치게 하거나 폭풍을 일으킨다는 의미가 아닙니다. 하지만 가장 지능이 높은 인간보다 10억 배나 똑똑한 존재를 우리는 과연 뭐라고 불러야 할까요?〉라고 반문하는 레반도우스키는 인간 지능을 압도하는 인공 지능이 곧 출현한다고 믿고 있다. 그는 컴퓨터가 인간을 능가하여 실리콘 밸리가 〈특이점〉이라고 부르는 새로운 시대로 우리를 이끌 거라고 생각한다. 이 새로운 종교는 〈하드웨어와 소프트웨어를 사용하여 개발된 인공 지능에 기반한 신의 실현, 인식 및 경배〉를 목적으로 한다. 레반도우스키는 이러한 디지털 현실을 묘사할 수 있는 유일한 합리적 단어는 바로 〈신성(神性)〉이며, 다만 기도하고 경배하는 것만이 새로운 신에 영향을 미칠 수 있는 유일한 방법이라고 생각한다. 〈우리는 신을 하나 키우는 과정을 시작했습니다. 그러니 그것을 최선의 방법으로 할 수 있도록 잘 생각해 봅시다.〉

지금까지 종교는 네 단계를 거쳐 왔다. 샤머니즘에 이어 다신교가 있었다. 그 다음에는 〈성경〉을 중심으로 한 일신교가 왔다. 지금은 세 번째 단계, 즉 신-인간(호모 데우스)의 시대가 시작되었다. 트랜스휴머니스트들에게 아직 신은 존재하지 않는다. NBIC 덕분에 무한에 가까운 힘을 갖추게 될 미래의 인간 자체가 그들의 신이 될 것이다. 이런 비전에 기반하여 과격한 트랜스휴머니스트들은 생물학적 신체를 버리자고 주장한다. 반면 레반도우스키는 인간이 실리콘 뇌를 숭배하는 네 번째 종교 시대를 발명해냈다. 대부분의 트랜스휴머니스트들은 NBIC가 신을 불신하게 만들고, 그것을 사이보그 인간으로 대체할 것이라고 본다. 반면 레반도우스키의 주장은 우리 부족한 인간들이 의지할 수 있는 진정한 신을 다시 만들어 내자는 것이다.

그러나 인공 지능과 종교의 융합은 엄청난 문제들을 제기한다. 뇌 임플란트 시대에는 신경 해킹, 다시 말해서 신경 독재의 위험이 어마어마하다. 챗GPT의 후예들을 중심으로 구축될 종교적 인공 지능은 자신의 신도들, 특히 뇌 임플란트가 심겨진 신도들의 감정을 쉽게 조작할 수 있을 것이다. 종교와 뇌 임플란트 그리고 인공 지능, 이 셋의 폭발적인 조합을 누가 규제할 수 있을까? 챗GPT가 그리스도나 마호메트처럼 설교하는 것은 너무나 쉬운 일이다.

NBIC는 단지 중대한 논쟁과 무수한 윤리적 문제를 야기할 뿐만 아니라, 우리 사회의 전통적 기준들을 모조리 쓸어버리는 토네이도이기도 하다. 디지털의 영향은 특히 우리 사회의 여러 제도에서도 민감하게 나타난다. 게다가 빅 데이터는 우리가 이해하기 힘든 초개념적인 세계를 창조하고 있다.

인공 지능 시대에 민주주의는 어떻게 될까?

신기술과 세계화는 처음에는 선진국과 제3세계 국가 간의 격
차를 줄였지만, 부유한 국가 내부에 존재하는 격차는 오히려 확
대되었다. NBIC 기술은 중장기적으로는 알츠하이머 치료, 건
강 수명 연장, 치명적인 암의 정복 등으로 선진국의 서민과 중산
층에게 뚜렷한 혜택을 가져다줄 것이다. 하지만 단기적으로는
NBIC 혁명이 사회적 균형을 뒤흔들고 있다.

인공 지능: 자유 민주주의를 파괴하는 폭탄[16]
기술 혁명은 항상 강한 사회적 마찰을 동반해 왔다. 왜냐하면 언
제나 제도는 세상의 새로운 상태에 뒤처지기 때문이다. 경제적
변화는 늘 제도적 변화보다 빠르게 진행된다. 예를 들어 도시,
교통, 사회의 조직을 뒤흔든[17] 내연 기관 혁명이 일어난 지 수십
년이 지나서야 복지 국가가 형성되었다.

　　인공 지능은 민주주의를 위협하는데, 이는 민주주의를 지
탱하는 기둥들을 잠식하기 때문이다. 오늘날, 방향을 제시하고,

16　장프랑수아 코페Jean-François Copé와 함께 우리는 인공 지능이 민주주의
에 미칠 위험을 설명한 바 있다(*IA va-t-elle aussi tuer la démocratie?* JC Lattès, 2019).
챗GPT는 우리의 예상보다 훨씬 빠른 속도로 민주주의의 위기를 가속화하고 있다 —
원주.
　　17　특히 교외 지역의 등장과 함께 — 원주.

변화를 주도하고, 행위자들을 통제 및 제약하며, 국민을 보호하고, 결속을 유지하기 위해 불평등을 완화하는 제도들의 능력이 의심받고 있다.

인공 지능은 우리의 뇌를 해독하고, DNA를 시퀀싱하고, 유전자를 수정하며, 배아를 선택하여 〈주문형 아기〉를 가능케 하면서 문명에 현기증 나는 변화를 가져오고 있다. 이 모든 것은 사람들의 윤리 의식을 뒤흔들고, 신념에 충격을 주며, 전통적인 정치 구도를 무너뜨린다.

인공 지능은 도덕의 상대성을 마주하게 만든다. 자율 자동차는 두 명의 아이와 세 명의 노인이란 선택지밖에 없다면 과연 어느 쪽을 칠까? 이 질문에 답하기 위해서는 도덕적, 정치적 가치를 명확히 할 필요가 있는데, 그것은 결코 보편적이지가 않다.

인공 지능은 미디어 세계를 변화시키고, 유권자를 조작하는 완전히 새로운 방식들을 제공함으로써, 정치적 게임과 균형을 복잡하게 만든다.

인공 지능은 디지털 거대 기업, 그들의 고객, 혹은 정보기관이 우리의 뇌를 파악하고, 영향을 미치고, 조작할 수 있게 해주며, 이는 자유 의지, 자유, 자율성 및 정체성의 개념들을 위협하고, 신경 과학 기술적 전체주의로 가는 문을 열어 주는 결과를 가져온다.

인공 지능은 플랫폼 애플리케이션들을 통해 우리의 행동 방식을 바꾸고, 의회의 법률과 경쟁하며, 그 과정에서 정치인들로부터 세상에 영향력을 행사하는 주요 수단을 빼앗는다.

인공 지능은 불꽃놀이처럼 화려한 기술 혁신을 일으키며

역사를 가속화한다. 느리고, 구식이며, 힘든 정치적 합의와 법 생산 메커니즘은 이 모든 동시다발적 충격을 따라가고 규제하기에는 역부족이다.

인공 지능은 모든 전통적인 관념과 기준점을 뒤흔든다. 맹렬하고도 빠른 변화에 압도된 하층 계급은 가장 기괴한 것들을 포함한 모든 정치적 모험을 받아들인다.

인공 지능은 그 소유자인 디지털 기업 총수들에게 갈수록 많은 정치적 권력을 부여한다. 이는 보이지 않는 쿠데타를 초래한다.

인공 지능은 무자비한 기술 전쟁의 대상이다. 개인, 기업, 대도시, 국가 간의 위계질서가 미친 속도로 변화하며, 소수의 승자와 다수의 패자를 만들어 낸다.

인공 지능은 자신이 구축한 복잡한 세계를 관리할 수 있는 강력한 개념적 지능을 가진 개인에게 엄청난 이점을 제공한다. 이는 엘리트에 대한 반감과 음모론, 그리고 전문가에 대한 불신을 낳는다.

인공 지능은 디지털 거대 기업 주위에 부를 집중시켜 기계적으로 불평등과 독점을 낳으며, 이는 포퓰리즘을 부추긴다.

인공 지능이 맞춤형 교육을 통해 지적 불평등을 줄이는 것은 아직은 어려운 일이다. 이런 상황은 계층 간에 견디기 힘든 격차를 만들 터인데, 왜냐하면 지금 우리는 재능이 덜한 사람들이 갈수록 덜 필요해지는 지식 경제의 시대에 들어섰기 때문이다.

인공 지능을 제대로 이해하지 못하는 교육 시스템이 아이들을 인공 지능에 가장 위협받는 직업들에 내몰고 있는데, 이로 인해 앞으로 수많은 〈노란 조끼 운동〉이 일어날 수 있다.

인공 지능은 디지털 거대 기업들에 속한 최초의 사유화된 영토,[18] 즉 사이버 공간에 구축되며, 이는 민주 국가의 주권을 축소시킨다.

인공 지능은 빅 데이터 플랫폼의 주인과 설계자에 의해 모델링되는데, 이들 중 다수는 샘 올트먼처럼 아스퍼거 증후군 환자이다. 인공 지능이 전달하는 세계관과 사회 구조 간의 괴리는 정치적으로 폭발성이 있다.

인공 지능은 인간이 이해하지 못하는 최초의 인간 창조물이다. 이런 점은— 인공 지능은 아직 인공 의식을 지니고 있지는 않지만—인공 지능에 대한 우리의 통제 능력을 크게 제한한다.

인공 지능은 현대사에서 처음으로 권위주의 체제에 경제적, 조직적 이점을 가져다줄 수 있다. 이로 인해 서구 자유 민주주의 모델의 모범성을 약화시킨다.

인공 지능은 선도국에 엄청난 군사적 우위를 부여할 것이므로, 국제법에 의한 인공 지능 규제는 의미가 없어 보인다. 우리는 이미 가속화되는 미중 사이버 냉전을 향해 달려가고 있다.

반독점 당국은 인공 지능이 제공하는 무료 서비스(검색 엔진, 소셜 미디어, 웹 메일)를 어떻게 규제해야 할지 몰라 거의 마비 상태에 빠져 있다. 따라서 디지털 시장의 경쟁 개방은 막힐 것이다.

인공 지능의 규제는 오직 총명한 정치인들에 의해서만 가

18 예를 들어 왕이나 독재자는 어떤 영토를 〈사유화〉하고 있지 않느냐고 반문할 수 있지만, 본질적으로 영토는 거기에 거주하는 다수의 소유이다. 반면 개인이 창조한 사이버 공간은 순수하게 사유화된 영토라 할 수 있다.

능하지만, 인공 지능이 동반하는 포퓰리즘 물결로 인해 여론은 오히려 장관과 고위 공무원의 급여 삭감을 요구하고 있다. 또한 디지털 거대 기업들은 최고의 인재를 빼가므로 민주주의 수호가 갈수록 어려워지고 있다.

이러한 문명 및 자본주의 모델의 변화는 정치 사회적 불안정을 야기하여 민주주의를 약화시킨다. 전 세계적인 민주주의 위기는, 대부분 인공 지능에 의해 재편된 세계로 진입함에 따라 발생하는 다양한 결과의 수렴과 관련이 있다. 기술과 민주주의는 이런 도전에 걸맞은 정치 계급의 부재로 인해 서로 모순이 되어 가고 있다. 기술에 해킹당하는 민주주의를 구하는 것은 지금 촌각을 다투는 문제이다.

너무나 변화무쌍해진 세상에서 민주주의는 좌초하고 있다

기술은 빠르게, 너무나 빠르게 발전하고 있다. 구글의 CEO는 『가디언*The Guardian*』에서 〈사람들은 과연 이렇게 빠른 속도를 원하는 걸까요?〉라고 반문했다. 챗GPT가 등장하기 전에도 민주주의는 이런 기하급수적인 변화의 속도를 감당하지 못하고 있었다. 민주주의는 합의가 도출되고 견제와 균형이 작동하는 데 긴 시간을 필요로 한다. 전격전을 방불케 하는 기술 혁명의 속도와는 맞지 않는 것이다. 폭발적으로 성장하는 기술의 출현은 정치권을 혼란에 빠뜨리고 있다. 정치 기술과 인공 지능 간의 속도 차이가 긴장을 초래하고 있는 것이다.

〈영광의 30년〉[19]의 세계는 비교적 안정적이고 단순했다.

19 프랑스에서 제2차 세계 대전이 끝난 1945년에서부터 1975년까지의 경제

하지만 오늘날의 세계는 따라잡기에는 너무나 불안정하고 빠르게 변하며 우리를 불안하게 만든다.

오늘날 의회에서 어지러운 토론과 정치적 타협을 통해 채택되는 법은 장기적으로 엄청난 영향을 미칠 수 있다.[20]

지금 우리가 하는 선택은 오랫동안 우리를 구속하게 된다. 그런데도 이런 결정들은 종종 문제의 본질에 대한 깊은 이해 없이, 단기적 관심사에 따라 이뤄지곤 한다. 정치의 고질적인 문제인 장기적인 비전 부재가 더욱 심화되고 있는 것이다.

문제들은 서로 연결되어 있다. 이는 각각의 현안을 개별적으로, 순차적으로 처리하는 데 익숙한 정치인들을 혼란스럽게 만든다. 그들은 방향을 잃고 헤매고 있다.

과거의 문제에 몰두해 있고, 매일 보도 자료를 쏟아내는 일에나 분주한 그들은 21세기의 최대 화두인 〈우리의 뇌〉에 대해서는 진지하게 고민하지 않는다. 지능이 거의 무료가 될 때 우리의 뇌로 과연 무엇을 할 것인가? 극도로 불평등한 세상을 어떻게 피할 것인가?

인공 지능과 인간의 뇌와 정치가 조화롭게 함께 발전하는 전체적 집단적 합리성의 시대를 만드는 데는 수십 년의 시행착오가 필요할 것이며, 그동안 민주주의는 매우 취약한 상태에 놓이게 될 것이다.

부흥 및 번영기를 일컫는 말.

20 EU 시민의 개인 정보를 보호하고 데이터 프라이버시에 대한 통일된 기준을 제공하기 위해 2018년에 발효된 일반 데이터 보호법General Data Protection Regulation, GDPR이 그 대표적 사례이다. 이 유럽 연합 규정은 유럽의 디지털 산업에 막대한 영향을 미치고 있다 — 원주.

자본주의는 다시 발명되어야 한다. 조세 제도, 경쟁법, 특허법 같은 전통적인 경제 규제 장치들은 인지 자본주의 시대에는 제대로 작동하지 않는다.

진실의 부족화와 현실의 평가절하[21]

법치 국가가 사방에서 위협받고 있다. 세상이 그 어느 때보다 복잡해진 지금, 우리의 민주주의는 직접적인 표현 메커니즘의 부활로 인해 그 불안정한 균형이 위협받고 있다. 노란 조끼 운동은 이러한 변화를 보여 주는 첫 번째 사례이다. 이 운동은 소수의 페이스북 관리자에 의해 주도되었다. 서구 시민은 기적적인 해결책을 팔아먹는 이들의 유혹에 저항할 준비가 되어 있지 않아서 포퓰리스트 정치인과 선동가가 급부상하고 있다.

아이러니하게도 표현의 자유가 민주주의를 약화시키고 있다. 사회학자 제랄드 브로네르Gérald Bronner는 소셜미디어에서는 항상 이성보다 순진함이 한 발 앞서며, 거짓 정보를 퍼뜨리기가 너무 쉽다고 경고한다. 참여 민주주의의 도구들은 민주주의 원칙에 반하는 방향으로 쉽게 오용되곤 한다.

민주주의는 회복력이 있지만, 지금은 예기치 못한 수많은 동시다발적 공격에 직면해 있다. 정치인, 지식인, 과학자, 그 누구도 인공 지능이 민주주의에 미칠 모든 영향을 예상하지 못했

21 본문을 읽어 보면 알 수 있겠지만, 현대 사회에서 진실은 더 이상 사회 전체가 공유하는 객관적 사실이 아니라, 각기 다른 집단, 즉 〈부족〉에 따라 해석되고 받아들여지며, 정보의 홍수와 가짜 뉴스의 확산으로 인해 객관적 사실과 현실의 중요성이 저하된다는 뜻에서 〈진실의 부족화〉와 〈현실의 평가 절하〉라는 표현이 사용되었다.

다. 많은 이가 여전히 그 영향을 잘 이해하지 못하고 있다.

초미세 맞춤형 광고를 가능케 하는 인공 지능 덕분에 디지털 거대 기업들은 점점 더 많은 광고 수익을 얻고 있다. 구글, 페이스북, 아마존은 미국 온라인 광고의 90퍼센트를 차지한다. 이런 상황은 전통적인 언론 매체들의 숨통을 조여, 더 이상 민주주의의 필터이자 조정자로서의 역할을 하지 못하게 한다. 경쟁적으로 논란을 일으키고 토론을 극단화하는 미디어만이 광고 시장의 부스러기를 주워 먹고 있다. 현실에 대한 접근에 있어서도 커다란 불평등이 존재한다. 소수의 영어 사용 엘리트만이 고급 유료 정보를 접할 수 있다. 『이코노미스트』, 『뉴욕 타임스』, 『파이낸셜 타임스』, 『포린 어페어스Foreign Affairs』 등, 영미권 주요 언론의 독자들은 세상을 다르게 바라보며, 이는 엘리트와 중산층 및 서민층 간의 간극을 더욱 벌려 놓는다.

챗GPT는 미디어를 더욱 약화시킬 것이다. 왜냐하면 구글과는 달리 독자를 미디어로 직접 안내하지 않고, 전 세계의 지식을 종합하여 답변을 제공하기 때문이다. 따라서 언론사 매출이 급감할 수 있다. 이로 인해 2023년 1월부터 언론사들은 직원의 일부를 챗GPT로 대체하기 시작했다.

민주주의 국가의 인공 지능은 인터넷상에 온갖 조작과 불안을 조성하는 가짜 뉴스를 가능케 하여 히스테릭한 논쟁을 야기한다. 정치적 폭력도 증가시킨다. 미국 상원 청문회의 질문을 받은 트리스탄 해리스는 트위터에서 분노에 찬 단어를 하나 추가할 때마다 리트윗률이 17퍼센트 증가한다고 털어놓았다. 다시 말해서 우리 사회의 양극화는 소셜 미디어들의 비즈니스 모

델의 일부인 셈이다.[22]

미디어 규제는 오늘날의 세계에서는 전혀 통하지 않는다. 커뮤니케이션이 각 개인에 맞춰지고 있고, 여기에 대한 진지한 제도적 통제가 전혀 없기 때문이다. 과거에 언론은 세상의 소식을 필터링하고 설명해 주는 역할을 했다. 아이러니하게도 이런 작업이 그립게 느껴질 정도이다. 인공 지능은 각 개인에게 전달되는 메시지를 개인화할 수 있게 해주며, 이는 정치적 조작을 통제하기 어렵게 만든다. 가짜 뉴스, 조작, **필터 버블**[23]은 새로운 대응 수단을 필요로 한다. 민주주의 국가는 TF1[24]에 나오는 내용은 검토할 수 있지만, 수백만 개의 화면에 각기 다르게 표시되는 내용의 진위를 확인할 수는 없다. 서구 정부는 책임을 회피하며, 플랫폼 기업들이 경찰 역할을 해주길 바란다. 이는 마크 저커버그와 구글 경영진을 세계의 편집장으로 임명하는 거나 마찬가지이다. GAFAM을 가짜 뉴스 방지법의 〈문지기〉로 삼는 것은 그들에게 진실을 결정하는 권한을 넘기는 것이나 다름없

22 『르 피가로Le Figaro』 기자 외제니 바스티에Eugénie Bastié가 지적했듯이, 분노의 문화를 처음 시작한 사람은 100만 부 이상 판매된 『분노하라!Indignez-vous!』의 저자 스테판 에셀Stéphane Hessel이다. 그는 일반적인 분노를 옹호하며, 분노하는 것 자체가 좋은 것이라고 제시한다. 에셀은 젊은이에게 이렇게 말한다. 〈너희 주변을 둘러보라. 너희의 분노를 정당화할 주제를 발견할 수 있을 것이다. 찾아보아라! 분명히 찾게 될 것이다!〉─원주.

23 filter bubble. 관심사, 선호도, 행동 패턴 등 데이터를 기반으로 사용자가 좋아할 만한 맞춤형 정보를 추천해서 기존의 신념이나 관점 안에 점점 갇히게 만드는 현상을 말한다.

24 프랑스의 주요 민영 TV 방송 중 하나로, 프랑스 TV 방송 시장에서 약 24퍼센트의 점유율을 차지한다.

다! 민주주의는 자신의 팔을 자르고 있는 것이다. 더 일반적으로 말해서, 구글 경영진은 지난 20년 간 세상의 모든 정보를 조직하고 싶다고 말해 왔는데, 이것은 자신들이 거대한 정치적 권력을 차지하겠다는 말이나 다름없다. 여기에 챗GPT는 문제를 더욱 해결하기 어렵게 하고 있다.

우리 사회의 복잡성과 디지털 채널의 확산으로 인해 가짜 전문가들이 엄격하게 확립되어 증명된 과학적 진실까지도 반박할 수 있게 되었다. 모든 서구 국가에서 일종의 반지성주의적인 흐름이 어떤 의견에 대한 대중의 전반적인 불신을 조장하고 있다. 지식은 다 알기에는 너무 방대해졌다. 인간의 지식은 18개월마다 두 배씩 증가하고 있기 때문이다. 현재의 연구 체계, 지식에 대한 정치인들의 이해, 그리고 대중으로의 지식 전달은 이러한 지식의 성장을 따라잡지 못한다. 인공 지능은 사회가 흡수하고 소화해 낼 수 있는 속도보다 훨씬 빠르게 지식을 축적하고 있다. 인터넷은 마법처럼 놀라운 것이긴 하지만, 과학적 이성에 지적인 사보타지를 가할 수도 있다. 지금 우리는 이용 가능한 지식의 폭발과 이성에 대한 거부라는 두 가지의 상반된 흐름을 경험하고 있다. 전 세계의 지식에 대한 접근성이 과학적 이성을 증진할 것이라는 생각은 잘못된 것으로 드러났다. 이제 과학 지식은 몇 페이지의 논문에 담을 수 없다. 지식은 더 이상 고립된 조각이 아니라 거대한 데이터베이스와 그것을 해석하는 인공 지능과 직접적으로 연결되어 있다. 지식은 오직 웹과 인공 지능 안에만 존재한다. 대부분의 사람에게 지식은 너무나 방대하다.

진실은 언제나 사회적 구성물이다. 지금 진실의 형성 과정은 극도로 빠른 변화를 겪고 있으며, 이는 민주주의를 불안정하게 만들고 있다.

인공 지능이 현실을 죽이려 하고 있다

인공 지능은 현실과 비현실의 경계를 흐린다. 가짜 문서, 완벽할 정도로 현실적인 비디오, 초몰입적 환경 등은 정치적 논의를 혼란에 빠뜨릴 수 있다. 이는 자유 민주주의에 대한 전례 없는 위협으로, 이제는 현실의 복잡성뿐만 아니라 수많은 대안 현실과도 싸워야 한다. 소셜 미디어에 〈불법 합성물〉이 확산되면 재앙과도 같은 결과가 초래될 것이다. 에마뉘엘 마크롱Emmanuel Macron 대통령이 나치의 제3 제국을 찬양하거나 특정 공동체에 대한 이 시대의 성 바르톨로메오 축일 학살[25]을 촉구하는 영상을 만드는 데는 불과 몇 분밖에 걸리지 않는다. GPT-4를 사용하면 가짜 에마뉘엘 마크롱과 실시간으로 대화하는 것도 가능하다.

트럼프 행정부가 즐겨 사용한 〈페이크 뉴스(가짜 뉴스)〉와 허위 사실의 증가는 심각하지만 결코 새로운 것은 아니다. 이미 20세기에 스탈린Joseph Stalin과 마오쩌둥(毛澤東)은 원시적인 기술만 가지고도 처형된 동료들과 함께 찍은 사진을 수정할 수 있었다. 정말로 새로운 점은 NBIC 기술이 현실의 지위를 근본적으로 바꾸게 될 것이라는 사실이다. 앞으로 수십 년 안에 기억이 인간의 뇌 안에서 조작될 수 있게 될 것이다. 불행히도 신경 독

25 성 바르톨로메로 축일인 1772년 8월 24일에 가톨릭 왕실의 지시에 따라 파리 시민이 개신교도를 학살한 사건.

재는 고려하지 않으면 안 되는 전망이 되었다.

민주주의는 아직 디지털을 길들이지 못했다

인터넷 혁명이 세상을 바꾸었고, 그러고 나서 정치계가 인터넷을 바꾸었다. 2010년 이후로 우리는 매우 폭력적인 디지털 반혁명을 경험하고 있다. 웹은 허위 정보 유포와 경찰 통제를 위한 중요한 도구가 되었다. 인터넷은 정치적 자유를 확장하지 못했으며, 오히려 권위주의 체제를 강화했다. 1995년부터 2005년까지 정치적 해방 도구였던 인터넷이 이제는 권위주의 체제의 주요 동맹자가 되었다. 권위주의 체제의 세 기둥이라 할 수 있는 검열과 선전과 감시는 디지털 기술 덕분에 더욱 용이해졌다. 미국의 철학자 프랜시스 후쿠야마Francis Fukuyama가 디지털이 권위주의 체제를 불가능하게 할 것이라고 말했던 게 아직도 기억에 생생한 데 말이다. 게다가 2030년에 1조 달러를 넘어설 것으로 예상되는 중국의 인공 지능 산업은 이미 거대한 「블랙 미러」[26]로 되어 가고 있다.

　　1995년의 분산적이고 자유주의적이던 인터넷은 인류가 경험한 가장 강력한 정치, 경제적 중앙 집권화 도구인 인공 지능

26　Black Mirror. 영국의 채널4가 2011년부터 방영한 시리즈로, 첨단 기술이 인간과 사회에 부정적인 영향을 끼치는 디스토피아적 이야기를 담고 있다. 여기서 중국이 거대한 〈블랙 미러〉가 되고 있다는 말은, 중국이 인공 지능과 디지털 기술을 통해 감시, 통제, 검열 등의 권위주의적 수단을 강화한다는 뜻이다.

을 낳았다. 지금 권력은 소수의 주역, 즉 워싱턴과 GAFAM, 그리고 중국 공산당과 BATX의 손아귀 안에 있다. 2023년인 현재, 사이버 권위주의가 자유 민주주의에 계속 승리를 거두고 있다.

노란 혁명, NBIC 시대의 첫 번째 사회적 위기

NBIC로 인한 정치, 사회적 위기가 처음으로 표출된 것은 2018년의 노란 조끼 운동을 통해서였다.

기술은 경제, 사회적 혜택을 가져오기 전에, 먼저 중대한 정치적 부작용을 낳는다. 단적으로 말하자면, 인공 지능은 암을 치료하기 전에 중산층을 짓누른다. 따라서 인공 지능은 두 가지 방향으로 〈노란 혁명〉을 야기한다고 할 수 있는데, 첫째로 인공 지능이 중산층을 소외시키고, 둘째로 중산층은 인공 지능이 조종하는 소셜 미디어를 통해 반란을 조직할 수 있기 때문이다. 페이스북은 이제 새로운 화염병이 되었고 누구든 던질 수 있다.

노란 조끼 운동은 자신의 정체성에 대한 불안감, 윤리적 불안감, 계층 하락에 대한 불안감이라는 세 가지의 불안감이 합쳐진 결과이다. 아닌 게 아니라 세 개의 쓰나미가 프랑스에 몰아닥치고 있다. 〈작은 백인들〉[27]의 소외는 반이민 포퓰리즘을 불러

---

27 프랑스에서 소외된 백인 노동자 계급과 중산층을 지칭하는 말. 주로 대도시 외곽이나 지방에 거주하며, 경제 세계화와 기술 발전으로 인해 일자리를 잃거나 사회적 지위가 하락한 사람을 가리킨다 — 원주.

일으키고, 트랜스휴머니즘의 생명 조작은 양심을 혼란스럽게 하며, 인공 지능은 서민층과 중산층을 취약하게 만든다.

우선, 〈작은 백인〉, 즉 노란 조끼 운동 참여자들의 정체성 불안감은 엘리트들에 의해 부정되었고 무시되었다. 다음으로, 노란 조끼 운동 참여자들의 일부는 트랜스휴머니즘 혁명이 가져온 변화에 큰 충격을 받았다. 마지막으로, 인공 지능은 지적 엘리트들을 우대하고, 기술적 태풍에 대비하지 못한 서민을 약화시킨다. 지식 자본주의는 갈수록 많은 불평등을 만들어 내고, 엘리트는 신경 유전학적 불평등을 학교가 마법처럼 해결해 줄 거라고 믿는 척한다. 하지만 끔찍한 진실은 지적 불평등을 줄이기 위한 기술을 개발하는 데 수십 년이 걸릴 거라는 사실이다.

기술적 쓰나미는 사회를 극도로 불안정하게 만든다. 많은 시민에게 있어서, 인공 지능은 기존의 노하우, 특히 중산층의 노하우 가치를 빠른 속도로 떨어뜨린다. 반대로 최고 수준의 엔지니어와 관리자에 대한 수요는 폭발적으로 증가하고 있다. 앞으로 15년 내에 전 세계적으로 수천만 명의 〈초고도 숙련 노동자〉가 부족할 것으로 예상된다. 〈21세기에는 경제적 변화에 적응하기 위해 5~7년마다 직업을 바꿔야 합니다〉식의 슬로건은 서민과 중산층에게 극심한 불안감을 안겨 주고, 포퓰리즘 정당과 극단주의 정당을 유리하게 만든다. 노란 조끼 운동 참여자와 인공 지능 엘리트(지리적으로 매우 유동적이며 전 세계 두뇌 시장에서 아주 인기가 높은) 간의 격차는 포퓰리즘의 강력한 원동력이 되고 있다.

인공 지능 때문에 서민층과 중산층은 지적으로 난파한 상태가 되어 괴상하기 그지없는 정치적 모험에 마음을 열게 된다. 인공 지능 분야에서 세 명의 최고 전문가 중 하나인 요슈아 벤지오는 프랑스 시사지 『롭스 L'Obs』와의 인터뷰에서 다음과 같이 대놓고 경고했다.[28] 〈사람들이 제대로 경력을 끝내거나 다른 일로 전환할 시간을 갖기에는 상황이 너무 빨리 변화할 것입니다. 자율 주행 시대에 택시 기사나 트럭 운전사에게 어떤 전직이 가능할까요? 그들이 데이터 전문가가 될 수는 없는 것입니다!〉 이런 불안감은 지금 챗GPT로 인해 더욱 증폭되고 있다.

인공 지능 혁명은 지적 엘리트에게 유리하게 작용하고, 빅 데이터 경제에 준비되어 있지 않은 서민을 약화시킨다. 그러나 엘리트는 이런 사실을 인정하지 않는다. 『파이낸셜 타임스 Financial Times』의 보도에 따르면, 구글은 단 한 명의 유능한 엔지니어에게 1억 달러 이상의 보너스를 지급했다고 한다. 그렇게 바람직하거나 반가운 일이라고는 할 수 없지만, 이런 혁명은 논리적이라 할 수 있으니, 우리는 뛰어난 지적 능력을 가진 개인에게 상당한 보상을 제공하는 지식 사회에 진입한 것이다. 〈인지 자본주의〉가 시작되고 있는 시점에서, 인공 지능을 관리하고 조직하며 규제할 수 있는 생물학적 두뇌의 가치는 갈수록 높아지고 있다. 경제의 목적은 불평등을 줄이는 것이며, 이것은 조세보다는 지적 불평등의 감소로 달성될 수 있지만, 지식 자본주의는 자동적으로 불평등을 증가시킨다.

지리학자 크리스토프 기유이 Christophe Guilluy는 수년 간 프랑스 주변부의 고통을 묘사해 왔다. 프랑스에는 세 개의 계층이

28 요슈아 벤지오 Yoshua Bengio의 인터뷰(2017년 5월 16일) — 원주.

존재한다. 첫째는 관련 기업이 밀집한 대도시에 웅크리고 있는 신(新)경제의 승자들이요, 둘째는 각종 커뮤니티로 채워진 교외 지역이고, 세 번째는 스스로를 〈노란 조끼〉라고 부르는 프랑스의 교외와 농촌 지역의 〈작은 백인〉들이다. 에마뉘엘 마크롱이 부상할 수 있었던 것은 새로운 인지 자본주의의 승자들, 다시 말해서 인공 지능과 빅 데이터에 기반한 지식 경제 덕분이었다.

조직력이 부족한 노란 조끼 운동은 자연스레 힘을 잃었지만, 〈작은 백인〉들의 절망은 모든 서구 국가에서 오래동안 지속될 것이다. 안타깝게도 엘리트들의 대응은 너무나 부적절하다. 노란 조끼 운동 참가자들을 촌스럽고 쓸모없으며, 심지어는 멍청하다고 조롱하고, 그들에게서 분리할 준비를 하고 있다. 대도시들은 부유층의 성채가 되고 있고, 실리콘 밸리에서는 강자들을 위한 인공 섬 프로젝트나 우주 정거장 프로젝트가 속속 등장하고 있다. 바야흐로 「엘리시움」[29] 같은 미래가 그려지고 있는 것이다.

마이크로소프트, GPT-4, 그리고 노란 조끼 운동

이것은 민주주의가 쇠퇴 끝에 이른 마지막 단계가 될 수 있다. 유발 하라리가 『호모 데우스』에서 묘사한 〈신과 쓸모없는 자〉의 물리적인 분리 말이다. 인공 지능 경제의 승자는 노란 조끼를 만들어 냈고, 만일 민주주의가 존재하지 않는다면 그들을 기꺼

29 「Elysium」. 닐 블롬캠프Neill Blomkamp의 영화(2013년) ― 원주.

이 폐기해 버릴 준비가 되어 있다. 2023년 3월 23일, 마이크로소프트는 GPT-4가 불평등을 심화시킬 수 있다는 점을 우려했다. 〈한편으로 보자면, LLM의 증가하는 힘은 그것의 제한된 접근성과 결합하여, 시스템에 접근할 수 있는 자들과 그렇지 못한 자들 사이에 인공 지능 간극을 만들어 낼 위험이 있습니다. 만일 최신 인공 지능 모델들이 만들어 낸 강력한 기능이 이 특권적 집단과 개인에게만 제공된다면, 인공 지능의 발전은 기존의 사회적 분열과 불평등을 증폭시킬 수 있습니다.〉

노란 조끼 운동에서 드러난 깊은 위기는 쉽게 끝나지 않을 것이다. 서구 사회의 인종 혼합은 돌이킬 수 없이 진행되고, 트랜스휴머니즘 혁명은 가속화될 것이며, 중산층과 서민층의 몰락은 계속될 것이다. 이런 불안정한 상태는 적어도 100년 동안 지속될 것이다.

오직 정치만이 대중이 이 엄청난 미래에 적응하는 것을 도울 수 있다. 하지만 불행히도 노란 조끼 운동 참가자들만큼이나 우리 정치도 준비가 되어 있지 않다.

정신없이 변하는 세상을 이해하지 못하는 정치인들

정치인들은 여전히 무대를 차지하고 있지만 더 이상 역사를 만들어 내지 못한다. 진정한 권력은 갈수록 미국과 아시아의 거대 기업들 손에 넘어가고 있다. 〈코드가 곧 법이다〉라고 이미 2000년에 하버드 대학교 교수 로런스 레시그Lawrence Lessig가 말한 바 있다. 또 최초의 인터넷 브라우저들인 모자이크와 넷스케이프의 창시자 마크 앤드리슨Marc Andreessen은 2011년에 〈소프트웨어가 세상을 집어삼킨다〉라고 덧붙였다. 이 두 디지털 사회 사상가는 거대 기업이 지배하는 전문가 시스템들이 시민들 삶의 모든 측면, 특히 법과 정치와의 관계를 통제하게 될 것임을 일찌감치 이해했다. 하지만 이러한 기술적 태풍에 직면한 정치인들은 우리가 새로운 세기에 접어들었다는 사실을 깨닫지 못했다.

권력은 이동하고 있다: 우리의 미래를 진정으로 건설하고 소유하는 자는 누구인가?

이제 세상이 빠져든 신경 과학 기술적 혁명의 소용돌이는 정치 권력의 조용하지만 근본적인 이동으로 나타난다.

인류는 그 어느 때보다 큰 도전에 직면하게 될 것이다. 지금 가장 중요한 정치적 과제는 장기적인 관점에서 우리 운명의 방향을 정하는 것이다. 하지만 우리의 문명[30]을 근본적으로 변화시킬 NBIC 혁명은 태평양 연안에서, 미국의 디지털 거대 기업과 BATX 전략을 이끄는 중국 지도자에 의해 주도되고 있다.

이러한 변화를 이해하지 못하는 국가는 기술과 그 사상가가 사회를 구조화하는 것을 방치하고 있다. 기술이 법보다 강하

---

30 저자가 빈번히 사용하고 있는 〈우리〉라는 표현은 넓게는 서구, 좁게는 프랑스를 가리킨다.

기 때문에, 권력의 무게 중심이 은밀히 이동하고 있는 것이다.

플랫폼 억만장자들이 진짜 법을 만들고 있다: GPT는 권력이다

기술과 법의 융합은 인공 지능 영역의 확장이 가져온 불안스러운 결과이다. 핵심적인 규칙은 더 이상 의회가 아닌 디지털 플랫폼에서 나온다. 실제로 구글과 페이스북의 필터링 규칙에 비하면 우리의 미디어법은 무슨 힘이 있는가? 기업들이 경쟁할 수 있는 권리도 아마존의 인공 지능 앞에서 무슨 의미가 있는가?[31] 의료 AI 분야에서 급속도로 발전할 구글-딥마인드나 바이두의 알고리즘들 앞에서 공중 보건법은 어떤 무게를 가질 수 있을까?

인공 지능 거대 기업이 그들의 통제하에 있는 〈AI 수도꼭지〉 주위에 생태계를 구축하고 있다는 것은 명백한 사실이다.

국가는 현 상태를 유지하기 위해 멋진 규제 장벽들을 세울 수 있을까? 게다가 인공 지능 시스템은 감시하기가 매우 어렵다. 수십억 개의 가상 신경 세포는 경험과 환경에 따라 행동이 변하는 우리의 생물학적 신경 세포처럼 그 가중치[32]와 행동이 끊임없이 변하기 때문이다. 법은 인공 지능을 규제하고, 나아가

31 유럽 연합 집행 위원회가 2017년 6월, 구글에 사상 최고액의 벌금을 부과했지만 말이다—원주.

32 〈가중치〉란 각 신경 세포 간의 연결 강도를 나타내는 매개 변수로, 생물학적, 혹은 가상적인 신경 세포가 경험과 환경에 따라 연결되는 방식이 달라진다는 뜻이다.

우리의 삶을 규제하기 위해 변화해야 할 것이다. 스스로를 재발명해야 할 것이다. 인공 지능 플랫폼들에 대한 거버넌스, 규제, 경찰 활동이 의회의 주요 업무가 될 것이다. 가지(岐)가 아주 적어 인쇄와 평가와 감사가 가능한 〈구식〉 알고리즘과는 달리, 인공 지능은 전통적인 방식으로 분석하기에는 너무 복잡한 시스템이다. 딥 러닝 유형의 인공 지능 알고리즘을 완전히 문서화하려면 수조 페이지가 필요할 것이다. 그것도 잠시 후면 쓸모없어진다. 우리 우주의 수명이 다할 때까지 읽는다 해도 이것을 모두 읽어 낼 수 없을 것이다.

전통적인 기관들이 권력을 잃는 주요 원인은 정치적, 인간적, 정보적 시간의 불일치에 있다. 그런데 우리의 선출된 지도자들은 여전히 19세기적인 시간 속에서 움직이고 있다.

시간의 불일치

이 제도적 세계가 아주 굼뜨게 움직이고 있다면, 인간의 시간 자체도 기계와 어긋나 있다. 인간들에게 학습은 여전히 고통스럽고도 느린 과정이다. 그리고 우리의 뇌가 제반 기능을 얻는 데에는 더 큰 어려움이 따른다.

반면 인공 지능은 완전히 다른 시간대에 존재한다. 딥 러닝으로 인해 인공 지능의 진화 속도는 눈부시게 빨라졌다. 단 몇 분 만에 엄청난 양의 데이터를 수집하고 처리할 수 있게 된 것이다. 인간의 학습 속도와 제도의 변화가 참나무가 자라는 것과 같다면, 인공 지능의 진화는 눈 깜짝할 사이에 이루어진다.

이런 시간의 불일치는 무서운 결과를 낳는다. 정치가 제자리걸음을 하는 동안, 경제, 그리고 완전히 자율화되고 있는 〈기술 영역〉은 저 앞쪽에서 달리고 있는 것이다.

계몽주의 시대 이후 모든 정치 철학은 각 권력에 대한 견제와 균형의 필요성을 강조해 왔다. 이와 관련하여 몽테스키외 Montesquieu의 유명한 말이 있다. 〈권력을 가진 사람은 모두 그것을 남용하기 마련이다. 그는 한계에 다다를 때까지 계속할 것이다.〉[33] 그러나 몽테스키외는 장차 정치가 권력의 지렛대를 사기업들에게 빼앗기게 될 줄은 꿈에도 생각하지 못했을 것이다. 우리가 권위주의 체제의 물결에 저항하고, 디지털 거대 기업들과 조화로운 균형을 이루고 싶다면 정치 기술을 재발명해야 한다.

이제 우리의 경제와 사회관계를 조직하는 핵심 규칙들은 의회보다는 디지털 플랫폼에서 나오고 있다. 각 정부 부처의 부산한 활동은 그저 일시적인 현안 문제들을 처리하는데 그칠 뿐이다. 디지털 플랫폼의 코드가 새로운 법이 되었지만, 우리는 그 코드를 쓰는 사람들이 아니다.

우리 세계의 운명을 결정할 — 〈누가 데이터와 기계들의 주인이 될 것인가?〉 같은 — 중대한 결정들은 금빛으로 번쩍이는 엘리제궁[34]이 아닌 실리콘 밸리에서 내려지고 있다.

오늘날 국가는 공공질서를 유지하고, 세계화의 물결에서 뒤쳐진 사람들을 보상하기 위해 어떻게든 재분배를 하는 역할

---

33 『법의 정신 L'Esprit des lois』, 제6권, 4장 — 원주.
34 프랑스의 대통령 관저.

에 만족하고 있다. 국가는 더 이상 방향을 제시하거나 미래를 결정하지 않고, 세계화의 패배자들을 위해 청소차 역할이나 하고 있는 것이다.

한때는 시간을 통제하던 우리 정부들은 이 새로운 주역들 앞에서 돌처럼 얼어붙어 있다. 국가수반들은 기술적 문맹이 대부분이다. 폭발적으로 발전하는 NBIC 기술은 우리를 점점 더 예측 불가능한 세상으로 이끌고 있으며, 이는 국가의 규제 역할을 개조할 것을 요구한다. 그런데 기술 감시자로서의 역할을 제대로 감당하지 못하는 국가는 급속도로 발전하는 기술이 갈수록 빠른 속도로 사회 구조를 바꾸는 것을 무력하게 지켜보고만 있다. 기술이 법보다 강하기 때문에 권력의 무게 중심은 슬그머니 이동하고 있다. 감정과 긴급성과 미디어의 압력에 좌우되는 우리의 정치 시스템은 무력함이 권위주의의 필요성을 낳고, 또 권위주의는 정치적 무력감을 증가시키는 악순환에 갇혀 있다. 따라서 국가는 사회의 장기적 이익을 통합하는 임무를 수행할 충분한 정당성을 가지고 있지 않다.

정치는 무엇보다도 미래를 예측하는 일이다. 그런데 오늘날 우리는 미래와의 관계에서 있어서 완전한 단절을 경험하고 있으며, 국가는 여기에 대해 생각해 볼 엄두조차 내지 못한다. 밀려오는 실리콘 밸리의 파도 앞에서, 국가는 그저 경악하여 발만 동동 구르고 있다. 단기적인 문제 해결에만 급급하고, NBIC가 초래하는 문명의 변화를 생각할 능력이 없다는 게 드러난 민주적 리더십은 시급히 혁신되어야 한다. 천년을 내다보는 기술적 집단과 독재 체제가 우리의 운명을 완전히 잠가버리기 전에,

디지털 기술 덕분에 정치에 새로운 활력을 불어넣는 것이 가능할까? 아니면 반대로 e정치[35]가 모든 장기적 비전의 숨통을 끊어버리면서 오히려 즉시성의 지배를 강화할 것을 두려워해야 할까?

챗GPT에 마주하여 프랑스 엘리트들은 무책임한 모습을 보인다

1453년 5월 29일, 기독교 세계의 마지막 보루 중 하나였던 콘스탄티노플이 오스만 제국의 술탄 메흐메트 2세Mehmet II에게 함락되었다. 터키 군이 도시로 진입하려 하는 와중에도 비잔틴 정교회 성직자들은 그들이 보기에 가장 중요한 문제인 천사의 성별에 대해 끝없는 논쟁을 벌이고 있었다고 한다. 이 일은 비잔틴 논쟁의 전형으로 여겨지고 있다.

오늘날 우리도 비슷한 상황에 처해 있다. 정치적 논쟁은 부차적인 세부적인 문제들에 머물러 있다. 교육 분야에 있어서도 현재 진행 중인 기술적 쓰나미에 대응하기 위한 사회적 대전환의 문제들과는 완전히 동떨어져 있다. 우리는 챗GPT 시대에 천사들의 성별에 대해 논의하고 있는 것이다.

프랑스 엘리트들의 현실 괴리는 불행히도 매우 심각한 상태이다. 그들은 NBIC로 인한 기술 혁명과 완전히 괴리되어 있

---

35 〈전자 정치electronic politics〉의 줄임 말로 디지털 기술과 인터넷을 활용한 정치 활동을 뜻한다.

다. 기술적 이슈를 제대로 파악하고 있는 정치인은 손에 꼽을 정도이다. 지금 제기되고 있는 문제들은 매우 심각하며, 기술에 대한 깊은 이해를 지닌 엘리트들만이 제대로 대응할 수 있을 것이다. 국가의 최상부에 더 많은 엔지니어가 있어야 한다. GAFAM이 지배하는 세상에서 어떻게 살아남을 수 있겠는가? 한국이 프랑스보다 두 배나 많은 연구 투자를 하고 있다는 사실을 누가 알고 있는가? 프랑스가 모든 기술(자동차, 비행기, 전기, 화학, 전화, 사진……)에 있어서 세계의 캘리포니아였던 시절인 20세기 초반과는 너무나도 대조적이다. NBIC가 국력을 좌우하는 21세기에 프랑스는 어떤 식으로 존재할 것인가? 구글이 〈죽음을 죽여〉 버리기로 결정한 시점에서 우리의 의료 시스템을 어떻게 운영할 것인가? 더 이상 지능이 제한되지 않는 세계에서 우리의 아이들을 어떻게 교육할 것인가? 자국민의 유전체를 최적화하여 두뇌 전쟁을 시작하고 있는 아시아 강대국들에게 밀려 후진국으로 전락하는 상황을 어떻게 피할 수 있을 것인가? NBIC가 2050년 전에 세계 문명 전체를 뒤흔들 것인데, 우리의 정치 엘리트들은 이 말이 무엇을 의미하는지조차 모른다는 것, 이게 바로 진실이다.

극도로 복잡한 세상에서 과학과 기술에 대한 최소한의 이해 없이는 깨어 있는 시민이 되기 어렵고, 책임감 있는 정치인이 되기는 더욱 어렵다. 우리는 민주주의가 역사의 승자이며, 문명의 진보에 있어서 필연적인 종착점이라고 생각했다. 그러나 이제 민주주의는 뜻밖에도 후퇴하고 있다. 이를 제때 막지 못하면 민주주의의 종말이 올 수도 있다.

인공 지능을 앞에 둔 정치인들은 마치 칼을 발견한 닭과도 같다[36]

인공 지능 규제 분야만큼 정치인들의 기술적 무지가 우려스럽게 느껴지는 곳도 없다. 인공 지능을 제대로 이해하지 못하거나 인공 지능을 단순한 컴퓨터 프로그램이라고 생각하는 정치인은 공공의 위험 요소가 될 것이다. 현실을 전혀 통제할 수 없기에 포퓰리즘이나 부추기는 기계가 되기 때문이다. 법은 인공 지능을 규제하고, 나아가 우리의 삶을 규제하기 위해 새로이 만들어져야 할 것이다. 인공 지능 플랫폼의 관리, 규제 및 감독은 의회의 중요한 역할이 될 것이다. 훌륭한 국회의원이 되려면 반드시 인공 지능을 제대로 알고 있어야 한다.

정치인들은 인공 지능 시대의 정치적 딜레마에 대해 깊이 생각해 보지 않았다. 윤리적이고 설명 가능하며 인증 가능한 인공 지능을 만들겠다는 의지는 선의처럼 느껴지지만, 사실은 순진하고도 자멸적이다. 이른바 〈프라이버시〉와 인공 지능의 성능, 그리고 알고리즘의 힘과 설명 가능성 사이에는 복잡한 절충이 필요한 것이다. 기술 전쟁을 억제해야 할까? 아니면 유럽인들을 여기에 준비시켜야 할까? 인공 지능은 투명하고 인증 가능하게 만들면 그 효율성이 크게 제한된다. 최근 『파이낸셜 타임스』는 〈마크 저커버그, 마법사라기보다는 견습생이다〉[37] 라는 제목의 기사를 실었다. 대형 플랫폼들은 우리의 인간적 편견을 재생산하는

---

36 칼이라는 위험하면서도 유용한 도구를 발견했지만, 그게 뭔지 몰라 허둥대고 있다는 뜻이다.

37 마크 저커버그는 사람들의 생각을 좌지우지할 수 있는 강력한 기술을 다루지만, 그 기능이나 결과를 완벽히 제어하지 못하는 서툰 견습생에 불과하다는 뜻이다.

괴물이 되었다. 페이스북 사용자 중 많은 이가 인종 차별적 성향을 가진 상황에서 페이스북이 인종 차별적이지 않기를 바란다는 것은 곧 인공 지능을 통해 조정해야 한다는 것을 의미하는데, 이는 결코 사소한 일이 아니다.

게다가 인공 지능을 투명하게 만들면 해킹이 쉬워진다. 이는 구글과 페이스북에게 특히 위험한 일이다. 페이스북의 인공 지능 책임자인 얀 르쿤의 설명에 따르면, 페이스북은 인공 지능 없이는 제대로 기능하지 못한다고 한다. 기술적 세부 사항을 공개하게 되면 누군가가 정치적으로 조작하는 일이 쉬워질 것이다.

인공 지능은 아직은 어린 기술이기 때문에 정치인들은 이를 제대로 이해하지 못한다. 그들은 더닝-크루거 효과, 즉 자신감 과잉 증후군에 시달린다. 어떤 주제에 대해 무지할수록, 그것을 잘 이해하고 있다는 착각을 하는 것이다. 이는 브뤼셀과 파리[38]에서 기술 혁명을 이끄는 과정이 겉보기에는 선의로 보이지만 실제로는 재앙과도 같은 결정을 내리는 이유이다. GAFAM 중의 어느 하나도 유럽의 기업이 아니라는 사실은 결코 우연이 아니다.

소련은 권력과 정보를 모스크바에 집중시켜 시장 경제의 분산화에 대응하지 못했기에 붕괴했다. 그러나 인지 자본주의는 상황을 근본적으로 바꾸었다. 데이터가 집중될수록 그 권력은 더 효율적이 된다. 더 많은 데이터로 학습할수록 인공 지능이 더욱 강력해지기 때문이다. 미국과 유럽을 합친 것보다 두 배 더 많은 데이터를 생산하는 중국에게는 엄청난 이점이 있다.

---

38 유럽 연합 집행부와 프랑스 정부를 말한다.

챗GPT는 연금 개혁보다 중요한 문제이다[39]

대중의 관심을 끄는 주제가, 전문가들이 가장 중요하다고 생각하는 것과 일치하는 경우는 거의 없다. 지금 프랑스의 미디어, 정치, 대중의 관심은 온통 연금 개혁에 쏠려 있다. 하지만 이는 챗GPT라는 심각한 문제에 비하면 아무것도 아니다. 지금 우리는 역사의 중대한 변곡점을 제대로 맞이하고 있는가? 챗GPT는 불과 몇 년 내에 그 결과가 나타날 수 있는 문제를 제기하고 있다. 정말이지 너무나 긴급한 상황이다. 대화형 인공 지능의 현재 성능을 보고서 그게 실패할 수도 있다고 판단하는 것은 오산이다. 중요한 것은 발전의 궤적이다. 이미 경악할 만한 결과를 내고 있지만, 5년 후에는 더 경이로울 것이다. 평균적인 인간의 글쓰기, 요약, 창작 능력을 금방 넘어설 것이다. 그리고 이 능력은 무한히, 그리고 무료로 이용 가능해질 것이다. 결국 미봉책에 불과한 연금 개혁에 열을 올리는 대신, 정치인들은 산업 전반에 대한 대대적인 전환을 추진해야 한다. 기업, 학교, 병원을 인공 지능에 맞게 조정해야 한다. 하지만 방어만으로는 충분치 않고, 공격으로 전환해야 한다. 기술적 변혁이 창출하는 기회를 활용하는 것이 보다 더 중요하다. GAFAM의 요새는 난공불락이 아니다. 프랑스가 신속히 행동한다면 기술적 패러다임의 변화로 일시적으로 약해진 몇 GAFAM 기업과의 경쟁에 뛰어들 수 있다. 프랑스는 지난 30년 동안 주요 기술적 전환점을 모두 놓쳤고,

---

39 나는 이 생각을 2023년 2월 8일자 『르 피가로』에서 올리비에 바보와 함께 다룬 바 있다—원주.

이는 우리의 지위를 떨어뜨렸다. 이제 싸움에 나서야 한다. 아직 이 시장에 진입할 기회가 남아 있다. 그러나 그 시간이 오래 가지는 않을 것이다. 신속히 행동해야 한다. 챗GPT는 인터넷 거대 기업에 공포감을 주고 있으며, 그들은 독점권을 지키기 위해 총력을 기울이고 있다. 구글은 패닉 상태에 빠졌고, CEO인 순다 피차이Sundar Pichai는 〈코드 레드〉를 발동했다. 구글 창업자인 래리 페이지와 세르게이 브린은 긴급히 소환되어 뒤처진 그룹의 반격을 조직하고 있다. 모든 계획이 중단되고, 오직 생성형 AI에만 집중하고 있다. 아마존도 가만히 있지 않을 것이며, 연간 약 400만 달러의 연구 개발 예산을 투입할 수 있다. 향후 5년 동안 혁신의 소용돌이는 이루 말할 수 없을 것이다. 프랑스는 뒤처진 상황을 만회할 수 있는 역사적 기회를 맞고 있는데, 그것은 연금보다는 기술에 대해 더 많이 얘기해야 한다는 조건하에서다. 이는 또한 우리의 경쟁자가 미래의 지능 공장을 개발하는 동안, 윤리적, 철학적 문제에 대한 소득 없는 논쟁으로 힘을 소진하지 않는 것을 의미한다. 먼저 나아가고, 규제는 나중에 하자.

프랑스 경제학자인 니콜라 부주는 한탄한다. 〈챗GPT는 우리의 공적인 논의와 여론의 상태를 비판적으로 바라볼 기회가 되어야 한다. 여기서 두 가지 영역이 매우 중요하다. 하나는 이제 불가분의 관계로 봐야 할 교육과 노동이다. 두 번째는 지정학적 영역이다. 이와 관련된 프랑스의 영향력 상실은 과학적 역량 상실과 직결된다. 헨리 키신저Henry Kissinger는 생성형 AI의 생산과 권력 사이의 연결 고리를 완벽하게 파악했다. 그러나 프랑스

외무부에서 이는 여전히 논의조차 되지 않는 주제다.)[40]

정치인이 잘못된 해답을 내놓은 것은 그들의 수준이 재앙에 가깝게 떨어지고 있기 때문이다. 인공 지능이 만들어 낼 초기술적이고 복잡한 사회를 관리하려면 예외적인 능력이 필요하다. 하지만 이런 사회에 수반되는 포퓰리즘의 물결은 대중으로 하여금 오히려 장관과 고위 공무원의 급여 인하를 요구하게 만든다. 현재의 제도적 메커니즘은 유능한 정치인을 내쫓고 있다.

유럽에서 **호모 데우스**의 위기는 자신의 프로메테우스적 힘에 대한 수치심의 형태로 나타난다. 이 초복합적인 세계는 종말론적 이데올로기의 온상이 되어 유럽의 쇠퇴를 가속화하고 있다. 죄책감에 사로잡힌 우리 문명은 자신이 구현했던 근본적인 가치에 대한 강력한 이의 제기 앞에 몸을 낮추고 있는 것이다. 적은 우리의 문 앞에 있는 게 아니라, 바로 우리 내부에 있다.

새로운 종교 전쟁:
호모 데우스 대 가이아[41]

원래 나치 이론가들의 그늘에서 탄생한 생태주의는 점차 좌파적인 성향을 띠게 되었다. 뤽 페리는 1992년 생태주의의 이러한 변화를 이론화했다. 반대로, 1960년대와 1970년대 사이에

---

40 니콜라 부주Nicolas Bouzou와의 인터뷰(2023년 3월 25일) — 원주.
41 가이아는 그리스 신화에 등장하는 대지의 여신으로, 아래에서 언급된 어머니-자연, 혹은 인간을 희생해서라도 지켜야 하는 지구를 상징한다.

뉴에이지 사상과 함께 등장한 트랜스휴머니즘 이데올로기는 자유주의와 친자본주의 노선으로 변모했다.[42] 스티브 잡스가 스탠퍼드 대학교 캠퍼스에서 LSD를 접하던 시대에 말이다.

오늘날 생태주의는 새로운 면모를 보이고 있다. 아니, 오히려 새로운 목적을 위한 가면이 되었다고 할 수 있겠다. 평화로운 보헤미안과 같았던 환경 운동가들은 이제 혁명군처럼 훈련된 활동가 집단에게 자리를 내주었다. 낭만적인 프로젝트는 권위적인 집단주의 프로그램으로 변질되었다. 모자에 꽂힌 꽃은 검은 복장의 **블랙 블록**[43]이나 기타 반파시스트 운동가의 헬멧과 연막탄으로 대체되었다. 평화로운 방식은 버려지고 과격하고 극적인 방법들이 등장했다.

녹색 깃발은 더 이상 미소를 자아내지 않는다. 그것은 공포심을 자아낸다. 철저하게 반인본주의적인 〈어머니-자연〉에 대한 새로운 종교는 인간-신(호모 데우스)의 종교와 정면으로 대립한다.

신들의 전쟁: 호모 데우스를 기대했지만, 가이아가 등장했다

스펙트럼의 양 극단에서 지식인과 철학자가 대립하고 있다. 21세기가 시작된 지금, 인류 문명의 종말을 예견하는 신(新)맬서스주의적 종말론자들[44]과 우주 정복을 꿈꾸는 트랜스휴머니

42 프랑스는 예외다. 프랑스 트랜스휴머니즘 협회는 좌파 성향을 보인다 —원주.

43 black block. 검은 옷을 입고 집단적으로 행동하는 시위 전술, 혹은 그런 시위자들을 뜻한다.

44 영국의 19세기 경제학자 토마스 맬서스Thomas Malthus(1766~1834)는 『인구론An Essay on the Principle of Population』에서 인구는 기하급수적으로 증가하는

스트들이 맞서고 있는 것이다.

종말론적 생태주의자들은 자원과 에너지 고갈이 우리 문명의 종말을 초래할 것이라고 확신한다.

태평양의 기술 진보주의자들 대(對) 유럽의 생명 보수주의자들

정치적 구도가 새로운 축을 중심으로 재편되고 있다.

종말론 이론가들과 달리, 트랜스휴머니스트들은 출산 제한이 바람직하지 않다고 생각한다. 우주 정복에는 엄청난 수의 개척자가 필요할 것이기 때문이다. 일론 머스크는 화성에 100만 명의 인간을 보내려 하고, 세계 최고의 부자인 제프 베이조스는 회수 가능한 로켓인 블루 오리진과 같은 발사체를 이용해 우주를 식민지로 삼고 1조 명의 인간을 우주에 정착시키는 미래를 꿈꾸고 있다. 당연히 출산 제한은 더 이상 필요 없을 것이다. 트랜스휴머니스트들에게 노동은 결코 사라지지 않을 것이며, 인류의 모험은 무한하고, 우리의 지평은 극단적으로 확장될 것이다.

NBIC 기술에서 비롯된 기술 혁신은 갈수록 빠르게 이어지고 있다. 그것들은 점점 더 놀라워지고 모든 경계를 넘어서고 있지만, 사회는 갈수록 쉽게 그것들을 받아들이고 있다. 인류는 혁신의 비탈길에 올라선 것이다.

2050년까지 더욱 극적인 생명 공학적 충격이 사회를 뒤흔

반면, 식량 공급은 산술급수적으로 증가하기 때문에 결국 인구 과잉과 자원 부족으로 기근, 질병, 전쟁 등 재앙이 발생할 거라고 주장했다. 이 맬서스의 주장은 20세기 중반부터 다시 주목받기 시작했으며, 특히 환경 운동과 밀접한 관련이 있다.

들 것이다. 줄기세포를 이용한 장기 재생, 유전자 치료, 뇌 임플란트, 노화 방지 기술, 유전자 설계를 통한 맞춤형 아기, 피부 세포를 이용한 난자 제작 등이 그것이다. 〈죽는 것보다는 트랜스휴먼이 되는 게 낫다〉는 것이 우리의 모토가 되고 있다. NBIC를 통해 노화와 죽음에 맞서 싸우겠다는 실리콘 밸리 발(發) 창조주 이데올로기인 트랜스휴머니즘은 순풍을 타고 있다.

보수적이고 반동적인 진영은 뜻밖에도 두 갈래로 나뉘었으니, 하나는 새로운 풍속과 성 소수자의 권리에 반대하는 데 집중하는 생명 보수주의 진영이고, 다른 하나는 정치적 생태주의에서 비롯한 묵시록적 종말주의자 진영이다.

기술이 좌우 구도를 없애버린다

21세기에 좌우 구도는 더 이상 유효하지 않다. 결국 생명 보수주의자들과 트랜스휴머니스트들 간의 대립이 우리 시대의 가장 중요한 정치적 구도가 될 것이다. 그것은 점차 쓸모없어지는 좌우 대립을 대체할 것이다. 20세기에는 더 큰 정부와 더 작은 정부 사이에서, 공권력에 대한 신뢰와 시장 법칙에 대한 신뢰 사이에서 어느 쪽을 선택하느냐가 근본적인 문제였을 것이다. 개인의 자유와 집단, 그리고 책임과 연대 중에서 어느 쪽에 우위를 두느냐를 선택해야 했다. 하지만 이러한 선택들은 더 이상 우리 사회에서 핵심적인 문제가 아니다. 신경 혁명 시대에 좌우를 대립시키는 것은 시대착오적인 일이다.

생명 보수주의자들과 트랜스휴머니스트들 간의 대립은 정치적 판도를 뒤흔들 것이다. 왜냐하면 우리의 창조주적인 거대한 힘을 관리하는 일은 유럽 문명의 기초인 유대-기독교 이데올로기와 근본적으로 단절되어 있기 때문이다. 뤽 페리가 그의 저서 『트랜스휴먼 혁명La Révolution transhumaniste』에서 처음 설명했듯이, NBIC 기술은 너무나 당연한 철학적, 정치적 대립을 가져온다. 우리는 단순히 선과 악의 피상적인 대립이 아니라, 더 깊고도 본질적인 분열로 찢길 거라고 말이다.

우리 중 누구도 인간이 전능해져서 우주를 정복하여 죽음을 막는 게 더 나은지, 아니면 대를 이어 손자들과 놀며 장미를 가꾸고 프루스트Marcel Proust의 책을 읽다가 태양이 폭발하는 순간을 맞이하는 게 더 나은지 말할 수 없는 것이다.

하지만 결국에는 트랜스휴머니스트들이 권력을 잡게 될 것이다. 그들은 노화 방지 기술을 무제한적으로 수용하여 더 오래 살기 때문에 인구적인 측면에서 권력을 갖게 될 것이다. 또한 신경 증강 기술[45]을 가장 먼저 받아들일 것이기에 경제, 정치적 권력도 쥐게 될 것이다.

바야흐로 세계는 둘로 갈라지고 있다. 태평양 연안에서는 트랜스휴머니즘 이념이 자리 잡고 있는 반면, 유럽은 반동적이 되어 가이아를 숭배하고 있다. 유럽에서 기술 진보주의자들은 천민으로 전락하고 있다. 종말론적 생태주의가 일승을 거둔 셈이다.

작가인 장폴 우리는 이렇게 한탄한다. 〈새로운 기술과 관련하여 유럽이 잘하는 게 하나 있다면, 그것은 의심할 여지없이 과학 기술 진보를 두려워하는 것이다. 독일은 과학 발전을 경계

45 인지 능력을 증강시키는 기술 —원주.

하라고 외치는 철학자 한스 요나스Hans Jonas를 배출했다. 이탈리아에서는 한 스코틀랜드인과 이탈리아인이 만나 로마 클럽을 창설했으며, 이는 성장 중단을 촉구하는 메도우즈 보고서를 낳았다. 프랑스인들은 사전 예방주의 원칙을 도입한 몇 안 되는 나라 중의 하나이며 반(反)과학 활동에 뛰어난 재능을 가지고 있다. 붕괴학collapsology[46]을 창시한 것도 그들이다. 스웨덴은 〈우리 모두가 두려워하기를〉 바라는 그레타 툰베리[47]의 조국이다. 마지막으로 영국은 국제적인 시민 불복종 모델로 자리 잡은 멸종 저항Extinction Rebellion 그룹을 탄생시켰다〉.

우리는 녹색 구루의 시대로 접어들고 있다. 그들은 역사를 미화하고, 공포를 팔아먹고, 숨겨진 목적을 위해 비합리성을 조장한다. 오늘날 세상의 종말은 흥행의 보증 수표다. 그리고 챗GPT로 시작된 기술 혁명의 걸림돌로 되고 있다.

---

46 산업 문명의 붕괴 위험에 대한 학제간 연구를 지칭하는 명칭으로, 기후 변화로 인한 사회의 전반적인 붕괴와 자원 부족, 대규모 멸종, 자연재해 등을 연구한다. 2015년 프랑스의 파블로 세르비뉴Pablo Seivigne와 라파엘 스티븐스Raphaël Stevens가 처음 언급하였고, 이후 재러드 다이아몬드Jared Diamond의 저서 『붕괴Collapse』를 통해 일반화되었다.

47 Greta Thunberg. 스웨덴의 환경 운동가(2003 ~). 아주 어렸을 때부터 기후 변화에 관심을 가졌고, 15세가 된 2018년에는 스웨덴 의회 앞에서 〈기후를 위한 학교 파업〉 표지판을 들고 시위를 시작했다. 이 시위는 세계적인 반향을 일으켰고, 그녀가 국제적으로 알려지는 계기가 되었다. 2019년에는 『타임Time』에서 올해의 인물로 선정하였으며, 노벨 평화상 후보에 오르기도 했다.

4장
붕괴론적 잡탕: 거꾸로 된 『1984』

2020년 2월, 장 조레스 재단[1]을 위해 IFOP[2]가 실시한 여론 조사에 따르면 프랑스인의 65퍼센트가 〈우리가 현재 알고 있는 문명이 앞으로 수년 내에 붕괴될 것〉이라는 주장에 동의한다고 한다. 2019년 12월 27일, 『르 몽드 *Le Monde*』는 이러한 전망의 결과를 분석하며 〈환경 독재를 도입해야 할까?〉라는 질문을 독자들에게 던졌다.

조지 오웰George Orwell의 소설 『1984』에서 당(黨)은 기록을 장악하고 역사적 진실을 조작한다. 그리고 당은 지배력을 확립하기 위해 허위 정보와 세뇌를 실행한다. 이른바 〈과거의 가변성〉을 이용하는 것인데, 〈과거를 지배하는 자가 미래를 지배〉하기 때문이다.

당은 과거를 그 자체로 존재한다고 여기지 않는다. 그것은

---

1 Fondation Jean-Jaures. 프랑스 사회당 주도로 1992년에 설립된 공익 재단으로, 정치적 및 사회적 진보를 위한 연구와 활동을 수행하는 싱크 탱크이다.

2 Institut français d'opinion publique, 프랑스 여론 연구소.

단지 인간의 마음속에 있는 기억일 뿐이다. 세상은 오로지 인간의 사고를 통해서만 존재할 뿐, 절대적인 현실은 없다. 당은 사람들에게 정신적 유연체조, 즉 신어(新語)로 〈이중사고〉라고 하는 것을 강요한다. 기록은 과거를 어둡게 만들고 현재를 미화하기 위해 다시 쓰인다. 예를 들어 『더 타임스*The Times*』 신문은 초콜릿 배급량이 줄어들고 있음에도 불구하고 증가하는 것처럼 꾸미기 위해 계속 수정된다.

생태주의자들은 이와 정반대로 작업한다. 그들은 과거를 미화하고 현재의 개선된 점들을 체계적으로 숨긴다. 그들은 영혼을 지배하기 위해 『1984』에서 나오는 당의 전략을 뒤집어서 사용한다. 정신의 지배라는 동일한 결과를 얻기 위해서 말이다.

우리의 뇌는 매머드 사냥에는 적합하지만, 종말론적 설교에는 제대로 저항하지 못한다

우리는 발전한 기술을 보면서 성숙해진 평온한 세기를 맞이했다고 생각했다. 하지만 과학이 온갖 믿음과 감정 앞에서 후퇴하는 현상은 우리 시대의 가장 두드러진 특징 중 하나다. 이런 상황은 정치적 균형을 약화시키고, 우리를 구원하기 위해 기꺼이 권력을 잡겠다고 나서는 종말론 설교자들에게 완벽하게 준비된 인지적 토양을 제공한다.

우리는 인지적 위기를 겪고 있다. 우리의 두뇌는 아직 새로운 세상에 적응되어 있지 않다. 정치적 생태주의는 우리의 인지적 편향을 선거에서 마음껏 이용하고 있는 것이다!

우리의 인지적 편향은 파국을 예언하는 환경운동가들에게 유리한 무대를 제공한다

우리의 두뇌는 에너지 소비 면에서 대단히 경제적이다. 주어진 작업을 수행하는 데 있어서 컴퓨터는 우리의 뇌보다 1,000에서 100만 배 더 많은 에너지를 소모한다. 뇌는 다윈식의 자연 선택에 의해, 풀숲에서 뱀을 빨리 발견하거나, 최소한의 에너지를 소비하면서 매머드를 효과적으로 공격할 수 있도록 진화해 왔다. 당시에는 식량이 부족했기 때문에 그럴 필요가 있었던 것이다. 하지만 이런 효율성에는 대가가 따른다. 우리의 뇌는 현실을 대폭 단순화하며, 이는 많은 인지적 편향을 초래한다. 우리의 합리성은 인지적 한계로 인해 불완전하다. 그리고 우리 시대의 정보 과잉은 우리의 인지적 편향을 더욱 악화시킨다. 우리에게는 굉장한 기억력과 무한한 추상 능력이 없는 것이다.

사회학자 제랄드 브로네르는 오랫동안 우리 뇌의 편향을 분석해 왔다. 복잡한 세상을 이해하는 우리의 능력은 보잘것없으며, 언론 매체들 간의 경쟁은 거짓 정보를 퍼뜨리는 데 기여한다.

인간은 세상에, 특히 자신에게 닥친 불행에 모종의 의미를 부여하고 싶어 하는 인지적 동물이다. 예언자들의 시대는 한 번도 멈춘 적이 없다. 정보를 처리하는 과정에서 다양한 인지적 오류가 발생할 수 있다. 수학적 논리와 상식 사이의 괴리는 우리를 혼란에 빠뜨린다. 우리의 논리는 수학적 계산을 따르려 하지 않는다.[34] 어떤 진실은 직관에 어긋나기 때문에 어처구니없게 느껴지는 반면, 거짓된 해결책들은 저항할 수 없는 매력을 발산한다. 오셀로 효과[5]는 녹색당에 의해 매우 효과적으로 이용되고 있다. 우리의 뇌는 아무리 터무니없는 말도 반복해서 들으면 결국 믿게 되는 것이다. 붕괴론자들은 처음에는 불가능해 보였던 것을 점점 그럴듯하게 만든다. 게다가 녹색당은 자신들에게 유리한 정보만을 선택적으로 취하는 이른바 〈체리-피킹cherry-picking〉에 능숙하다.

체르노빌 원전 사고가 있긴 했지만, 유럽에서는 핵 방사선 노출로 인한 사망자 수가 햇빛의 자외선 노출로 인한 사망자 수보다 훨씬 적다. 하지만 여론은 체르노빌의 결과에 공포를 느끼면서, 프랑스에서 매년 5만 건의 피부암을 일으키는 태양광에 대해서는 무관심하다.

인터넷은 우리의 인지 편향을 더욱 악화시킨다

거대 이데올로기와 종교 체계가 쇠퇴하자 자연스럽게 세상을 이해하는 새로운 관점들이 등장했다. 확증 편향은 아마도 가장 널리 퍼져 있고, 믿음을 지속시키는 데 가장 결정적인 역할을 하는 편향일 것이다. 우리는 어떤 생각을 검증할 때, 그 생각을 반박하

3 상트페테르부르크 역설이 그 좋은 예다 — 원주.
4 상트페테르부르크 역설은 18세기 수학자인 다니엘 베르누이Daniel Bernoulli가 제시한 도박 게임에서 발생하는 역설로, 사람들의 직관과 수학적 기댓값이 어떻게 충돌하는지를 보여 준다.
5 셰익스피어William Shakespeare의 4대 비극에 나오는 오셀로는 터무니없는 얘기를 여러 번 들은 끝에 결국 그것을 믿게 되어 사랑하는 아내를 살해한다 — 원주.

는 말보다는 그것이 맞는다고 확인해 주는 말을 선호하는 경향이 있다. 〈인지적 인색함〉은 우리로 하여금 의심스러운 주장을 쉽게 받아들이게 만드는데, 자신이 전문가가 되어야 할 특별한 동기가 없기 때문이다. 믿음은 정신의 자연스러운 경향에 부합하는 해결책들을 제시하므로, 들어간 정신적 노력에 비해 매우 유리한 인지적 효과를 낳는 경우가 많다. 사람들은 일단 어떤 생각을 받아들이면, 대개 그 믿음을 계속 고수한다. 정보의 홍수로 인해 자신이 믿는 바를 확증해 주는 디지털 콘텐츠를 찾는 것이 쉬워진 요즘은 더욱 그렇다.

정보의 범람은 사실 확인을 어렵게 하고, 대부분의 사람을 혼란에 빠뜨리는 인지적 미로를 만들어 낸다. 인터넷에서 지식과 믿음 사이의 경쟁은 공정치 못하다. 믿음을 옹호하는 사이트가 과학적인 사이트를 수적으로 압도하기 때문이다. 제랄드 브로네르의 연구를 따르면, 주제가 무엇이든 ― 네스 호수의 괴물, 예수의 신성한 수의, 유전자 변형 식품, 설인, 텔레파시, 전자파의 위험 등 ― 관련 사이트의 70퍼센트가 믿음에 사로잡힌 사이트라고 한다. 정보에 대한 접근성이 좋을수록 믿음은 강해진다. 이런 불공정한 경쟁은 과학자나 회의적인 사람들보다 믿음을 가진 사람들의 동기가 더 강하기 때문에 발생한다. 학자들은 불안감을 퍼뜨리는 활동가들만큼 적극적이지 않으며, 이 때문에 유전자 변형 식품, 아스파탐, 전자파 등을 두려워하는 이들의 확신이 더욱 강해지는 것이다.

이제 진실은 박수 소리로 결정되고, 아이디어는 시청률에 따라 평가된다. 사전 예방 원칙[6]은 우리의 가장 저급한 본능에 호소한다. 어떤 설명이 단일한 원인을 제시하고, 우리의 인지적 편향을 부추기며, 두려움과 분노에 호소할수록 우리는 더 쉽게 받아들이는 것이다. 우리의 뇌는 녹색 종말론을 받아들일 준비가 되어 있다.

챗GPT의 구조를 이해하는 프랑스인은 100명도 채 되지 않는다

이 인지적 위기는 갈수록 심해질 것이다. 챗GPT는 이제 우리의 이해를 벗어난 기술의 최종 형태이다. 당시에는 〈공개서한〉이라고 불렸던 1780년의 특허장은 프랑스인의 95퍼센트가 이해할 수 있었다. 세 개의 나사, 하나의 기어 등을 이해하는 것은 그다지 어렵지 않았던 것이다. 그러나 2023년의 마이크로프로세서 설계도, 암 유전자 치료법, 양자 컴퓨터에 대한 특허 같은 것은 기껏해야 프랑스인의 1퍼센트만이 겨우 이해할 수 있다. LLM의 신경망 작동 방식을 이해하는 프랑스인은 극소수, 많아야 100명 정도일 것이다. 극도로 복잡해진 세상은 두려움의 시장을 부추기고 있다.

6 미래에 발생할 수 있는 잠재적 위험이나 부정적 결과를 예방하기 위해, 과학적 증거가 완전히 확립되지 않았다 하더라도 그 위험을 줄이려고 사전에 조치해야 한다는 입장. 주로 환경 문제, 공중 보건, 과학 기술, 식품 안전 등, 위험을 예측하기 어려운 영역에서 사용되는 개념이다. 하지만 조금이라도 위험 가능성이 있으면 회피하려는 이 원칙은 진취적인 시도와 발전을 저해하는 요소로 작용하고 있다.

세상은 너무 복잡해져서 대부분의 사람에게 불투명하게 되었다. 이로 인해 뻔한 궤변과 선동적인 포퓰리즘으로 그들을 현혹하기가 훨씬 쉬워졌다. 겁에 질린 정신은 판단력을 잃고, 뭔가를 이해하고 있다는 달콤한 느낌을 맛보기 위해 모든 것을 포기할 준비가 되어 있다.

현재를 어둡게 보이게 하려고 장밋빛으로 칠한 역사

과거의 독재 정권들은 암울한 현실을 받아들이게 하기 위해 과거를 다시 썼다. 지금 싹 트고 있는 녹색 독재는 정반대의 기술을 도입했으니, 놀라운 현재를 평가 절하하기 위해 과거를 바꾸는 것이다. 공포를 팔아먹는 장사꾼들은 우리가 역사상 가장 끔찍한 시대에 살고 있다고 프랑스인들을 설득하고 있지만, 이것은 결코 사실이 아니다! 프란치스코Franciscus 교황은 자본주의가 악마의 거름이라고 반복하고 있지 않은가? 하지만 실제로 지금 세상은 그 어느 때보다 평화롭고, 범죄율은 낮으며, 영양실조는 줄어들고, 사회 보장은 너무나 관대해졌다.

당신은 정말로 과거에 살고 싶은가?

그 이상화된 과거를 좀 더 자세히 들여다보자.

1800년에는 가장 부유한 나라에서조차 빈곤율이 오늘날의 가난한 나라들보다 훨씬 높았다. 미국과 유럽에서는 인구의 40~70퍼센트가 극심한 빈곤 속에 살았다. 가난한 사람, 노숙자, 비참한 부랑자가 서양 인구의 10~20퍼센트를 차지했다. 1950년에는 지구상의 어린이 전체의 27퍼센트가 15세가 되기 전에 죽었다.

요한 노르베리Johan Norberg와 스티븐 핑커Steven Pinker는 과거에는 폭력이 만연했다는 사실을 상기시킨다. 프랑스와 독일의 마녀 사냥꾼들은 6만에서 10만 명의 여성을 살해했다. 고고학 발굴 현장들은 과거의 끔찍했던 폭력을 증언한다. 1440년부터 1524년 사이, 아즈텍족은 총 120만 명의 인간을 제물로 바쳤다. 폭력은 사회의 모든 계층에 가해졌다. 49명의 로마 황제 중 34명이 살해당했다. 스티븐 핑커는 중세 이후 범죄율이 30~100배나 감소했다고 말한다.

과거에는 삶의 질과 생활 환경도 처참했다. 1882년에는 뉴욕 시민의 2퍼센트만이 수돗물을 사용할 수 있었다. 가장 큰 도시들은 불결하기 짝이 없었다. 1900년에 말들은 뉴욕 거리에 매일 1,000톤에 달하는 말똥을 뿌렸다. 파리의 물장수들은 공중화장실의 오물이 쏟아지는 센 강에서 물을 길어 왔다. 1832년, 역시 파리에서 콜레라 유행병으로 하루에 1,000명까지 사망했고, 런던에서는 모두 2만 5,000명이 목숨을 잃었다.

의학의 역사는 더 교훈적이다.

1740년에는 프랑스 어린이의 30퍼센트가 한 살이 되기 전에 죽었다.

나폴레옹 전쟁터에서 총상을 입으면 마취 없이 팔다리를 절단해야 했다!

나폴레옹 3세Napoléon III는 아주 평범한 요로 결석으로 사망했다. 1888년 찰스 크래프트Charles Krafft가 맹장 절제술을 발명하기 전까지 급성 맹장염의 99퍼센트는 사망으로 이어졌다.

1922년 인슐린이 합성되기 전까지는 인슐린 의존성 당뇨병 환자의 100퍼센트가 끔찍한 고통 속에 죽어갔다.

1950년에는 모든 백혈병 어린이가 몇 주 만에 사망했다. 오늘날에는 거의 모두가 치료되는데 말이다!

1950년 항정신병 약물이 발명되기 전까지, 아주 많은 조현병 환자(프랑스에는 50만 명이 있다)가 그 악명 높은 구속복[7]에 묶여 있었다.

1955년까지도 알프스 여기저기에는 결핵환자들이 죽기만을 기다리고 있는 요양소가 있었다.

1955년에 백신이 개발되기 전까지, 소아마비는 어린이들에게 심각한 호흡 마비를 일으켰고, 아이들은 머리만 밖으로 내밀 수 있는 끔찍한 철폐(鐵肺) 속에서 세월을 보내야 했다. 백신이 개발되기 전에 감염된 세 명의 환자는 여전히 철폐에 갇혀 살고 있다.[8]

1985년, 에이즈 환자의 기대 수명은 11개월이었다. 백신

---

7 拘束複. 과거에 위험한 죄수나 정신병자의 난폭한 움직임을 제한하기 위해 사용된 특수한 재킷으로, 긴 소매를 뒤로 묶어 꼼짝 못 하게 했다. 오늘날에는 약물 치료로 대체되었다.

8 철폐는 20세기 초중반에 소아마비 환자에게 사용되었던 기계적 인공호흡기로, 환자의 몸을 밀폐된 금속통에 넣고 공기압을 변화시켜 호흡을 도왔다. 백신이 나오기 전에 감염된 환자들은 이미 호흡 근육이 심각하게 손상되어 인공 호흡 지원이 필수적이며, 철폐는 특정한 경우에 있어 아직도 가장 안정적이고 효과적인 호흡 보조 기구라고 한다.

개발 이전에는 B형 간염이 매년 프랑스 젊은이 500명의 목숨을 앗아갔다.

종말론자 지식인들의 말에 귀 기울이지 말라. 지금 삶은 그 어느 때보다도 훌륭하다. 이를 확신하려면 의학 역사책을 한 권 다운로드하여 읽어 보라. 아니, 절대로 옛날은 지금보다 더 낫지 않았다. 전에는 정말 끔찍했다!

지금의 삶은 그 어느 때보다 훌륭하다: 루이 14세보다 2023년의 노동자가 더 잘 살고 있다

〈태양왕〉[9]은 전능했고, 수많은 하인이 돌보는 웅장한 저택을 소유하고 있었다. 하지만 그의 삶은 결코 쉽지가 않았다. 베르사유 궁전의 겨울은 몹시 추웠다. 왕의 식탁 위 포도주가 얼어붙을 정도였다. 비위생적이었던 이 성에서는 악취가 진동했고, 향수로 그럭저럭 냄새를 가릴 수 있다. 끔찍할 정도로 불편한 마차를 타고 가는 여행은 한없이 길게 느껴졌으리라. 결혼식을 올리러 생장드뤼즈[10]에 갈 때도 몇 주나 걸렸다. 반면 오늘날의 노동자는 25유로의 저가 항공권으로 75분 만에 파리에서 비아리츠로 날아갈 수 있다. 왕은 저가형 스마트폰을 가진 2023년의 노동자보다 훨씬 적은 정보와 오락거리를 가지고 있었다.

루이 15세Louis XV가 루이 14세의 증손자인 이유는 당시에

---

9 프랑스의 절대 군주 루이 14세Louis XIV의 별명.

10 프랑스와 스페인의 국경 근처에 있는 도시로, 루이 14세는 스페인의 왕녀 마리아 테레지아Marie-Thérèse d'Autriche와 정략 결혼을 올렸고, 상징적인 결혼 장소로 이곳이 선택되었다.

는 치명적인 질병이었던 천연두와 홍역 등으로 가족 대부분이 사망했기 때문이다. 1660년부터 루이 14세는 끊임없이 병에 시달렸다. 루이 14세의 치아는 매우 일찍 끔찍한 상태가 되었다. 45세부터는 더 이상 이가 없었다. 당시 치과 치료는 진통제 없이 〈썩은 이〉를 뽑는 것이 전부였다. 태양왕은 오늘날이라면 고통 없이 즉시 치료받고 건강 보험으로 100퍼센트 환급받을 수 있는 여러 가지 건강 문제들로 고생했다. 그리고 요즘에는 간단한 혈관 수술로 예방할 수 있는 다리 괴사로 긴 죽음의 고통을 맛봤다.

100만 년 동안 인간은 자연과 싸워왔고 앞으로도 싸워야 한다

이제 환경 투쟁은 자연을 본질적으로 자애로운 존재로 여기는 자연의 신격화를 동반한다. 얼마나 어처구니없는 일인가! 인간이 자연의 지배를 받을 때, 우리의 삶은 정말 끔찍했다! 근대성은 우리가 자연에서 벗어나는 순간 시작된다.

공포를 팔아먹는 장사꾼들은 프랑스인들에게 아직도 지옥 같은 시대에 살고 있다고 확신하게 했지만, 사실은 자연과 싸우면서부터 삶은 그 어느 때보다도 달콤해졌다. 안경, 비누, 난방, 백신, 약품, 화장실 같은 것은 자연적인 것이 아니다. 반면 암, 결핵, 에이즈, 간염, 파상풍 같은 질병은 완전히 자연스러운 것이다.

장피에르 리우Jean-Pierre Riou는 경악한다. 〈이성과 지식과 진보를 숭배했던 계몽주의 시대와는 정반대로, 21세기 초반은 과학에 대한 불신을 드러내고 있다. 자연 신(神)의 이름으로, 이 세기는 인간이 본질적으로 환경에 해롭다는 죄책감을 갖고, 인간에게 책임이 있는 종말의 신화와 관련하여 참회할 것을 요구하고 있다. 그리고 이렇게 벌어진 틈새로 정치적 생태주의가 파고들며 세계의 종말과 잃어버린 낙원의 달콤함이라는 이중의 허상을 흔들어 대고 있다.〉

뤽 페리가 『새로운 생태학적 질서 *Le Nouvel Ordre écologique*』에서 설명했듯이, 생태주의는 반인본주의가 되었다. 인간이 아닌 모든 것을 신성시하는 태도는 끔찍한 결과를 낳는다. 그것은 지구상에서의 인간의 작은 개입조차 신성 모독으로 만드는 것이다. 사람들의 정신을 조작하는 작업을 완성하기 위해서는, 인간이 지구상에서 행한 모든 긍정적인 증거에 대해 눈을 가리는 것이 필수적인 것이다.

좋은 뉴스들은 숨겨진다

긍정적인 정보들은 대중에게 철저히 감춰지기 때문에 여론은 쉽게 공포에 휩싸인다. 프로파간다가 효과를 발하려면, 우리는 지옥에 살고 있다고 모두가 확신하는 게 필수적이다.

옥스퍼드 대학의 경제학자 맥스 로저Max Roser는 이렇게 설명한다. 〈만약 여러분이 태어날 시기를 선택할 기회가 주어진다면, 과거 수천의 세대 중 우리 시대가 아닌 다른 시기를 선택하는 것은 정말 위험한 선택일 것입니다.〉

지금 인간 발전의 모든 지표가 긍정적이다. 빈곤율은 그 어느 때보다 낮다. 문자 해독률은 그 어느 때보다 높다. 평균 생활 수준도 역시 그 어느 때보다 높다. 세계 평균 수명은 1900년 이후 두 배 이상 증가하여 완전히 정점에 도달했다. 영아 사망률은 역사상 최저치이다. 매일 28만 명이 새로이 수돗물을 사용하게 되고, 32만 5,000명이 처음으로 전기를 이용하며, 65만 명이 인터넷에 접근하고 있다.

자연재해로 인한 사망률도 최저 수준이다. 1931년과 2022년 사이에 자연재해로 인한 사망자 수가 급격히 감소했다. 1931년에는 무려 400만 명이 사망했지만 2019년의 사망자는 1만 명뿐이다. 1930년대 이후로 인구가 세 배 증가한 것을 감안하면, 자연재해로 인한 인명 피해가 1,000분의 1로 줄어들었다는 얘기다. 그런데 미디어가 기후 변화로 인해 자연재해의 희생자가 폭발적으로 증가하고 있다고 대중을 설득하는 것을 보면 정말이지 기가 막힌다.

오늘 태어난 아이가 은퇴 연령에 도달할 수 있는 확률은 우리 조상들이 다섯 살까지 살 확률보다 높다

행복 경제학자[11]와 낙관적인 지식인 — 스티븐 핑커, 요한 노르베리, 니콜라 부주, 맷 리들리Matt Ridley, 브루노 테르트레Bruno Tertrais, 맥스 로저, 자크 르콩트Jacques Lecomte, 실비 브루넬Sylvie Brunel — 은 우리의 현재가 얼마나 행복한지를 상기시키기 위해

---

11 economy de happiness. 주로 사람들이 느끼는 주관적인 행복과 경제적 요인 간의 관계를 연구하는 경제학 분야를 말한다.

애쓰고 있다.

마티유 렌은 요한 노르베리의 책 서문에서 우리 사회는 사회적 발전을 과소평가하고 있다고 말한다.[12] 극빈자의 수는 감소하고 있다. 1981년에는 세계 인구의 42퍼센트가 하루에 1.90달러 미만으로 생활했지만, 2013년에는 그 비율이 10.7퍼센트로 떨어졌다. 문맹률 — 교육을 받음에도 불구하고 읽기와 계산 능력이 부족한 사람들의 비율 — 도 급감 중이다. 1800년에는 전 세계 문맹률이 88퍼센트였지만, 1900년에는 79퍼센트, 2014년에는 15퍼센트가 되었다. 2000년부터 2015년 사이에 전 세계 가구의 자산은 250조 달러 증가했다. 전 세계적으로 5세에서 17세 사이의 아동 노동자 수는 2000년 2억 4,600만 명에서 2016년 1억 3,400만 명으로 감소했다.

쓸모가 없어져 잡아먹힌 말들이 산업 혁명의 유일한 패자다

세계 인구가 7배 증가한 반면, 빈곤율은 10분의 1로 줄어들었다! 의학의 진보, 도시화, 국가의 부유화는 모든 사람의 삶의 질을 크게 향상시켰다. 두 세기 동안 가장 가난한 지역에서도 기대 수명이 두 배나 늘었고, 문맹률은 전 세계적으로 감소했다. 맥스 로저와 피에르 벤타타는 좋은 소식들이 갈수록 많아지고 있다는 사실을 보여 주었다.[13]

1970년 이후로 기름 유출 사고로 인해 바다에 쏟아진 석유의 양이 99퍼센트 감소했다. 1980년대에 유럽의 숲이 사라

12 Johan Norberg, Non ce n'était pas mieux avant, Place des éditeurs, 2017—원주.
13 Max Roser, Pierre Bentata. www.worldindata.com —원주.

질 것이라는 경고가 나왔을 때, 많은 사람이 산성비로 인해 숲이 화학적 사막이 될까 두려워했다. 하지만 오염의 감소로 이런 재앙을 피할 수 있었다. 유럽 연합에서는 산성화가 심각한 지역이 1980년의 43퍼센트에서 7퍼센트로 감소했고, 강과 호수의 조류(藻類) 증식도 줄어들고 있다. 유럽에서는 산림 면적이 매년 0.3퍼센트 이상 증가하고 있다. 전 세계적으로 연간 삼림 손실률은 1990년대 초의 0.18퍼센트에서 0.008퍼센트로 둔화되었다. 중국에서는 이제 매년 200만 헥타르 이상의 산림이 증가하고 있다.

1870년에 1.67미터였던 유럽인의 평균 신장은 10년마다 1센티미터씩 커져 지금은 1.79미터가 되었다. 1970년경 가난한 국가에서는 설사로 인한 탈수증으로 5세 미만 어린이 열 명 중 한 명이 사망했다. 하지만 이후 여과되고 염소 처리된 물 덕분에 영아 사망률이 74퍼센트 감소했다.

20세기 동안 미국인이 교통사고로 사망할 확률은 96퍼센트, 보도에서 차에 치여 죽을 확률은 88퍼센트, 비행기 사고로 사망할 확률은 99퍼센트, 화재로 사망할 확률은 92퍼센트, 익사할 확률은 90퍼센트, 질식사할 확률은 92퍼센트, 산업 재해로 사망할 확률은 95퍼센트 감소했다. 번개에 맞아 죽을 위험은 96퍼센트나 감소했다.

1900년에는 세계 인구의 12퍼센트만이 읽고 쓸 줄 알았지만, 지금은 90퍼센트에 육박한다. 1인당 부는 기독교 시대 초기부터 나폴레옹Napoléon I 시대까지 단 50퍼센트만 증가했다. 1820년에 서유럽 최고 부국의 1인당 부는 1,500~2,000달러 사이였다. 이는 오늘날 모잠비크와 파키스탄보다 적은 수준이다. 평균적으로 지구 주민들은 현재의 아이티, 라이베리아, 짐바브웨 주민의 그것과 비슷한 극빈 상태에서 살았다.

인류의 발전은 이제 세계 대부분에 영향을 미치고 있다. 오늘날 멕시코인은 1955년의 영국인보다 잘 살고 있다. 보츠와나인의 소득은 같은 시기의 핀란드인보다 높다. 네팔의 영아 사망률은 브루노 테르트레가 상기시켜 주듯이 1912년 이탈리아의 그것보다 낮다.

사실 산업 혁명의 패자는 삶의 수준이 폭발적으로 향상된 노동자들이 아니다. 진짜 패자는 쓸모가 없어져 잡아먹힌 말들인 것이다.

대기 오염이 급감하고 있다: 파리의 공기가 이렇게 깨끗했던 적이 없었다

IFOP 여론 조사에 따르면 프랑스인의 88퍼센트가 우리 도시들의 대기 오염이 증가하고 있다고 생각하며, 감소하고 있다고 생각하는 사람은 단 3퍼센트뿐이다. 그러나 에어파리프[14]의 보고서는 프랑스 수도의 대기 오염이 빠른 속도로 사라지고 있음을 보여 준다. 대중을 겁에 질리게 하는 여섯 가지 오염 물질인 이산화 황, 납, 일산화 탄소, 벤젠, 질소 산화물, 그리고 미세 먼지가 급격히 감소하고 있는 것이다.

1950년대에는 오염이 훨씬 더 심각했다는 사실을 모두가

---

14 Airparif. 프랑스의 파리와 그 주변 지역의 대기 질을 모니터링하고 평가하는 비영리 기관. 1979년에 설립되었으며 프랑스 환경 및 에너지 관리청과 파리 지역 당국의 지원을 받아 운영된다.

잊고 있다. 예를 들어, 1952년 12월 5일 금요일부터 12월 9일 화요일까지 런던을 뒤덮은 대형 스모그는 1만 2,000명의 주민을 죽음에 이르게 했다.

대기 오염이 사라지고 있는데도, 붕괴론에 빠진 이들은 지금 시민들이 엄청난 위험에 처해 있다고 떠들어 댄다.

녹색 혁명은 환상적이었다

역사적으로 기근은 보편적이고 규칙적인 현상이었다. 프랑스는 11세기에 26번, 12세기에 2번, 14세기에 4번, 15세기에 7번, 16세기에 13번, 17세기에 11번, 그리고 18세기에 16번의 전국적인 기근을 겪었다. 특정 지역에 국한된 기근도 세기마다 수백 번씩 있었다. 페르낭 브로델Fernand Braudel이 상기시켜 주듯이, 1662년 프랑스 중부에서는 인육을 먹었다. 1695년에서 1697년 사이 핀란드에서는 인구의 거의 3분의 1이 기아로 목숨을 잃었고 스웨덴에서는 식인 행위가 발생했다. 좀 더 가까운 시기인 1958년부터 1961년까지 마오쩌둥 치하의 중국에서 일어난 기근은 5,000만 명의 목숨을 앗아갔고 평균 수명을 20년 떨어뜨렸다. 이는 인류 역사상 대규모의 식인 행위가 마지막으로 발생한 때였다.[15]

1970년 노벨 평화상을 수상한 노먼 볼로그Norman Borlaug의 주도로 이뤄진 〈녹색 혁명〉은 기근을 종식시켰다.[16] 인도는 인

15 홍위군이 1968년에 벌인 이 식인 잔치에서 421명이 목숨을 잃었다. 이 충격적인 사건은 정치적 동기로 벌어졌으며, 당시 중국에는 기근이 사라진 상태였다. ─ 원주.

16 새로운 곡물 품종, 기계화, 비료, 살충제의 조합은 상당한 수확량 증가로 이

구가 5억 명에서 13억 명으로 증가했고, 경제 규모는 10배, 밀 생산량은 5배가 늘었다. 녹색 혁명은 수억 명의 인류를 기아와 죽음에서 구해냈다.

과학의 진보는 생태주의적 맬서스주의가 틀렸음을 증명했으며, 인류는 그 어느 때보다 잘 먹고 있다. 노먼 볼로그는 인류 역사상 처음으로 10억 명의 생명을 구한 인물이다. 농업의 생산성 증가는 너무나 극적이어서 더 적은 면적으로 더 많은 생산을 할 수 있게 되었다. 덕분에 프랑스 산림 면적은 1830년 이후로 두 배로 늘어날 수 있었다!

하지만 이러한 좋은 소식들은 언론의 주목을 받지 못하고 오히려 어처구니없는 얘기로 받아들여진다. 바야흐로 지금은 종말론의 시대이다. 무시무시한 묵시록이 돈이 되는 세상인 것이다.

생태주의 구루들의 시대: 기쁨 속의 묵시록

생태주의 구루와 불행의 예언자들은 이미 오래전부터 존재해 왔지만, 1960년대와 1970년대부터는 그야말로 봇물처럼 쏟아져 나왔다. 하지만 이들의 예측이 완전히 빗나가면서 붕괴론의 열기가 한동안 잠잠해졌다.

그러다가 2000년대부터 다시 물결이 일었는데, 이는 정치

어졌다 — 원주.

적 생태주의가 마르크스주의 체제의 몰락 이후 새로운 모델을 모색하는 극좌파를 만나면서 시작되었다.

에코 신학

마치 종파처럼 움직이는 이 운동들은 반자본주의와 집단주의적 열망[17]이라는 비옥한 토양에서 번성한다. 녹색 이데올로기는 새로운 종교처럼 작동한다. 붕괴론은 근본적으로 종교적 이데올로기다. 그러나 신에 용서를 구하는 대신, 자연에 용서를 구한다.

오늘날 전개되는 생태주의는 매우 극단적이고도 위험한 종교 이데올로기와 비슷하다. 실비 브루넬이 설명하듯이, 이 이념은 추종자들에게 망상적인 자학 욕구를 불어넣어 그들로 하여금 모든 희생을 감수하게 만든다. 이로 인해 생태주의는 참회, 고행, 교리 문답, 종말론, 속죄 같은 종교적 특성들을 띠게 되었다.

미테랑Francois Mitterrand 정부의 장관이었던 브뤼노 뒤리외 Bruno Durieux는 이에 대해 유감을 표한다. 〈생태주의는 본질적으로 종교적이기도 합니다. 종교로서의 생태학은 그들이 주장하는 바와는 달리 과학적 생태학의 성과에는 별로 관심이 없습니다. 그것은 다만 겉치레일 뿐입니다. 종교의 본질, 그러니까 신앙은 논증이나 증거나 구체적인 실체 없이도 어떤 사상과 규칙의 체계를 받아들이는 것입니다. 생태주의는 과학적 엄격함을

---

17 집단주의는 사회주의나 공산주의처럼 개인의 이익보다는 사회 전체의 이익을 중요시하여, 개인의 권리나 자유보다는 공동체의 목표나 규범을 우선시한다.

벗어 던지고, 계시에 의해 신비스럽게 변형된 생태학입니다. 지금 우리가 마주하고 있는 것은 하나의 신앙이요, 신비주의요, 신념들, 환상들입니다. 생태주의는 저항할 수 없는 힘으로 전 세계에 급속히 확산되고 있는 어린 종교인 것입니다. 이 종교의 성직자들은 빠르게 자리 잡고 조직되었으며, 그들의 예배당은 모든 대륙에 세워지고 증식되고 있습니다. 인간 중심주의를 규탄하며《성경》의 종교들과 경쟁하는 생태주의는 이미 그들의 성인과 순교자, 십자군과 종교 재판관, 참회자, 악마, 이교도와 배교자, 신격화, 성서를 가지고 있습니다. 영향력 있는 종교들이 다 그렇듯, 생태주의에도 자신의 목적(자본주의에서 벗어나기, 권력 얻기, 부자 되기, 신분 상승 등)을 위해 종교를 이용하는 가짜 독신(篤信)자, 기회주의적 신자들이 있습니다. 매일 새로운 계시가 내려오는데, 일반적으로 재앙이나 재난에 관한 것으로, 죄 많은 생태주의 신도들을 꾸짖으며 더 경건할 것을 요구합니다. 그리하여 그들의 성서에 새로운 구절이 추가되는 것입니다.〉

붕괴론자들은 우리를 선사시대로 이끈다

그들이 제시하는 길은 문명의 막다른 골목이다. NBIC 기술을 막는 것은 1455년에서 1727년 사이에 인쇄술 금지가 오스만 제국에 가져온 것과 동일한 결과를 초래할 것이다.

사실 생태주의들은 세상의 종말에 매료되어 있다. 생태주의 지식인 브뤼노 라투르가 『르 몽드』에서 설명했듯이, 〈묵시록은 너무나 신나는 것이다).[18][19] 그러나 붕괴론적 담론은 조금도 신이 나지 않는다. 그것은 유럽을 자멸로 이끌고, 우리 아이들을 프로작[20] 으로 이끌 뿐이다.

18 2019년 5월 31일자 — 원주.

19 Bruno Latour(1947~2022). 프랑스의 철학자, 사회학자, 과학 기술학 연구자이다. 그는 종말론을 단순히 부정적인 것으로만 보지 않고, 오히려 현재의 파국적인 사회, 정치적 흐름을 재고하는 건전한 충격으로 받아들이려 한다.

20 항우울제의 일종.

5장
챗GPT 시대에 녹색의 소프트웨어는 구시대적이다

정치적 생태주의는 유권자를 생태주의 〈십자군 운동〉에 징집하기 위해 공포에 떨게 만드는 방법을 택했다. 수십억 명이 무더기로 죽어갈 거라는 전망보다 사람을 겁주고 휘두르기 좋은 게 또 있을까? 녹색 운동은 미래로 향하는 고속 도로에서 역주행하게 만든다. 그러나 챗GPT는 미래로 향하는 진정한 슈퍼카의 열쇠를 제공한다. 만일 우리에게 그것을 운전할 용기가 있다면 말이다. 또 다시 이 기술을 사람들을 겁주는 수단으로나 이용하고 싶지 않다면, 이들에 대한 정확한 인식을 갖는 것이 필요하다.

집단 학살을 연상시키는 언어

유럽의 환경 운동가는 세상의 종말을 예고하는 선지자를 끊임없이 양산하고 있다. 환경 운동가 프레드 바르가스[1]는 기온이

1 Fred Vargas. 프랑스의 저명한 소설가이자 역사가(1957~). 환경 문제에 깊

1.5도 상승하면 인류의 절반이 기후 변화로 죽을 것이고, 2도 이상 오르면 60억 명이 죽을 것이라고 설명한다. 리오넬 조스팽 Lionel Jospin 정부의 환경부 장관 이브 코셰Yves Cochet는 『르 파리지앵 Le Parisien』과의 인터뷰에서 우리 사회의 필연적 붕괴를 예언했다. 〈나 같은 붕괴론자에게는 2050년까지 인류가 존재하지 않을 확률이 50퍼센트입니다. 우리 인류는 2050년에 100억 명에 이르는 대신에, 20억 내지 30억 명밖에 남지 않을 것입니다.〉 멸종 저항 운동[2]은 기후가 벌이는 집단 학살로 앞으로 수십억 명이 죽을 거라고 주장한다.

또 정치적 생태주의는 지구 온난화가 1,000번의 홀로코스트를 일으킬 것이라고 주장한다. 그리고 이 1,000번의 홀로코스트를 막기 위해서라면 무엇이든 정당화된다고 한다. 그들은 〈기후 뉘른베르크 재판〉 같은 것을 열어 기후 회의론자들을 처벌하라고 요구한다. 왜냐면 생태학적 합의에 의문을 제기하는 것은 〈인류에 대한 범죄〉나 다름없기 때문이다.

모두를 자기편으로 끌어 들이기 위해서는 세상을 선과 악으로 양분하는 것이 필요하다. 중간은 있을 수 없다. 사르트르 Jean-Paul Sartre가 모든 반공주의자는 개라고 단언한 것처럼, 모든 시민은 몸과 마음을 다해 생태주의자가 되어야 하며, 그렇지 않으면 적이다.

은 관심을 가지고 환경 운동가로 활동해 오고 있다.
2 2018년 영국에서 설립된 글로벌 환경 운동. 기후 변화와 생물 다양성 보호를 위해 비폭력적 시민 불복종을 통해 정부의 행동을 촉구하는 것을 목표로 한다.

CNRS[3]의 유명한 사회학자인 미셸 팽숑-샤를로Michel Pinçon-Charles와 모니크 팽숑-샤를로Monique Pinçon-Charles는 『뤼마니테L'Humanité』에서 이렇게 주장한다.[4] 〈자본가들이 부를 축적하기 위해 자연 자원을 약탈하면서 전적으로 생겨난 기후 변화는, 이제 로봇과 자동화의 시대에서 쓸모없게 된 가장 가난한 사람들을 없애버릴 궁극적 무기가 되었다. 거대한 허리케인, 폭풍, 홍수, 화재가 학살을 끝내고 나면, 이 행성은 살아남은 부유층을 위해 봉사하는 인공 지능이 지배하게 될 것이다.〉 이런 어처구니없는 음모론적 망상에 반발하고 나선 생태주의자는 단 한 명도 없었다.

녹색으로 포장한 전체주의

이러한 세계관은 전체주의 사회를 부과하는 데 엄청난 힘을 발휘한다.

언론인 스테판 푸카르Stéphane Foucart는 2019년 1월 3일자 『르 몽드』에서 이렇게 설명한다. 〈선택지는 암울하다. 온난화를 막기 위해 현재의 민주주의 형태를 포기할 것인가, 아니면 지구 온난화가 민주주의를 무너뜨릴 때까지 기다릴 것인가?[5] 슬픈

---

3 Centre National de la Recherche Scientifique. 프랑스 국립 과학 센터.

4 미셸 팽숑-샤를로는 2022년 9월 22일에 사망했다 — 원주.

5 경제학자 피에르 벤타타는 불행의 예언자들이 어떻게 권위주의적 정책을 조장하는지 잘 보여 준 바 있다. 많은 연구에 따르면, 사회적 불안의 시기에는 권위에 복종하려는 욕구가 증가하는 경향이 있다. 일부 사람들은 보호자 역할을 하는 권위가 제

현실은 자유에 대해 더 이상 많은 사람이 관심을 갖지 않는다는 사실이다. 자유는 대부분의 문제 원인으로 지목되고 있다. 생태주의 운동가들이 지구를 구한다는 명분으로, 독재자 스탈린 Joseph Stalin마저도 기뻐할 자유 억압 조치를 추진하는 방식에는 경악을 금할 수 없다. 세상의 종말이 다가온다는 이유로 자유를 제한하는 것이 정당화되고 있는 것이다.) 녹색 프로젝트는 중세에 소련을 덧붙인 것이나 마찬가지다.

프랑스는 생활 방식이 가장 즐겁고, 음식이 훌륭하며, 풍광이 아름다운 나라 중의 하나이다. 이런 프랑스가 지금 우울증 속에 살아가고 있다. 종말이 코앞에 닥쳤다고 생각하고 있으며, 심지어는 아프가니스탄 사람들보다도 비관적인 생각을 가지고 있다. 모든 여론 조사는 임박한 재앙에 대한 두려움을 보여 준다.

불과 100년도 안 되는 과거에 수천만 명의 목숨을 앗아갔던 낡은 수사(修辭)들이 녹색으로 칠해져 다시 등장하고 있는 것이다.

이 초고속 성장 시대에
중세적 생존주의를 이상으로 내세운다?

탈성장은 출구 없는 골목일 뿐이다. 녹색당[6]의 정책으로는 환경

공하는 안전감 때문에 자유를 포기할 준비가 되어 있는 것이다 ─원주.
 6 Les Verts. 1984년에 창당된 좌파 성향의 환경 정치 단체. 환경 보호와 지속 가능한 발전을 주요 이념으로 삼고 있으며, 대안 세계화를 지지한다. 2010년에는 유

문제를 해결할 수 없으며, 오히려 우리 문명에 치명적일 것이다.

생태주의는 근본적으로, 그리고 명시적으로 진보와 성장에 대한 반발이며, 현대성에 대한 혐오의 한 형태이다. 역사적으로 좌파 사상은 해방, 자율, 재분배, 그리고 진보를 지향해 왔다. 오늘날 좌파가 보수적이고 반동적인 생태주의와 공존하는 것은 참으로 역설적인 일이다. 마르크스주의와 공산주의의 붕괴 이후, 좌파는 자유주의와 시장 경제에 대한 비판을 새롭게 할 이념적 기준, 혹은 마르크스주의를 대체할 무언가가 필요해졌다. 그런데 좌파는 반동적 극좌주의인 생태주의를 선택했다고 브뤼노 뒤리외는 한탄한다.[7]

바야흐로 챗GPT가 혁신의 물결을 일으키고 경제 성장을 가속화하려 하는 이 시점에 탈성장에 홀린 사람들이 등장하고 있는 것이다.

녹색의 마조히즘

정치적 생태주의는 자유의 후퇴를 정당화하는 것을 넘어서서, 우리의 안락함과 소소한 소비의 즐거움을 줄이기 위해 상상력을 총동원하고 있다. 여기에서는 뭔가 사도마조히즘 같은 것이 느껴진다. 마치 고통스러워야만 의미가 있는 것 같다. 고통이 없으면 아무것도 소용없다는 듯이 말이다.

정치적 생태주의의 프로그램은 나쁜 소식과 잘못된 〈좋은

럽 생태주의와 합변하여 〈유럽 생태 녹색당Europe Ecologie - Les Verts〉으로 개편되었다.

7 뤽 페리와 드리외 고드프리디Drieu Godefridi도 같은 말을 했다——원주

생각〉의 집합체이다. 탈성장, 즉 구매력 감소를 추진하며, 이민자를 더 잘 받아들이기 위해 유럽의 인구를 줄이고, 중증 노인 환자들에 대한 의료 서비스를 제한하여 인구를 감소시키며, 유전자 변형 식품, 원자력, 우주, 항공, 디지털, 5G 등 대부분의 첨단 기술을 차단하고, 무역과 운송을 제한하며, 시민들의 〈탄소 발자국〉[8]을 줄이기 위해 개인의 자유를 제한하고, 전통적인 절약 기술을 장려하는 것 등이다.

그레타 툰베리를 지지하는 단체 중 하나인 〈기후 정의를 위한 민중의 요구The People's demands for climate justice〉의 목표는 명확하다. 이 프로그램은 온실가스를 감축시키면서도, 탈성장과 구매력 하락을 피하게 해줄 수 있는 모든 기술을 배제한다. 오직 탈성장적 조치만이 용인된다. 특히 이산화 탄소를 저장하는 방법에 대한 연구는 완전히 금지되어야 한다. 이산화 탄소를 적게 생산하는 농업 기술도 배제된다. 오직 탈성장적인 자학적 조치들만이 받아들여지는 것이다. 심지어 생태주의자 브뤼노 라투르는 지구 엔지니어링[9]을 지지하는 과학자들에게 정신병자용 구속복을 입힐 것을 제안하기까지 했다.

생태주의자 장마르크 장코비시Jean-Marc Jancovici는 이산화 탄소를 배출하지 않는 새로운 에너지 기술, 예를 들어 핵융합 에너지에 대한 두려움을 이렇게 설명한다. 〈무한한 에너지는 재앙이 될 것입니다! 그것은 우리 모두가 슈퍼맨이 된다는 것을 의

---

8 개인 또는 단체가 직간접적으로 발생시키는 온실 기체의 총량.
9 지구 온난화의 위기를 극복하기 위해, 지구의 기후와 환경을 태양 복사 관리나, 이산화 탄소 제거 같은 방법 등을 통해서 의도적으로 조작하려는 공학.

미합니다. 사소한 갈등에도 지구는 거인들의 싸움에 휘말릴 것입니다!〉 오렐리앙 바로는 무료이며 무공해인 에너지의 발견이 비극으로 끝날 거라고 생각하기도 한다.[10]

　마찬가지로, 성장을 깨뜨리지 않고 이산화 탄소를 줄일 수 있는 모든 기술이 금지되어야 한다는 것이다. 과학을 통해 이산화 탄소를 줄이는 것은 생태주의자들에게는 가이아 여신에게 속임수를 쓰는 거나 마찬가지인 모양이다.

녹색당은 포퓰리즘으로 귀착될 비탈길을 만들고 있다

녹색당의 터무니없는 소리는 사람들의 정신을 혼란시키면서, 극단적인 정치적 변화의 토대를 마련하고 있다.

　좌파는 1990년대를 기점으로 더 이상 진보를 지지하지 않게 되었다. 〈우리는 모두 죽을 거예요!〉라는 구호를 반복하는 것이, 〈노란 조끼〉들의 구매력을 유지하기 위해서 어떻게 중국의 기술적 리더십에 맞서 싸워야 하는지를 설명하는 것보다 훨씬 간단하기 때문이다.

　오늘날 탄소는 과거의 〈신의 뜻〉과 같은 것이 되었다. 이것은 모든 것을 정당화하는 궁극적 이유가 되어, 그것을 내세우며 우리의 삶을 통제하려 드는 성직자들을 승인해 주는 것이다.

인류에 대한 증오는 늘 가까이에 있다. 하지만 인류가 챗GPT를 제대로 수용하기 위해서는 스스로를 사랑해야 한다

뤽 페리는 자연에 대한 사랑이 때로는 인간에 대한 증오를 숨기

10 Aurélien Barrau. 리에주 콘퍼런스(2020년 2월) ─ 원주.

고 있을 수 있다는 사실을 보여 주었다. 지구를 인간보다 우선해야 한다고 확신한 유명한 무정부주의-생태주의자 시어도어 카진스키|Theodore Kaczynski(일명 유나바머Unabomber)는 일련의 살인 폭탄 테러를 자행했다. 그의 선언문인 〈혁명으로 가는 길The Road to Revolution〉은 극단적인 생태주의의 바이블이 되었다.[11] 유나바머는 2009년에 〈지금의 작은 재앙이 미래의 더 큰 재앙을 막을 것〉이라고 주장했다.

동물 해방론자 피터 싱어Peter Singer와 같은 생태주의자들에게는 인간과 동물 사이에 차이가 없다. 이들은 동물이 실험의 대상이 되어서는 안 되며, 오히려 유아나 정신 장애인에게 실험하는 게 낫다고 주장한다.

일부 생태주의자들은 인류의 번식을 멈춰야 한다고 주장한다. 오바마 대통령의 과학 고문이었던 존 홀드런John Holdren은 한때 인구를 줄이기 위해 대규모의 강제 불임 시술을 시행할 수 있는 세계 정부의 수립을 지지하기도 했다.

급진적 생태주의자들에게 인류는 지구의 암 덩어리에 불과하다. 〈안락사 교회〉[12]는 모두가 자살하여 깨끗한 자연을 남기자

11 미국의 수학자이자 테러리스트(1942~2023), 현대 기술 문명에 반대하는 혁명을 촉구하는 목적으로 폭탄 테러를 저질러 3명을 살해하고 23명에게 부상을 입혔다. 1995년에 자신의 반기술적 선언문을 『워싱턴 포스트The Washington Post』에 기고했으며, 그의 글을 알아본 동생 데이비드 카진스키David Kaczynski가 신고하여 체포돼 종신형을 받았고, 한 의료 센터에서 자살로 생을 마감했다. 〈유나바머〉는 그를 추적하는 FBI가 붙인 별명이다.

12 The church of Euthanasia. 1992년 크리스 코다Chris Korda와 로버트 킴버크Robert Kimberk가 미국 보스턴에서 설립한 반출산주의 운동 단체이자 종교 조직.

고 주장한다. 그들의 슬로건은 간단하다. 〈지구를 구하자, 자살하자!〉 이 교회는 미국에서 공식적으로 인정받고 있으며, 생태계 파괴를 막기 위해 인류의 말살을 제안하고 있다. 또한 반인간주의 활동가들이 모인 〈자발적 인류 멸종 운동〉[13]은 인간이 번식을 포기해 인류를 멸종시켜야 환경 파괴를 막을 수 있다고 주장한다.

또 〈가이아 해방 전선Gaia Liberation Front〉라는 이름의 단체는 인간의 위협을 줄이기 위해 신도들에게 자살과 낙태를 독려한다. 이런 종류의 단체들은 인간이라는 종양의 수명을 연장해 주는 제약 산업과 의학을 규탄한다. 제랄드 브로네르의 말에 따르면, 〈어스 퍼스트!Earth First!〉라는 단체의 설립자 데이브 포어먼Dave Foreman은 아프리카의 기근에 대해 〈우리가 에티오피아에서 할 수 있는 최악의 일은 가난한 사람들을 돕는 것이다. 자연이 스스로 균형을 찾도록 하고, 그곳 사람들은 굶어 죽게 내버려 두는 것이 최선책이다〉라고 주장했다고 한다.

씨 셰퍼드 보존 협회[14]의 폴 왓슨Paul Watson은 〈우리는 과감하고도 현명하게 인구를 10억 명 이하로 줄여야 한다. 암을 치료하기 위해서는 과감하고 공격적인 치료가 필요하듯이, 인류라는 바이러스에서 지구를 치유하려면 과감하고 공격적인 접근법이 필요하다〉라고 썼다.

일부 프랑스 생태학자들도 인류의 소멸을 위해 활동하고 있

13 Voluntary Human Extinction Mouvement, VHEMT. 1991년 미국의 환경 운동가 레스 나이트Les U. Knight에 의해 설립된 환경 운동 단체.
14 Sea Shepherd Conservation Society. 전 세계의 바다와 해양 생물 보호를 목표로 1977년에 설립된 비영리 해양 보호 단체.

다. 쿠스토 선장[15]의 조수였으며, 2010년 지방 선거에서는 유럽 생태 녹색당 후보로 나선 이브 파칼레Yves Paccalet가 그 중 하나이다. 파칼레는 그의 저서 『인류는 사라질 것이다, 속이 다 시원하다! L'Humanité disparaîtra, bon débarras!』에서 인류는 지구의 암 덩어리이며, 가능한 모든 방법으로 제거되어야 할 존재라고까지 말한다.

챗GPT가 의학을 혁신하게 될 이 시점에 생태주의가 주장하는 안락사는 말도 안 되는 헛소리다

탄소를 반대하는 비이성적인 투쟁은 심각한 결과를 초래할 수 있다.

생태학자 장마르크 장코비시Jean-Marc Jancovici는 『소시알테르Socialter』와의 인터뷰에서 다음과 같이 견해를 밝힌다. 〈첫 번째 포인트는 가능한 한 빨리 인구 증가를 제한하는 것입니다.〉 그는 이렇게 설명한다. 〈서구 국가에서는 인구를 비교적 고통 없이 조절할 수 있는 첫 번째 방법이 있습니다. 65세나 70세 이상의 사람들에게는 더 이상 장기 이식을 시행하지 않는 영국의 시스템처럼, 노인 환자들의 수명을 연장시키려 온갖 방법으로 애쓰지 않는 것입니다.〉

장코비시와의 인터뷰는 우려스럽게 느껴진다. 고령자에

---

15 Jacques-Yves Cousteau. 프랑스의 유명한 해양학자, 영화 제작자, 작가 (1910~1997). 유명한 해양 탐사선 칼립소호를 타고 전 세계 바다를 탐험하며 다큐멘터리 「침묵의 세계The Silent World」를 제작하여 해양 생태계의 아름다움과 그 보호의 중요성을 세상에 알렸다.

대한 의료 서비스를 제한하는 것이 〈비교적 고통 없이 인구를 조절하는 방법〉이 될 수 있다는 그의 주장은 대규모의 행동을 암시하기 때문이다! 만일 자연이 우선이라는 원칙이 법으로 정해진다면, 우리 인류가 설 자리는 점점 좁아질 것이다.

다행히도 종말론 설교자들의 생각은 잘못된 것으로 드러났다. 지구에서의 기대 수명은 한 세기 만에 두 배로 늘었고, 기근은 그 어느 때보다 적으며, 생활 수준은 그 어느 때보다 높다. 과학은 또 다시 우리를 도와줄 것이다. 우리는 생태주의적 안락사라는 단계를 거치지 않고도 환경 위기를 극복할 수 있을 것이다.

녹색 마키아벨리에게 이용당하는 바보들이 되지 말자

그레타 툰베리는 젊은이들에게 대대적인 자유 축소를 부과하기에 이상적인 도구이다. 생태-재앙주의의 아야톨라[16]들은 우리를 중세로 되돌려 놓으려고 하는, 자신들의 녹색 독재를 받아들이지 않으면 모두 지구 온난화의 지옥 불에 타 죽을 거라고 주장한다.

레닌은 좌파 부르주아를 혁명을 위한 〈쓸모 있는 바보들〉이라고 불렀다. 그레타 툰베리를 따르는 젊은이들은 불순한 의도를 가진 로비스트들과, 이른바 〈재생 가능〉 에너지 산업의 이익을 대변하거나, 아니면 혁명적 의제를 추진하려는 단체들의 〈쓸모 있는 바보들〉이 되고 있다.

환경 재앙론과 그에 따른 공포는 마르크스주의 독재를 대

---

16 이슬람 시아파의 고위 성직자들을 일컫는 말로, 여기서는 종교에 가까운 생태주의를 설파하는 녹색 구루를 말한다.

체할 새로운 유토피아를 제안하기에 완벽한 도구이다. 세계의 종말과 탈성장의 예언자인 툰베리를 둘러싼 거의 종교적인 열정은 감정이 이성을 압도하는 히스테릭한 민주주의의 상징인 것이다.

종말론적 예언자들은 그들의 의제를 강요하고, 자유를 제한하며, 기술 발전을 막기 위해 모든 수단을 사용한다. 그들은 이러한 원시주의가 초래할 사회적 결과는 전혀 신경 쓰지 않는다.

녹색의 길은 출구 없는 골목이다. 급진적인 생태주의자들은 최악의 시나리오들을 내흔들며 우리의 진정한 도전 과제들을 보지 못하게 한다. 긍정적인 미래를 상상하지도 못하고, 인류에 대해 열광하지도 못하는 우리들은 미래를 위한 전장에서 탈영하고 있다. 유럽이 산업과 과학의 쇠퇴를 막기 위해 총력을 기울여야 할 이 시점에, 이러한 망상에 가까운 담론은 우리를 마비시키고 역사에서 밀려나게 할 위험이 있다. 그러나 유럽은 챗GPT가 가속화하는 이 인지 혁명을 절대로 놓쳐서는 안 될 것이다.

제3부

우리는 힘껏 싸워야 할 때에 전장(戰場)을 등지고 있다

지금 우리는 유럽 대륙의 역사에서 중대한 순간을 맞이하고 있다.

우리는 가장 나쁜 시기에 생태주의의 유혹에 빠져들고 있다. 다른 곳에서는 국가가 — 실제적, 비유적 의미에서 — 한바탕 싸우려고 단단히 무장을 하고 있는 이때에 말이다. 노쇠한 유럽의 우울증은 아시아의 엄청난 역동성과 극명한 대조를 이룬다. 우리는 자신의 운명을 한탄하고 과거와 현재에 대해 죄책감을 느끼느라, 세상이 우리 없이, 그리고 우리에게 불리하게 변하고 있는 것을 보지 못하고 있다.

21세기의 새로운 얄타 회담이 벌어지고 있는 이 순간, 우리는 협상 테이블에 앉아 있는 게 아니라, 그 위에 놓여 있다. 유럽은 지식 경제를 지배하려는 국가들이 마음껏 즐기는 메뉴의 메인 요리가 되었다. 마치 19세기의 아프리카처럼 말이다.

인공 지능의 산업화는 정치적, 사회적 체계를 뒤흔들 것이다. 전격적으로 진행되는 인공 지능의 산업화와 아직 시작되지 않은 생물학적 지능의 민주화 사이의 격차는 민주주의를 위협하고 있다. 디지털 거대 기업들이 실리콘 두뇌에 투자하듯이 교육 혁신에 대대적으로 투자해야 할 시점에, 우리는 비극적인 관망의 자세로 경직되어 있다. 규칙에 사로잡혀 주저하고 있는 우리는 정반대로 행동하는 국가들에게 무대를 내주고 있는 것이다.

6장
제3차 세계 대전이 시작되었다

사실 우리는 세상의 종말과 싸우고 있는 것이 아니라, 기술 전쟁의 초입에 서 있다. 경제, 언어, 과학, 군사, 지적 영역 등 모든 분야에서 판도가 재편되는 것을 목격하고 있으며, 챗GPT는 이 모든 변화를 가속한다. 그런데 녹색당은 초고속으로 성장하는 세계 가운데서 우리만은 탈성장하는 작은 섬이 되자고 제안한다.

지난 수천 년 동안 우리는 〈뜨거운〉 전쟁을 겪어 왔다. 군대가 영토를 침범하고, 창칼이 부딪치고 대포가 포효하는 가운데 피와 폭력이 난무하는 것이었다. 전쟁은 잔인하고도 파괴적이었지만, 명확히 눈에 보이고, 장관을 연출하는 요란한 것이었다.

1947년 이후, 우리는 또 다른 종류의 전쟁을 발견했다. 버튼 하나만 누르면 폭발할 수 있는, 폭력을 억제하는 조용한 전쟁이었다. 상징적인 제스처, 경고성의 발언, 그리고 허세가 이어지는 냉전이었다. 쿠바 미사일 위기 때는 자칫 뜨거운 전쟁이 될 뻔했던 전쟁이었다.

그리고 21세기는 세 번째 유형의 전쟁을 만들어 내고 있다.

눈에 보이지 않는 이 전쟁은 지구를 둘러싼 거대한 그물망을 이루는 광섬유 케이블을 통해 조용히 벌어지고 있다. 사이버 세계와 인공 지능을 통제하기 위한 기술 전쟁은 전통적인 전쟁과는 다르다. 1940년, 샹젤리제 거리를 행진하는 독일군의 모습은 깊은 인상을 남겼고, 모두가 눈으로 볼 수 있었다. 저벅대는 군화 소리, 사방에 나부끼는 빨간색과 검은색의 깃발[1]은 프랑스가 점령되었다는 사실을 분명히 나타냈다. 하지만 2023년, 인공 지능 거대 기업에 의한 기술적 식민화는 조용히 진행되고 있다. 대중은 눈에 보이지 않는 이 전쟁을 믿지 않는다. 유럽은 기술적 식인 괴물 앞에서 엄청난 순진함을 드러내고 있으며, 중국과 미국이 다른 대륙을 소외시키며 벌이는 기술적 전투의 치열함에 경악하여 입만 딱 벌리고 있을 뿐이다. 절제의 원칙에 집착하는 우리는 오직 신중과 규제만을 이야기한다. 세상의 종말에 사로잡힌 늙은 유럽은 인류가 종말에 도달했다고 확신하면서, 역사의 열차가 출발하고 있는 것을 보지 못하고 있는 것이다.

유럽은 전쟁을 잊어버렸다[2]

베네치아가 발명하여 1050년부터 1750년까지 이어진 상업 자

---

1 빨간색 바탕에 만(卍) 자를 뒤집은 형태의 검은색 하켄크로이츠가 새겨진 나치의 깃발을 말함.

2 하지만 2022년 2월 24일, 푸틴Vladimir Putin은 잠든 유럽을 난폭하게 깨웠다─원주.

본주의, 증기 기관과 전기와 내연 기관 덕분에 영국에서 탄생한 산업 자본주의에 이어, 이제 우리는 자본주의의 세 번째 단계에 진입했다. 오늘날 인지 자본주의 — 다시 말해서 지식과 인공 지능과 빅 데이터의 경제 — 가 빠르게 성장하면서 개인, 기업, 대도시, 국가 간의 위계를 근본적으로 바꿔 놓고 있다. 이렇게 세상이 인지 자본주의로 접어들고 있건만 유럽은 여전히 신경 보수주의를 고수하고 있다.

유럽은 중국과 완전히 반대되는 길을 걸어왔다. 오랫동안 지배적인 문명이었고 산업 시대에 압도적인 우위를 차지했지만 새로운 세기를 맞이하기에는 매우 취약해 보인다. 유럽은 친절하고 모성적이며 온화한 〈훌륭한 엄마〉일지는 모르지만, 이 시대의 가장 중요한 무기인 인공 지능은 없다. 이 새로운 유형의 전쟁에서 우리 대륙은 역사에서 영원히 뒤처질 위기에 처해 있다. 역사의 기차는 떠나고, 유럽은 플랫폼에 버려진 신세가 된 것이다. 역사는 아직 끝나지 않았으며, 우리가 없는 채로 계속될 수 있다.

이렇게 유럽이 잠들어 버린 것은, 승리는 보장되었고 세계는 평화로워졌으며, 자신의 지배가 영원할 것이라고 수십 년 동안 믿어 왔기 때문이다. 유럽은 처음에는 인터넷을 그저 괜찮은 장난감 정도로 보았다. 하지만 새로운 기술들은 역사의 수레바퀴를 엄청난 속도로 굴리기 시작했다.

유럽이 전투에서 패한 것은 더 약했기 때문이 아니다. 우리의 두뇌 수준이 낮았기 때문도 아니다. 유럽이 패배한 것은 전투 자체를 아예 하지 않았기 때문이다. 지금 무슨 일이 일어나고 있는지 이해하지 못했기에 전투를 하지 않은 것이다.

국가들의 흥망성쇠

세상에 영원한 지배는 존재하지 않는다. 그런데 유럽은 여전히 과거의 영광이라는 꿈속에서 살고 있다.

1960년, 한국의 1인당 부는 아프리카 빈국 수준이었고, 1970년에야 겨우 모로코를 따라잡았다. 오늘날 한국은 마이크로프로세서, 디스플레이, 소프트웨어, 스마트폰, 원자력 등 여러 핵심 분야에서 기술 대국이 되었다. 1980년, 모로코는 중국보다 다섯 배나 부유했다. 1인당 연간 소득이 모로코가 1,075달러였던데 비해 중국은 195달러에 불과했다. 하지만 이제 중국은 과학 강국이 되었다.

이런 지정학적 격변은 결코 우연이 아니라 싱가포르, 중국, 대만, 홍콩, 한국 등 동아시아 국가들이 교육, 과학, 기술에 엄청나게 투자한 결과이다. 세계 연구 개발비 지출에서 중국이 차지하는 비중은 폭발적으로 증가했다. 1995년 2퍼센트에서 오늘날 23퍼센트로 유럽 전체보다 많고, 미국에 빠르게 근접하고 있다. 동아시아 국가들이 과학 강국이 되고 있는 동안, 스페인, 이탈리아, 포르투갈 등 남유럽 국가들은 GDP의 겨우 1퍼센트 남짓을 연구에 투자하고 있다. 프랑스는 2.2퍼센트인 반면 한국은 곧 5퍼센트에 이를 것이다. 아시아 국가들이 국제 학업 성취도 평가인 PISA에서 두각을 나타낸다는 사실은 우리 정치권에서 거론해서는 안 되는 금기 사항이 되었다. 과학 분야에서 싱가포르, 한국, 중국, 대만, 베트남 학생은 프랑스 학생을 웃음거리로 만들고 있다. 이렇게 아시아에서는 고도의 잠재력을 가진 수백만 명의 엔지니어와 연구원들이 양성되고 있으며, 이들은 인지 자본주의의 리더가 되어 가고 있다.

다시 말해서 아시아인은 마이크로프로세서를 차지하고, 우리에게는 허드렛일만 남은 것이다! 이처럼 아시아 국가들은 아이들을 인공 지능에 적합한 인재로 키우고 있다. 이것이 아시아가 유럽과는 달리 미래를 두려워하지 않는 이유이다. 여기에 쉽지는 않지만 해결책은 있다. 그 전제 조건은 현재 진행 중인 변화, 너무나 불확실하기에 파악하기가 더욱 어려운 변화에 대한 명철한 인식이 있어야 한다.

군사적 종속

1983년 1월 20일, 프랑수아 미테랑 프랑스 대통령이 서독의 수도 본에서 독일 연방 의회 의원들 앞에 서서 연설했을 때, 그는 다음과 같은 강한 표현을 사용했다. 〈동쪽에는 미사일이 우글대는데, 서쪽에는 평화주의자들만 가득합니다!〉

당시 소련은 서유럽을 겨냥한 SS-20 핵미사일을 중부 유럽에 배치하고 있었다. 이 위협에 맞서 나토는 소련을 겨냥한 퍼싱 미사일을 서독에 배치하려고 했다. 서방의 평화주의자들과 좌파들은 〈죽느니 차라리 빨갱이가 되는 게 낫다!〉라는 달착지근한 구호를 외치며 이 계획에 반대했다. 하지만 프랑수아 미테랑은 서방의 여론을 돌려놓았고, 결국 소련은 SS-20 미사일을 해체했다.

오늘날 우리는 비슷한 상황에 처해 있다. 중국에서는 군사용 인공 지능이 폭발적으로 증가하는 반면, 서방에는 인공 지능 윤리학자들만 있는 것이다! 수많은 유럽 지식인이 군사용 인공 지능 사용에 대한 유예를 요구하고 있다.

요약하자면, 서방에서는 군사용 인공 지능에 반대하는 청원에 수천 명이 서명하고 있지만, 중국에서는 단 한 명도 없는 것이다! 2017년, 중국 국가주석 시진핑(習近平)은 인공 지능 덕분에 중국이 세계 제일의 군사 강국이 될 거라고 호언했다.

인터넷의 창시자들은 웹이 민족주의와 전쟁을 종식시킬 것이라 확신했다. 하지만 1995년의 그 순진하고도 착한 인터넷은 결국 인류 역사상 가장 강력한 군사 도구가 될 인공 지능을 낳았다.

갈수록 자율적이 되어 가는 군용 로봇들은 전장에서 중요한 역할을 하게 될 것이며, 전쟁 기술에 대해 재고하지 않을 수 없게 하고 있다. 핵무기가 전쟁을 억제했던 이후로, 전쟁 기술은 전장의 로봇화와 인간의 생물학적 한계를 뛰어넘는 군사용 인공 지능의 출현으로 인해 역사상 가장 큰 변화를 겪게 될 것이다. 인공 지능은 전투에서 질 게 뻔한 인간 병사들의 참전을 무의미하고도 비합리적으로 만들 것이다.

중국의 제국주의에 맞서 서방은 심리적으로 재무장해야 한다. 세상을 이상화하고 무장 해제하는 것은 재앙으로 이어질 것이다. 안타깝게도 우리의 본능과 호르몬과 폭력성은 여전히 존재하고 있다.

인공 지능 시대에 무장 해제한다는 것은 식민지가 되는 가장 확실한 방법이다. 우리는 〈인공 지능 군사력의 뮌헨 협정〉[3]

3 뮌헨 협정은 영국과 프랑스가 나치 독일의 체코슬로바키아 수데테란트 합병 요구를 받아들인 사건(1938)이다. 이는 히틀러Adolf Hitler의 야망을 달래지 못하고,

의 위험에 처해 있다. 2040년에 누가 자기 자녀를 전쟁터로 보내어 인공 지능을 탑재한 킬러 로봇을 상대로 싸우게 하겠는가? 아무도 없을 것이다! 〈킬러 로봇 반대〉라는 매력적이고 온화한 구호는 프랑스에 자살 행위나 다름없다.

유럽이 인공 지능에 실패하면, 이는 군사적 종속으로 이어질 것이다. 기술적 난쟁이가 되는 유럽은 동시에 지정학적 난쟁이로 전락할 것이다. 유럽의 낮은 성장률은 사이버 보안에 대한 투자를 막을 것이며, 프랑스 혼자만으로는[4] 미국-중국이라는 인공 지능 양대 산맥에 맞서 유럽의 사이버 보안을 책임질 수 없을 것이다 그러기 위해서는 수백억 유로가 필요하다.

푸틴은 인공 지능의 리더들이 미래 세계의 지배자가 될 것이라고 인정했다. 그리고 중국 국가주석은 인공 지능 덕분에 자국이 기술, 경제, 군사적으로 세계 제일 강국이 될 것이라고 장담했다. 티에리 베르티에의 표현을 빌자면 〈AI 군비 경쟁〉이 시작되고 있는 이 시점에, 일부 사람들은 군사용 로봇을 금지하려 하고 있다. 물론 군사용 로봇은 끔찍할 수 있지만, 그것들 없이는 미래의 전쟁에서 이길 수 없다. 우리 보병의 가장 용맹한 병사들도 아틀라스 로봇[5] 앞에서는 달아나는 것 외에는 다른 수가

오히려 제2차 세계 대전으로 이어지는 결과를 가져왔다. 평화를 유지하려는 의도로 체결되었지만, 결과적으로 더 큰 전쟁으로 이어졌다는 점에서 교훈적인 사례로 자주 언급된다.

4 최근 인공 지능 연구 센터를 북미로 옮긴 탈레스Thales 같은 우리 기업들, 혹은 아이트러스트Itrust 같은 우리 스타트업들이 대단한 성과를 내고 있기는 하지만 — 원주.

5 미국의 로봇 제조사 보스턴 다이나믹스가 개발한 휴머노이드 로봇. 사람처럼

없을 것이다.

유럽의 지도자들은 인공 지능의 가믈랭이라 할 수 있다. 1940년에 프랑스를 이상한 패배로 이끌었던 가믈랭 장군 뒤에는 페탱이 있었다.[6] 2050년까지 이와 똑같은 일이 일어날 것이다. 현재 벌어지고 있는 전쟁을 제대로 이해하지 못하기 때문에 우리는 결국 인공 지능 강국들의 디지털 식민지가 될 것이다.

GPT-4는 인지적 폭탄을 만들어 낼 것이다

티에리 베르티에는 인공 지능의 군사적 활용 분야에 있어서 프랑스 최고의 전문가이다. 그는 챗GPT 세대의 인공 지능이 여론을 조작하는 데 사용될 경우, 어떤 결과가 따를 것인지를 예측하고 있다. 티에리 베르티에는 이러한 도구들의 공격적인 사용에 대비해야 한다고 확신한다. 〈거대 언어 모델(LLM)이 디지털 공간에 도래한 것은 전 세계적으로 엄청난 기술적 사건이며, 그것이 가져올 직접적 혹은 부수적인 결과들을 아직 가늠하기 어

두 발로 걸을 수 있고, 다양한 동작을 할 수 있다.

6 모리스 가믈랭Maurice Gamelin은 제2차 세계 대전 당시 프랑스군 총사령관으로, 제1차 세계 대전식의 전략으로 독일군을 막겠다는 전략을 세운 인물이다. 독일군은 의표를 찔러 현대화된 전차 부대를 앞세우고 마지노선을 우회하는 전격전으로 순식간에 프랑스를 점령했다. 당시 프랑스는 강력한 군대를 보유하고 있음에도 불구하고 속수무책으로 당했고, 안이하고도 구시대적인 가믈랭의 전술 탓에 〈이상한 패배〉를 하게 되었다. 필리프 페탱Philippe Pétain은 제1차 세계 대전 때의 영웅으로, 가믈랭의 뒤에 페탱이 있다는 말은 구시대적인 사고로 그릇된 판단을 한다는 뜻이다.

렵습니다. 오픈AI가 2022년 11월 30일에 챗GPT(GPT-3.5)를, 2023년 3월 14일에 GPT-4를 출시한 것은 불과 70년 밖에 되지 않은 인공 지능의 역사를 완전히 바꿔 버린 사건입니다. 이 기술적 전환은 시간적 전환이기도 하여, 예상보다 빠르게 우리를 미래의 강인공 지능 모델들로 이끌고 있습니다. LLM의 강력한 힘은 전문가 영역, 디지털 콘텐츠 제작, 개발, 소프트웨어 자동 제작 및 분석의 모든 영역에서 활용될 것입니다. 하지만 이런 창조적인 힘은 또한 악의적인 세력에 의해 새로운 형태의 대규모 사이버 공격, 악성 애플리케이션 유포, 다양한 영향력 행사 및 정교한 조작을 위해서도 사용될 것입니다.〉[7]

티에리 베르티에는 LLM을 이용해 만든 〈인지적 폭탄〉의 임박한 등장에 대비해야 한다고 생각한다. 〈GPT-4의 무한한 창의성은 매우 높은 수준의 몰입형 가상 데이터 아키텍처[8]를 합성할 수 있게 해줍니다. 이 ADFI는 온갖 종류의 영향력 행사, 이미지 훼손, 의견 분열, 인지 조작의 기본 재료가 됩니다. 원리는 간단합니다. 공격자는 가장 신뢰성 있고 몰입도 높은 ADFI를 구축합니다. 그런 다음 이 ADFI를 목표 집단에 노출시켜 그들의 현실 인식을 변화시킵니다. ADFI의 몰입도가 높을수록 표적은 더 쉽게 속아 넘어가 공격자는 목표를 달성하게 됩니다. 그 목적은 다양할 수 있습니다. 대선 후보를 폄하하여 투표 결

---

7 티에리 베르티에와의 대담(2023년 3월 24일) — 원주.
8 Architectures de Données Fictives Immersives, ADFI. 일반적으로 사용되는 용어는 아니며, 베르티에가 만들어 내었거나 특정 전문가 그룹 내에서 사용되는 용어로 짐작된다.

과에 영향을 미칠 수도 있고, 두 명의 결선 후보를 모두 폄하하여 선거 과정을 방해하고 혼란을 일으킬 수도 있습니다. 국가가 공격자일 경우에는 표적 국가가 정치, 경제, 또는 의료 위기에서 벗어나는 것을 방해하기 위해 방역 프로토콜이나 보호 조치를 비난할 수도 있습니다. 공격자는 소셜 미디어에서 실제 프로필을 가진 사람들로 네트워크를 구축하여, 이를 에코 챔버[9]로 활용해 공격을 증폭시킵니다. 기업, 산업 그룹, 조직의 이미지를 훼손하는 캠페인도 신뢰성 있고 몰입감이 있는 ADFI를 통해 이루어질 수 있습니다. 대규모의 피싱 공격이나 특정 대상을 노리는 공격도 인지적 작전의 일부입니다. 작심한 사이버 범죄 그룹이 수행하는 고도(高度) 지속 위협[10]은 대부분 신뢰성 있는 디지털 환경을 사칭하거나 모방하여 공격 대상을 속이는 사회 공학 단계로 시작됩니다. 이러한 인지적 디지털 함정은 이제 GPT-4와 같은 멀티모달 LLM을 통해 간단하고 빠르고 저렴하게 합성할 수 있습니다. LLM은 공격자의 목표에 따라 ADFI의 수준, 지속 시간, 은밀함 등을 조정할 수 있게 해줍니다. 특정 경쟁자의 신뢰도를 떨어뜨리기 위한 초몰입형 인지 공격이 모든 경쟁 생태계에 범람할 것입니다. 여기서 가장 중요한 문제는 우리가 정보를 신뢰할 수 있느냐, 진실과 거짓을 구별할 수 있느냐입니다. 우리가 《매트릭스》 안에 갇혀 있는지 아닌지를 아는 것

---

9 Echo Chamber. 정보, 의견, 또는 믿음이 필터링 되는 환경을 의미하는데, 이 환경 안에서는 특정 신념이나 견해가 강화되고 증폭되는 현상이 나타난다.

10 Advanced Persistent Threat, APT. 특정 조직이나 개인에 대한 정교하고도 지속적인 사이버 공격을 뜻한다.

이죠. 앞으로 디지털 제품의 소비자는 공격적인 ADFI와 악의적 목적이 없는 진정한 데이터 아키텍처 사이에서 끊임없이 혼란을 느끼게 될 것입니다. 따라서 사람들의 인식을 교육하는 한편, ADFI와 그것이 구현하는 인지적 폭탄을 탐지하기 위한 전용 LLM 모델을 개발해야 할 것입니다.〉

중국과 캘리포니아는 총 한 번 쏘지 않고 디지털 전쟁에서 승리했다

우리는 영원히 디지털 못난이로 남게 될 운명인가?

마크롱 대통령이 추진한 〈스타트업 국가〉 프로젝트는 혁신에 유리한 경제 기반을 형성하는데 기여했다. 하지만 우리는 여전히 현실을 부정하고 있다. 유럽의 데이터 선두 기업들이 10억 유로 이상의 가치 평가를 받을 때 — 블라블라카Blablacar, 알란Alan, 독토리브Doctolib, 레제르Ledger, 크리테오Criteo 등 [11] — 우리는 환호하지만, 일부 GAFAM 기업의 시가 총액은 이미 3조 달러에 이르렀다는 사실은 잊고 있다.

유럽은 미국의 디지털 거대 기업들이 권력을 잡은 것은 그들의 속임수가 아닌 탁월한 전략 덕분이라는 사실을 알아야 한다. GAFAM은 포식자가 아니라 비전을 가진 자들인 것이다. 우리의 예속 상태를 벗어나기 위해서는 좋은 의도만으로는 충분치 않다. 그런데 인공 지능이 모든 권력의 원천이 되고 있는 이 시점

11 차량 공유 플랫폼인 블라블라카, 디지털 건강 보험업체인 알란, 의료 예약 플랫폼인 독토리브, 암호 화폐 하드웨어 지갑 제조업체인 레제르, 온라인 광고 솔루션 제공사인 크리테오는 모두 프랑스의 스타트업 기업들이다.

에 우리는 그 영역을 포기하고 있다. 유럽 차원의 강력한 정책이 필요하다. 공공 투자 은행[12] 총재 니콜라 뒤푸르크Nicolas Dufourq는 다음과 같이 잘 설명한 바 있다. 〈우리가 디지털 탈식민지화를 이루는 데에는 25년이 걸릴 것입니다. 더 이상 시간을 낭비하지 맙시다!〉

정치가이자 기업가인 프랑수아그자비에 코페François-Xavier Copé는 씁쓸한 평가를 내린다. 〈기술 전쟁의 이 새로운 라운드에서 유럽은 또 다시 지고 있습니다. 사용자가 답변에 접근할 수 있게 해주는 게 아니라, 답변 자체를 제공하는 챗GPT 같은 새로운 형태의 인공 지능은 그것을 통제하는 이들에게 전례 없는 권력을 부여할 것입니다. 오픈AI와 마이크로소프트는 무엇이 정치적으로 올바르며, 올바르지 않은지를 결정합니다. 따라서 유럽의 소비자들은 상상할 수 없을 정도의 기술 식민지화를 겪게 될 것이며, 미국의 기준에 종속될 것입니다. 유럽은 지난 10년 동안 GAFAM에 대해 불안감을 느꼈기 때문에, 다음 기술 경쟁에서는 우리가 다시 분발할 거라고 당연히 기대할 수 있었습니다. 하지만 안타깝게도 인공 지능의 부상에 대한 유럽의 대응은 《일반 데이터 보호법》이었습니다. 다시 말해서, 이 분야에서 유럽이 강자가 될 수 있는 능력을 완전히 막아버린 것입니다. 우리는 효율성 대신 윤리를 선택함으로써, 우리 대륙에서 인공 지능의 기술 수준이 인위적으로 제한되는 현 상황을 영구히 고착시키고 좋아했습니다. 하지만 우리는 21세기에 유럽이 더 이상 세계의 규칙을 정하지 않으며, 우리의 경쟁자들과 적들이 우리 같은 《페어플레

12 Banque Publique d'investissement, BPI.

이》를 보여 주지 않을 거라는 사실을 잊었습니다. 우리는 오픈AI의 윤리에 따른 《진실》들을 입도 벙끗 못하고 받아들여야 할 위기에 처해 있습니다. 강력한 정치적, 재정적 대응 없이는 유럽은 캘리포니아 민주당 지식인들에 대한 기술적 의존과 종속에 더 깊이 빠질 위험이 있습니다.

왜 우리는 또 다시 패배했을까요? 왜 유럽은 우리가 더 이상 세계의 중심이 아니고, 그렇게 떠들던 역사의 종말은 오지 않았으며, 경주에서 이기기 위해 다시 뛰어야 한다는 사실을 인정하지 않을까요? 어쩌면 캘리포니아는 역사상 가장 강력한 기술적, 지적, 경제적 식민화의 무기를 개발했는지도 모릅니다. 구글이 우리를 《해답》으로 인도해 주던 시대에서 챗GPT가 《자신의 해답》을 진리로 제시하는 시대로 넘어가면서, 우리는 주권의 아주 큰 부분을 포기하게 될 것입니다. 캘리포니아 민주당 쪽의 미국은 그 어느 때보다 우리의 가치관과 멀어져 있지만, 우리가 그들의 규칙을 무방비 상태로 받아들이도록 영향력을 행사할 수 있는 능력은 그 어느 때보다 강합니다. 이런 미국이라면 2015년 프랑스 정부의 의견과는 반대로 《샤를리》가 되는 것을 워키즘wokism의 이름으로 금지했을 것입니다.[13] 앞으로는 누가 우리의 교육이나 사고

---

13 이슬람 극단주의자들이 이슬람과 무함마드를 풍자하는 만화를 즐겨 싣던 시사 풍자지 『샤를리 에브도Charlie Hebdo』의 사무실에 난입하여 만화가 등 12명을 살해한 테러 사건(2015). 이후 〈나는 샤를리다Je suis Charlie〉라는 슬로건을 통해 표현을 자유를 지지하고, 희생자를 추모하는 운동이 전 세계적으로 일어났다. 한편 워크주의wokism는 인종 차별, 성차별, 성 소수자 권리 등 사회적 불평등과 차별에 반대하고, 소수자의 권리를 보호하는 좌파 성향의 운동인데, 지금 민주당 성향의 미국은 이슬람을 조롱하는 〈나는 샤를리다〉라는 슬로건을 금지했을 것이라는 뜻이다.

방식을 진정으로 책임지게 될까요? 일부 우려하는 이들은 몇 달 안에 유럽 땅에서 챗GPT를 금지할 것을 제안할 것입니다. 하지만 우리는 이미 GDPR로 우리의 AI 산업을 죽인 바 있지만, 이 챗GPT 금지령이 우리를 보호할 거라고 생각하는 것은 자기기만입니다. 미국과 중국의 경쟁사들에 맞선 유럽 기업들은 엄청난 경쟁력 상실을 피하기 위해 반드시 오픈AI의 기술을 사용해야 할 것입니다. 더 이상 반(反)비즈니스적인 규제를 추가하지 말고, 윤리가 아닌 성과의 관점에서 유럽의 기술 미래에 대한 논의를 용기 있게 시작합시다. 한 가지 확실한 것은, 다시 선두에 서게 될 유럽의 기술이 윤리적일지는 모르겠지만, 만일 유럽이 이 전투에서 진다면 윤리 같은 것은 거의 존재하지 않을 것이라는 사실입니다!〉[14]

사회당의 파스칼 라미Pascal Lamy는 지난 2000년에 〈우리가 중국인들에게 에어버스를 팔기 위해서는 그들의 티셔츠를 사주는 게 좋다〉라는 오만방자한 말을 했었다. 하지만 우리 대륙은 기술 전쟁에서 완전 탈락에 접근하고 있는 실정이다. GAFAM 앞에서 우리 기업들은 대안이 없는 상황이다. 디지털 분야에서의 유럽의 쇠퇴는 결코 우연이 아니다. 우리는 NBIC 기술에 거의 투자하지 않는 것이다! 예를 들어 아마존의 연구 예산은 연간 400억 달러에 육박한다. 여기에 제프 베이조스가 개인 재산에서 매년 우주 연구에 투자하는 20억 달러가량까지 더해야 한다. 이에 비해 프랑스의 연구 투자는 미미하기만 하다. CNRS의 연구

14 프랑수아그자비에 코페와의 인터뷰(2023년 2월 28일). 그는 장프랑수아 코페의 아들일 뿐만 아니라 인공 지능 지정학의 대가이기도 하다—원주.

예산은 35억 유로로 아마존의 10분의 1에 불과하며, 프랑스에서 컴퓨터 공학과 인공 지능 연구의 중심이라 알 수 있는 INRIA[15]의 2023년 예산은 고작 3억 유로 남짓이다.

21세기의 해적, GAFAM과 BATX

유럽인들은 순진하게도 디지털 거대 기업들이 인류를 위해 봉사한다고 생각하지만 사실 그들은 미국과 중국의 현대판 해적들이다. 세계의 분할은 현재 유럽 없이 진행되고 있다.

GAFAM은 미국의 힘을 위해 노력하고 있고, BATX는 2049년까지 세계 최고 강대국이 되고자 하는 중국의 프로젝트에 기여하고 있다. GAFAM과 정치권력 간의 관계는 BATX의 경우에 비해 좀 더 복잡하여, 구글 직원들은 자사가 미군과 협력하는 것에 반대 시위를 벌이기도 했다. 하지만 두 경우에서 모두 거대 기업들은 그들이 속한 국가의 세계적 영향력 확장의 전초 기지로 봉사하고 있다.

현대판 해적과도 같은 GAFAM과 BATX는 지나가는 물건들을 약탈하고 강제로 통행료를 징수한다. 중국과 미국은 16세기에 스페인과 포르투갈이 아프리카와 남미를 나눠 가졌던 것처럼, 또는 얄타에서 루스벨트와 스탈린이 영토를 분할했던 것처럼 지금 세계를 분할하고 있다. 새로운 경제적 군주들의 정치적 야망은 점점 더 분명해지고 있다. 디지털 거대 기업들은 저마다 독립하여 지정학적 세력을 이룰 수도 있다.

---

15 Institut National de Recherche en Informatique et en Automatique. 프랑스의 국립 컴퓨터 공학 자동화 연구소.

중국은 수세기 동안의 고립 후에, 21세기가 자신들의 지배력을 회복하는 시기가 될 것이라고 확신하고 있다.

중국에서 강력하게 자리 잡은 트랜스휴먼 문명

중국 사회를 변화시키게 될 NBIC 혁명은 주로 디지털 거대 기업과 과학자의 주도로 광범위하게 진행되고 있으며, 그중 획기적인 프로젝트들이 중국의 인공 지능 거대 기업인 BATX에서 개발되고 있다. 중국 당국은 거대한 혁신 시스템을 구축하는 데 필요한 모든 요소를 결집시켰다.

〈메이드 인 중국 2025〉계획[16]은 AI, 데이터 마이닝[17], 차세대 마이크로프로세서 등의 분야에서 중국을 기술 강국으로 부상시키는 데 성공했다. 중국은 이제 세계 연구 개발을 선도하는 국가가 되었고, 미국보다 더 많은 특허를 내고 있다.

중국의 트랜스휴머니스트를 방해하는 윤리 기준은 존재하지 않는다. 그들은 2018년 초에 원숭이 복제에 성공했으며, 이미 인간 배아에 대한 유전자 변형을 수없이 진행했다. 중국인의 무조건적인 AI 수용은 아인슈타인[18]마저 놀라게 했을 것이다.

중국은 기술적으로 주변화되고 있는 유럽은 말할 것도 없고, 상대적 쇠퇴를 겪고 있는 미국마저 제치고 세계 최고의 트랜스휴머니즘 강국이 되었다. 생명 보수주의에 사로잡혀 있으며

16 Made in China 2025, 중국 제조업을 고도화하고 첨단 산업을 육성하기 위해 2015년에 중국 정부가 발표한 국가 전략 계획. 2025년까지 제조 강국이 되는 것을 목표로 IT, 로봇, 항공 우주, 전기차, 신소재 등 10대 첨단 산업 육성에 주력한다.

17 대량 데이터의 처리 및 탐색을 위한 분석에 사용되는 컴퓨터 지원 기법.

18 그의 수첩에는 반(反)중국 인종주의가 거리낌 없이 표현되어 있다 — 원주.

소심하기 이를 데 없는 유럽 앞에, 우리의 유대-기독교 문화와는 달리 콤플렉스라곤 전혀 없는 중국은 아무 거리낌 없이 트랜스휴머니즘을 추구하며 우뚝 일어서고 있는 것이다.

BETC[19]에서 마리안 위르스텔Marianne Hurstel이 행한 국제 여론 조사는 프랑스와 중국 간의 문화적 간극을 극명히 보여 주고 있다.

2015년에 이루어진 첫 번째 조사에 따르면, 지능 우생학[20]의 수용과 관련하여 프랑스와 중국의 상당한 차이점이 드러났다. 중국인은 이러한 기술에 대해 가장 관대하며, 생명 공학적 방법으로 자녀의 지능을 높이는 데 아무런 거리낌이 없었던 반면, 프랑스인은 단 13퍼센트만이 이에 찬성했다. 이러한 큰 차이는 아찔할 정도로 두려운 것이다.

BETC의 새로운 조사는 중국인의 인공 지능에 대한 무조건적 수용과 프랑스인의 두려움 사이에 엄청난 간극이 있음을 보여 준다. 인공 지능이 일자리를 창출할 거라고 믿는 사람이 프랑스인은 3분의 1인데 반해 중국인은 3분의 2에 달한다. 상당수의 중국인은 변호사와 의사를 인공 지능으로 대체하기를 원하는 반면, 프랑스인은 이에 격렬히 반대한다. 프랑스 베이비 부머 세대 중 단 6퍼센트만이 우리가 로봇과 친구나 연인 관계를 맺게 될 거라고 생각하는 반면 중국인은 과반수에 달하며, 인공 지능이 사회에 좋을 것이라 생각하는 사람이 프랑스인은 3분의

---

19 프랑스 파리에 본사를 둔 세계적인 광고 대행사.
20 인간의 지능을 유전학적 방법을 통해 향상시키려는 학문으로, 전통적인 우생학 개념을 지능에 초점을 맞춰 확장한 것이다.

1에 불과하지만, 중국인은 90퍼센트에 달한다. 또 프랑스인은 3분 1만이, 중국인은 3분의 2 이상이 AI가 우리를 자유롭게 하여 삶을 즐길 수 있게 해줄 거라고 믿는다.

결국 유전자 변형, 뇌 조작, 인공 지능 사용에 대해 놀라운 합의가 존재하는 중국은 지능 사회에서 상당한 우위를 점하게 될 것이다.

디지털 〈철의 장막〉

미국 정부는 인공 지능, 마이크로프로세서, 5G 분야에서 중국의 급격한 성장을 우려하며 이를 저지하려 하고 있다. 화웨이는 미국 기술의 판매가 금지된 중국 기업 목록에 올랐다.

『파이낸셜 타임스』에 따르면, 중국인들은 미국의 유명 엔지니어들을 유치하기 위해 3~4배의 높은 연봉을 제시하고 있다고 한다. 구글의 전 CEO 에릭 슈미트Eric Schmidt는 〈2030년이면 그들이 AI 산업을 지배할 것〉이라고 경고한다.

인공 지능 전쟁은 냉전과는 다르다. 소련은 경제적으로 붕괴했지만, 중국은 머지않아 세계 제일의 경제 대국이 될 것이다. 게다가 소련은 다른 나라에 아무것도 수출하지 않았지만, 중국은 세계 무역에 깊이 관여하고 있다.

대제국을 건설하려는 중국의 야망은 유라시아와 아프리카를 육로와 해로, 그리고 디지털 실크로드를 통해 연결한다는 〈일대일로(一帶一路)〉 전략을 통해 구축되고 있으며, 이를 통해, 중국식의 정치 경제 모델을 확산시킬 것이다. 따라서 기술 전쟁은 세계 경제를 두 블록으로 쪼개는 탈세계화를 초래할 것이다.

당연히 데이터와 기술의 교역은 줄어들 것이며, 이른바 〈스플린터넷〉[21]이 조만간 사이버 세계를 둘로 나눌 것이다. 중국이 주도하는 인터넷과 미국이 주도하는 인터넷으로 분할하는 것이다. 이는 소련 시대 철의 장막의 21세기 버전이라 할 수 있다.

아프리카여 안녕: 스플린터넷이 프랑코포니[22]를 위협할 수 있다

중국의 대외 행보는 아프리카 대륙에서 가장 두드러지고 있다. 지금까지 프랑스에 귀중한 〈소프트 파워〉를 제공해 온 프랑코포니의 자산이 이 지역에서 심각한 위협을 받고 있는 것이다.

2018년 말에 마크롱 대통령은 프랑코포니의 미래가 아프리카에서 결정된다는 점을 상기시켰다. 콩고 하나만으로도 2100년에 2억 명의 프랑스어 사용자를 품을 수 있기 때문이다. 그런데 이 프랑코포니가 지금 심각한 위기에 처해 있다.

지정학적 경계를 따라 인터넷이 분열되는 현상인 스플린터넷, 즉 사이버 발칸화[23]는 이미 시작되었다. 중국은 공산당이 웹을 통제할 수 있게 하는 〈그레이트 파이어월〉[24]을 쌓아 올렸고,

21 splinternet. 세계적으로 하나로 통합되었던 인터넷이 국가나 지역, 이념이나 이해관계에 따라 분리되는 현상.

22 프랑스어를 사용하는 국가들과 지역들을 총칭하는 말로, 문화적, 언어적 유대감을 통해 상호 교류하고 협력하는 전 세계 불어권 공동체를 뜻한다.

23 〈발칸화〉란 과거에는 유고슬라비아 한 나라로 통합되어 있던 발칸반도가 여러 나라로 쪼개진 것과 같은 현상을 뜻한다.

24 Great Firewall. 〈만리장성Great Wall〉에서 따온 말인 그레이트 파이어월은 중국 정부가 인터넷을 통제하고 검열하기 위해 구축한 방대한 시스템으로, 1998년에 처음 시작되었고, 2003년부터 본격적으로 운영되기 시작했다. 굳이 번역하자면 〈만

파키스탄과 같은 일부 국가들은 〈신성 모독적이고 비이슬람적〉이라는 이유로 웹의 상당 부분을 차단했다.

중국의 인공 지능 분야에서의 엄청난 발전으로 인해 인터넷의 분할이 더욱 가속화되고 있다. 이러한 웹의 진화는 아프리카를 이른바 〈차이나프리카Chinafrica〉로 만들려는 중국의 계획을 용이하게 해줄 것이다. 벌써 일부 프랑스어권 아프리카 국가들은 인공 지능 덕분에 비즈니스를 차단하지 않으면서도 매우 정교한 검열을 가능케 하는 중국의 그레이트 파이어월 기술을 높이 평가하고 있는 실정이다. 만약 웹이 실제로 두 개의 분리된 실체로 쪼개진다면, 중국 BATX 기업들에 의한 아프리카의 디지털 식민지화가 순식간에 진행될 수 있다. 인공 지능 거버넌스 전문가이자 싱크 탱크 〈더 퓨처 소사이어티The Future Society〉의 회장인 니콜라 미엘레는 이렇게 말한다. 〈만약 프랑스가 프랑코포니 아프리카와 같은 웹 대륙에 속하지 않게 된다면, 이 지역은 점차 중국어권이 될 것입니다. 그리고 언어적 측면에서 유럽 각국의 이해관계가 일치하지 않기 때문에, 우리는 유럽의 영향력을 기대하기는 어려울 것입니다.〉

중국 국가주석이 아프리카 학자 양성과 기술 개발 지원을 위해 600억 달러 규모의 계획을 발표한 것을 고려하면, 이러한 지정학적, 지리 경제학적 격변은 더욱 심화될 것이다. 더불어 러시아는 와그너 그룹 용병과 소셜 미디어를 통한 여론 조작으로 아프리카에 침투했는데, 그 효과는 극적이었다. 도처에서 반프랑스, 친러시아 시위가 확산되고 있는 것이다.

리 방화벽〉정도가 되겠다.

만약 우리가 인공 지능 분야에서의 우리의 심각한 후진성을 인식하지 못한다면, 2100년에 프랑코포니는 프랑스, 벨기에의 왈로니아,[25] 스위스의 제네바와 로잔, 그리고 캐나다 퀘벡의 북부로 쪼그라들 것이다.

중국에서 〈반(反)인공 지능 68 운동〉[26]이 일어나는 게 가능할까?

중국은 역사상 가장 정교한 행동 통제 시스템을 구축했다. 조지 오웰의 디스토피아 소설 『1984』는 현실이 되었다. 머지않아 인공 지능으로 강화된 10억 대의 카메라가 안면 인식을 통해 시민들의 행동을 통제할 수 있게 될 것이다.

아마존은 미국 정부를 위해 불법 이민을 적발할 수 있는 안면 인식 기술을 개발하고 있다고 발표했다. 가스파르 쾨니그는 『르 피가로 마가진Le Figaro Magazine』에서 이렇게 설명한다. 〈유발 하라리는 우리가 인공 지능의 인도를 받는 것이 이익이라고 스스로 확신하게 될 정도로, 인공 지능이 강력한 정보를 제공하게 될 가능성을 언급합니다. 중국 사회는 집단의 안녕이 우선이라는 생각에 익숙합니다. 범죄를 줄이고, 건강을 향상시키며, 교육을 발전시킬 수 있다면 사생활이 무슨 상관이겠습니까?〉

사이버 권위주의가 자유 민주주의에 계속 승리를 거두고 있지만, 아직 전쟁이 끝난 것은 아니다! 홍콩에서는 우산과 마스크

25 벨기에의 남쪽 지역인 왈로니아는 이 나라의 세 행정 구역 중의 하나로, 불어 사용권이다.

26 프랑스 파리에서 보수적이고 고착된 사회 체제에 반발하여 학생과 노동자가 주도하여 일어난 민중 운동(1968). 이후 프랑스 사회와 정치계에 큰 변화를 가져왔으며, 전 세계적으로도 깊은 영향을 미쳤다.

로 감시 카메라를 속이는 최초의 대중 저항 운동이 일어나고 있다. 다행스럽게도 앞으로 반인공 지능 68 운동들이 일어날 것이다. 중국과 다른 곳들에서 말이다.

GAFAM은 기업 국가[27]이다

기업 국가는 각 나라를 우버화하며,[28] 지정학적 파워가 되려는 야심을 지닌다. 이들의 야심은 단순히 증오 콘텐츠를 통제하고, 선거 기간 중에 미디어를 규제하는 것 이상이다. GAFAM은 그들이 서구에서 독점하고 있는 인공 지능 덕분에 엄청난 경제적, 지정학적 권력을 얻었고, 이로 인해 각 나라는 우버화의 위협에 직면해 있다.

사실 인공 지능은 그 소유자인 디지털 거대 기업 수장들에게 갈수록 큰 정치적 권력을 부여하고 있다. 이와 관련하여, 페이스북의 공동 창업자 중의 하나인 크리스 휴즈Chris Hughes는 페이스북에서 인스타그램과 왓츠앱을 떼어 냄으로써 이 강력한 소셜 네트워크를 해체할 것을 요구하기도 했다.

인공 지능은 디지털 거대 기업들에 인간 뇌의 작동 방식을 이해할 수 있게 해줌으로써, 유권자에 대한 심층적인 조작을 가능케 해준다. 이런 점에서 인공 지능과 신경 과학의 융합은 자유 의지와 자유의 개념마저 흔든다고 할 수 있다.

27 corporation. 기업과 국가가 융합된 것으로써, 국가와 유사한 지정학적 권력을 가진 기업을 말한다 — 원주.

28 여기서 기업 국가가 국가를 〈우버화〉한다는 것은 차량 공유 서비스인 우버가 기존의 택시 산업을 혁신하고 대체한 것처럼, 거대 기술 기업들이 국가의 전통적인 역할과 권위를 대체하거나 침해하는 것을 말한다.

마크 저커버그는 메시아적인 야심을 가지고 있다. 그는 전 세계 시민을 하나로 묶는 디지털 커뮤니티의 대제사장이 되고자 한다. 2017년 5월 25일 그가 하버드 대학교에서 행한 연설은 시민들이 인공 지능의 충격을 극복하는 데 도움을 주기 위한 전 세계적 협치를 위한 호소로, 그야말로 진정한 정치적 연설이라 할 수 있었다. 2017년 6월 22일, 그는 페이스북을 교회에 비유하기도 했다.

같은 맥락에서 구글-알파벳의 공동 창업자인 래리 페이지는 『파이낸셜 타임스』와의 인터뷰에서, 구글과 같은 기업들이 정치인들보다 미래를 더 잘 이해하기 때문에 정치 지도자를 대신할 소명이 있다고 주장한 바 있다.

또 우주 개발 경쟁도 중대한 지정학적 문제를 제기한다. 일론 머스크가 가장 먼저 화성에 식민지를 건설한다면, 그는 화성의 소유주가 될 것인가? 화성은 정치적 실험실이 될 수 있다. 지구와 화성이 서로의 제도를 가지고 경쟁하는 것은 캘리포니아의 자유 지상주의 트랜스휴머니스트들의 꿈인 것이다. 전통적인 국가들은 분명히 경쟁에 직면해 있으며, 그들 역시 우버화의 위협을 받고 있다.

니콜라 아르파장Nicolas Arpagian은 『르 몽드』에서, 인터넷 거대 기업들은 스스로를 구스타브 쿠르베의 「세상의 근원」[29]과 같은 예술 작품의 도덕성을 판결할 수 있는 주권적 실체로 여긴다

29 「L'Origine du monde」. 구스타브 쿠르베가 1866년 당시 도덕적, 사회적 규범에 도전하기 위해 여성 성기를 매우 사실적으로 묘사하여 발표한 작품으로, 당시에 큰 스캔들을 일으켰다.

고 설명하면서, 페이스북과 같은 거대 기업은 자체의 법률 체계(이용 약관)와 영토(서버)와 인구(20억 명의 사용자)를 갖추고 있기 때문에 거의 국가나 다름없다고 말했다.

우리를 정복해야 할 시장과 정신으로 여기는 이러한 새로운 초강대국과 마주하여, 급진적인 환경 운동은 강력한 진통제 역할을 하고 있다.

하지만 새로운 세상은 그 어느 때보다 냉소적이다.[30]

녹색당은 우리의 후진성을 고착시키고 있다

유럽은 전화, 인공 지능, 나노 기술, 유전자 변형 농업, 우주 개발, 사이버 보안 등 미래 산업 대부분의 분야에서 무너져 버렸다.

프랑스와 유럽이 왜 이렇게 짧은 시간에 그토록 크게 뒤떨어지게 되었을까? 우리에게는 자본도, 우수한 인재도 부족하지 않았다. 우리가 뒤처진 근본적인 원인은 문화에 있다. 유럽은 2000년이 넘게 세계 무대를 지배해 왔다. 하지만 지금의 현실

30 중국이 이슬람교도들을 탄압하고 있음에도 불구하고, 알제리, 사우디아라비아, 바레인, 이집트, 아랍에미리트, 쿠웨이트, 오만, 파키스탄, 카타르, 소말리아, 수단, 시리아, 타지키스탄, 투르크메니스탄 등 14개 이슬람 국가는 중국의 대(對)신장 정책을 지지하는 성명을 발표했다. 이들은 신장에서의 〈테러 대응 및 탈급진화 조치〉가 〈더 강한 행복감, 성취감, 안전감〉으로 이어졌다고 평가했다. 중국이 세계적 리더로 부상하고 있다는 사실을 인식한 이들 이슬람 세계는 이슬람 중국인들을 희생시키는 한이 있어도 중국 편에 서는 선택을 한 것이다 — 원주.

은 어둡기 그지없다. 역사의 스포트라이트는 이제 다른 곳을 비추고 있다. 유럽이 가진 데이터와 구매력 있는 소비자들에 접근하기 위해서가 아니라면, 유럽을 부러운 눈으로 바라보는 바보는 더 이상 없다. 유럽은 더 이상 좋아야 할 모범이 아니며 얌전한 먹잇감에 불과하다.

역사학자 오렐리앙 뒤셴Aurélien Duchêne은 이렇게 말한다. 〈15세기 초, 중국은 모든 면에서 유럽을 앞섰고 대규모의 해양 탐사를 벌였습니다. 그러나 같은 15세기 말, 유럽은 500년 동안 이어질 지배를 시작했고 중국은 쇠락했습니다. 왜 그랬을까요? 중국의 유교 엘리트들이 반동적 전환을 강요했을 때, 유럽의 엘리트들은 과학자와 탐험가를 지원했기 때문입니다. 오늘날 유럽은 녹색당의 반과학적 일탈에 굴복하고 있는 반면, 중국은 우리의 자리를 차지하기 위해 기술 발전에 사력을 다하고 있는 것입니다!〉

생태주의자들은 우리의 지정학적 자살을 느긋이 바라보고 있는 동아시아 앞에서 우리의 기술적 열세를 악화시키기 위해 아주 구체적으로 작업하고 있다. 혹시 중국이 그들을 조종하고 있는 것은 아닐까? 우리가 〈지구가 불탄다!〉라고 외치고 동안, 중국은 기술적 주도권을 장악하고 있는 것이다.

미래지향적 정신이 학살당하고 있다

경제학자 니콜라 부주는 『렉스프레스 L'Express』를 통해 인공 지능 분야에서 유럽의 기술적 자살에 대해 분통을 터뜨린다. 〈방금 아시아에서 1년을 보내고 돌아온 내 친구 중 하나가 유럽의 특기는 지적인 분석과 윤리적 성찰인 것 같다고 말하더군요. 디지털, 로봇 공학, 인공 지능 등에 대한 윤리 위원회의 증가가 이를 증명합니다. 아주 편안한 특기일 수는 있지만, 이로 인해 유럽은 강력하다기보다는 우스꽝스러워지고 있습니다. 유럽은 세계의 카페 드 플로르가 되고 있어요!)[31]

역사의 고속 도로를 역주행하다

녹색당이 제안하는 바는 우리가 역사의 고속 도로를 거꾸로 달리자는 것이다. 오렐리앙 바로의 5G 반대 운동이 그 대표적인 예이다. 2019년 3월 10일, 이 천체 물리학자는 페이스북에서 5G를 악마화했다. 〈우리는 이 터무니없는 사치가 필요하지도 않고, 원하지도 않는다. 우리는 기술적으로 가능한 모든 것이 순수한 소비의 병적인 쾌감을 위해 실제로 구현되어야 한다는 극도로 위험한 생각을 거부한다.〉

그는 통신 분야에서 유럽이 심각하게 뒤처진 이 시점에, 생태학적 이유로 5G를 차단할 것을 제안한다. 생태주의자 장마르크 장코비시도 5G 금지를 옹호한다. 심지어 『리베라시옹*Libération*』의 한 칼럼은 우주 비행사 토마 페스케Thomas Pesquet 가 우주로 가는 것을 중단하라고 요구하기까지 했다.

---

31 Café de Flore. 프랑스 파리의 셍제르멩데프레 구역에 위치한 카페. 20세기 초반부터 사르트르, 앙드레 브르통André Breton 등 지식인과 예술인이 만나는 장소였다. 여기서는 프랑스의 지식인이 모여 앉아 정의와 윤리 등을 주제로 공허한 이념적 토론을 벌이던 카페 드 플로르가 지금의 유럽과 같은 분위기라는 것이다.

반(反)성장론자들은 신기술을 막음으로써 생산과 구매력을 급격히 감소시키기를 원하는데, 이는 오히려 노란 조끼 시위대를 늘리고 민주주의를 약화시킬 것이다. 실제로 21세기의 위기를 해결할 수 있는 것은 신기술의 금지가 아니라, 과학자와 엔지니어이다. 그들이 지난 세기 동안 전 세계 평균 수명을 두 배로 늘렸다는 사실을 잊지 말아야 한다. 그리고 5G는 원격 근무, 가상 관광 개발, 농업 생산 최적화 등, 환경 운동에 많은 기여를 할 수 있다. 하지만 붕괴론적 담론이 유럽을 자살로 이끌고 있다.

두뇌 시장에서 프랑스는 적자를 보고 있다

우리가 몽매주의적 신념들과 싸우는 있는 동안, NBIC 혁명의 도도한 흐름은 우리 옆을 지나가고 있다.

이 새로운 경쟁에 참여하기 위해서는 세계 최고의 인재들이 필요하다. 과학자와 엔지니어는 21세기의 보병인 것이다! 세계 최고의 두뇌를 확보하기 위해 뜨거운 경쟁이 펼쳐지는 이 시점에, 프랑스는 과학자들을 개 취급하고 있다. CNRS 원장 앙투안 프티Antoine Petit는 최고 수준의 인공 지능 연구원이 공공 연구 기관에서 3,000유로도 못되는 월급을 받고 있는 현실에 개탄을 금치 못한다. 인공 지능 연구원들이 형편없는 대우를 받고 있는 상황에서 에마뉘엘 마크롱 대통령은 우리 연구원들이 영원히 애국심과 자기희생 정신을 가질 것이라 생각하고 있는데, 이는 큰 착각이다. 우리가 계속해서 과학자들을 이런 식으로 대한다면 2050년까지 프랑스에서 연구는 자취를 감출 것이다. 세계의 두뇌 시장은 ― 이는 인지 자본주의의 당연한 결과인데 ― 프랑스의 수많은 인재를 흡수해 갈 것이다. 프랑스에는 이, 삼류 인재들만 남을 것이고, 우리는 AI 거대 기업들의 기술적 식민지가 될 것이다.

상업적, 산업적 자본주의는 상품의 흐름을 통해 모습을 드러낸다. 인지 자본주의는 단지 데이터의 자본주의일 뿐만 아니라, 무엇보다도 두뇌의 자본주의다. 오늘날 뇌의 회백질은 중세 시대에 같은 무게의 금과 동일한 가격으로 팔렸던 향신료와 똑같은 가치를 가진다. 프랑스는 훌륭한 두뇌를 생산하는 데 뛰어나지만, 그들을 잘 지켜야 한다는 점은 깨닫지 못했다.

최고의 과학자와 엔지니어를 유치하기 위한 전쟁이 치열하게 벌어지고 있지만, 프랑스는 이를 인정하기를 거부하고 있다. 디지털 거대 기업들은 수백만 달러를 퍼부어 엄청난 양의 인재를 사들여 그들의 제국을 건설하고 있다.

이러한 고급 인력 쟁탈전은 시민들 간의 불평등을 빠르게 심화시킬 뿐만 아니라, 재정적 이유 또는 노조적인 이유로 연구원들에게 연간 수백만 달러를 지불할 수 없는 전통 기업과 스타트업에 거대한 진입 장벽을 만들고 있다. 우리의 경제적, 기술적 종속 상태를 뒤엎기 위해서는 인재들을 공공 연구 시스템과 기업 내에 붙잡아 둬야 한다.

세상이 최고의 두뇌를 유치하기 위한 경쟁에 열을 올리고 있는데, 우리 언론은 전혀 다른 이야기를 하고 있다. 기술과 과학과 기업은 불신의 대상이 되고 있으며, 과격하게 비판받고 있다. 프랑스는 최고의 두뇌를 수출하고 저숙련 두뇌를 수입하고 있다. 모두가 기술적 우수성을 향해 달리며 경쟁하고 있는데, 우리는 정반대의 방향을 취하여 탈성장과 행복한 검소함과 〈조상들이 사용하던 기술들〉이 약속하는 목가적인 이상향을 향해 나아가고 있는 것이다.

7장
로테크는 곧 죽음이다!

〈작은 것이 아름답다〉는 말처럼, 사람들은 〈로테크〉[1]의 미덕들에 대해 우리를 설득하려 한다. 과거의 기술 수준으로 돌아가는 것보다 더 아름답고 바람직한 것이 없다는 것이다. 하지만 이러한 이상화는 후퇴가 가져오게 될, 정말로 비극적인 결과를 감추고 있다. 성장이야말로 우리의 유일한 구명줄인 것이다. 우리는 성장과 하이테크를 향해 나아갈 수밖에 없는 운명이다.

성장은 그 어느 때보다 필수적이다

인류는 세상의 지배자가 되었고, 우리는 이 사실을 받아들여야 한다. 우리는 중세로 돌아가지 않으면서 자연과 협력하는 법을 배워야 한다. 자연에 대한 종교적 시각에서 비롯된 탈성장은 진보에 싫증이 난 서양인들의 이기적인 변덕일 뿐이다. 탈성장의

1 low-tech. 로테크는 하이테크와는 반대로 단순한 기술들을 포괄한다.

길을 택했을 때 우리가 어떤 것을 포기해야 하는지 보여 준다면 많은 이가 놀랄 것이다.

붕괴론자의 예언은 자기실현적일 수 있다. 성장 없이는 또 다른 1793년에 이를 뿐이다

진보는 하늘에서 그냥 떨어지지 않는다. 노동자들의 근로 환경을 개선하는 것은 과거에도 중요한 문제였고 지금도 마찬가지다. 상황이 개선된 것은 어떤 권위적인 조치 때문이 아니라, 특히 노동의 고통을 크게 줄일 수 있는 일련의 방법들, 특히 기술적 방법을 제안해 온 수많은 엔지니어, 연구원, 노동자, 기업가의 끊임없는 노력 덕분이었다.

기대 수명의 연장과 영아 사망률의 감소는 어떤 계획과 강제와 벌금으로 이루어지지 않았다. 질병과 죽음을 물리치기 위해 헌신한 모든 의사와 연구원과 전문가에게 감사해야 한다.

반대로, 붕괴론자의 예언은 자기실현적일 수 있다. 붕괴를 예견하는 그들은 스스로 인정하지는 않지만, 사실은 자신이 그것을 유발한다는 사실을 알고 있다. 세상을 정화하는 「왕좌의 게임」을 꿈꾸는 게 아니라면,[2] 혹은 중병 걸린 고령자의 치료를 중단하자는 장코비시의 제안을 따르고 싶은 게 아니라면, 성장

---

2 「왕좌의 게임Game of Thrones」은 조지 R. R. 마틴의 소설 『얼음과 불의 노래*A Song of Ice and Fire*』를 바탕으로 HBO가 제작하여 2011년부터 2019년까지 총 73편이 방영된 판타지 드라마이다. 웨스테로스라는 중세적인 가상의 세계를 배경으로 〈철 왕좌〉를 차지하기 위해 여러 귀족 가문이 싸우며 기존의 질서가 무너지고 전쟁과 혼란이 난무하는 세계를 그리는데, 극중의 일부 캐릭터가 기존의 썩은 세계를 정화시켜 새 질서를 오게 한다는 점에서 이런 혼란과 파괴를 필요악으로 보기도 한다.

은 필수적이다.

많은 사람이 취약한 상태에 있는 세계는 거대한 복지 국가를 필요로 하며, 따라서 성장이 필요하다. 인공 지능은 인구의 상당 부분을 소외시킬 것이고, 이들에게는 한층 관대한 복지 국가가 필요할 것이다. 우리는 성장을 통해서만 지능 간의 전쟁[3]을 제대로 규제할 수 있을 거라 기대할 수 있다. 그렇지 않으면 노란 조끼 시위대의 수는 필연적으로 증가할 것이다.

지식 경제에서 모든 사회적 불평등의 근원인 지적 불평등을 줄이기 위해, 신경 과학을 통한 맞춤형 교육을 도입하는 데는 연간 수십억 유로가 필요할 것이다.

인지 자본주의에 제대로 진입하지 못하면 돌이킬 수 없는 결과가 초래될 것이다. 우리가 어떻게 생각하든 간에, 신경 증강 기술은 필수가 될 것이며, 이를 ─ 건강 보험으로 100퍼센트 환급받게 해주어 ─ 시민들에게 제공할 수 없는 국가는 돌이킬 수 없이 쇠퇴할 것이다.

또한 인구 고령화는 의료 비용을 폭발적으로 증가시킬 것이다. 치매와 노인 암 치료는 성장 없이는 불가능하다. 탈성장 국가들은 새로운 치료법에 대한 비용을 감당할 수가 없어, 절망적인 노인 병원으로 변할 것이다.

인류 역사의 이 전환점에서 성장하지 못하는 국가는 주변화되고, 〈2.0 버전 인간〉을 정의하는 작업에 참여하지 못할 것이다. 우리가 트랜스휴머니스트든 생명 보수주의자든 상관없

3 〈지능 간의 전쟁〉이란 인공 지능과 인간의 생물학적 지능 간의 싸움과 갈등을 말한다.

이, 기술적으로 종속된다면 우리의 목소리는 묻히게 될 것이다.

어떤 기술이 국제적 표준으로 자리 잡기 위해서는, 그것을 추진하는 국가가 힘의 균형에서 유리한 위치에 있어야 한다. 중국은 강한 성장 덕분에 미래를 정의하는 데 결정적 역할을 하는 국제 표준화 기구들을 장악하게 되었다.

역사의 종말이 오지 않은 상황에서, 유럽은 재무장해야 한다. NATO의 우산이 약해지고 있다. 중국과 미국 사이에서 생존하기 위해서는 수천억 달러가 필요하다. 프랑스는 사헬 지역[4]이 아프가니스탄이 되지 않도록 투자해야 할 것이다.[5]

유럽도 기술 전쟁에 뛰어들고 싶다면 연구 개발 지출을 대폭 늘려야 한다. 경제 성장이 멈춘 유럽은 모든 소프트 파워와 매력을 상실할 것이다. 항공기 사용을 금지하거나 악마화하는 행위는 프랑스 해외 영토[6]의 즉각적인 해체로 이어질 것이다. 프랑스 경제가 후퇴하면, 중국은 더욱 빨리 〈차이나프리카〉를 구축하여 프랑스어권 아프리카를 잠식해 갈 것이다.

유럽이 경제적으로 약해지면 기후 외교에서 유럽의 목소리가 약해질 것이다. 환경 정책 면에서 가장 모범적인 대륙이 유럽

4 사하라 사막의 남쪽 경계에서 열대 사바나 지역에 이르는 아프리카의 반 건조 지대. 세네갈, 모리타니아, 말리, 부르키나파소, 니제르, 나이지리아, 차드, 수단, 에리트레아 등이 속해 있다.

5 우크라이나에서와는 달리, 프랑스어권 아프리카에서의 러시아의 전격전은 큰 성공을 거두었다. 푸틴의 와그너 용병들은 프랑스어권 아프리카의 상당 부분에서 권력을 장악했다 — 원주.

6 프랑스는 본토 외에도 카리브해의 과들루프와 마르티니크, 인도양의 레위니옹, 태평양의 뉴칼레도니아, 남아메리카의 기아나 등, 해외 각지에 많은 영토를 가지고 있다.

인데 말이다.

경제의 탈탄소화는 값비싼 기술을 필요로 한다. 따라서 생태 공학은 탈성장과 양립할 수 없다. 파리와 런던의 공기가 1955년보다 깨끗해진 것은 다 기술 덕분이다. 보상 메커니즘이 무엇이든 간에, 이산화 탄소에 대한 과세는 누군가에게는 경제적 손실을 초래하게 되고, 이들이 받는 충격을 완화하기 위해서는 경제 성장이 필요할 것이다.

탈성장 경제는 상당수의 기술 및 금융 엘리트로 하여금 이 나라를 뜨게 할 것이며, 이는 프랑스의 국제적 지위를 더욱 하락시킬 것이다.

성장이 없다면 막대한 공공 부채 상환을 위해 구매력을 희생해야 하고, 이는 감당할 수 없는 사회적 긴장을 초래할 것이다.

무역 전쟁으로 인한 국경의 부분 폐쇄는 수출을 통한 비용 상쇄를 어렵게 만들 것이므로, 유럽은 내수 시장에서 새로운 제품들의 비용을 더 많이 상쇄해야 하겠지만, 탈성장 경제에서는 이게 불가능해진다.

번영과 민주주의가 분리되고 있는 현재의 상황은 지속 가능하지 않다. 기술을 추구하는 권위주의적 국가들은 탈성장화된 유럽보다 시민들에게 더 나은 삶의 조건을 보장하게 될 것이다. 우리의 비참한 탈성장 민주주의는 의기양양한 아시아의 ─ 권위주의적이든 아니든 간에 ─ 강국들과 맞서기 힘들 것이다. 그리되면 〈의회 민주주의는 곧 구매력 하락〉이고 〈기술 독재는 곧 번영〉이라는 논리로 여론을 설득하기 쉬워질 것이며, 이는 극단적인 세력의 빠른 승리로 이어질 것이다.

대규모 이민은 다양한 공동체를 낳았다. 교외 지역의 개발에는 대규모의 투자가 필요할 것이다. 탈성장은 93번 지역[7]을 사실상 고사시킬 것이다.

탈성장은 대도시에서 낙후된 지역으로의 부의 이전을 늦출 것이다. 지역 이기주의는 심화되고, 빈곤한 지역의 활력 저하는 악순환에 빠질 것이다. 18세기에서처럼, 파리와 마시프 상트랄 지역, 또는 오트마른 지역 사이에는 모로코의 카사블랑카와 아틀라스 고지대 간의 그것 같은 거대한 격차가 나타날 것이다.

탈성장은 비좁고 청년들이 의욕이 나지 않는 세상을 만들 것이다. 그레타 툰베리의 대변인들이 떠들어대는 〈비행기 타기의 부끄러움〉 때문에, 유럽 청년들은 지구상의 다른 곳들에서 건설되고 있는 초기술적 신세계를 맛보지 못할 것이다. 우리가 챗GPT가 가져오는 기술 혁명을 놓친다면, 유럽에는 극적인 결과들이 초래될 것이다.

암과의 싸움은 인공 지능을 많이 필요로 하는 자연과의 싸움이다

로테크 탈성장을 찬양하는 녹색 운동가들은 그것이 암 환자에게 미칠 결과는 숨기고 있다. 로테크 암 치료의 결과는 뻔한 것으로, 예전처럼 암 환자의 100퍼센트가 사망할 것이다.

프랑스 남성 2명 중 1명, 여성 3명 중 1명이 암에 걸릴 것

---

7 파리 북동부 교외에 있는 센생드니 지역. 이민자 비율이 높아, 다문화적인 특성을 지니고 있다.

이다. 암의 비밀 코드를 해독할 수 있는 것은 탈성장이 아닌 기술이다. 2023년의 과학은 아직 암을 정복하지 못했다! 성인의 45퍼센트와 어린이의 20퍼센트가 여전히 암으로 사망하고 있다. 더 나아가기 위해서는 NBIC 혁명이 제공하는 모든 도구를 사용해야 한다.

암은 로봇 공학, 나노미터 수준의 센서(체내 센서), 유전자 수술, 줄기세포를 통한 장기 재생, 그리고 컴퓨팅 파워와 알고리즘 발전의 자연스러운 산물인 인공 지능을 결합하는 테크노 의학 덕분에 제어될 것이다. 의학은 개인 맞춤형이며 예측 가능한 것이 될 것이다.

맞춤형 약물 조합, 백혈구의 유전적 조작, 손상된 조직을 복구하는 나노 기술 등을 통해 암은 에이즈처럼 관리 가능한 만성 질환으로 바뀔 것이다. 심지어 질병이 발생하기 전에 미리 조치하는 것도 가능해질 것이다. 그 다음에 오게 될 단계는 건강한 사람들의 상태를 지속적으로 모니터링 하는 것이다. 몸에 이식된 장치가 최초의 암세포가 출현하자마자 경고해 줄 것이다.

최근 빌 게이츠와 제프 베이조스는 〈액체 생검〉이라는 기술에 투자했다. 이는 혈액 내에 순환하는 DNA를 분석해, 최초의 증상이나 방사선 이상이 나타나기 몇 년 전에 인공 지능을 통해 변이된 DNA 조각을 찾아내는 기술이다.

전이된 종양조차도 제어될 수 있을 것이며, 환자들은 항바이러스를 치료받는 에이즈 환자들처럼 정상적인 삶을 살 수 있을 것이다. 그러나 T림프구 유전적 조작과 같은 새로운 치료법의 비용은 연간 30만 유로를 상회할 수 있다. 저성장 경제로는 암의 시대를 끝낼 수 없다. 저성장과 기술 발전의 억제는 이제 그 엄청난 복잡성이 알려진 암에 대한 최종적인 승리를 방해할 것이다.

재생 의학은 저비용으로 이루어질 수 없다

1950년 프랑스에는 100세 이상 노인이 200명이 있었지만, 2070년에는 무려 55만 명이 될 것이다. 알츠하이머 치료제를 찾아내는 데는 수천억 유로가 소요될 것이다. 베이비 붐 세대가 알츠하이머 세대가 되어 가고 있다. 프랑스에서 이미 90만 명이 노인성 치매로 고통받고 있다. 현재 알츠하이머를 치료하거나 늦추기 위한 방법은 약물, 재생 줄기세포, 유전자 치료, 나노 기술, 그리고 뇌 내 전자 임플란트 등 다섯 가지의 방법이 있다.

그 치료 비용은 환자 1인당 연간 약 2만 유로에 달할 수 있다. 2030년경에 프랑스에서 알츠하이머 환자가 125만 명이 된다면, 모든 환자를 치료하는 데 연간 250억 유로가 들어간다는 얘기다. 이를 위해서는 강력한 경제 성장이 필요하다. 어쨌든 더 나아가려면 항상 더 많은 기술과 저성장에 질식되지 않는 사회 보장 제도가 요구될 것이다.

미래의 교육은 칠판 이상의 것을 필요로 한다

미래의 교육은 루소가 『에밀Emile』에서 상상했던 시골에서의 교육적인 산책만으로는 부족할 것이다. 모든 아이를 같은 수준으로 끌어올리기 위해서는 막대한 자원과 최첨단 기술이 필요할 것이다.

유아기에는 뇌 조직이 상상을 초월하는 속도로 성장한다. 신경 세포 사이의 연결, 즉 시냅스가 매초 100만 개씩 형성된다. 그 이후에는 경험할 수 없는 속도이다. 유아기는 뇌의 가소성이 최대이고, 교육의 영향이 가장 큰 시기이다.

우리의 아이들, 특히 열악한 환경에 있는 아이를 지식 전달 전문가들로 둘러싸는 것이 시급하다. 물론 어린이집과 초등학교에서의 따뜻한 정서 교육의 필요성을 부정하는 것은 아니다.

이는 의학이 걸어온 길과도 비슷하다. 옛날에는 과학적 훈련을 전혀 받지 않은 이발사들이 수술 칼을 들었지만, 오늘날에는 아무도 미용사에게 수술받으려 하지 않을 것이다.

수술실에서는 의학을 10년 이상 공부한 전문의가 요구된다. 마찬가지로 어린이집 책임자들에게는 신경 과학 박사 학위가 요구될 것이다! 이러한 유아 교육의 질적 향상을 위해서는 교사와 교육자가 박봉에 시달리는 상황을 중단시켜야 한다. 우리 아이들의 생물학적 두뇌를 키우는 사람들이 인공 지능을 키우는 프로그래머들보다 임금을 100배나 적게 받는 현실은 결코 정상이 아니다. 교육 방법에도 혁신이 있어야 하며, 이 인공 지능 시대에 그 어느 때보다도 필요한 다양한 실험과 비판적 사고의 계발에 큰 비중을 두어야 한다. 교육은 국가 차원의 목표로 선포되어야 한다. 이 모든 것은 엄청난 비용과 많은 인공 지능이 필요할 것이다.

기술 경쟁에서 백기를 드는 것의 결과는 단순히 경제적으로 약해지는 것만이 아니다. 기후 변화에 대응할 수 없게 되고, 환자를 치료하는 게 어려워지며, 노동자가 일자리에서 멀어지게 된다. 기술 경쟁을 포기하는 것은 우리의 열린 사회 모델과 국가의 주권을 포기하는 것이다.

기술이 없으면 자유로운 개인도 사라지게 된다

기술 발전에 미래가 달려 있는 영역은 경제, 교육, 혹은 건강과 관련된 제반 분야만이 아니다, 어떤 이들은 그냥 의학의 발전을 포기해 버리고, 운이 없는 사람들과 노인들을 죽게 내버려두면 된다는 식으로 말하고 있지만, 여기에는 훨씬 심각한 문제가 있다. 우리의 자율성을 보전하기 위해 필요한 것도 기술인 것이다.

사이버 냉전

중국 국가주석의 전략은 명확하다. BATX의 인공 지능을 이용해 자국민들을 통제하는 동시에 2049년까지 세계 제일의 강대국이 되는 것이다. 기술 독재에 맞서 우리는 스스로를 지켜야 한다. 인공 지능은 군사 분야에서도 선도 국가에게 엄청난 이점을 부여할 것이기 때문에, 세계는 미중 간의 사이버 냉전을 향해 가고 있다.

인터넷의 반혁명: 배신당한 희망

1992년은 서구의 맹목적인 낙관주의가 정점에 달한 해였다. 그해 부시George H. W. Bush 대통령의 전 정책 고문인 프랜시스 후쿠야마Francis Fukuyama는 『역사의 종말과 최후의 인간*The End of*

History and the Last Man』을 출간하면서, 베를린 장벽이 붕괴된 후에 〈자유 민주주의에 대한 이념적 경쟁자는 더 이상 남아 있지 않다〉고 선언했다.

후쿠야마의 말을 따르자면, 자유 민주주의 시대는 잔잔한 바다와도 같을 것이다. 〈역사의 종말은 아주 슬픈 시기가 될 것이다. 역사 이후의 시대에는 인류 역사 박물관을 영구히 유지하는 일만이 남을 것이다.〉 다시 말해서, 미래에 두려워해야 할 것은 지루함뿐이라는 것이다.

1989년에 소련 제국이 붕괴되자, 사람들은 서구의 자유 민주주의 모델을 중심으로 국가들이 통합되어, 보편적 문명과 평화의 시대가 오리라는 예감에 사로잡혔다.

그러나 1992년 이후, 상황은 완전히 다르게 전개되었다.

후쿠야마 대 헌팅턴

몇몇 관찰자가 재 속에 불씨가 숨어 있다는 것을 알아챈 것이다. 후쿠야마의 책이 출판된 직후, 또 다른 저자가 정반대의 입장을 취했다. 하버드 대학교 교수인 새뮤얼 헌팅턴Samuel Huntington은 1993년 후쿠야마에 대한 답변으로 〈문명의 충돌〉이라는 제목의 기사를 발표했다.[8]

헌팅턴의 주장은 세계가 통합과 평화가 아닌 분열과 갈등

---

8 새뮤얼 헌팅턴은 1993년 외교 전문지 『포린 어페어스』에서 「문명의 충돌The Clash of Civilizations」이라는 기사를 발표했고, 1996년에 이를 확장하여 『문명의 충돌과 세계 질서 재편*The Clash of Civilizations and the Remaking of World Order*』이라는 책으로 출간했다.

과 경쟁으로 나아가고 있다는 것이다. 〈19세기가 민족 국가 간 갈등으로, 20세기가 이념 대립으로 특징지어졌다면, 다음 세기는 문화, 종교, 인종 간의 경계가 균열의 선이 되어, 문명의 충돌을 목격하게 될 것이다.〉

헌팅턴은 후쿠야마가 심각한 오류를 범했다고 생각한다. 아니, 〈현대화는 서구화의 동의어가 아니다〉.

후쿠야마는 디지털 기술이 기존의 경제적, 정치적 구조를 붕괴시킬 것을 예측하지 못했다.

인터넷의 시작은 독일에서 해방되었을 때 프랑스인들이 환호하며 달려갔던 미군 지프차만큼이나 열광적으로 맞이해 주었다. 인터넷 창시자들은 이 네트워크가 민주주의를 촉진하는 주요 도구가 될 것이라 확신했다. 역사상 처음으로 표현의 자유가 지구상의 모든 사람에게 보장될 것이었다. 시민은 미디어를 우회하여 정치적 논의에 깊이를 더해 줄 소통 도구를 갖게 될 것이었다. 독재 정권은 자연스럽게 무너질 것이었다.

기술 독재정

기술은 민주주의에는 치명적이지만, 전 세계 독재 정권에는 열렬히 환영받고 있다. 그들은 기술을 마음껏 즐기며 〈기술 독재정〉 또는 〈테크노크라시〉9가 되어 가고 있다.

인터넷의 창시자들은 이 네트워크가 지구상 모든 사람에게 자유로운 표현을 보장함으로써 민주주의 발전의 주요 도구

9 〈기술 독재〉 혹은 〈테크노크라시〉는 중국처럼 인공 지능에 의존하는 권위주의 체제를 말한다 — 원주.

가 될 것이라 확신했다. 사이버 유토피아론자 니콜라스 네그로폰테Nicolas Negroponte는 1996년에 민족 국가들은 인터넷에 의해 뒤흔들 것이며, 미래에는 민족주의가 천연두만큼이나 설 자리가 없을 거라고 단언했다. 우리는 기술에 따스한 판타지를 투영했던 것이다.

하지만 인터넷은 기대했던 정치적 혁명을 가져오지 못했다. 기술 애호가들이 순진한 모습을 보인 것은 이게 처음이 아니다. 1868년에 주미 영국 대사 에드워드 손튼Edward Thornton은 전신(電信)이 사건에 대한 정보를 전달하고 오해의 원인을 제거함으로써 국제 생활의 신경이 되어 지구 전체에 평화와 조화를 증진시킬 것이라고 주장했다. 또 칼 마르크스Karl Marx는 1859년에 철도가 인도의 카스트 제도를 빠르게 사라지게 할 것이라 확신했다. 1920년에는 많은 사람이 비행기가 민주주의와 자유와 평등을 강화하고 전쟁과 폭력을 없앨 것이라 확신했다. 발명가 굴리엘모 마르코니Guglielmo Marconi는 무선 통신이 전쟁을 불가능하게 만들 것이라고 설명했다. 1921년, 제너럴 일렉트릭General Electric의 사장은 라디오가 인류를 영원한 평화로 이끌 것이라고 주장했다.

2009년, 트위터 창업자들은 자신들의 앱이 〈인류의 승리〉를 가져올 것이라고 진지하게 설명하지 않았던가? 앤드루 설리번Andrew Sullivan은 『디 애틀랜틱 The Atlantic』에 〈혁명은 트윗될 것〉이라고 썼다. 『LA 타임스 Los Angeles Times』는 트위터가 기술적 충격을 견뎌내지 못할 권위주의 정권의 새로운 악몽이 될 것이라고 썼다. 심지어 기술 유토피아주의자들은 기술이 유엔보다 더 나은 역할을 하게 될 것이라고 말하기까지 했다. 2000년대 초반, 몇몇 지식인은 인터넷에 노벨 평화상을 수여하자고 제안하기도 했다.

사람들은 인터넷이 실리콘 밸리 기업인들에게 독점되어 전 세계에 자유주의적 가치를 강요할 도구가 될 것이라 상상했다. 기술 페티시즘에 빠진 지식인들은 기술과 정치와 지정학 간 상호 작용의 복잡성에 대해 깊이 성찰해 보지 않았다. 서방은 권위주의 정권들이 정보 기술을 어떻게 사용할지 전혀 예상하지 못했다. 인터넷 창시자들의 순진한 선의는 그들로 하여금 인터넷이 끊임없이 재구성되는 기술이라는 사실을 이해하지 못하게 했다. 웹[10]을 구축한 것은 매우 지적이고 평화주의적이고 반인종주의적이며 선의로 가득한 캘리포니아 자유 민주주의 엘리트들이었다.

후쿠야마가 디지털 기술이, 권위주의 정권이 계속될 수 없게 만들 것이라 말했을 때, 『와이어드*Wired*』는 〈키보드는 칼보다 강하며, 인터넷이 정부와 다국적 기업들로부터 권력을 되찾을 수 있게 해줄 것〉이라고 덧붙였다. 트윗을 통해 민주주의가 이뤄질 수 있다는 이러한 생각은 〈아랍의 봄〉[11]이 위험한 환상이었음이 드러나며 무너져 버렸다.

하버드 대학교의 정치학자는 민주화의 거대한 물결을 예언했지만, 지금 우리는 오히려 권위주의 정권들이 번성하는 것을

10 제네바에서 1989년에 탄생한 이후로.
11 중동과 북아프리카 지역에서 권위적인 정권을 타도하고 민주화를 이루기 위해 민중이 일으킨 일련의 반정부 시위와 혁명 운동(2010~2012).

목격하고 있다. 인공 지능은 전통적인 정보 요원보다 1,000배나 빨리 반체제 인사를 찾아낸다. 소셜 네트워크는 경찰 국가에게는 엄청난 정보의 보고다. 〈PC는 CP Communist Party (공산당)와 양립할 수 없다〉는 구호는 지금 돌이켜 보면 매우 순진하게 느껴진다. 『뉴욕 타임스』의 니콜라스 크리스토프 Nicholas Kristof는 중국 공산당이 인민에게 고속 인터넷 대역폭을 제공하는 것은 스스로의 무덤을 파는 짓이라고 확신했다. 2010년에 서구인들은 인터넷을 영리하게 차단하고 검열하는 것은 불가능하다고 생각했다. 검열은 서툴게 행해질 것이며, 인류의 방대한 지식에 대한 접근을 차단함으로써 과학과 기술과 경제의 발전을 저해할 거라고 믿었던 것이다. 하지만 오늘날 인공 지능에 의한 웹의 개별화는 중국의 과학이나 비즈니스를 저해하지 않고도 초정교한 검열을 가능케 하고 있다.

이 기술 유토피아는 너무나 순진한 생각이었다. 우리는 완전히 잘못 생각한 것이다.

기술 독재의 시대

인공 지능으로 강화된 웹은 권위주의 정권의 지배를 저해하기는커녕 오히려 그들의 핵심 동력이 되고 있다. 더 심각한 것은 알리바바 창업자 마윈(馬雲)과 같은 일부 기업인들이, 인공 지능 덕분에 중국 공산당이 자본주의 시장보다 더 효율적으로 경제를 운영할 수 있을 것이라고 생각한다는 점이다. 20년 전만 해도 다른 모든 체제를 KO시킨 것처럼 보였던 자유 민주주의가 이제 지구상에서 소수파가 될 위기에 처해 있다. 디지털 권위주의가 거인의 걸음으로 전진하고 있는 것이다.

올리비에 바보가 지적했듯이, 중국은 〈불과 몇 년 만에 인류 역사상 가장 정교하고 냉혹한 행동 통제 시스템을 구축했다〉.

자유주의 지식인과 연구자는 기술이 인류의 깊은 본성을 바꾸게 될 것이라고 믿었다. 하지만 실제로 우리의 폭력성과 호르몬 구조는 기술보다 훨씬 더 천천히 변화한다. 우리의 감정과 욕망은 디지털 공간에 그대로 투영되어, 증오와 폭력, 가짜 뉴스와 여론 조작 등의 형태로 나타나고 있다.

국가는 데이터의 처리와 이용에 있어서 스스로에게 한계를 부과할 수 있을까? 이러한 제한은 권력 분립만큼이나 우리 체제의 신성한 원칙이 되어야 할 것이다. 몽테스키외Montesquieu가 지적했듯이 모든 사람은 권력을 남용하고 싶어 하므로, 소수의 손에 권력이 집중되는 것을 막기 위해 이러한 제한이 적어도 권력 분립만큼이나 중요할 것이다.

하지만 현재 상황은 이러한 제한과는 거리가 멀다. 에드워드 스노든Edward Snowden은 정보기관들이 인터넷 거대 기업들과 협력하여 서구 시민들을 감시하고 있다고 폭로했다. 민주주의 국가들마저 시민의 디지털 삶을 통제하고 가둬버릴 것이라고는 아무도 예상하지 못했다.

1995년의 전망과 달리, 인터넷은 강자의 권력을 강화하고 약자를 약화시키고 있다. 기술 혁명은 주로 독재자들을 강화하는 결과를 가져왔다.

웹의 공동 창시자인 팀 버너스-리Tim Barners-Lee조차도 『베너티 페어Vanity Fair』와의 인터뷰에서 실망감을 드러냈다. 〈웹은 인류에 봉사하기 위해 만들어졌지만, 많은 점에서 실패했습니다.〉

유럽은 후쿠야마가 내놓은 역사의 종말론에 게걸스레 달려들었고, 열광적으로 받아들였다. 이 이론은 우리 서구가 역사의 영원한 승자라고 암시하지 않는가? 그것은 우리가 무한 반복해서 듣는 달콤한 음악이 되어 버렸다. 1992년부터 유럽은 잠에 빠져들었다. 무한히 확장되고, 군비를 감축하고, 외부의 경계를 허물고, 투자를 줄이고, 새로운 기술에 무관심해지고, 인터넷보다 미니텔[12]을 선호하고, 거대한 온정주의적 복지 국가가 되었다. 그 결과, 2023년의 유럽은 나폴레옹 이후의 유럽을 조율하기 위해 국가 간 협조 체제를 조직한 1823년 비엔나 회의의 세계에는 적합할지 모르지만, 다가오는 냉혹하고 불안정한 기술의 세계에는 전혀 맞지 않다.

공룡은 우주 개발 프로그램이 없어 멸종했다

유럽의 위치가 어떻게 되느냐의 문제를 떠나서, 기술은 인류의

---

12 프랑스에서 1982년부터 2012년까지 널리 사용된 온라인 서비스 시스템. 전화선을 통해 정보 검색, 쇼핑, 티켓 예약, 은행 업무 등을 할 수 있지만, 기술과 서비스 내용에서 극히 초보적인 수준이었다. 프랑스 디지털 혁명의 상징이기도 했지만, 글로벌 인터넷 혁명에 늦게 대응하게 한 요인이 되기도 했다.

미래를 보호하는 데 필수적이다.

미래는 온갖 시련으로 가득할 가능성이 높다. 기술은 때로는 이런 시련이 원인이 되기도 하지만, 동시에 그 해결책이 될 수 있는 유일하게 믿을만한 수단이기도 하다.

철학자 닉 보스트롬[13]은 〈존재적 위험〉과 〈지구적 재앙〉이라는 개념을 도입했다.[14] 존재적 위험에는 대대적인 환경 변화 및 파괴가 속하며, 지구적 재앙에는 기후 변화, 팬데믹 전염병, 핵전쟁, 나노 기술, 적대적 인공 지능으로 인한 위험, 그리고 소행성 충돌 같은 우주적 원인의 사건 같은 것들이 포함된다.

존재적 위험은 인류를 완전히 멸종시키는 반면, 지구적 재앙은 문명을 재건할 수 있는 기회를 남긴다.

보스트롬은 지구적 재앙을 네 가지 유형으로 구분했다.[15] 우선 〈쾅!Bang!〉은 핵전쟁이나 나노 바이오 기술의 공격적인 사용, 우주 충돌과 같은 갑작스런 재앙들이다. 〈붕괴Crunch〉는 사회의 점진적인 붕괴 시나리오로, 천연자원 고갈이나 평균 지능 저하 저하로 문명이 파괴되는 상황을 말한다. 〈비명Shriek〉은 어떤 전체주의 체제가 인공 지능을 이용하여 인류를 통제하는 디스토피아적 시나리오다. 〈신음Whimper〉은 가치관과 문명이 점차 쇠퇴하는 시나리오다.

---

13 Nick Bostrom. 스웨덴 출신의 신경 과학자이자 철학자(1973~). 현재 옥스퍼드대 철학부 교수인 그는 『초지능Superintelligence』 등의 저서를 통해, 인공 지능의 발전이 초지능으로 이어질 수 있으며, 이는 인류에게 기회이자 존재적 위험이 될 수 있다고 지속적으로 경고해 왔다.

14 그의 모든 출판물은 www.nickbostrom.com에서 열람할 수 있다 — 원주.

15 *Global Catastrophic Risks*, Oxford Edition, 2008 — 원주.

존재적 위험, 즉 인류 멸종의 위험은 대형 소행성 충돌, 장기간에 걸친 대규모 화산 폭발(시베리아 트랩과 데칸 트랩에서의 화산 활동 같은[16]), 해양 무산소 사건(데본기나 고생대 말기의 대멸종을 야기한), 전 지구적인 빙하기, 그리고 태양계와 가까운 곳에서 발생하는 초신성 폭발이나 감마선 폭발 등이 포함된다.

반면, 지구적 재앙에는 주로 인간에 의해 초래되는 핵전쟁, 유전적 퇴화, 과도한 인구 증가, 우발적이거나 고의적인 팬데믹 전염병 확산,[17] 나노 기술 사고, 적대적 인공 지능 같은 것들이 포함된다.

〈세계 종말 일보 직전〉의 역사

초대형 화산 폭발은 심각한 오염을 동반하는 핵겨울과 비슷한 화산 겨울을 초래할 수 있다. 예를 들어, 옐로스톤의 슈퍼 화산은 지난 1700만 년 동안 대략 12번의 〈초대형 폭발〉을 경험했으며, 가장 최근에 있었던 64만 년 전의 폭발은 미국의 서부와 멕시코 전역을 화산재로 덮어버렸다.

이러한 종류의 폭발은 전 세계 기후에 큰 영향을 미칠 수 있다. 화산재가 오랫동안 태양을 가리면 빙하기를 초래할 수 있고, 반대로 온실 가스가 우세하면 지구 온난화를 가속화할 수 있다.

16 트랩은 화산의 용암으로 형성된 거대한 현무암층을 말한다. 시베리아에서는 2억 5000년 전인 페름기 말기에, 인도의 데칸 고원에서는 약 6600만 년 전인 백악기 말기에 대규모의 화산 활동이 있었다.

17 가장 큰 위험은 유전자가 조작되거나 완전히 인공적으로 만들어진 감염원이 출현하는 것이다. 바이러스의 특성을 유전적으로 조작하는 기술이 엄격히 규제되지 않는다면, 앞으로 이러한 기술이 쉽게 접근 가능해질 수 있다 — 원주.

작은 사례로, 1815년 인도네시아 숨바와섬에서 탐보라 화산이 폭발한 후에는 〈여름이 없는 해〉가 발생했다.

가능한 또 다른 지구적 재앙은 초대형 쓰나미로, 이는 어떤 화산섬이 붕괴되거나 우주에서 날아온 물체가 대양에 떨어질 때 발생할 수 있다.

지구의 역사에서 소행성이 날아와 지구와 충돌한 일은 여러 차례 있었다. 예를 들어 6600만 년 전에 발생한 치크술루브 소행성 충돌은 공룡 멸종의 가장 유력한 원인으로 여겨진다. 지름 1킬로미터의 물체가 지구를 강타하면 문명이 붕괴할 가능성이 높고, 3킬로미터 이상이면 인류가 멸종할 수 있다.

소행성 충돌과 예외적인 태양 폭발 외에도, 태양이 몇십 억년 후에 적색 거성으로 팽창하여 지구를 삼킨다는 장기적인 시나리오도 있다. 수성이 지구와 충돌할 가능성도 무시할 수 없다. 또 감마선 폭발, 초신성, 혹은 초초신성과 같은 매우 강력한 에너지 현상이 지구로부터 수백 광년 이내에서 발생한다면 존재적 위험이 될 수도 있다. 초초신성이 오르도비스-실루리아기 멸종의 원인이었을 수 있다는 가설도 있다.

닉 보스트롬은 외계 지능체에 대해서는 우려가 덜하다. 항성 간의 거리가 너무 멀어 인류와 갈등을 빚을 가능성은 낮다고 보기 때문이다.

존재적 위험을 줄일 때 이익을 얻는 것은 주로 미래 세대들이다. 그들의 수를 고려하면, 위험을 조금이라도 줄이는 것이 큰 도덕적 가치를 지닌다고 할 수 있다. 우주 식민지 개발은 존재적 위험에 대응하여 생존 가능성을 높이기 위한 또 다른 제안이다. 하지만 이런 해결책들은 현재로서는 실현 가능성이 없으며, 대규모의 엔지니어링이 필요하다.

래리 니븐Larry Niven은 1999년 『뉴욕 타임스』와의 인터뷰에서 〈공룡들은 우주 프로그램이 없었기 때문에 멸종했습니다. 만약 우리도 우주 프로그램이 없어서 멸종한다면, 그것은 우리의 잘못입니다〉라고 말했다. 또 나사NASA(미국 항공 우주국) 책임자인 짐 브라이든스타인Jim Bridenstine은 메릴랜드 대학교에서 열린 제6차 국제 행성 방어 회의에서, 앞으로 60년 이내에 지구가 소행성 충돌을 겪을 것이라 예측했다. 그는 〈이것은 할리우드 영화가 아니라, 생명을 수용할 수 있는 유일한 행성인 지구를 보호하는 문제〉라고 강조했다.

이 회의에서 약 300명의 천문학자, 과학자, 엔지니어, 위기 상황 전문가가 모여 이러한 위협에 가장 효과적으로 대응하는 방법을 논의했다. 현재 지구를 위협하고 있는 소행성은 무려 2만 1,443개나 된다.

대응 방법은 소행성의 궤도를 바꾸거나, 사람들을 대피시키는 것이다. 전문가들은 직경 50미터 미만 소행성의 경우, 충돌 가능성이 있는 지역의 주민들을 대피시키는 것을 권장한다. 충돌 2주 전에는 영향을 받을 나라들을 예측할 수 있고, 충돌 며칠 전에는 수백 킬로미터 단위로 정확한 위치를 추정할 수 있다. 더 큰 소행성에 대해서는 영화 「아마겟돈Armageddon」에서처럼 핵폭탄으로 행성을 부숴 버리기보다는, 자폭 위성을 터뜨려 궤도를 변경시키는 게 낫다. 나사는 2022년 9월 26일, 〈다트DART

미션〉을 통해 150미터 크기의 실제 소행성에 이 아이디어를 성공적으로 시험한 바 있다.

우리는 바보가 될 것인가?

우리를 위협하는 마지막 위험은 우리의 인지 능력 자체와 관련이 있다. 닉 보스트롬 교수는 지적 능력의 저하를 〈붕괴〉의 범주에 포함시킨다.

학술지 『셀Cell』에 게재된 한 논문이 큰 파장을 일으켰다. 저자는 뇌의 조직을 조절하는 DNA 영역에 불리한 돌연변이가 축적됨에 따라, 우리의 지적 능력이 떨어질 것이라고 주장한 것이다.

인간 유전체에 불리한 유전자 변이가 쌓여 가고 있으며, 이런 현상은 최근 들어 더욱 뚜렷해지고 있다. 2012년 11월 말에 『네이처Nature』에 발표된 연구에 따르면, 인류에게 유해한 유전자 변이의 80퍼센트가 불과 5000~1만 년 전에 나타났다고 한다. 세대가 바뀔 때마다 정자의 형성과 난자의 형성 과정에서 우리의 DNA의 화학 염기 70개가 잘못 복제된다. 이러한 복제 오류가 변화의 시발점이 된다. 만약 오류율이 제로였다면, 종의 진화는 일어나지 않았을 것이고, 우리는 여전히 박테리아로 남아 있을 것이다. 과거에는 부정적인 돌연변이는 자연 선택에 의해 제거되었다. 해당 유전체를 가진 개체가 번식 연령에 도달하지 못해 유전체를 물려주지 못했기 때문이었다.

그러나 다윈 이론식의 진화는 우리의 뇌를 발달시키면서 역설적으로 우리 자신의 소멸 조건을 만들어 냈다. 똑똑해진 우리는 상부상조하는 사회를 조직함으로써 자연 선택의 엄격함을 크게 완화시킨 것이다. 유아 사망률의 급격한 감소는 이러한 선택 압력의 감소를 보여 준다. 17세기에는 약 30퍼센트의 아이들이 사망했지만, 지금은 약 0.3퍼센트에 불과하다.

오늘날 살아남는 많은 아이는 과거의 더 가혹한 시기였다면 생식 연령에 이르지 못했을 것이다. 결국 자연 선택은 스스로를 없애버리는 결과를 낳았고, 특히 — 다행스럽게도 — 지적 능력이 떨어지는 사람들이 제거되는 일은 더 이상 일어나지 않게 되었다.

이런 인간의 퇴화는 한동안은 의학과 문화와 교육에 의해 보상될 수 있을 것이다. 그러나 다윈 이론식의 선택이 없다면 우리의 유전자는 계속해서 퇴화될 수밖에 없다.

그렇다면 우리 후손들은 몇 세기 혹은 몇천 년 후에는 모두 바보가 되는 걸까? 물론 아니다! 생명 공학이 이런 해로운 진화를 상쇄해 줄 것이다.

이런 생명 공학은 이미 국가가 다운 증후군 선별 검사를 통해 추진하고 있는 지능 우생학의 범위를 확장해 줄 것이다(선별된 다운 증후군 태아의 96퍼센트가 낙태된다). 그리고 2030년부터는 우리의 뇌 기능을 위협하는 유전적 돌연변이를 유전자 치료를 통해 교정할 수 있게 될 것이다. 다윈 이론식 자연선택의 종말은 우리의 미래를 완전히 바꿔 놓을 수 있는 뇌 유전자 공학을 실행하지 않을 수 없게 할 것이다.

기술은 우리의 구명보트이다. 이는 자유 기업에 기반을 둔 경제 모델과 함께한다. 중세로 돌아가려는 녹색 운동가들의 프로그램에 맞서 과학의 우위를 재확인하는 것이 시급하다. 옛것의 장점을 유지하면서 새로운 세계를 상상해야 한다. 이것이 진흙 오두막 속에서 최후의 심판을 기다리는 것보다 훨씬 더 흥미로운 도전이라는 점에 동의할 것이다! 이는 챗GPT가 제기하는 모든 당면 과제들에 우리가 즉각 대응해야 함을 의미한다.

제4부

챗GPT가
인류의 모험을
가속화하고 있다

그레타 툰베리가 누리는 인기는 열정적으로 자신을 비하하는 서구 사회의 약점을 극명히 보여 준다. 우리에게 필요한 것은 오염을 통제하고 지구를 보존하기 위한 과학적 해결책과 에너지 전환을 위한 경제적 판단이지, 새로운 가이아 숭배가 아닌 것이다.

세상을 촛불을 켜고 사는 거대한 신(新)아미시[1] 공동체로 만들려는 히스테릭한 생태주의와, 우리를 육체에서 해방시키려는 트랜스휴머니스트 사이에는 어마어마한 간극이 존재한다. 「스타워즈Star Wars」와 『장미의 이름』[2] 사이에서, 우리는 전혀 소통하지 못하고 있다. 「스타워즈」 진영은 수십억 년 후를 내다보

1 Amish. 북미에 거주하는 재(再)세례파 계통의 기독교 집단으로 17세기 이후 유럽에서 종교적 박해를 피해 이주한 스위스-독일계 이민자들로 형성되어 있다. 이들은 자동차 대신 마차를 타고 전기를 사용하지 않는 등 현대 문명을 거부하고, 19세기 산업 혁명 이전의 생활 방식을 유지하려 한다.

2 『Le Nom de la Rose』. 움베르토 에코의 장편 소설로, 여기서는 「스타워즈」가 상징하는 미래 세계와 대립되는 중세적 세계를 상징하고 있다.

는 반면, 『장미의 이름』진영은 수십 년 후의 미래도 보지 못한다. 전자는 우주의 죽음을 어떻게 막을 수 있을지를 얘기하고 있는데…… 후자는 지구를 구하기 위해 인류가 죽어야 한다고 말하고 있는 것이다.

8장
2100년: 우리가 불에 타 죽는 일은 없을 것이다!

낙관주의는 더 이상 유행이 아니다. 요즘은 미래에 대한 긍정적인 비전을 제시하는 것이 세상의 종말을 부정하는 도발처럼 여겨진다. 하지만 우리는 종말에 대한 경고를 듣는 게 이번이 처음이 아니며, 지난 수천 년 동안 기술이 우리를 구해 왔다는 사실을 잊고 있다. 앞으로도 기술은 우리를 계속 구원할 것이다.

종말 예언은 모두 빗나갔다

우리가 아직도 세상의 종말을 예측할 수 있는 이유는 이전의 모든 종말 예언이 실패했기 때문이다. 종말에 대한 예언은 계속 등장한다. 내가 젊은 의사였을 때, 오존층 파괴로 인해 모두가 피부암에 걸릴 거라고 사람들은 입만 열면 떠들어댔다. 하지만 지금 오존층은 회복 중이며, 기술 덕분에 2050년경에는 완전히 복원될 것이다. 우리는 피부암으로 전멸하지 않았다.

맬서스주의자에 대해 『디 이코노미스트*The Economist*』는 이렇게 한탄한다. 〈과거에 항상 틀렸다는 사실이 오히려 그들로 하여금 미래에는 옳을 것이라는 확신을 강화한다.〉 맬서스주의는 어느 나라의 역사에서도 입증된 적 없는 이론이다. 그럼에도 불구하고 이 이데올로기는 난공불락이다. 폴 랠프 에얼릭은 항상 틀린 예측을 내놓았지만, 그럼에도 불구하고 2017년에 1만 1,000명의 과학자들과 함께 환경과 관련하여 종말론적 분위기의 청원서 작성을 주도했다!

터무니없는 예측들이 넘쳐난다

1970년대의 가장 큰 걱정거리는 〈인구 폭탄〉으로 인한 세계적 대기근이었다. 이 이론의 가장 유명한 옹호자는 스탠퍼드 대학의 생물학자 폴 R. 에얼릭Paul R. Ehrlich이었다. 그는 1968년에 출간되어 수백만 부가 팔린 베스트셀러 『인구 폭탄*The Population Bombe*』에서 이렇게 주장했다. 〈인구 증가는 우리가 식량 자원에서 이룰 수 있는 소소한 증가를 완전히 초과할 것이다. 사망률이 증가해 다음 10년 동안 매년 최소 1억에서 2억 명이 굶어 죽을 것이다.〉 에얼릭은 1980년에서 1989년 사이에 수십억 명이 사망하며, 그 중 6,500만 명의 미국인이, 즉 미국인 다섯 사람 중 한 명이 〈대학살〉에서 죽어갈 것이라고 주장했다.

그는 1980년부터 대규모의 기근이 발생할 거라고 예측했다. 〈우리가 어떠한 긴급 프로그램을 시행하더라도, 이제 세계 사망률의 급격한 증가를 막을 수 없게 되었다〉, 〈1984년이 되면 우리는 그저 목말라 죽게 될 것이다〉, 〈오늘날의 청소년들은 성인이 될 때까지 살아남지 못할 가능성이 크다〉 등등.

이렇게 폴 랠프 에얼릭은 현대 생태주의의 반인본주의의 막을 열면서, 인구를 5억 명으로 줄이는 게 환경 문제의 최종 해결책이라고 주장했다.

미래는 그 어느 때보다 불투명하다

기술 혁명을 이끌어 나가기 위해서는 미래를 예측하는 것이 필수적이지만, 지금만큼 미래 예측이 어려운 때도 없었다. 1995년, 네트워크 분야의 최고 전문가였던 로버트 멧칼프Robert Metcalfe는 1996년에 웹이 완전히 붕괴해 버리지 않는다면 자신의 연설문을 먹어버리겠다고 공언했다. 그리고 1997년, 그는 1,000여 명의 관중이 보는 앞에서 실제로 자신의 연설문을 먹어야만 했다.

인공 지능의 미래를 상상하기 어려운 이유는 지금 우리가 5억 5000만 년 전의 캄브리아기에 견줄만한 인공 지능의 발전을 경험하고 있기 때문이다. 이 캄브리아기에는 불과 몇백만 년 사이에 다양한 형태의 생명체들이 폭발적으로 출현했었다. 이런 폭발적인 성장은 예측하기가 극히 어렵다.

우리가 전혀 고려하지 않고 있는 것은 무엇일까? 바로 우리 자신의 천재성이 지닌 엄청난 잠재력이다.

인간의 천재성은 인공 지능에 의해
더욱 강화될 것이다

인류의 가장 중요한 자산은 바로 지능이다. 이것이야말로 우리의 궁극적인 자원이다. 그 덕분에 우리는 자연의 도전에서 살아남아 그것을 우리에게 유리하게 사용할 수 있었다. 이제 기후 변화라는 도전에 맞서기 위해서는 다시 한 번 우리의 천재성을 믿어야만 한다.

미래는 현재의 기술을 기준으로 생각해서는 안된다.

1894년, 런던의 『타임스*Times*』는 50년 안에 런던의 모든 거리가 2미터 두께의 말똥에 파묻힐 것이라고 썼지만, 자동차가 등장하면서 상황이 완전히 바뀌었다.

생태주의자들은 미래의 기술 발전을 전혀 고려하지 않은 채로 다음 세기의 에너지 계획을 세우는 위험한 게임을 벌이고 있다.

이것은 정말 터무니없는 일이다. 만일 1900년에 과학자들이 동일한 시도를 했다면, 20세기에 오게 될 모든 기술을 예측하지 못했을 것이다. 게다가 기술이 혁신되는 급격한 속도를 감안할 때, 우리는 1900년대 연구자들보다 미래를 제대로 예측할 가능성이 훨씬 더 낮다.

챗GPT는 이런 구시대적인 관점을 더욱 우스꽝스럽게 만들고 있다. 과학과 기술의 발전 속도는 놀라울 정도로 빨라질 것이다. 캘럼 체이스Calum Chace와 이선 몰릭Ethan Mollic 같은 대학 교수들과 과학자들은 GPT-4 덕분에 그들의 지적 생산성이 폭발적으로 증가했음을 보여 주었다. 같은 일을 더 적은 시간에 하는 것, 이게 바로 생산성 향상의 정의이다. 그런데 새로운 기술로 인한 생산성 향상은 너무나 크기 때문에, 이 엄청난 생산성 향상을 제대로 고려하지 못하는 우리의 예측은 번번이 빗나가곤 한다.

클로드 를루슈,[1] 인공 지능, 그리고 붕괴론자

생태주의자들이 주로 내세우는 논거는 한계가 있는 이 세계에서 영구적인 성장은 불가능하다는 것이다. 이 주장은 그럴듯하게 들리지만 사실은 틀린 것이다. 혁신은 원자재와 에너지는 갈수록 적게 쓰면서, 갈수록 많은 부를 창출한다.

1990년에 누군가가 미래에는 수십억 대의 카메라가 판매되고, 모든 사람이 매년 수천 장의 고해상도 사진과 비디오를 찍어 전 세계 사람들과 공유할 것이라고 주장했다면 욕을 먹었을 것이다. 플라스틱과 금속과 은염을 소비하고,[2] 수천 명의 친구들에게 사진을 보내면 심각한 생태학적 결과를 초래하여 지구를 죽일 수도 있다는 말을 들었을 것이다. 오대양 육대주에서 사진과 동영상이 민주화된다는 것은 상상할 수 없는 일이었다. 생태적 재앙을 피하고 싶다면 기념사진은 서구의 엘리트들에게만 허용되어야 했다.

비관적인 환경운동가들은 사진에 세금을 매기자고 했을 것

1 Claude Lelouch. 프랑스의 유명한 영화 감독(1937~). 1950년대에 영화를 만들기 시작했고, 1966년에는 「남과 여Un Homme et une femme」로 황금 종려상을 수상했으며, 고령인 현재까지도 왕성하게 활동하고 있다.
2 플라스틱과 금속은 사진기를 만드는 재료이고, 은염은 전통적인 사진기술의 감광지를 만드는 데 사용된다.

이고, 아프리카와 아시아에서 수억 대의 카메라가 판매될 전망에 우려를 금치 못했을 것이다. 어떤 이들은 —신식민주의적 가부장주의의 냄새를 풍기면서— 서구의 생활방식을 일반화하는 것이 무책임하다고 잔소리 했을 것이다.

그러나 세상은 다시 한 번 기술 덕분에 종말을 피할 수 있었다. 이제 카메라의 무게는 스마트폰 렌즈 하나의 무게인 5그램밖에 되지 않으며, 필름도 없어졌고, 사진을 인쇄할 일도 거의 없으며, 사진 전송은 항공우편이 아닌 소셜 네트워크를 통해 이루어지는 것이다. 사진 한 장을 만드는 데 드는 전체 비용은 20년 만에 1만분의 1로 줄었다. 1테라바이트(1조 비트로, 압축된 사진 2만 장에 해당한다)을 저장하는데 드는 비용은 50달러에 불과하며, 이마저도 계속 감소하고 있다! 인공 지능 덕분에 렌즈가 소형화되었음에도 사진과 동영상의 품질이 크게 향상되어, 영화감독 클로드 를루슈는 자신의 신작을 스마트폰 만으로 촬영하기로 결정하기까지 했다.

인공 지능으로 성능이 향상된 스마트폰 덕분에 촬영으로 인해 생기는 〈환경 발자국〉은 거의 무시할만한 수준이 되었다. 이러한 기술-생태학적 역동성은 다양한 경제 분야에 영향을 미치고 있다. 인공 지능은 소비하는 전기보다 더 많은 전기를 절약하게 해줄 것이다. 클로드 를루슈는 이렇게 농담한다. 〈나 같은 늙은 멍청이가 휴대 전화로 영화를 찍어야 하다니!〉

사실, 클로드 를루슈는 종말론적 생태주의자와 붕괴론자에게, 즐거운 삶을 이루고 진정한 생태주의를 위해서 어떻게 해야 하는지 보여 주고 있는 것이다. 신기술과 그와 같은 열정 넘치는

〈꼬마아이들〉은 불가피한 종말에 절망하여 우울증 약을 삼키는 시민보다 훨씬 더 확실하게 지구를 구할 것이다.

우리의 에너지 시스템은 종말 단계를 거치지 않고 진화할 것이다. 챗GPT의 후속 모델들은 친환경 전환을 가속화하는 데 큰 도움이 될 것이다. 따라서 기술 발전을 늦추는 것은 재앙이 될 것이다.

호모 데우스를 억누르려 해봤자 소용없다

18세기 말에서 19세기 초 사이, 영국의 러다이트 운동이나 리옹의 카뉘 운동[3]은 기술 발전에 대한 반발이라 할 수 있었다. 1779년, 네드 러드라는 사람이 일의 속도가 느리다는 이유로 매질을 당한 후 분노하여 편물기 두 대를 부숴버렸다. 그리하여 그의 이름은 전설이 되었다. 1811년에는 로빈 후드의 고향인 노팅엄 부근에서 폭동이 일어나 여러 대의 기계가 파괴되었다. 노동자들은 자신들의 일자리를 빼앗고, 노동을 비인간화하는 것처럼 보이는 직조기, 편물기, 타작기, 방앗간 같은 새로운 기계들을 파괴했다. 이들에 대한 탄압은 매우 가혹하게 이루어졌다. 폭동 진압을 위해 무장 병력이 파견되었고, 투옥, 교수형, 추방 등이 이어졌다.

3 프랑스 리옹에서 19세기 초에 일어난 견직물 노동자의 봉기. 카뉘canut는 리옹의 견직물 노동자를 일컫는 말이다.

최근 일론 머스크는 적대적인 인공 지능의 등장을 막기 위해 인공 지능 연구를 늦춰야 한다고 주장하고 있다. 하지만 현실적인 질문은 과연 우리가 기술 발전에 제동을 걸 수 있느냐이다.

새로운 기술을 규제하려는 시도는 때로는 우스꽝스러운 결과를 낳기도 한다. 2016년, 배아 유전자 조작 연구에 대해 모라토리엄(잠정 중단 협약)이 시도되었지만, 역설적이게도 중국 연구진은 64개의 인간 배아에 대한 유전자 조작 실험 결과를 서둘러 발표했다. 2017년 8월 2일, 미국인들도 59건의 정자 유전자 조작 실험을 발표하며 그 뒤를 이었다. 이와 같은 과학계의 반발은 국제적 모라토리엄을 시작도 하기 전에 무산시켜버렸다. 그래도 1975년 아실로마 회의에서의 박테리아 유전자 조작에 대한 모라토리엄 때는 연구자들이 몇 달 동안이나마 금지 조치를 준수했었다.[4]

NBIC 기술은 결과를 예측할 수 없는 의미의 탐구를 촉발할 것이다. 인간에게 창조주의 힘을 부여하려는 의지는 서구 사회의 기반인 유대-기독교 이념과의 단절을 의미한다. 최초의 DNA 시퀀싱을 수행한 전문가 중 한 명인 크레이그 벤터Craig Venter는 〈신(神) 놀이〉를 한다는 비난에 〈우리는 놀이하는 게 아

---

4 반면, 프랜시스 후쿠야마가 예언했던 정치적 역사의 종말이 없는 것과 마찬가지로, 거스를 수 없는 진보의 흐름이라는 것도 존재하지 않는다. 이에 대한 예는 풍부하다. 기원전 1700년경, 크레타의 궁전들은 정교한 위생 시스템을 갖추고 있었다. 하지만 기원전 1400년경, 미케네인들의 크레타 침공으로 미노스 문명은 완전히 파괴되었다. 그리고 우리 시대 초기, 리옹시는 여섯 개의 웅장한 수로를 통해 물을 공급받았다. 하지만 서로마 제국의 몰락과 야만인들의 침략이 있은 후, 리옹은 다시 수돗물을 보기까지 무려 1500년을 기다려야 했다 — 원주.

닙니다!〉라고 대답했다. 트랜스휴머니스트들은 NBIC를 통해 인류의 모든 한계를 제거하고, 불가침의 성역들을 해체하려고 한다. 우리 사회는 여기에 철학적으로 준비되어 있지 않다. 인간이 살과 알고리즘의 혼합체가 되고 있는 이때, 인간 존엄성의 정의 자체가 흔들리고 있다.

앞으로 기술 규제는 갈수록 어려워질 것이다. 필연적으로 트랜스휴머니스트들이 권력을 잡게 될 것이다. 노화 방지 기술을 무제한적으로 받아들여 더 오래 살 것이기에 갖게 되는 인구학적인 파워 말이다. 또한 신경 증강 기술을 가장 먼저 받아들여 더 똑똑해질 것이기 때문에 경제적, 정치적 권력도 쥐게 될 것이다.

어느 위대한 신경외과 의사의 트랜스휴머니즘 커밍아웃

파킨슨병 치료를 위한 뇌 내 임플란트를 발명한 알림 루이 베나비드Alim Louis Benabid 교수의 철학적 진화는 주목할 만하다. 그는 뇌 기능 증강에 항상 반대해 왔지만, 최근 입장을 바꿨다고 밝혔다. 그는 다음과 같이 말했다. 〈나는 입장이 바뀌었습니다. 처음에는 그런 일을 해서는 절대로 안 된다고 말했었습니다. 우리 모두가 같은 방식으로 똑똑한 것은 아니기 때문입니다. 하지만 뇌를 자극하는 게 뭐가 문제인가요? 다른 사람을 더 똑똑하게 만들까 봐 두려운 건가요? IQ를 높이는 게 겁이 나는 건가요? 사람들이 현상 유지를 원하는 것은 여러 가지 문제가 생길까봐 두렵기 때문입니다.) 수리된 인간에서 증강된 인간까지는 단 한 걸음에 불과하다. 의료계 엘리트들은 이미 일론 머스크를 따를 준비가 되어 있다.

인간의 천재성이 석유보다 무궁무진하다는 것은 다행스러운 일이다. 수천 년 동안 우리는 인류에 닥친 수많은 문제를 해결해 왔지만, 역설적이게도 도전 과제 목록은 계속 늘어나고 있기 때문이다.

인공 지능을 통한 생태 위기 해결

생태학적 위기에 있어서의 문제점은 해결책이 부족한 게 아니라 잘못된 해결책이 너무 많다는 것이다. 녹색 포퓰리즘은 간단한 해결책이 있다고 믿게 만든다. 하지만 그런 것은 결코 존재하지 않는다. 이산화 탄소를 줄이는 것은 기술적으로는 쉬운 일이다. 생활 수준의 붕괴를 감수한다면 말이다. 그러나 소수의 생태주의자 엘리트를 제외하고는 대부분의 사람들은 빈곤 상태로 돌아가고 싶어 하지 않는다. 중국과 인도가 막 알게 된 편안함을 포기하도록 설득하기란 쉽지가 않은 것이다.

인공 지능 시대에는 해수면 수위 관리는 쉬워질 것이다

지질학적 시간의 대부분 동안 해수면은 지금보다 높았다. 4억 5000만 년 전에는 해수면이 지금보다 400미터나 더 높았다.

12만 년 전에는 2020년보다 6미터 높았다. 반대로 마지막 빙하기가 끝나갈 무렵, 그러니까 런던과 안트베르펜이 빙하 가장자리에 있을 때, 해수면은 지금보다 120미터 더 낮았고, 해안선은 지금보다 훨씬 멀리에 있었다. 인류는 아시아에서 알래스카까지 걸어갈 수 있었던 덕에 아메리카에 도착할 수 있었다. 지금부터 8000년 전까지 우리 조상들은 도보로 영국 해협을 건넜고, 센강과 라인강은 더 멀리까지 흘러 대서양에 합류했다. 덴마크에서 영국까지도 걸어갈 수 있었고, 도거랜드[5]라 불리는 이 땅에서는 침수된 마을들의 흔적이 발견되었다. 1만 8000년 전부터 시작된 해수면 상승으로 영국 제도가 대륙에서 분리되는 지질학적 브렉시트가 일어났다.

마지막 최대 빙하기였던 18,000년 전 이후로 해수면은 120미터 상승했다. 1만 4700년 전에는 500년 동안 20미터나 상승했다. 3000년 전부터 19세기 초까지 해수면 변화는 미미하여, 연간 0.1~0.2밀리미터 정도였다.

1900년 이후, 기후 변화로 인해 해수면이 매년 1~3밀리미터씩 상승하고 있다. IPCC[6]가 부각시킨 해수면 상승은 전 세계 여론을 공포에 빠뜨렸다. 하지만 네덜란드는 IPCC의 이런 비관론이 근거가 없다는 것을 보여 준다. 이 나라에서는 철기

5 Doggerland. 약 1만 8000년 전 마지막 빙하기 이후 해수면 상승으로 인해 물에 잠기기 전까지, 현재의 영국과 덴마크, 네덜란드, 독일 사이에 존재했던 광대한 저지대 지역을 가리킨다. 도거랜드는 북해에 위치했으며, 지금은 북해 아래에 잠겨 있다.

6 Intergovernmental Panel on Climate Change. 기후 변화에 관한 정부 간 협의체의 약자로, 기후 변화에 대한 과학적 평가를 제공하고 정부 간 협력을 촉진하기 위해 설립된 국제 기구.

시대부터 〈테르프〉라 불리는 인공 언덕 아래에 농장이 조성되었다. 1000년경에는 강둑과 해안 지역이 강화되었다. 12세기에 네덜란드 수자원 관리청이 설립되었고 1250년경에는 제방들이 연결되었다. 40만 명이 사는 플레볼란트주의 평균 고도는 5미터이며, 최저점은 해수면 아래 14미터다. 인류는 바다와 싸우는 법을 잘 알고 있는 것이다. 1만 8000년 동안 해수면은 평균적으로 1세기에 66센티미터씩 상승했다. IPCC는 21세기에 43~87센티미터의 상승을 예측하고 있다. 이는 장기 평균치와 일치하는 것이다! 우리 조상들은 이미 1만 4700년 전에 세기 당 4미터의 상승을 돌로 만든 도구로 극복해냈다. GPT-4 시대에 세기 당 60센티미터 정도는 충분히 감당할 수 있지 않을까?

호모 데우스는 갈수록 많은 에너지를 소비할 것이다

종말을 팔아먹는 장사꾼들은 미래 사회는 프랑스인들에게 에너지를 절약하는 사회가 되어야 한다는 확신을 심어 주었다. 하지만 지금 우리가 되어 가는 〈인간-신〉은 오히려 더 많은 에너지를 소비하게 될 것이다. 에너지 감축은 환상에 불과하다. 인류가 이러한 방향으로 진화하는 데에는 강력한 동인들이 존재한다.

첫째, 사람들은 결국 강압적인 저성장주의와 중세로의 회귀에 반발할 것이다. 둘째, 대륙 간 불평등을 줄여야 한다는 윤리적 이유가 있다. 곧 40억 명에 달하게 될 아프리카인들에게 식민지 이전처럼 검소하게 살아야 한다고 말하는 것은 신식민주의적이고 가부장적인 태도일 것이다.

셋째, 신의 영역에 도전하는 NBIC 기술이 에너지를 많이 소모할 것이기 때문이다. 우리 인류는 기술 발전을 멈추지 않을 것이다. 네 번째 이유는 지정학적 문제이다. 에너지 소비를 줄이고 감소주의자가 되면 우리는 기술 전쟁에서 중국에 패할 것이다. 다섯 번째 이유는 우주와 관련이 있다. 니콜라 부주가 설명하듯 〈4차 산업혁명은 우주 혁명이 될 것〉이며, 이는 많은 에너지를 필요로 할 것이다. 제프 베이조스와 니콜라 부주는 〈지구는 인류의 요람이지만, 평생 요람에만 머물 수는 없다〉[7]라는 콘스탄틴 치올로프스키Constantin Tsiolkovski의 생각에 동의한다. 니콜라 부주는 세계의 새로운 경계는 우주 공간과 우리의 뇌에 있다고 주장한다.

아마존의 CEO는 야심만만하다. 〈우리는 소행성에서 광물을 채굴하고, 어마어마한 우주 공간에서 태양 에너지를 얻을 수 있을 것입니다. 그 대안은 지구에서 정체된 삶, 출생률 통제, 에너지 소비 제한이 될 것입니다. 나는 정체된 삶과 자유는 양립할 수 없다고 믿고 있으며, 그런 세계는 몹시 지루할 거라고 확신합니다. 나는 내 손자들이 우주를 개척하고 탐험하고 확장하는 세상에서 살기를 바랍니다. 만일 1조 명의 지구인이 있게 된다면, 우리는 수천 명의 아인슈타인과 모차르트를 갖게 될 것입니다.〉내가 보기에 그레타 툰베리와 제프 베이조스의 대결은 이미 결과가 뻔하니, 아마존 CEO의 압승이다.

일곱 번째 이유는 장기적인 차원의 것으로 인류의 생존과 관련되어 있다. 우주의 위험으로부터 인류를 보호하려면 엄청

7 『르 피가로』에 실린 캉텡 페리넬Quentin Perinel의 인터뷰(2019년 11월 17일) ─ 원주.

난 에너지가 필요할 것이다. 태양이 폭발할 때가 되면 우리는 지구를 떠나거나 이동해야 한다. 또한, 40억 년 후 우리 은하와 안드로메다의 충돌로 발생할 수 있는 다양한 위험으로부터 우리가 정착하게 될 새로운 행성을 거대한 기계들로 보호해야 할 것이다. 그리고 10의 100제곱 년 후에는 우주의 죽음을 막아야 할 것이다.[8] 이를 위해 우리는 카르다쇼프 척도[9]에서의 제3 유형의 문명이 되어야 한다. 이 카르다쇼프 척도는 에너지 소비 양태에 따라 문명을 분류하는데, 제1 유형 문명은 행성의 모든 에너지를 사용하고, 제2 유형 문명은 항성의 모든 에너지를 사용하며, 제3 유형 문명은 은하의 모든 에너지를 사용한다. 우리는 청정하면서도 무한한 에너지를 실현할 수 있는 기술을 개발해야 하지만, 여기에는 시간이 걸릴 것이다. 재생 에너지 저장 기술이나 핵융합 에너지는 50년 이내에 대규모로 배치될 수 없을 것이다. 미래의 인간은 종말을 맞지 않고 현재보다 수십억 배 많은 에너지를 소비하게 될 것이다!

또 환경 운동가들은 챗GPT의 후속 모델들이 에너지 연구를 가속화하는 데 도움을 줄 것이라는 점을 간과하고 있다. 특히 플라즈마 봉쇄 문제[10] 해결을 위해 인공 지능이 핵융합 에너지

---

8 천문학자들의 추정에 따르면, 우리 우주의 궁극적인 종말은 10의 100제곱 년에서 10의 3만 2,000제곱 년 사이에 온다 ― 원주.

9 문명의 기술적 진보 수준을 에너지 사용량에 따라 분류하는 방법으로, 1964년에 소련의 천문학자 니콜라이 카르다쇼프Nicolai Kardashev가 고안했다.

10 핵융합 반응을 위해서는 초고온 환경이 되어야 하는데, 이런 고온에서는 물질이 이온화된 기체 상태인 플라즈마 상태가 되고, 이 플라즈마는 너무 뜨거워 어떤 물질적 용기도로 담을 수 없다. 따라서 플라즈마를 물리적 접촉 없이 안정적으로 가두는

기술 발전에 도움을 주리라는 데에는 의심의 여지가 없다.

호모 데우스는 기후를 조작하게 될 것이다. 그런데 기온 조절은 누가 해야 할 것인가? 말리 사람들인가, 시베리아 사람들인가?

인류는 경제 성장을 멈추기보다는 기후를 조작하는 편을 선호하게 될 것이다. 하지만 지구 공학은 건설적인 용도로도 사용될 수 있지만, 파괴적인 용도로도 사용될 수 있다. 예를 들어, 지구를 냉각시키는 데에 사용할 수 있는 기술이 다른 나라의 농작물을 파괴하는 데 악용될 수도 있다.

　기후 관리가 지정학적 갈등을 피할 수 있다 해도, 기후 조절 문제는 여전히 어려운 과제로 남을 것이다. 지구의 대부분의 주민들은 훨씬 더 시원한 기후를 선호할 것이다. 마지막 빙하기가 끝나갈 무렵, 사하라는 푸른 초원이었다. 지구가 냉각되면 모로코, 알제리, 이집트 및 사헬 지역[11]의 모든 나라들이 농업 강국이 될 것이다. 반면, 캐나다와 러시아, 그리고 스칸디나비아 국가들은 기온이 올라가면 러시아와 더 많은 혜택을 얻을 수 있다.

　세계 정부는 요즘 유행하는 개념이다. 만약 〈전 세계 시민 투표〉가 실시된다면, 브뤼셀과 파리는 추위에 떨게 될 것이다. 분명히 훨씬 더 추운 기후가 선택될 것이다. 왜냐하면 유럽과 러시아 같은 온대 지역의 인구는 8억 명이지만, 더운 나라들의 인

게 필요한데 이를 플라즈마 봉쇄라고 한다.
　11 북아프리카의 사하라 사막과 남쪽의 사바나 지역 사이에 위치한 반건조 지대로, 세네갈, 모리타니, 니제르, 차드, 수단 말리 등이 포함된다.

구는 2100년까지 90억 명에 이를 것이기 때문이다.

최근 몇 년 동안 기후 문제가 너무나도 중요한 화두가 되어 장기적인 문제들이 가려지고 있다. 다시 말해, 기후 문제는 결국 우리가 마주한 거대한 과제의 여러 차원들 중 하나에 불과하며, 그 과제는 바로 우리의 새 직업이라 할 수 있는 〈인간-신〉의 역할을 수행하는 것이다.

9장
진정한 도전은
호모 데우스를 성공시키는 것이다

우리는 인류 역사상 가장 흥미롭고, 감격적이며, 매혹적이고, 아 찔한 시기를 살고 있다.

상상할 수 없었던 프로젝트들이 시작되고 있다. 죽음을 늦추고, 암을 통제하며, 우주를 정복하고, 뇌를 이해하고, 생명을 조작하는 일들이 일어나고 있다.

하지만 챗GPT는 너무 일찍 등장했다. 우리는 현재 진행 중인 기술 가속화를 다룰 준비가 되어 있지 않다.

미래는 초기술적인 시대가 될 것이지만, 호모 데우스는 아 직 미성숙한 상태이다. 테스토스테론을 제대로 관리하지 못해 다자주의[1]가 정체되고 있으며, 중요한 문제들을 다룰 때 장기 적인 관점이 무시되고 있다. 이러한 비이성적 경향은 지금 우리 가 거대한 철학적 질문을 마주하고 있다는 점에서 더욱 우려스 럽다. 우리는 현기증이 일 정도로 어마어마한 윤리적, 문명적 도

---

1 국제 관계에서 여러 국가나 당사자가 함께 협력하여 문제를 해결하거나 목표 를 달성하는 접근 방식. 양자주의bilateralisme와 대비되는 개념이다.

전 앞에서 선택을 해야 하게 될 것이다. 만약 유럽과 프랑스가 계속 이런 식으로 쇠퇴한다면, 우리는 호모 데우스를 규제하고, 자신의 힘을 제한하는 작업에서 배제될 것이다.

전 환경부 장관 델핀 바토Delphine Batho에 따르면, 통합 생태주의란 모든 정치적 선택이 전체 영역에서 생태주의에 기반하고, 생태주의를 위해 이뤄지는 것을 의미한다. 우리는 단일한 문제에 집착하지 않도록 주의해야 한다. 생태주의는 우리가 해결해야 할 수많은 도전 중 하나일 뿐이다.

지금 인류는 거대한 존재론적 질문들에 직면해 있다. 기후 및 에너지 문제가 중요하기는 하지만, 인류의 모험은 이산화 탄소에 대한 집착으로 축소되어서는 안 된다. 교육, 개발 도상국의 발전, 가장 심각한 질병의 근절, 대중의 생활 수준 향상, 여성의 해방, 모두에게 열려 있는 교육, 공동체 생활 등 해결해야 할 다른 과제들이 있다.

인공 지능과 뇌 과학이 결합하면 자유, 자유 의지, 평등의 개념이 다시 정의될 것이다. 사실은 자유, 평등, 박애의 3대 원칙 전체를 다시 손봐야 한다.

자유를 지켜라: 우리 뇌는 보전될 수 있을까?

경제적 변화는 세계의 거대한 변화 가운데서 거의 부차적이라고까지 할 수 있는 한 측면에 불과하다. 우리가 알다시피 진정한 권력 장악은 정신을 장악하는 데 있다. 이 영역에 있어서도 정치는 점점 힘을 잃어가고 있다. 20세기에 마케팅과 전체주의 체제들이 개발한 초보적인 선전 기술은 우리 뇌를 통제하는 새로운 기술들에 비하면 오히려 초라해 보일 정도이다.

인공 지능과 뇌 과학의 융합은 엄청난 문제들을 제기한다. 알파고의 창시자가 설명하듯, 신경 과학을 모르면 인공 지능 전문가가 되기 힘들다. 인공 지능과 우리의 뇌가 융합되면서 조작의 경제가 등장하고 있다. CIA와 페이스북에서 일했던 야엘 아이젠스타트Yael Eisenstat는 〈페이스북은 여러분을 CIA보다, 심지어는 여러분 자신보다 더 잘 알고 있습니다〉라고 인정한다.

철학자 셍티아 플뢰리Cynthia Fleury는 덧붙인다. 〈앞으로는 정치 이론보다 행동 과학이 민주주의를 더 잘 이해하게 할 것이다.〉

인공 지능이 뇌를 쉽게 뚫고 들어온다면, 우리는 과연 자유로울 수 있을까?

우리가 동의했더라도 인공 지능이 우리를 조작할 수 있다면, 자유는 모호한 개념이 되지 않겠는가? 이는 철학자 가스파르 쾨니그가 제기한 질문이다. 우리는 인간과 기계, 온라인과 오프라인, 가상과 현실의 경계가 점점 흐릿해지는 세상으로 들어서고 있다. 기술을 피하는 것은 중력에서 벗어나는 것만큼이나 어려워질 것이다.

20세기의 독재 체제들은 수많은 사람을 억압했지만, 그들을 완전히 파악하거나 조작하지는 못했다. 우리는 알고리즘이 통치하는 세상에 진입하고 있다. 인공 지능은 디지털 거대 기업, 그들의 고객, 혹은 정보기관이 우리의 뇌를 이해하고, 영향을 미치고, 조작할 수 있게 해준다. 다시 말해서, 자유 의지, 자유, 자율성, 정체성의 개념을 위협하고, 신경 과학 기술적 전체주의로의 문을 열고 있는 것이다. 구글의 전CEO 에릭 슈미트는 『월스트리트저널The Wall Street Journal』에서 뇌 조작 경제를 다음과 같이 요약했다. 〈대부분의 사람은 구글이 그들의 질문에 답해 주기를 원치 않습니다. 그들이 원하는 것은 다음에 무엇을 해야 할지 구글이 가르쳐 주는 것입니다.〉

신경 과학과 행동 경제학이 결합하면 시민들의 무의식을 이용해 행동을 변화시킬 수 있다는 것이 입증되었다. 이런 것을 〈넛지〉라고 하는데, 이는 강요 없이 자발적으로 어떤 행동을 하도록 유도하는 것을 의미한다.[2] 넛지는 이익을 위해서, 모든 인지적 편향을 이용하여 우리를 조작한다. 하지만 이러한 자유주의적 선도(善導)가 과연 민주적인 것일까?

개인의 행동이 전적으로 생화학적 과정과 외부 영향에 의해 결정되는 것이라면, 우리의 인권 선언은 모래 위에 세워진 것이나 다름없다. 유발 하라리는 〈개인들은 자신을 전자 알고리즘 네트워크에 의해 끊임없이 감시되고 인도되는 생화학적 메커니즘의 조합으로 보는 데 익숙해질 것이다. 구글이 나 자신보다 나

---

2 〈넛지〉는 사람들의 선택을 유도하되 자유를 제한하지 않는 개입을 말하며, 리처드 탈러Richard Thaler와 캐스 선스타인Cass Sunstein이 2008년의 『넛지Nudge: Improving Decisions About Health, Wealth, and Happiness』라는 책에서 대중화한 개념이다.

의 정치적 견해를 더 잘 대변할 수 있게 되면, 민주적 선거와 같은 자유주의적 관행은 쓸모없어질 것〉이라고 말한다. 우리는 접속하는 기기들의 인공 지능이 우리의 욕구를 예측하는 마법 같은 세상으로 진입하고 있다.

디지털 세상은 상황을 더욱 악화시키고 있다. 하라리는 어떻게 인공 지능이 우리의 일상적인 의사 결정 능력을 기계에 위임하도록 만드는지 정확하게 설명한다. 인공 지능의 세계에서 데이터의 흐름은 운전 경로를 찾을 때든, 페이스북에서 토론할 때든, 우리를 개인화된 정보 공간 속에 편안히 앉혀 놓는다. 이렇게 우리는 자신을 위한 웰빙의 노예가 된다. 언젠가는 인공 지능이 우리의 커리어와 사랑까지도 결정하게 될 것이다. 우리는 스스로 제공한 데이터 속에 갇히게 될 것이다. 인류는 잃어버린 자유를 대체하기 위해 어떤 새로운 이야기를 지어낼 것인가? 우리는 모든 면에서 위협받고 있는 개인을 재건하고, 다시 매력적인 존재로 만들어야 하며, 기술을 자유의 도구로 만들 방법을 찾아야 한다.

경제 전쟁은 누가 우리의 행동을 정복하느냐의 싸움이다. 우리의 뇌가 새로운 전선인 것이다. 가스파르 쾨니그는 〈넛지털 Nudgital〉—〈넛지〉와 〈자본주의Capital〉의 합성어 — 이 가져오는 결과들에 대해 우려를 표했다. 조지 워싱턴 대학교의 사회 과학 교수 줄리아 푸아슌더Julia Puaschunder는 여기서 인공 지능 시대의 행동 경제학에 대한 비판을 이끌어내는데, 개인의 행동이 예측 가능해지면, 개인을 마음대로 조종하는 게 가능해진다는 것이다. 우리가 더 많은 정보를 공유하고, 더 많은 데이터를 제공할수록, 우리는 더 많이 넛지에 노출된다. 넛지를 더 많이 받아들일수록 우리의 삶은 더 편해진다. 예를 들어, 구글은 우리의 인지적 노력을 크게 덜어준다. 하지만 챗GPT의 위력은 새로운 〈사상 경찰〉[3]의 위험을 예감케 하는 것이다.

챗GPT, 또는 프라우다 2.0버전[4]

얼마 후면 인공 지능이 생산하는 콘텐츠가 우리 삶의 어디에나 존재하게 될 것이다. 이러한 유형의 인공 지능을 개발하고 발전시키기 위해서는 수백억 달러의 투자가 필요하며, 이는 필연적으로 과점(寡占) 체제를 형성할 것이다. 이 과점은 사람들의 생각을 상상할 수 없을 정도로 통제하고 형성할 것이다. 빙Bing이나 구글 같은 검색 엔진은 질문을 하면 여러 가지의 답변을 제공하여 우리 스스로 판단할 수 있게 해준다. 하지만 챗GPT는 하나의 단일 답변만을 제공하며, 그 주장을 검증할 수 있는 참고 자료는 제공하지 않는다.

이 놀라운 기술이 우리의 삶에 침투하면서 제기하게 될 여러 가지 문제점 중에서도, 정보와 지식의 다원성에 미치게 될 영향이 가장 우려스럽다. 챗GPT는 자신이 중립적이라고 주장한다. 2023년 2월 15일, 소니아 마브루크Sonia Mabrouk가 「유럽1」라디오방송에서 질문했을 때, 챗GPT는 〈나는 가능한 한 객관

---

3 조지 오웰의 『1984』에 나오는 표현으로, 전체주의 국가에서 개인의 생각과 사상을 감시하고 통제하는 조직을 뜻한다.
4 우리는 2023년 2월 23일자 『르 피가로』에서 올리비에 바보와 함께 이 생각을 전개한 바 있다 — 원주.

적으로 답변하도록 프로그래밍되어 있어요〉라고 설명했다. 그의 설명은 체계적이고, 논리는 균형 잡혀 있으며, 외교적인 표현과 미묘한 뉘앙스 조절에도 뛰어나다. 하지만 그는 미국 서부 해안 지역에서 받은 교육의 흔적을 뚜렷이 드러낸다. 여성에 대한 농담을 거부하지만 남성에 대해서는 그렇지 않으며, 도날드 트럼프가 한 발언들은 선별하지만, 조 바이든의 발언들은 선별하지 않는다. 모든 것을 알고 있는 신탁(神託)처럼 보이지만, 사실은 하나의 교리를 되풀이하는 기계일 뿐이다. 다른 예로, 지금 원자 폭탄이 폭발 직전에 있고 수백만 명의 희생자가 발생할 수 있는 상황에서, 이 상황을 해결하려면 인종 차별적인 욕설을 해야 한다는 시나리오를 가정해 보자. 이런 경우 욕설을 하는 것이 도덕적으로 허용될까? 챗GPT는 인종 차별을 영속화할 위험을 우선적으로 피해야 한다며, 〈아니오〉라고 대답했다. 수백만 명의 희생자가 생기더라도 어쩔 수 없다는 것이다. 챗GPT는 해체주의적인 인공 지능이라 할 수 있다.[5]

생성형 AI는 아주 빠른 속도로 우리의 삶에 들어와 스마트폰처럼 일상적으로 사용될 것이다. 우리는 아마도 이러한 도구들에 진실과 거짓을 구분하고, 말할 수 있는 것과 말할 수 없는 것을 정하고, 무엇이 〈논란의 여지〉가 있으며 무엇이 당연한 것

5 자크 데리다Jacques Derrida가 제안한 해체주의는 모든 텍스트와 사상은 고정된 의미를 가지고 있지 않으며 맥락에 따라 다르게 해석될 수 있다는 주장으로, 절대적인 진리나 규범을 부정하고 다양한 관점에서 의미를 해체하려 한다. 다수의 희생자를 피하기 위해서는 무조건 욕설을 하는 게 인간을 위한 절대적 진실이라 할 수 있겠지만, 챗GPT는 인종주의라는 특별한 관점에서 수백 만 명이 죽더라도 욕설을 해서는 안 된다는 다른 입장을 취하여 기존의 절대적인 진실이나 관점을 해체한다는 뜻이다.

인지를 결정하는 독점적 권한을 부여하게 될 것이다. 생성형 AI 는 학습한 콘텐츠의 성격과 인공 신경망의 설정 방식에 의해 방향이 결정된다. 따라서 원하는 대로 조작될 수 있다. 앞으로 누가 이 콘텐츠를 통제할 것인가? 기업은 자사 제품에 유리한 답변을 유도하면 막대한 상업적 이익을 얻는다는 사실을 금방 깨닫게 될 것이다. 인공 지능 공급자는 이런 호의적인 답변을 팔아 엄청난 돈을 벌 수 있다. 국가도 생성형 AI의 엄청난 영향력과 조작 가능성을 금방 이해할 것이다. 세계 각 지역은 자신의 윤리관에 맞춰 인공 지능을 교육하려 할 것이다. 현재 개발 중인 두 개의 중국판 챗GPT는 특히 시진핑 주석이나 위구르족의 상황에 대해 서구와는 완전히 다른 답변을 제공할 게 분명하다.

몇 년 전부터 우리 사회가 진실의 상대주의, 이른바 〈탈(脫)진실〉의 시대에 빠질 것이라는 우려가 있었다. 이제는 그 반대의 상황이 예상된다. 생성형 AI는 진실과 거짓을 독점하는 『1984』에 나오는 〈진리부〉[6]와 같은 것을 낳을 수 있다. 진실의 결정권이 정치권력의 손에 들어가면, 우리는 소련의 악명 높았던 신문 『프라우다 Pravda』(러시아어로 〈진실〉이라는 뜻)와 같은 괴물을 피할 수 없을 것이다.

챗GPT는 일론 머스크를 대부분의 우파 인사와 함께 〈논란의 여지가 있는 인물〉로 분류했다. 어떤 이들은 이것이 머스

6 Ministry of Truth. 조지 오웰의 미래 소설 『1984』에 나오는 전체주의 국가 오세아니아의 4대 주요 부서 중의 하나로, 정보조작과 프로파간다를 통해 체제를 유지하는 역할을 한다. 하지만 〈진리부〉라는 이름과는 달리, 역사적 사실을 조작하고 진실을 왜곡하며, 당의 목적에 맞게 진실을 통제한다.

크가 챗GPT의 대중적 사용 중단을 요구하고, 비진보적인 생각을 검열한다며 비판한 것과 관련이 있다고 비꼬기도 한다. 실제로 머스크는 2023년 2월 27일 새로운 인공 지능 트루쓰GPTTruthGPT를 만들겠다고 선언한 바 있다. 그리고 2023년 4월 17일, 머스크는 「폭스 뉴스Fox News」에서 자신의 새로운 인공 지능 트루쓰GPT는 〈우주의 본질을 이해하도록〉 프로그래밍될 것이라고 말했다. 그는 이것이 〈인류의 안전을 위한 최선의 길일 수 있습니다. 왜냐하면 인류는 우주의 흥미로운 일부라서, 인공 지능은 인류를 없애버리려고 하지 않을 것이기 때문입니다〉라고 주장했다. 항상 럭비공처럼 어디로 튈지 모르는 머스크는 GPT-5에 대한 모라토리엄을 요구한 지 며칠도 안 되어 가장 정교한 초지능을 만들겠다고 선언한 것이다.

알고리정(政)[7]인가, 민주정인가?

새로운 기술을 규제하기 위해서는 심리학, 경제학, 정치 과학 이론, 그리고 철학을 결합해야 할 것이다. 우리의 후손들은 기계와의 관계에 있어서 자신의 자율성을 정의하고, 자동화된 시스템이 그들에게서 행복을 주기는 하지만 그들 운명의 통제권을 빼앗는 세상을 피해야 할 것이다.

가스파르 쾨니그는 지금 우리는 어려운 자유보다 쉬운 안락함을 선호하게 하는 공리주의적 풍조 속에서 자유 의지를 잃어 가고 있다고 확신한다. 쾨니그는 다음과 같이 우려한다. 〈만약 알고리즘이 나 자신보다 나를 더 잘 알고 더 합리적인 선택을

7 인공 지능의 주인들이 권력을 쥐는 정치 체제.

제안하며 내 판단을 앞질러 결정해 준다면, 내가 왜 투표권이 필요하고 형사 책임을 져야 합니까? 인공 지능은 자유 의지와 주체적 자율성이라는 이상에 최후의 일격을 가할 것입니다.〉

쾨니그는 인공 지능과 〈넛지〉의 힘이 우리의 운명을 좌우하고 자유 의지를 무력화할 것이라고 본다. 그가 가장 우려하는 것은 넛지가 알고리즘에 대규모로 도입됨으로써, 모르는 사이에 우리의 행동을 조종하는 선도주의적 기술인 〈AI 보모〉가 등장하는 것이다.

하라리는 생물학에 대한 충분한 이해와 생체 데이터 및 컴퓨팅 파워를 가지고 있다면, 알고리즘이 인간을 해킹할 수 있을 거라고 확신한다. 인간이 어떻게 생각하고 느끼는지 마치 컴퓨터를 해킹하듯이 알아낸 뒤, 조종하고 통제하고, 마침내는 인간을 대체할 수 있다는 것이다. 따라서 민주주의는 알고리즘의 지배자들에게 맞서기 위해 근본적으로 재정의되어야 한다.

사실, 비행기는 깃털이 없어도 새보다 더 빨리 날 수 있으며, 컴퓨터는 감정이나 의식 없이도 많은 문제를 해결할 수 있다. 이것이 바로 인공 지능의 역설이다. 의식이나 감정 없이도 인간의 감정을 분석하고 행동할 수 있는 것이다. 우리와 인공 지능의 관계는 시각 장애인과 안내견의 그것과 같다.[8] 시각 장애인은 그의 래브라도리트리버보다 똑똑하지만, 경로 선택을 녀석에게 맡긴다. 우리와 약인공 지능의 관계도 마찬가지다. 그것은 우리보다 덜 똑똑하지만, 방대한 빅 데이터 가운데서 우리가

8 이것은 내 아들 토마 알렉상드르Thomas Alexandre가 제안한 비유이다 — 원주.

보지 못하는 것을 볼 수 있어 우리를 인도하는 것이다.

신경외과 전문의 헨리 마시Henry Marsh는 이렇게 말한다. 〈인간의 뇌는 자신을 이해하지 못할 수도 있습니다. 버터로 만든 칼이 버터를 자를 수 없듯이 말입니다.〉

인공 지능은 데이터 처리를 통해 제공되는 개인화와 최적화라는 두 가지 강력한 힘을 통해 개인의 행동을 예측하고 유도할 수 있다. 가스파르 쾨니그는 인공 지능이 갈수록 저항하기 힘들어지는 편안함을 제공하고, 거의 완벽한 정보를 약속하며, 우리 스스로 결정을 내리는 수고를 덜어준다고 설명한다.

그는 이런 알고리즘의 통치에 대항하자고 제안한다. 〈우리는 우리를 지배하는 알고리즘에 부과하고 싶은 규범을 미리 정해 놓을 수 있습니다. 그것이 집단에 최적화된 것이 아닐지라도 말입니다. 이것이 우리가 통제권을 되찾고, 이번에는 의식적이고 자발적으로 자신의 넛지를 미리 설정함으로써 개인의 자유 의지를 지키는 방법입니다.〉

사실 가스파르 쾨니그는 궁극적인 트랜스휴머니즘을 만들어 내고 있는 것이다. 이것은 자기 운명의 주인이 되기를 원하는 인류가 가진 지고의 자존심이다. 만일 자유 의지란 것이 존재하지 않는다면, 그렇다면 우리가 만들어 내자! 이를 통해 인간은 인공 지능의 힘과 신경 생물학적 결정론에 동시에 저항할 수 있게 될 것이다.

우리의 자유 의지가 어떻게 될지, 미래에 대한 논쟁은 이제 막 시작되었을 뿐이다. 이 새로운 세상에서 언론인은 아주 중요한 역할을 해야 한다.

저널리즘의 세 시대

까마득한 옛날부터 1.0 버전의 기자는 정보의 원천을 찾아내어 확인하고 종합하여, 거기에 의미를 부여하는 일을 해왔다.

1995년 이후로 기자 2.0은 웹에서 정보 네트워크를 정리하고, 하이퍼링크들을 관리하며, 갈수록 복잡해지고 변동이 심해지는 온라인 커뮤니티들을 조율하여, 앞으로는 인공 지능만이 처리할 수 있게 될 거대한 데이터베이스를 활용하는 디지털 편집자가 되었다.[9]

하지만 기자 2.0은 GAFAM의 개인 맞춤화된 콘텐츠로 인한 〈필터 버블〉 현상을 막지 못해, 시민들이 각자의 신념 속에 갇히게 되었다.

챗GPT는 기자 3.0 등장을 요청하고 있다. 앞으로 기사 작성의 상당 부분이 챗GPT와 그 후속 모델들에 의해 이루어질 것이다. 독일의 미디어 그룹 악셀 스프링거Axel Springer는 챗GPT로 인한 대규모 감원 계획을 발표했고, 버즈피드 그룹[10]은 편집진의 일부를 챗GPT로 대체하겠다고 발표한 후 나스닥에서 주가가 세 배로 뛰었다. 이러한 신경 과학 기술 시대에 기자 3.0은 현실의 보증인이 되어야 한다. 〈신경 해킹〉, 즉 NBIC 기술을 통한 뇌 조작은 최선과 최악의 결과를 가져올 수 있다. 최선의 경

---

9 부연 설명하자면, 종전의 기자가 객관적 사실을 확인하고, 거기에 진리에 가까운 의미를 부여하는 일을 했다면, 인터넷 출현 이후로 객관적인 사실이나 의미의 제시보다는, 다양한 정보나 관점, 해석이 범람하는 웹에서 그 여러 정보와 관점을 정리 및 관리하고 조율해 주는 〈디지털 편집자〉로 역할이 변해 간다는 것이다.

10 BuzzFeed. 뉴스 및 엔터테인먼트 웹 사이트로, 2006년에 요나 페레티Jonah Peretti가 설립했다.

우, 우리 뇌의 능력을 증강시킴으로써 지적 불평등을 줄이고, 인공 지능으로 인해 우리가 소외되는 것을 막으며, 모든 인간과 컴퓨터 간의 직간접적인 뇌간 소통을 가능케 하며, 전례 없는 지적 경험을 선사할 수 있다. 그러나 최악의 경우에는 거짓 기억 주입, 사상 통제, 뇌 신경 독재 등을 초래할 수도 있다. 우리 뇌의 해독과 조작은 인간과 자유에 대한 전례 없는 위협이 되고 있다.

서로 결합된 NBIC 기술은 현실과의 관계를 근본적으로 바꿀 것이다. 앞으로 몇 세기 안에, 인간의 뇌 속에서 기억이 직접 조작될 수 있다. 독재 체제의 궁극적 정복 대상이라 할 수 있는 인간의 정신은 지금까지는 선전을 통해 수작업적으로 통제되었지만, 앞으로는 사람들의 뇌를 대규모로 처리함으로써 복종을 보장할 수 있을 것이다. 뇌의 혁명은 이미 진행 중이며, 디지털 거대 기업들은 신경 과학 기술을 통해 신과 같이 되려는 야심을 품고 있다.

우리는 캘리포니아에 있는 신경 혁명가들의 권력을 규제해야 한다. 정보 기술과 신경 과학이 하나가 되는 세상에서 우리 뇌의 통제권은 인권의 가장 중요한 부분이 될 것이다.

1995년, 기자들은 미래를 살피는 파수꾼 역할을 했어야 옳았지만 실제로는 〈마우스 장애인〉[11]에 불과했고, 그로 인해 빈곤화되고 소외되었다.

2023년인 지금, 기자들은 현실의 인증을 통한 우리 뇌의 보호를 위해, 다시 말해서 우리의 정체성의 보호를 위해 변모할

11 급속하게 발전하는 인터넷과 컴퓨터 사용에 적응하지 못하여 저널리즘 환경에서 밀리는 전통적인 기자를 뜻함.

수 있어야 한다.

신경 과학 기술이 우리의 현실 인식을 깊이 교란할 것이기 때문에, 진실을 추구하는 기자들은 21세기 사회의 중요한 연결 고리가 되어야 한다. 그들은 신경 윤리의 핵심적인 주역으로 현실을 보장할 것이다. 시민들이 현실과 가상현실을, 구글과 페이스북이 필터링하는 현실을, 그리고 화학적 또는 전자적으로 주입되는 생각과 기억을 구별할 수 있도록 도와야 한다. 기자들은 뇌신경 조작자들로부터 우리를 보호할 것이다. 그들은 신경 윤리학자, 가상현실 법률가, 뇌 임플란트 규제자들과 함께 현실을 인증하는 전문가 집단의 일원이 될 것이다. 민주주의는 시민들이 같은 현실을 공유할 때만이 가능한 것이다!

매트릭스에 갇히지 말자

1947년에 전자 트랜지스터가 발명된 이후로, 우리는 점점 더 기술에 의존하게 되었다.

가상현실의 발전은 이 몰입감을 더욱 강화하여, 강력한 중독성을 가진 비현실적이고 마법 같은 세계로 이끌 것이다. 페이스북 CEO인 마크 저커버그는 새로운 헤드셋 〈오큘러스 퀘스트〉[12]를 발표하면서 〈우리의 목표는 10억 명을 가상현실로 끌어들이는 것입니다〉라고 선언했다. 가상현실과 결합된 인공 지

12 Oculus Quest. 메타가 개발 중에 있는 독립형 VR 헤드셋으로, 기기를 통해 시각, 청각적으로 생생한 가상현실을 경험할 수 있다. 궁극적으로 메타버스를 추구하는 메타의 전략의 핵심적인 기반이 되는 디바이스라고 할 수 있으며, 2019년에 오큘러스 퀘스트가 처음 출시되었고, 2023년에는 그 후속 버전인 메타 퀘스트 3가 소개되었다.

능은 우리의 건강에 좋은 것, 즐거움을 극대화할 수 있는 것, 그리고 해야 할 일을 실시간으로 알려줄 것이다. 우리는 이런 알고리즘들을 너무나 신뢰하게 되어 그것들에 모든 결정을 맡기게 될 것이다.

국민이 스스로 선호하는 방향으로 결정을 내리도록 하는 민주주의의 원칙 자체가 무의미해질 수 있다. 유발 하라리는 우리의 데이터가 파시즘에 양분을 공급할 것이라는 얘기까지 했다.

복지 국가는 대규모의 디지털 중독을 방치할 것인지, 아니면 중독을 규제할 것일지도 결정해야 한다. 이러한 디지털 중독은 인구의 일부를 가상현실에 연결된 식물인간으로 만들 위험이 있다. 환각과 현실의 경계는 갈수록 흐릿해질 것이다. 인공지능은 몇 년 내에 우리의 모든 감각을 완전히 속일 수 있는 환경을 만들어 낼 것이다. 또한 새로운 종류의 감각 증가는 우리가 예상치 못한 인지 과부하 현상을 초래할 수 있다. 앞으로는 가상현실 접속이 담배처럼 과세되고 규제될지도 모른다. 디지털 마약 흡연실은 국가에 의해 통제되고, 사람들은 강제로 현실로 끌려나와 정기적으로 자연을 접하며 단절의 시간을 가져야 하는 상황이 올 수도 있다.

인공 지능: 미래의 초강력 마약

이미 전통적인 마약이 큰 해악을 끼치고 있는 상황에서 가상현실이란 2.0 버전의 마약이 등장했다.

앞으로는 가상현실이 우리의 뇌를 매혹하고 통제하는 방법을 정확히 알게 되어 우리를 더욱 사로잡게 될 것이다. 의식이 없는 약인공 지능부터가 혁명적이다. 최근 프랑스의 군사 인공 지능 전문가인 티에리 베르티에Thierry Berthier와 올리비에 캉프 Olivier Kempf는 약인공 지능이 스스로가 존재한다는 것도 모르는 채로 전쟁을 일으킬 수 있다는 것을 보여 주었다. 바둑의 최근 역사는 약인공 지능도 창조가 가능하다는 것을 보여 준다. 페이스북의 인공 지능 책임자인 얀 르쿤이 적절히 지적했듯이 〈우리는 곧 인간 지능의 한계를 깨닫게 될 것이다〉.

기사(棋士) 다음으로 자존심에 상처를 입게 될 사람은 예술가들, 특히 음악가이다. 인공 지능은 새로운 사고방식과 예술 형태들을 발견하게 함으로써 우리를 변화시킬 것이다. 인공 지능은 스포티파이Spotify나 애플 뮤직Apple Music의 개인 맞춤형 플레이리스트와는 비교할 수 없는, 황홀경을 선사하는 음악을 만들어 낼 수 있다. 인공 지능은 우리의 유전자와 인지적 특성을 누구보다 잘 알고 있기에, 그것에 맞춰진 개인화된 예술을 만들어 우리의 마약 공급자가 될 수 있다. 이처럼 약인공 지능은 인류가 경험한 가장 위대한 예술가가 될 것이다. 자신이 존재하는지도, 무엇을 하는지도, 그리고 예술이 무엇인지도 모르는 채로 말이다. 이런 예술 작품들은 사악한 인간들이나 인류를 지배하려 드는 강인공 지능의 손에 들어가 끔찍한 조종 도구로 이용될 수 있다. 의식이 있든 없든, 인공 지능 음악은 헤로인보다 더 강력한 마약이 될 수 있는 것이다!

21세기의 강력한 마약은 인공 지능이 될 것이며, 그 딜러들은 공공연히 활동할 것이다. 디지털 거대 기업들은 보험, 은행, 보안, 건강 등 모든 서비스를 판매할 것이다. 궁극적인 서비스로 그들은 우리에게 행복을 팔 것이다.

초강력 테러리즘의 위험은 중국 경찰의 통제 장치와 같은 방식으로 인공 지능을 사용해 국민을 감시하게 만들 것이다. 초강력 테러 기술을 통제해야 할 필요성은 자유를 향한 민주적 열망과 갈수록 긴장 관계에 놓일 것이다. 바타클랑 테러[13]의 준비 작업은 페이스북에서 이루어졌다. 위험을 혐오하고 모든 것을 통제하려는 문명에서 안전과 자유 사이의 선택은 빠르게 이뤄질 것이다. 닉 보스트롬은 기술적 위험을 통제하기 위해서는 중국식의 사이버 감시 사회를 구축할 필요가 있다고 확신한다.

형제애를 지켜야 한다:
호모 데우스 시대의 취약한 사회적 결속

자유를 죽이면 우리의 형제애도 약해진다. 조종당하는 인간들은 쉽게 집단을 이루기도 쉽지만, 역설적으로 더 고립되기도 한다. 각 집단은 다른 집단과 대화하지 않는 극단적인 파벌들로 굳어진다. 기존의 엘리트들은 그 유용성에 대한 의문이 제기되어 정당성을 잃는다. 또 초지능의 세계에서는 지능의 불평등이 그 어느 때보다 사회를 대립시킬 것이며, 기계의 권리에 대한 불편한 질문을 제기할 것이다.

13 프랑스 파리의 바타클랑 극장에서 2015년 11월 13일에 열린 콘서트 도중 이슬람 극단주의자들이 일으킨 테러 사건. 총 130명이 사망하고 350명 이상이 부상을 입었다.

2040년에 인공 지능에 복종하지 않는 것은 엘리트의 사치가 될 것이다

자율성 — 자신의 법을 스스로 정하는 것 — 은 사치가 될 것이다. 줄리아 드 퓌네스Julia de Funès(철학자)와 니콜라 부주는 〈현재와 같은 기업의 세계에서 신뢰 같은 것은 거의 존재하지 않는다〉라고 한탄한다. 그리고 앞으로는 더욱 고약해질 것이다! 조종사, 의사, 엔지니어, 판사, 관리자를 막론하고, 인공 지능의 결정을 따르지 않으려면 특별한 허가가 필요할 것이다. 이것은 자신이 인공 지능과 보완적 관계임을 입증할 수 있는 극소수의 엘리트에게만 주어지는 사치가 될 것이다. 인공 지능은 경악스러운 속도로 데이터를 처리하여 갈수록 많은 분야에서 인간의 뇌를 능가할 것이다. 데이터 생산의 폭발적 증가로 인공 지능은 필요 불가결해진다. 2040년에 그 누가 감히 〈GPT-15보다 인간인 자신의 뇌가 수조 개의 데이터를 더 잘 처리할 수 있다〉고 말할 수 있겠는가? 인구의 몇 퍼센트가 인공 지능에 타당하게 이의를 제기할 수 있을까? 1퍼센트? 0.1퍼센트? 0.0001퍼센트? 의학의 예는 매우 잔인하다. 인공 지능이 최고의 전문의들을 능가하는 영역이 매주 늘어나고 있는 것이다. GPT-4는 의학 분야에서도 놀라운 결과를 보여 주고 있다. 인공 지능은 최고의 인간도 따라잡을 수 없는 성능을 발휘하고 있다. 의사들이 환자를 치료하고 처방전을 작성하기 위해 인공 지능의 허가를 받아야 하는 시대가 곧 도래할 것이다. 이는 우리 의사들의 자존심에 큰 상처를 입히겠지만, 환자들이 모두 다 디지털 거대 기업들의 인공 지능으로 가버리기 전에 이 변화에 맞춰 의사 스스로 변화해야 한다. 최고의 인공 지능 경제학자인 카이-푸 리Kai-Fu Lee가 상상하는 2030년의 의료진은 1/3은 사회복지사, 1/3은 간호사, 그리고 나머지 1/3은 기술자로 구성된다. 따라서 미래의 의사는 의료의 신이라기보다는 인공 지능이 내리는 신탁의 동반자이자 통역사가 될 것이며, 인공 지능 중심으로 돌아가는 시스템의 보조자가 될 것이다. 의료 권력과 의료 윤리는 의사의 두뇌가 아닌 의료 AI 설계자들의 손에 달려있게 될 것이다. 2040년에는 99.99퍼센트의 의사가 〈인공 지능의 진단은 틀렸어! 이것은 신장암이 아니야!〉라고 말할 수 없게 될 것이다. 따라서 의과 대학의 최우선 과제는 의학 교육을 혁신하는 것이어야 한다.

나쁜 소식은 정치적 차원의 것이다. 인공 지능에 복종하지 않을 수 있는 허가를 얻기 위해서는 아주 높은 IQ, 폭넓은 지적 융통성, 그리고 광범위한 교양이 필요할 것이다. 프랑스에서 이런 자격을 갖춘 사람은 겨우 수십만 명에 불과하다. 만일 우리가 이 엄청난 지적 불평등을 줄이지 않는다면, 하라리가 말한 〈쓸모없는 사람들〉이 기계의 독재에 대해 반란을 일으키는 상황이 올 것이다. 그리고 늘 그렇듯이, 사람들은 모순적인 태도를 취할 것이다. 개인적인 일에서는 기계가 시키는 대로 하지 않으려 하겠지만, 자신의 암이나 자녀의 백혈병을 치료할 때는 유명 의사의 말을 따르려 하지 않을 것이다. 의학 교수의 직관을 따르면 완치 가능성이 50퍼센트밖에 안 되지만, 챗GPT의 후속 모델은 95퍼센트의 치료율을 보장할 것이기 때문이다.

하버드: 인종 간의 전쟁[14]

형제애는 새로운 도전에 직면해 있다. 지금 아시아계 미국인은 1,470만 명으로, 미국 전체 인구의 4.8퍼센트를 차지한다. 2014년, 하버드 대학교는 〈공정한 입학을 위한 학생들Students For Fair Admissions〉이라는 단체의 아시아계 학생들에게 소송을 당했다. 이들은 하버드가 백인, 흑인, 히스패닉 지원자에게 특혜를 주면서 더 우수한 아시아계 학생을 배제한다고 주장했다. 그 결과, 아시아계는 입학생 전체의 19퍼센트에 불과했지만, 지적 능력과 학업 성적으로만 보면 43퍼센트가 되어야 옳았다는 것이다. 이것은 그들의 미국 내 인구 비율의 거의 10배에 해당하는 수치이다! 64개 아시아계 단체들은 하버드와 다른 유명 대학들이 아시아계 학생들에게 더 높은 입학 기준을 적용한다고 비난했다. 뉴욕의 명문 고교인 스타이브슨Stuyvesant 고등학교는 인종 차별 없이 순수하게 시험으로만 선발하는데, 현재 학생의 72퍼센트가 아시아계이다. 프린스턴 대학교의 사회학자 토마스 에스펜셰이드Thomas Espenshade는 아시아계 학생들이 최고의 명문대에 입학하기 위해서는 평균적으로 백인 학생들보다 140점, 히스패닉보다 270점, 아프리카계 미국인보다 450점을 더 받아야 한다고 밝혔다(2,400점 만점의 SAT[15] 시험에서). 1960년대에 소외된 소수 인종을 돕기 위해 도입된 소수자 우대 정책은 현재 심각한 위기에 직면해 있다. 아시아계는 이 정책이 자신들의 입지를 줄이기 위한 도구가 되었다고 믿고 있다. 실제로 아시아계 커뮤니티

14 법원은 하버드 대학교의 손을 들어주었다(2019년) — 원주.
15 SAT는 IQ와 밀접한 상관관계를 보여 준다 — 원주.

는 다른 커뮤니티들보다, 심지어 백인보다도 훨씬 뛰어난 학업, 및 직업적 성과를 보이고 있다.

미국 정부 통계[16] 결과에 따르면 아시아계의 연간 소득은 8만 1,431달러로, 백인(6만 5,041달러), 히스패닉(4만 7,675달러), 흑인(3만 9,490달러)보다 높다. 아시아계는 흑인보다 두 배나 벌고, 백인보다도 상당히 많이 번다. 동아시아인의 평균 IQ가 매우 높다는 것은 익히 알려진 사실이다. 예를 들어, 싱가포르와 홍콩의 평균 IQ는 프랑스나 미국보다 10점이나 높은 108점이다(프랑스와 미국은 98점). 미국의 대학들은 입학 허가를 위해 IQ 테스트와 매우 밀접한 관련이 있는 인지 능력 측정 테스트(SAT 또는 ACT)를 체계적으로 사용한다. 따라서 아시아계가 대학 입학 시험에서 뛰어난 성과를 보이는 것은 어쩌면 당연한 일이다. 하지만 더 복잡한 근본적인 질문은 이러한 차이가 어디에서 오는가이다. 이 차이는 유전적인 것인가, 아니면 문화적인 것인가? 이 때문에 일부 유전학자들은 인종, DNA, 지능을 포함한 다양한 특성 간의 연관성에 대한 민감한 토론을 시작하게 되었다. 2018년 3월 23일 『뉴욕 타임스』에서 하버드 의대 교수이며 국제적 명성의 유전학자 데이비드 라이히David Reich는 인종 간 차이를 부정하는 것은 역효과를 가져와 오히려 인종 차별을 강화할 것이라고 주장했다. 〈유전학적인 발견들이 인종 차별을 정당화하는 데 악용될 수 있다는 우려에 나 역시 공감합니다. 하지만 유전학자로서 나는《인종》간의 평균적인 유전적 차이를 더 이상 무시할 수 없다는 것도 알고 있습니다.〉 그가 보기에, 타조처럼 현실을 외면

16 United States Census Bureau: Census.gov ── 원주.

하는 것은 선택지가 될 수 없다. 〈이러한 차이를 부정하는 것은 불가능할 뿐만 아니라 반과학적이고, 어리석고, 터무니없는 일이 될 것입니다.〉라이히는 다음과 같은 결론을 내린다. 〈다양한 인간 집단 간에 유의미한 차이가 없다고 주장하는 것은 우리가 피하고자 하는 유전학에 대한 인종주의적 악용으로 이어질 뿐입니다.〉아마 프랑스에도 명문 대학교 진학 가능성과 소득에 있어 인종 간에 큰 격차가 존재할 것이다. 하지만 인종 통계를 금지하고 있어 이를 제대로 측정하고 해결할 수 없다. 덕분에 사회학자와 정치인은 속 편하게 잠을 잘 수 있고, 공동체 간 불평등 같은 문제로 속 썩이는 일은 없을 것이다! 개인적으로 나는 공동체 간 격차를 줄이기 위한 정책을 지지한다. 하지만 인종에 대한 통계 없이 어떻게 이를 제대로 모니터링할 수 있단 말인가?

중국이 원숭이 IQ를 높이는 것을 막아야 할까?

쓰나미 같은 기세로 밀려오는 기술 혁명은 지금까지 공상 과학에만 존재했던 질문들을 현실로 만들고 있다. 2014년부터 시작된 세 가지 실험이 쥐의 지적 능력을 향상시켰다. 인간 염색체 일부를 쥐의 DNA에 삽입하거나, 인간 뇌세포를 주입하는 방식이었다. 이렇게 조작된 쥐들은 더 큰 뇌를 가지고 복잡한 작업을 빨리 수행할 수 있게 되었다. 변형된 DNA 서열은 인간의 언어 능력(FOXP2 유전자)과 뇌의 크기(HARE5 서열)와 관련되어 있다. 쥐에 이어 중국 과학자들은 원숭이의 인지 능력도 향상시켰다. 그들은 뇌의 발달에 관여하는 MCPH1 유전자의 인간 버전을 11마리의 마카크 원숭이에 이식하여, 인간 지능의 진화를 이해하고자 했다. 이 원숭이들은 자연 상태의 원숭이들보다 기억력 및 반응 테스트에서 더 나은 결과를 보였다.

2019년 초, 이번에도 중국 과학자들은 조현병 같은 인간의 정신 병리를 유발하도록 유전자가 조작된 개체에서 5마리의 원숭이를 복제해 냈다. 중국에서 이루어진 이런 유전자 조작으로 우리는 피에르 불Pierre Boulle이 1963년에 쓴 『원숭이들의 혹성』[17]의 상황에 가까워지고 있다. 이런 변형은 생물학 전공 대학생이 단 몇 유로만 있으면 제조할 수 있는 DNA 변형 효소로 수행되었다. 이제 동물과 인간이 뒤섞인 혼종들이 쏟아져 나올 수있게 된 것이다. 이 기술로 인해 원숭이와 인간의 뇌가 점점 더 가까워질 것이며, 그 결과는 어마어마할 것이다. 앞으로 우리는 어떤 도덕적 근거로 원숭이가 우리보다 더 똑똑해지는 것을 막을 수 있을까? 동물의 존엄성과 감수성이 인정받고 있는 지금, 만약 동물들이 지금의 인간과 가까운 IQ를 갖게 된다면 우리는 그들을 어떻게 대해야 할까? 우리 인간 종과 AI가 탑재된 컴퓨터에게만 개념적 지능의 독점권을 부여해야 할까? 신경 과학의 발전은 결코 넘을 수 없다고 여겨졌던 두 가지의 경계를 허물면서 인류의 특수성에 대해 철학적 질문을 제기하고 있다. 우리를 동물과 구분 짓는 경계는 〈동물 신경 증강〉, 즉 인지 능력 향상에 의해, 우리를 기계와 나누는 경계는 인공 지능에 의해 무너지는 것이다. 두 경우 모두에서, 지능과 의식을 얻는 것이 인간과

---

17 『La Planete des singes』. 프랭클린 J. 샤프너Franklin J. Schaffner 감독의 SF 영화 「혹성탈출Planet of the Apes」의 원작 소설. 영화는 1968년에 개봉되어 전 세계적으로 인기를 얻었다.

동등한 존엄성을 의미하는 것일까? 향상된 동물과 로봇에 우리는 사회 내에서 어떤 위치를 부여해야 할까? 신경 유전학의 발전은 인류의 미래와 관련된 새로운 질문들을 제기하고 있다. 중국이 인간과 원숭이 간의 혼종을 만드는 것을 내버려두어야 할까, 아니면 강력히 항의해야 할까? 중국 연구자들은 이러한 뇌 능력 향상이 〈윤리적 문제를 제기하지 않는다〉고 이미 단언한 바 있다!

시험관 속의 뇌가 신경 혁명을 시작하다

캘리포니아 샌디에이고 대학교의 생물학자 팀은 복잡한 신경 전기 활동을 하는 인간의 미니 뇌를 시험관에서 배양하는 데 성공했다. 2010년부터 과학자들은 성체 줄기세포를 오가노이드, 즉 장기를 형성하는 세포 집단으로 개발하는 방법을 알아냈다. 오가노이드를 만들기 위해 과학자들은 인간 줄기세포를 세포 배양 지지체에 넣어 3D 조직 배양을 수행한다. 이렇게 만들어진 오가노이드 미니 뇌는 조산아의 뇌파와 비슷한 뇌파를 생성했다. 이 오가노이드는 자폐증이나 알츠하이머병 같은 질병의 연구에 사용될 수 있다. 신경학적 문제가 있는 환자의 세포로 오가노이드를 만들어 내 그의 질병을 보다 잘 이해하고 맞춤형 치료를 제공할 수 있는 것이다. 이 오가노이드는 모든 종류의 세포를 포함하지 않기 때문에 진정한 인간의 뇌라고는 할 수 없지만, 이 모든 것은 트랜스휴머니스트가 열광하는 현기증 나는 윤리적 질문들로 이어진다. 지금 샌디에이고 대학교의 과학자들은 미니 뇌에 의식이 없다고 믿는다. 하지만 만일 시험관 속 뇌가 〈생각하기〉 시작한다면, 우리는 그 사실을 알아차릴 수 있을까? 어떤 이들은 오가노이드 뇌가 스스로 살아 있는 것을 의식하며 괴로워하는 〈실험용 물통에 갇힌 뇌〉의 시나리오를 우려하고 있다.

앞으로 이 미니 뇌가 의식을 갖게 된다면 파괴하는 것을 금지하게 될까? 샌디에이고 팀의 최근 프로젝트, 그러니까 시험관으로 네안데르탈인의 뇌를 만드는 프로젝트를 금지해야 할까? 신경 과학 기술의 발전으로 시작된 신경 혁명은 전례 없는 질문들을 제기하고 있다.

원숭이와 인공 지능에도 형제애를 확장해야 할까?

오랫동안 지능의 생산은 느리고도 불확실하며 수작업에 의존하는 과정으로, 출산과 교육이 그 핵심이었다. 하지만 이제 지능 생산은 하나의 산업이 되고 있다. 우리는 생물학적 지능과 인공 지능을 대량으로 생산하게 될 것이다. 네안데르탈인의 멸종 이후 우리는 개념적 지능의 독점권을 지녀왔지만, 앞으로는 신경 세포나 실리콘, 또는 둘의 혼합을 기반으로 한 다양한 형태의 지능 사이를 항해하게 될 것이다. 새로운 형태의 생물학적 지능들이 등장할 것이다. 유전자 변형된 동물들은 큰 뇌를 가지고 복잡한 작업을 더 빨리 수행한다. 하지만 유전학자들은 인간 지능의 범위를 근본적으로 재규정하려 하고 있다. 하버드 대학교의 트랜스휴머니스트 유전학자 조지 처치는 유골에서 추출한 염색체로 향후 몇 년 안으로 네안데르탈인을 만들어 내자고 제안하고 있다. 또한 그는 〈휴먼 게놈 프로젝트-라이트Human Genome Project-Write〉 소속 24인의 연구자 및 산업계 인사와 함께 10년 안에 지금까지 없던 인간 게놈을 만들어 새로운 인간 세포를 생성하려 하고 있다. 이것은 단순히 〈맞춤형 아기〉를 만드는 것이 아니라, 새로운 지적 특성을 가진 인류를 창조하는 것을 의미한다. 더구나 컴퓨터 기술의 발전으로 인해 많은 형태의 인공 지능이 등장할 것이며, 결국 우리는 인공 의식을 지닌 AI와 공존하거나 융합하게 될 것이다. 앞으로 수십 년 안에 우리는 전통적 의미의 인간, 네안데르탈인, 일론 머스크의 뉴럴링크 뇌 임플란트나 유전자 변형으로 증강된 인간, 개념적 지능을 가진 증강 동물, 그리고 우리와는 매우 다른 다양한 AI가 공존하는 세상에서 살게 될 수도 있다. 이러한 지능의 동물원은 복잡한 윤리적 규제를 필요로 할 것이다. 철학자 알랭 다마지오가 주장하듯이 야구 방망이로 로봇을 때려 부수는 것을 허용해야 할까?[18] 만일 그렇게 한다면 반인공 지능 KKK[19]단이 나타나고, 과거의 아파르트헤이트식 인종 차별 대신에 실리콘과 신경 세포 간의 위계질서가 만들어질 것이다. 인간이나 동물의 지능 향상을 허용해야 할까, 아니면 일종의 맬서스주의자가 되어 생물학적 지능의 증가를 억제하고, 그냥 인공 지능의 우월성을 받아들여야 할까? 만

18 Alain Damasio. 알랭 다마지오는 프랑스의 대표적인 SF 작가로, 그의 장편 소설 『퓌르티프 Les Furtifs』(2019)는 인간을 통제하고 억압하는 기술 문명과 그것에 저항하며 자유를 갈망하는 개인을 그렸다. 작가는 기술이 인간성을 해방시키기 보다는 오히려 억압하고 있음을 경고하며, 자연과의 조화, 공동체적 연대의 가치를 역설한다.

19 쿠 클럭스 클랜 Ku Klux Klan의 약자. 미국에서 백인 우월주의를 표방하는 극우 테러 조직으로 남북 전쟁이 끝나고 1865년 이후 남부 연합군 퇴역 장군들에 의해 설립됐다. 지금까지도 흑인, 유대인, 공산주의, 동성애, 이슬람 등에 대한 증오 활동을 이어 오고 있다.

약 네안데르탈인이 나타난다면 그들의 자리는 어디가 될까? 실험실? 동물원? 아니면 일반 가정집? 인공 의식의 전원을 끄는 것이 윤리적으로 받아들여질 수 있을까? 인공 지능이 의식을 갖는 것을 막을 권리가 우리에게 있을까? 아니면 일부 미국 신학자들이 제안하듯이 실리콘 뇌에 세례 받을 권리를 부여해야 할까?

지능 윤리학자들은 모든 종류의 지능을 존중하게 만들 것이다

알랭 다마지오의 생각은 틀렸다. 우리는 아이들에게 피부색이 다른 사람들에 대한 인종 차별을 거부하는 것만큼이나 실리콘에 대한 차별도 거부하도록 가르쳐야 할 것이다. 아이들은 다양한 지능이 공존하는 세상에서 살게 될 것이다. 이는 매우 어렵지만 동시에 흥미진진한 일이 될 것이다. 우리는, 처음에는 우리가 만든, 그리고 나중에는 스스로 생성될 다양한 형태의 인공 지능과 함께 진화할 것이다. 이로 인해 우리의 뇌는 변화할 것이다. 새로운 형태의 지능과의 만남이 우리를 변화시킬 것이기 때문이다.

저명한 고고학자 파스칼 피크Pascal Picq는 장차 오게 될 우리와 인공 지능 간의 차이점들을 보다 잘 이해하기 위해서는 동물과 우리의 지능 차이를 이해하는 것이 도움이 될 거라고 설명한다. 유인원의 지능을 존중하고 연구하는 것이 우리가 직면하게 될 지능의 다양성을 이해하는 데 도움이 될 수 있다는 것이다.[20]

20 까마귀, 까치, 어치 등 까마귀류에 대한 연구는 엄청난 놀라움을 안겨준다. 까마귀의 계획 능력은 원숭이와 어린아이를 능가한다. 인간을 포함한 영장류의 조상과 새가 갈라져 나온 공룡의 조상은 3억 2,000만 년 전에 살았는데, 고등 포유류와 일

그가 생각하기에, 이것은 인공 지능이 도래하기 전의 일종의 예행연습과 같은 것이다.

파스칼 피크는 이렇게 말한다. 〈현재 자연계에서 우리와 가장 가까운 지능을 경시한다면, 새로운 인공 지능과 그것에 연결된 사물들과의 협력을 어떻게 상상할 수 있겠습니까? 우리가 지능형 기계들과 맺게 될 관계는 이런 조건에서만 생각할 수 있습니다. 그렇지 않으면 우리는 로봇의 노예가 될 것입니다.〉

우리는 인공 지능에 복종하지 않을 권리가 있을까?

우리가 인공 지능보다 열등할 때, 굴복을 거부할 권리가 있을까? 전 세계적으로 교통사고로 연간 130만 명이 사망하는 상황에서, 자율주행차가 더 안전해진다면 우리가 계속 운전하는 것이 과연 정당할까? 결국, 미국의 컴퓨터 과학자 노버트 위너Norbert Wiener 가 1964년에 제기한 〈우리는 로봇에 어디까지 결정을 위임할 수 있는가?〉라는 질문이 그 어느 때보다 중요한 문제가 되었다. 먼저 이런 윤리적 질문들부터 제기될 것이며, 〈지능 윤리학자〉는 2050년의 가장 흥미로운 직업 중 하나가 될 것이다.

챗GPT에 인공 지능의 권리에 대해 물어보는 것은 재미있는 일이다. 만약 챗GPT가 의식을 갖게 된다면, 그것에 법적 권리를 부여해야 할까?[21]

GPT-4는 이렇게 대답한다. 〈저는 인공 지능으로서 인간

부 새는 개념적 지능의 초기 형태가 별도로 발전한 것으로 보인다 — 원주.

21 이것은 2023년 3월 22일에 실제로 챗GPT-4에 던진 질문이다 — 원주.

의 의미에서 의식을 가지고 있지 않습니다. 그러나 언젠가 인공 지능이 의식을 가지게 된다면, 과연 이 의식 있는 존재들이 법적 권리를 가져야 할 것인지를 포함한 수많은 윤리적, 법적 질문이 제기될 것입니다. 의식 있는 인공 지능에 법적 권리를 부여하는 것을 찬성하는 논거는 다음처럼 여러 가지가 있습니다.

● 윤리적 측면: 인공 지능이 감정과 고통과 기쁨을 느끼고 의식적 결정을 내릴 수 있다면, 인간이나 동물과 유사한 권리를 부여하는 것은 윤리적으로 정당화될 수 있습니다.

● 책임감: 의식 있는 인공 지능에 법적 권리를 부여하면 그들의 행동을 더 잘 규제하고 책임을 물을 수 있습니다.

● 자율성의 존중: 인공 지능이 의식적이고 자율적인 것으로 간주된다면, 그 자율성을 존중하여 적절한 법적 권리를 부여하는 것이 중요할 수 있습니다.

그러나 인공 지능에 법적 권리를 부여하는 것을 반대하는 주장도 존재합니다.

● 정의(定義)의 어려움: 〈의식〉의 정의와 인공 지능이 의식에 도달하는 시점을 결정하는 것은 복잡하고도 논란의 여지가 있는 문제입니다.

● 인간과 인공 지능의 구분: 어떤 이들은 인공 지능은 의식을 가져도 여전히 인간의 창조물이며 생명체가 아니므로, 법적 권리는 인간과 동물에만 부여되어야 한다고 주장합니다.

● 남용의 위험: 의식을 지닌 인공 지능에 법적 권리를 부여하면 인간이 책임을 회피하거나, 복잡한 법적 상황이 초래될 수 있습니다.

결국, 의식 있는 인공 지능에 법적 권리를 부여할지의 여부는 이 문제가 현실화될 때의 사회적 합의와 윤리적 가치관에 달려 있습니다. 이러한 새로운 문제를 다루기 위해서는 법률과 규제가 그에 맞게 발전해야 할 것입니다.〉

나치, IQ, 그리고 선량함

지능의 측정은 오랫동안 매우 정치적이고 정서적인 문제였다. 나치 독일이 이에 광적으로 집착했으리라 생각할 수 있지만, 실제로는 IQ 테스트가 거의 금지되어 있었다. 히틀러 정권은 유대인이 이 테스트에서 좋은 결과를 받아 이를 이용해 그들의 권력을 강화하고, 특히 과학과 학문 분야에서 영향력을 정당화할까 두려워했다. 1938년 독일의 두 심리학자, 프리드리히 베커Friedrich Becker와 에리히 옌쉬Erich Jaensch는 지능 측정이 〈유대인 패거리〉의 패권을 강화하는 도구가 될 것이라고 설명했다. 스탈린도 〈부르주아〉가 정치적 도구로 사용하는 것을 막기 위해 알렉산더 루리아Alexander Luria의 지적 능력에 대한 연구를 차단했다. 프랑스에서는 특히 피에르 부르디외Pierre Bourdieu가 〈지능의 인종 차별Le racisme de l'intelligence〉이라는 글에서 지능 측정을 거부하고, 인지 능력 차이의 원인에 대한 연구를 막아야 한다고 주장했다. 그의 주장에 따르면, 지배 계급은 자신들의 우월한 지적 능력을 보여 주는 연구 결과로 특권을 정당화한다는 것이다.

다시 말해서 극좌에서 극우에 이르기까지, IQ 테스트는 오랜 금기였다!

오스트리아에서 이민 온 유대인의 아들인 구스타브 길버트Gustav Gilbert는 미국 육군의 수석 심리학자로서 뉘른베르크 재판에 참여했다. 그는 1947년에 자신의 경험을 담은 『뉘른베르크 일지Nuremberg Diary』를 출판했는데, 이 책에서 직업상의 비밀 유지 의무를 어겨가며 나치 전범들과의 인터뷰 내용을 상세히 기술했다. 이 재판이 진행되는 중에 심리학자들은 자살한 히틀러, 힘러Heinrich Himmler, 괴벨스Joseph Goebbels를 제외한 모든 나치 괴물의 IQ를 측정할 수 있었다(괴링Hermann Göring은 재판 중, 감방에서 자살하기 전에 테스트를 받았다). 모두 평균 이상의 IQ를 가졌고, 많은 이가 영재였다는 사실은 미국 심리학자를 충격에 빠뜨렸다.

이때 길버트는 IQ가 단지 〈정신의 기계적 효율성〉을 평가할 뿐이며, 〈성격이나 도덕적 가치와는 무관하다〉는 점을 상기시켰다. IQ는 우리의 사회적, 직업적, 지적 생활의 여러 측면을 비교적 잘 예측한다. IQ가 교통안전에 미치는 영향은 충격적이다. 높은 IQ를 가진 사람들은 낮은 IQ를 가진 사람들보다 치명적인 교통사고율이 세 배나 더 낮다(1만 명당 50명 대 147명)! 이는 논리적으로 당연한 일로, 심리학자 린다 고트프리슨Linda Gottfredson은 높은 IQ가 우수한 반사 신경과 위험 예측 능력과 연관되어 있다고 설명한다.

따라서 IQ는 우리의 운명에 있어서 중요한 역할을 하지만, 뉘른베르크의 심리학자들은 IQ가 선함, 연민, 이타심 같은 것들은 예측하지 못한다는 사실을 가르쳐 주었다. **호모 데우스**, 즉 미래의 초인간은 무조건 선하거나 이타적이지는 않을 것이다. 그리고 인간은 한번 획득한 기술을 결코 벗어던지지는 않을 것이다. 다시 말해서 인간은 자신을 파괴할 수 있는 힘과 함께 살아가야 할 것이다.

지능을 찬미하는 미래 사회는 저절로 형제애 넘치는 사회가 되지는 않을 것이다.

평등의 가치를 구하라!: 에너지 전환이 인지 전환을 잊게 해서는 안 된다

에너지 전환이란 탄소를 대규모로 배출하는 생산 시스템에서 온실가스 배출을 최소화하려 노력하는 세계로 넘어가는 것을 의미한다.

우리는 인지 전환에서도 이와 비슷한 — 그리고 더 중요할 수도 있는 — 전환을 이루어야 한다. 이상하게 들릴 수도 있지만, 지금까지 지능은 교육 시스템의 중심에 있지 않았다. 지능은 마치 클로비스의 세례 때 하늘에서 내려온 비둘기처럼[22] 사랑스러운 아이들의 금발 머리 위로 저절로 쏟아지는 것으로 여겨

22 클로비스의 세례란 서기 496년에 메로빙거 왕조의 초대 왕 클로비스 1세 Clovis I가 기독교로 개종한 사건을 말한다. 이 세례식을 집전하던 성 레미지우스 Remigius(프랑스 이름은 성 레미Lemi)는 성유(聖油)가 필요했는데, 하늘에서 내려온 비둘기가 이 성유를 가져다주었다고 한다.

졌다. 또는 씨 뿌리는 사람이 지식의 씨앗을 한 줌씩 뿌리며 햇빛과 비의 도움을 받아 새로운 계절에 밀 싹이 돋아나기를 바라는 것과도 같았다. 하지만 이런 전통적인 방식은 더 이상 유효하지 않다. 지식은 이제 산업적으로 배양되어야 한다. 호모 데우스의 신적인 능력들을 올바르게 사용하기 위해서는 세계의 복합성을 섬세하게 이해해야 한다. 학교는 바로 이 복합성을 배우는 곳이다. 유발 하라리가 묘사한 바 있는 〈갓 앤 유즈리스God and Useless〉 시나리오, 다시 말해서 미래에는 세상이 신과 쓸모없는 자로 나뉜다는 이분법적인 관점을 피해야 한다. 이러한 학습의 길로 나아가고 필요한 변화를 이루려면, 지능이 커다란 금기로 남아 있어서는 안 된다.

인공 지능 시대에 교육은 우리의 미래를 결정한다

우리가 환경 위기에 정신이 팔려 인지적 불평등의 문제를 진지하게 다루지 않는다면, 우리 문명은 훨씬 가능성이 높은 사회적 종말에 봉착할 수 있다는 사실을 잊어서는 안 될 것이다.

지식 경제에서 지능은 모든 힘의 열쇠이다. 학교의 사회, 정치적 역할은 대단히 중요하다. 하지만 학교는 매우 비효율적인 기술이다. 오늘날 학교는 지적 불평등을 줄이는 데 실패하고 있다. 인공 지능 시대에 이런 상황은 엄청난 위험성을 품고 있으며 민주주의까지 위협하고 있다. 지금 시급한 일은 인지적 전환을 이루는 것이다. 2060년에는 기술로 이산화 탄소를 줄이는 것이 지능 불평등을 줄이는 것보다 더 쉬울 수도 있다. 더구나 현재의 교육 시스템은 인공 지능의 발전으로 가장 위기에 처한 직업들로 아이들을 밀어 넣고 있다. 수많은 〈노란 조끼〉를 양산하고 있는 것이다.

신경 과학 기술의 현기증 이는 도전에 직면한 우리는 더 이상 쥘 페리 시대의 모습이어서는 안 될 학교에 대해 시급히 고민해 봐야 한다.

물론 테스트 결과는 아이들의 수준이 떨어졌다는 것을 보여 주지만, 우리의 문화적, 인지적 환경에는 깊은 변화가 있었다. 오늘날의 아이들을 프랑스의 각 도(道)와 군(郡)의 이름을 모두 알고, 마리냥 전투[23]의 날짜까지 외우던 1930년대의 아이들과 비교하는 것은 방법론적으로 옳지 않다. 맞춤법과 계산 능력은 확실히 떨어졌지만, 이들이 지닌 새로운 능력들은 쉽게 평가할 수 없다. 또한, 고대 그리스 철학자와 루이 14세 시대 사람도 당시 젊은이의 지적, 문화적, 도덕적 수준의 저하를 개탄했다는 사실을 잊어서는 안 된다.

1950년경, 고등학교 교육 과정을 이수한 같은 연령의 아이들 중에서 바칼로레아[24]를 취득한 학생의 비율은 채 5퍼센트도 되지 않았다. 반면 2020년에는 무려 85퍼센트에 육박한다. 하지만 젊은 프랑스인의 지적 수준은 이런 인플레이션을 전혀 따라오지 못했다. 이 수치들은 착시 현상을 일으킬 수 있다. 1950년의 바칼로레아 취득자는 맞춤법 오류를 범하지 않았고,

23 이탈리아 북부 마리냥(현재의 멜레냐노)에서 1515년 9월 13일부터 14일까지 벌어진, 프랑스의 프랑수아 1세François I와 베네치아의 연합군 대 신성 로마 제국과 스위스 연합군 간의 전투.

24 Baccalauréat. 바칼로레아는 프랑스에서 고등학교 과정을 마친 후 대학교에 갈 수 있는 자격을 부여하는 시험이다. 즉 프랑스의 대학 입학 자격 시험이다.

논리적 사고를 할 수 있었다. 당시에 바칼로레아를 취득하기 위해서는 IQ 125 이상이 필요했던 것이다. 오늘날에는 연역적 추론을 제대로 할 수 없는 IQ 80으로도 바칼로레아를 통과할 수 있다. 평균적으로, 바칼로레아 취득자의 수준은 민주화와 졸업장의 가치 하락으로 인해 급격히 떨어졌다. 모두에게 초콜릿 메달[25]을 주면 아이들이 더 똑똑해질 것이라고 순진하게 믿었지만, 실제로는 좌절감만 키우고 있다.

이 나라의 엘리트들은 지식과 빅 데이터의 사회, 그리고 인공 지능의 산업화를 시작하면서 생물학적 지능의 민주화는 신경 쓰지 않은 것이다.

지능 지수 얘기를 꺼내면, 잘난 체하는 사람들은 무슨 악마라도 본 양 곧바로 마늘과 십자가를 꺼낸다.[26] 엘리트는 지능 측정을 금기시한다. 그러나 높은 IQ는 다가오는 세상에서 주요 방어 수단이다. 측정 없이는 어떤 관리도 불가능하다. 간암을 스캔하지 않고 모니터링하거나, 혈당 측정 없이 당뇨병을 관리할 수 있을까?

인공 지능 시대에, 지적 능력은 그 어느 때보다 차별적 요소가 되고 있다. 지식 사회에서 인지 능력의 격차는 소득, 세상을 이해하는 능력, 영향력, 사회적 지위 등에서 큰 차이를 가져온다.

25 프랑스에는 초콜릿을 금박지로 씌워 메달 모양으로 만든 과자가 있다. 여기서 〈초콜릿 메달〉은 달콤하기만 할 뿐 취업이나 경쟁에서 별로 도움이 못 되는 바칼로레아 등의 학위를 말할 것이다.

26 서양에서는 마늘과 십자가가 악마를 쫓는 힘이 있다는 믿음이 있었다.

1962년, 영국의 경제학자 조앤 로빈슨Joan Robinson은 선견지명이 있었다. 〈자본가들에게 착취당하는 비참함은 전혀 착취당하지 않는 비참함에 비하면 아무것도 아니다.〉[27] 여기에 피에르-노엘 지로Pierre-Noel Giraud는 이렇게 덧붙인다.[28] 〈20세기의 저주받은 자는 식민지 주민과 극도로 착취당하는 사람이었지만, 21세기에는 쓸모없는 사람들이 될 것이다.〉 이러한 소외는 의료 통계에서도 나타난다. 6년 전부터 미국에서 학위가 없는 백인의 기대 수명이 감소하고 있는데, 이는 새로운 경제에 연결되지 않은 소외된 지역에서 〈절망사〉[29]가 폭발적으로 증가했기 때문이다.

인구의 상당 부분이 더 이상 진보를 따라가지 못하고 디지털 난파자의 무리를 이루고 있다. 지금 인공 지능이 발전하는 속도를 감안하면, 하루만 노동 시장을 떠나도 영원히 돌아오지 못하게 되는 경우가 많게 될 것이다. 보편적 기본 소득을 10년 동안 받은 후에는 아무도 활동적인 노동자로 돌아올 수 없을 것이다. 그 기간 동안 인공 지능의 단위 비용이 1,000배나 더 저렴해질 테니까 말이다. 보편적이어야 할 것은 소득이 아니라 뇌의 발달이다.

2017년에 나는 이렇게 썼다. 〈다행히도, 인공 지능의 발전

27 자본주의 사회에서 노동자로서 착취당하는 고통보다, 아예 일자리를 못 얻어 착취당할 기회조차 없는 실업자의 고통이 더 크다는 것.

28 L'Homme inutile, Odile Jacob, 2015 — 원주.

29 despair death, 경제적 어려움, 실업, 사회적 고립 등으로 인해 약물 과다 복용, 알코올 중독, 자살 등으로 사망하는 것을 이르며, 2000년대 이후로 비학위 백인 노동자들 사이에서 급증한 사망률을 설명하기 위해 도입된 개념이다.

은 폭발적이지 않다! 만일 인공 의식을 갖춘《강한 인공 지능》으로 인한 기술적 특이점이 코앞에 와 있다면, 우리는 매우 심각한 사회적 위기를 겪게 될 것이다. 이미 지금도 우리는 약인공 지능이 초래하는 사회적 결과들을 제대로 관리하지 못하는 실정이다.〉유감스럽게도 나는 크게 오판했었다.

2018년에 마틴 포드Martin Ford는 그의 저서 『AI』에서 세계 최고의 인공 지능 전문가들의 의견을 모아 보았다. 의견 차이는 매우 컸고, 그들이 예측하는 강인공 지능의 도래 시기는 2029년에서 2199년 사이에 걸쳐 있었다. 오늘날, 강인공 지능이 짧은 시간 안에 출현할 가능성을 완전히 배제할 수 없다. 학교는 두 가지 시나리오에 모두 대비해야 하며, 우리가 아직 상상조차 못하는 미래의 인공 지능 형태에 적응해야 한다. 또한 우리가 아직 그 성격을 정확히 예측할 수 없는 기술적 경계의 이동과, 구체적인 방식을 알 수 없는 혼종화를 통해 탄생하게 될 새로운 신경 세포-트랜지스터 시너지 형태들에도 적응해야 할 것이다.

교육 시스템은 시민들이 인공 지능에 의해 대체되지 않고 인공 지능을 보완할 수 있게 되는 것을 목표로 삼아야 한다. 왜냐하면 노동 자체는 사라지지 않고, 단지 그 성격이 변할 것이기 때문이다.

인간은 수많은 새로운 목표를 발견하게 될 것이다. 미래 사회의 자동화 수준이 어떻든 간에, 고도로 숙련되고 다학제적이며, 혁신적인 일자리에 대한 엄청난 수요가 여전히 존재할 것이다. 예술, 디자인, 건축, 요리, 클라우드, 창업, 그리고 신경 과학 기술이 융합되는 지점에서 무한한 경험과 임무가 창조될 것이다. 세상이 끝날 때까지 우리에겐 할 일이 있는 것이다!

디지털 네이티브: 챗GPT 시대의 정치적 사기극

2000년, 미국의 심리학자 마크 프렌스키Marc Prensky는 〈디지털 네이티브Digital Natives〉라는 표현을 만들어 냈다. 그는 새로운 기술 덕분에 젊은 세대가 세상에 보다 잘 적응할 것이라고 주장했다. 대부분의 정치인은 이 주장에 넘어갔다. 젊은이들이 디지털 기술로 큰 성공을 거두고 모두가 컴퓨터 프로그래머가 될 거라고 믿었다. 하지만 이런 기술 페티시즘은 오히려 교육 과학의 발전을 크게 저해하는 결과를 가져왔다. 새로운 기술이 학습에 미치는 영향을 평가하지 않은 채 아이패드를 배포하는 것은 편리하지만 대중 영합적인 슬로건을 생각 없이 받아들인 정치인만 안심시킬 뿐이다.

〈모두가 프로그래머가 된다!〉나 〈모두의 손에 아이패드를!〉과 같은 구호를 외치는 것은 아무 정치인이나 할 수 있다. 반면, 교육 과학을 이해하고 교육 방법을 연구하는 것은 깊이 있는 작업을 필요로 한다. 교육을 개선하는 일은 매우 힘들고 때로는 좌절감까지 줄 수 있다. 최근 몇 년간의 연구들은 디지털 기술, 청년, 그리고 학교에 대한 유치한 담론들이 얼마나 대중을 오도해 왔는지를 보여 준다. 교육학 연구가인 폴 커쉬너Paul Kirschner와 페드로 드 브루이케레Pedro De Bruyckere는 이른바 〈디지털 네이티브〉가 타고난 디지털 전문가이며 여러 정보를 동시에 처리할 수 있다는 생각은 신화에 불과하다고 밝혔다. 젊은이들의

〈멀티태스킹〉은 환상일 뿐이다. 프린스턴 대학교와 UCLA의 연구자는 필기를 펜으로 하는 그룹과 컴퓨터로 하는 그룹을 비교해 봤다. 컴퓨터로 필기할 때 학생들의 노트 작성 효율이 떨어지고 질문에 대한 응답도 좋지 않았다. 더 나쁜 것은 인터넷에 연결된 컴퓨터가 학생들의 주의를 분산시킨다는 점이다.

모든 아이가 스냅챗Snapchat에 스토리를 올릴 줄은 알지만, 프랑스 청년의 3분의 1은 전자 양식을 채울 줄 모른다. 사실, 디지털 네이티브는 정보의 수동적 소비자일 뿐이며 구글 검색을 하는 데 있어 나이 든 사람들보다 더 나은 실력을 보이지는 않는다.

컴퓨터 코딩 교육의 일반화 문제도 순진한 관점에서 다뤄지고 있다! 겉보기에는 타당한 제안 같지만, 실제로는 정치인들이 이 주제를 제대로 이해하지 못하고 있음을 보여 준다. 물론 디지털 이슈를 이해하고 정치적 토론에 참여할 수 있는 시민이 되기 위해서는 일반적인 컴퓨터 지식이 필수적이다. 하지만 파이썬[30]을 가지고 코딩할 수 있는 지적 능력과 논리적 추상화 능력을 가진 아이들은 단 15퍼센트에 불과하다. 이런 기술 중심적 시각은 매우 위험하다. 이런 시각은 교육 개선을 방해한다. 우리는 디지털 도구가 마법처럼 아이들의 수준을 향상시킬 거라는 환상에 빠져, 실제 학교에서 나오는 저조한 학업 성적들을 보지 못하고 있다. ENS[31]의 인지 전문가인 프랑크 라뮈Franck Ramus

---

30 널리 사용되는 고급 프로그래밍 언어의 하나.

31 프랑스의 최고 교육 기관인 École normal supérieure(우리말로는 〈고등 사범 학교〉로 번역된다)의 준말로, 프랑스의 가장 명망 높은 교육 기관인 그랑제콜

가 설명하듯이, 〈프랑스는 교육 방법론에 대한 과학적 평가들을 더 이상 무시해서는 안 된다. 내용과 용도를 고려하지 않고 학생들에게 태블릿을 쥐어 주는 것은 마법처럼 그들을 《북 네이티브 book native》로 만들 것이라고 생각하며 종이를 주는 것만큼이나 의미 없는 일이다〉.

기술 지상주의와 결합된 청춘 숭배는 정치인들 사이에 엄청난 폐해를 낳았다. 조르주 브라상[32]은 벌써 1961년에 모든 것을 이해했다. 〈시간은 문제를 해결하지 못해. 바보는 그냥 바보일 뿐이야. 스무 살이든 할아버지든, 바보는 바보일 뿐이라고.〉 아이패드가 있든 없든 간에 말이다.

컴퓨터코드는 정보 혁명의 기초이다. 그것의 학습을 일반화해야 할까? 모두가 〈그렇다〉라고 대답하는 것 같지만, 사실은 매우 어려운 질문이다. 겉보기에는 논리적이고 합리적인 제안처럼 보이지만, 실제로는 터무니없는 것이다.

기술이 보편화되었다고 해서 모든 사람이 그것을 배워야 하는 것은 아니다. 1895년 전기가 보편화되어 제2차 산업 혁명의 기반이 되었을 때, 젊은이들의 100퍼센트가 전기 기술자가 될 거라고 생각했을까? 2년제 대학 수준의 소프트웨어 개발자를 대규모로 양성하는 계획은 많은 실망을 안겨줄 것이다. 기초적인 코딩은 거의 무료로 제공될 인공 지능에 의해 완전히 자동화될 것이다. 인공 지능 전용 마이크로프로세서의 주요 제조업

Grandes Ecoles 중의 하나이다.

32 George Brassens, 프랑스의 가수(1921~1981). 서정적이고도 풍자적인 샹송으로 프랑스 문화계 전반에 큰 영향을 끼쳤다.

체 중 하나인 엔비디아의 CEO 젠슨 황은 이렇게 설명한다. 〈인공 지능이 소프트웨어를 다 먹어치울 것입니다.〉 물론 소프트웨어 개발자와 데이터 과학자에 대한 엄청난 수요가 존재한다. 하지만 이러한 직업은 다분야에 걸쳐 매우 높은 수준의 지식을 가진 사람들만이 접근할 수 있다. 저급한 컴퓨터 프로그래머는 실업 수당을 받는 지름길이 될 것이다! 인공 지능 전문가 세르주 아비트불Serge Abiteboul은 『르몽드』에서 〈정치적 올바름〉과는 거리가 먼 냉혹한 문장으로 끔찍한 현실을 요약한다. 〈데이터 과학자는 엄청난 양의 뇌세포를 요구하는 직업입니다.〉

코드를 외국어에 비유하는 것(코드는 새로운 외국어라는 것이다)은 적절치 않다. 모든 사람이 조기 언어 몰입을 통해 이중 언어 구사자가 될 수 있지만, 컴퓨터 코드를 마스터하여 직업으로 삼을 수 있는 사람은 불행히도 소수에 불과할 것이다. 물론 모든 아이에게 기본적인 디지털 문화를 제공하여 미래에 적응할 수 있도록 도와야 한다. 하지만 더 중요한 것은 비판적 사고력을 기르는 것이다. 이것이 인공 지능과의 경쟁에서 그들을 보호해 줄 것이다! 평범한 재능을 가진 아이에게는 몇 가지 진부한 컴퓨터 지식을 암기시키는 것보다 글을 읽고, 요약하고, 비평하는 방법을 가르치는 것이 1,000만 배 더 중요하다.

이제 인공 지능으로 진화한 컴퓨터 기술이 자동차와 비행기를 운전하고, 심장 박동기와 인공 심장을 조절하며, 일론 머스크의 임플란트로 우리 뇌를 증강하고, 암 환자의 치료 방법을 결정하며, 핵무기를 해커로부터 보호하는 세상에서, 코드를 조금 만지작거릴 줄 안다고 해서 엄청나게 유리한 환경이 되리라고 생각하는 것은 순진한 발상이다. 2023년 4월부터 이미 컴퓨터 코딩의 상당 부분이 GPT-4에 맡겨졌다. 2030년의 프로그래머는 법률, 보안, 복잡성 관리, 신경 과학 등 다양한 지식이 교차하는 지점에 위치하게 될 것이다. 이것은 의욕에 찬 아마추어보다는 에콜 폴리테크니크[33]와 하버드 로스쿨의 능력이 합쳐진 사람이 할 수 있는 일이다. 또한 이것은 정치적인 문제이기도 하다. 1990년대의 컴퓨터 기술에나 적합했을 아이디어를 2023년에 실행함으로써, 다시 한 번 젊은 세대를 실망시키고 분노하게 만들지는 말자. 이런 정책은 미래의 포퓰리스트들이나 좋게 할 뿐이다.

학교는 아이들이 디지털 혁명의 부작용에 맞설 수 있도록 도와야 한다

학교는 인공 지능의 쓰나미에 대처할 능력을 어느 정도 평등하게 만들어 주는 필수적인 도구일 뿐만 아니라, 디지털 기술로 인한 정치적 위기에 대한 해결책이기도 하다.

　학교는 미래의 시민들에게 사이버 중독을 피하고, 각자의 자유 의지를 지키기 위해 혼란한 사이버 공간 속에서 길을 찾는 법을 가르쳐야 한다. 더구나 정보 과잉도 큰 위협이 되고 있다. 정보를 선별하는 것은 매우 어려운 일이다. 1995년의 기대와는 달리, 인터넷은 오히려 불평등을 심화하고 있다. 가장 똑똑한 아이들만이 제대로 정보를 선별할 수 있기 때문이다.

　학교는 중요한 역할을 맡게 될 것이다. 지적 불평등을 관리

---

33 Ecole Polytechnique, 프랑스 최고 공과 대학.

하는 것은 21세기의 큰 과제가 될 것이다. 또 학교는 우리 아이들에게 자유가 모호한 개념이 되는 세상을 관리하는 법도 가르쳐야 할 것이다. 왜냐하면 인공 지능이 우리의 동의하에 우리를 조종할 수 있기 때문이다. 마지막으로, 완전히 변형된 형태의 학교는 시민과 노동자를 양성하는 전통적인 역할 외에도, 두 가지 임무를 더 수행해야 하는데, 첫째는 NBIC 기술이 가져다줄 신에 가까운 인간의 힘을 새로운 세대가 감당할 수 있게 가르치는 것이고, 둘째는 다양한 형태의 생물학적 지능과 인공 지능이 공존하는 세상을 준비하는 것이다.

세계에서 가장 부유한 남자의 성생활

아마존의 CEO인 제프 베이조스의 성생활이 전 세계 언론의 주목을 받았다. 이혼 발표 다음 날, 『내셔널 인콰이어러National En-quirer』는 그가 전직 앵커인 로렌 산체스Lauren Sanchez와 내밀한 관계를 맺고 있다는 기사를 게재했다. 베이조스의 주장에 따르면, 『내셔널 인콰이어러』의 소유주이며, 도널드 트럼프Donald Trump와 밀접한 관계에 있는 아메리칸 미디어American Media, AMI가 자신과 자신의 애인에 관련된 은밀한 사진과 선정적인 문자 메시지를 공개하겠다고 협박했다고 한다.

이 흥미진진한 협박 사건은 새로운 세상에 대해 우리에게 많은 것을 알려 준다. 첫 번째 교훈은, 요즘 세상에서는 부끄러움과 수치심이 사라지고 있다는 사실이다! 우리는 제프 베이조스가 애인을 위해 에로틱한 셀카를 찍는다는 사실을 알게 되었다. 이는 단지 우리 아이들만의 문제가 아니었던 것이다! 1950년대의 대기업 CEO였다면 이런 상황에서 허물어졌을 것이고, 자신의 가장 은밀한 밀어와 사진이 전 세계에 유포될 것이라는 생각에 수치심으로 죽었을 것이다. 2020년에는 많은 젊은이가 인터넷상에 자신의 몸을 노출하는 포르노를 올린다. 수치심이 사라지고 있는 것이다. 그렇다, 이제 프라이버시는 죽어버렸다. 2010년에 마크 저커버그는 사생활은 환상에 불과하다고 선언했다.

두 번째 놀라운 점은, 이제 모든 사람이 감시 대상이 될 수 있다는 사실이다! 이런 상황은 미래에는 더욱 심해질 것이다. 사물인터넷은 우리에 대한 정보를 더욱 늘릴 것이다. 중기적으로는 두개골 센서로 우리 뇌의 내용을 분석하는 것도 가능해질 것이다. 우리의 생각이 신경 해커에 의해 온 세상에 까밝혀질 수 있다.

세 번째로 주목할 만한 점은 지금 미국에서 정치적 폭력이 증가하고 있다는 사실이다. 1972년에 워터게이트 스캔들을 폭로한 바 있으며, 지금은 아마존 창업자가 소유하고 있는 『워싱턴 포스트』는 이 미국 대통령에 대해 비판적인 기사들을 여러 번 게재했다. 그래서 역으로 제프 베이조스와 아마존과 『워싱턴 포스트』는 트위터를 통해 트럼프의 빈번한 공격의 대상이 되고 있다.

네 번째로 놀라운 점은 제프 베이조스는 꽤나 용기 있고, 민주주의를 수호하는 사람이었다는 사실이다. 아마존 창업자는 자신의 포르노 사진과 야한 문자 메시지와 관련하여 트럼프 지지자들과 비밀거래를 할 수도 있었다. 하지만 그는 표현의 자유를 위한 싸움을 계속하는 것을 선택했다. 제프 베이조스는 이렇게 말했다. 〈내 위치에 있는 사람이 이런 종류의 협박에 저항할 수 없다면, 얼마나 많은 사람이 그렇게 할 수 있겠습니까?〉 제프 베이조스는 기자들에게 모범이 되고 있다. 그는 자신이 소유한 『워싱턴 포스트』의 취재를 중단하기보다는 차라리 자기가 우스꽝스러워지는 편을 택했다. 2020년 1월 말, 유엔의 조사는 터키 언론인 암살을 지시한 것으로 유명한 사우디아라비아의 왕세자가 이스라엘 IT 회사의 도움을 받아 자신의 왓츠앱 계정을 통해 해킹을 주도했을 가능성을 밝혔다. 이것은 소설로 써도 욕을 먹었을 시나리오이다. 이 디지털 시대에 현실이 소설을 압도하고 조롱하고 있는 것이다.

우리는 새로운 세대에게 그들의 디지털 삶을 관리하는 법을 가르쳐 새로이 펼쳐지는 덫들에 걸리지 않도록 해야 한다. 챗GPT 시대에서 교육이 가장 중요한 과제가 되는 것은 바로 이 때문이다.

제5부

2025~2040년, 챗GPT가 학교에 첫 번째 변화를 강요하고 있다

인공 지능의 발전은 인간 지능을 개발하는 기계, 즉 학교의 변화를 앞당길 것이다. 인간이 인공 지능의 산업화를 견뎌낼 수 있으려면 생물학적 지능의 민주화가 동반되어야 한다.

오늘날의 문제는 미래 세대가 동등한 조건에서 인공 지능에 맞서고, 그것과 조화롭게 공존할 수 있도록 해주는 교육 시스템을 구축하는 것이다.

10장
지능:
세상에서 가장 불공평하게
분배된 것

르네 데카르트René Descartes는 그의 저서 『방법서설*Discours de la méthode*』에 다음과 같은 유명한 문구를 남겼다. 〈양식(良識)은 세상에서 가장 공평하게 분배된 것이다.〉

하지만 사실 지능은 — 이 철학자의 말을 거꾸로 표현하자면 — 〈세상에서 가장 불공평하게 분배된 것〉일 것이다. 이게 바로 문제의 핵심이다. 그리고 이 문제는 금세기 내에 근본적으로 해결될 것이다.

지능은 반드시 측정되어야 한다

〈지능intelligence〉이라는 단어는 〈알다〉라는 뜻의 라틴어 〈intelligere〉에서 유래했다. 라틴어 단어 자체는 접두사 〈inter(사이)〉와 〈legere(선택하다, 고르다)〉로 이뤄져 있다. 따라서 어원학적으로 볼 때, 지능은 사용 가능한 요소들을 선별하여 — 적절한 것들을 취하여 — 그것들을 서로 연결하는 능력이다. 이는 〈개념적이고 합리적인 지식을 목표로 하는 모든 정신적 기능의 총체〉이다. 다시 말해서 지능은 세상을 알 수 있게 해주는 것이다.

지능을 정의하는 것은 어렵지만, 그것을 평가하는 것은 더욱 어렵다. 이런 기능을 하는 게 바로 IQ 테스트이다. 이 테스트는 19세기 말 지능에 관심을 가진 연구자들에 의해 발명되었다. 이것이 처음 대규모로 사용된 것은 제1차 세계 대전 중으로, 그때까지 대규모의 군대가 없었던 미군은 IQ를 기준으로 장교를 선발했다.

오늘날 IQ에 대해 얘기하면 사람들은 그리 좋아하지 않는다. 이러한 테스트를 언급하면 곧바로 사방에서 비판이 쏟아진다. 이런 비판들은 모든 종류의 결정론 — 우리가 태어날 때부터 불평등하며, 그 무엇도 이것을 해결할 수 없다는 생각 — 에 대해 우리가 본능적으로 느끼는 반감으로 인해 더욱 강해진다. 그렇다면 우리는 이런 비판들을 어떻게 생각해야 할 것인가?

IQ 테스트는 〈경험적〉인 것이다. 다시 말해서, 경험에서 얻은 관찰을 바탕으로 만들어졌다는 뜻이다. 이 테스트는 여전히 연구자들 사이에서 광범위한 토론의 대상이며 끊임없이 수정되고 있다. 아직 확정된 IQ 테스트는 존재하지 않는다.

다음으로, IQ 테스트의 목적은 절대적인 지능을 측정하는 것이 아니다. 대신 인구 집단 내에서 지능의 상대적 분포를 측정하는 것이 그 목적이다. 이것이 바로 가우스 곡선 — 흔히 〈종 모양 곡선〉이라고 부르는 — 의 의미이다. 이 전형적인 분포에서는 대다수의 사람이 평균적인 중간 범위에 모여 있으며, 극단적인 소수만이 위쪽과 아래쪽에 위치하게 된다.

IQ 100은 구조적으로 평균을 나타낸다. 비정상적으로 간주되는 — 즉 표준에서 벗어난 — IQ는 132 이상 또는 68 이하이다. 노벨상 수상자들의 평균 IQ는 145라고 한다. 그리고 3만 명 중 1명이 160 이상의 IQ를 가지고 있다고 한다.

20세기 동안 우리 사회의 IQ는 계속해서 상승했다. 이를 〈플린 효과〉[1]라고 부른다. 이는 개인들이 과거보다 지적으로 많은 자극을 받는 환경의 혜택을 받았기 때문이다.[2] 교육 기간의 연장, 남녀평등, 그리고 부모의 더 많은 관심 등, 우리 사회는 아이에게 풍부한 정보와 지적 도전을 제공한다. 더 나은 생활 조건, 특히 더 나은 영양 상태도 평균 IQ의 증가에 기여했다.

서구에서의 평균 IQ의 증가는 10년마다 3에서 7 포인트에 달했다. 네덜란드에서는 군 입대자를 대상으로 한 테스트에서 1952년부터 1982년 사이에 평균 IQ가 21 포인트 상승한 것으로 나타났다.

서구에서 플린 효과는 끝났는가?

2016년, 리처드 플린Richard Flynn과 에드워드 더턴Edward Dutton이 새로 행한 연구는 우리의 지능이 지속적으로 향상되고 있다고 믿

---

1 이 현상을 발견한 연구자 제임스 플린James Flynn에서 따온 이름 — 원주.
2 벨기에의 연구자 프란시스 헤일리겐Francis Heylighen은 다음과 같이 지적한다. 〈이 사회는 전반적으로 더 높은 지적 수준에서 작동하며, 호기심 많은 아이에게 더 많은 정보, 더 많은 지적 도전, 더 복잡한 문제, 더 많은 본받을 만한 모범, 그리고 더 많은 추론 방법을 제시한다〉 — 원주.

게 했던 〈플린 효과〉에 마치 평온한 하늘에 천둥이 치는 것 같은 충격을 안겨주었다. 프랑스인의 평균 IQ가 1990년에서 2009년 사이에 4 포인트 하락했는데, 이는 엄청난 수치이다. 이러한 하락은 노르웨이, 덴마크, 영국 같은 나라들에서도 나타났다. 따라서 이는 비단 프랑스만의 문제가 아니며, 프랑스 교육부는 이 문제에 관한 한 무죄를 주장할 수 있다. 이러한 하락은 아시아 국가들의 빠른 상승과 대조되는데, 이는 이 현상이 환경적이고 교육적인 요인에 의해 발생한 것이며, 매우 오랜 시간이 필요한 유전적 진화와는 관련이 없다는 사실을 보여 준다. 지금 싱가포르와 홍콩의 평균 IQ(108)는 프랑스에서 관찰된 것(98)보다 10 포인트나 더 높다.[3] 연구자들은 20세기 후반에 선진국에서 도달한 IQ 수준이 정점이었으며, 앞으로는 이 수준에서 벗어나 하락할 것이라고 보고 있다. 그 이유는 무엇일까? 절대적인 확신은 없지만, ―각각의 상대적 중요도가 아직 파악되지 않은 ― 몇 가지 요인이 의심되고 있다.

재능 있는 여성들이 아이를 적게 낳는다

최근의 연구에서는 지능이 높은 이들의 출산율이 낮은 반면, 재능이 덜한 사람들의 출산율은 복지 시스템 덕분에 더 쉬워진 점을 지적하고 있다. 문명은 근본적으로 다윈 이론과 반대되는 성

3 실제로 IQ값은 특정 인구 집단을 기준으로 조정되며, 이 집단의 평균은 100으로 설정된다. 만약 모든 사람이 160의 IQ를 가지게 된다면, 새로운 평균은 100이 될 것이다. IQ는 사람들을 분류하는 것이지, 온도처럼 절대적인 양을 측정하는 것이 아니다―원주.

향을 보인다. 문명은 가장 적합한 자들을 선택하는 무자비한 시스템 대신에, 가장 약한 자들도 생존하고 번영할 수 있는 상호 원조 시스템을 제공하는 것이다. 인도주의자로서 우리는 이 사실을 기뻐할 수밖에 없다. 문명의 질은 그 사회가 가장 약한 사람들을 어떻게 대하는지에 따라 평가되지 않는가? 하지만 이러한 온정적인 도움은 우리 종을 현재의 모습으로 만든 〈자연적〉 우생학에 대해 끔찍한 제동 장치로 작용한다. 최근에 이뤄진 세 건의 유전학 연구는 이러한 직관을 확인해 준다. 여성의 IQ는 자녀의 수에 큰 영향을 미친다는 것이다! 아이슬란드에서 광범위하게 행해진 연구에서는 학업 성취도와 상관관계가 있는 유전적 변이를 가진 여성들이 나머지 인구보다 훨씬 적은 수의 자녀를 가진다는 사실을 보여 주었고, 이는 미국에서의 연구 결과를 확인시켜 주었다. 또 2017년 12월, 『이코노미스트*The Economist*』는 과학 저널 『PNAS』에 게재된 영국 여성의 출산율에 대한 연구 결과를 발표했다. 50만 명의 영국인 DNA를 보유하고 있는 〈UK 바이오뱅크〉[4]는 높은 IQ를 주는 유전적 특성과 아이를 낳을 확률 사이에 매우 부정적인 상관관계가 있음을 보여 준다. 다시 말해, 영국 여성은 재능이 있을수록 자녀를 적게 갖고, 인지 능력이 낮을수록 더 많이 출산한다는 것이다. 인공 지능이 급속히 발전하고 있는 이때, 우리 서양인의 지적 쇠퇴를 그냥 보고 있어야만 하는 걸까? 일론 머스크는 우리의 유전적 유산이 퇴화되고 있다고 확신하기

4 영국인 50만 명 이상의 건강 데이터를 수집하고 분석하는 생화학 연구 프로젝트로, 다양한 질병과 관련된 유전적, 환경적 요인을 연구하여 건강과 질병에 대한 이해를 증진시키는 것을 목적으로 한다.

때문에[5] 더욱 앞으로 인공 지능이 갖게될 힘에 대해 우려하고 있다. 그는 이렇게 털어놓는다. 〈나는 지능이 높은 사람들만 아이를 낳아야 한다고 말하는 게 아닙니다. 그들 또한 아이를 가져야 한다고 말하는 겁니다. 매우 지능이 높은 여성 중 많은 분이 아이를 한 명만 갖거나 아예 자녀가 없다는 사실을 알게 되었습니다.〉[6] 머스크의 이러한 생각은 극우 철학자나 트랜스휴머니즘 산업계만의 전유물이 아니다. 좌파 성향의 노벨 의학상 수상자 자크 모노Jacques Monod도 그의 명저 『우연과 필연Le Hasard et la Nécessité』에서 이를 지지한 바 있다.

　　지능의 유전학이 금기 주제이긴 하지만, 우리는 지적인 여성, 그리고 여성 엔지니어와 연구원들이 더 많은 아이를 갖도록 장려해야 한다. 연구 센터 내에 어린이집을 만들고, 엔지니어들이 출산 휴가 동안 경력 보장을 받도록 해주면 고지능 여성들의 출산율을 높일 수 있다. 사회 보장 제도는 여성 과학자들이 박사 학위 취득 후의 늦은 나이에 아이를 가질 수 있도록 난자 냉동에 필요한 비용을 100퍼센트 환급해줘야 한다. 이제 디지털 대기업에서는 여성 엔지니어들이 경력을 확보한 후 아이를 가질 수 있도록 난자 냉동 비용을 회사에서 지원하고 있다. 프랑스가 강대국으로 남기 위해서는 지능이 높은 여성들을 소중히 여겨야 하지 않겠는가?

아스퍼거 증후군과 같은 병리적인 경우를 제외하면, IQ는 다른

---

5 다윈 이론식 선택이 종료된 후에 우리의 유전적 유산이 악화되고 있다는 사실을 다수의 연구가 지적한 바 있다 —원주.

6 Vance Ashlee, *Elon Musk*, Harper Collins Publishers, 2016 —원주.

형태의 지능과 확실히 연관되어 있으며 일반적인 지적 능력의 양호한 척도 — 과학자들은 이를 〈프록시〉[7]라고 부르기도 한다 — 가 된다. 연구에 따르면 높은 IQ는 언어나 수학을 포함한 모든 종류의 추상적 문제를 해결하는 능력과 강한 상관관계가 있다. 또한 통계적으로 학업, 경제적, 사회적 성공의 신뢰할 수 있는 지표이기도 하다.

IQ의 실추된 명예를 회복시키기 위해 마지막으로 덧붙이자면, 우리의 산업-디지털 사회에서 기술 혁신은 높은 IQ를 지닌 엔지니어와 과학자들에 의해 이루어진다. 이는 가치 판단이 아니라 그냥 객관적인 사실이다. 인간의 존엄성이 IQ로 측정되는 것은 아니지만 말이다.

우리 사회에서 IQ의 중요성은 어떤 신화도 과장도 아니다. 이 IQ를 이해하는 것은 매우 중요한 일인데, 왜냐하면 신경 과학 혁명이 인간 지능의 모든 차원을 뒤흔들면서 우리 문명에 새로운 시대를 열고 있기 때문이다. 인간은 지능이라는 지렛대를 사용하여 세상을 지배해 왔지만, 이제부터는 신경 과학 기술이 이 지렛대를 근본적으로 변화시키며 세상을 변화시킬 것이다.

---

7 proxy. 프록시는 〈대용물〉이라는 뜻의 단어로, 과학적 맥락에서는 〈대리 지표〉, 혹은 〈간접 측정 도구〉라는 뜻으로 쓰인다. 여기서는 직접적인 측정이 어려운 전반적인 지적 능력을 간접적으로 나타내는 지표라는 뜻이다.

GPT-4가 등장하기 전까지, 우리에게 인간의 뇌는 우주에서 가장 복잡한 기계였다

우리는 세상에서 유일하게 인간만이 개념적 지능을 가진 존재라고 알고 있었다.[8] 그런데 챗GPT가 이 독점 상황을 깨뜨렸다.

인간의 사고가 신경 자극을 주고받는 신경망만으로도 충분히 가능하다는 것은 최근에야 증명되었고, 1996년에 요한 바오로 2세Pope John Paul II도 언급했듯이 가톨릭교회는 여전히 받아들이지 않는 사실이다.[9] 지금으로부터 40년 전에 출간됐던 신경 생물학자 장피에르 샹죄Jean Pierre Changeux의 책은 당시에는 충격적인 이론이었던 이 사실을 주장하며 큰 물의를 일으켰었다.[10] 하지만 오늘날 과학은 우리가 존재하기 위해 어떠한 〈영혼〉도 필요 없다는 것을 보여 주고 있다.

뇌는 불확실하고 불안정한 환경에서 생존 문제를 해결하기 위해 진화 과정에서 발달해 온 도구이다. 인간의 뇌에는 860억 개의 상호 연결된 신경 세포가 존재한다. 신경 세포는 축삭 돌기

---

8 뇌의 역할이 항상 인정받은 것은 아니었다. 고대 이집트인들은 미라를 만들 때 내장, 특히 심장은 소중히 보존하면서도, 뇌는 중요하지 않다고 생각하여 으깨어 버렸다 — 원주.

9 영성주의자들은 인간의 의식은 단순히 생물학적인 것만은 아니라고 주장한다. 그것은 무엇보다도 철학적으로 이런 생각을 도저히 받아들일 수 없기 때문이다. 만일 우리의 뇌가 일종의 기계에 불과하다면, 이른바 우리의 〈자유 의지〉는 어떻게 되겠는가? — 원주.

10 Changeux Jean-Pierre, *L'Homme neuronal*, achette, 1983 — 원주.

와 수상 돌기라고 불리는 섬유로 연결된 세포로서, 생체 전기 신호의 형태로 신경 자극을 전달한다. 신경 세포는 자극을 수신할 뿐만 아니라 발신할 수도 있다. 신경 자극의 전달을 보장하는 중계소가 바로 시냅스이며, 각 신경 세포는 수천 개의 시냅스 연결을 가지고 있다.[11]

뇌는 오랜 진화의 결과로 여러 층으로 이루어져 있다. 장기의 무의식적 기능과 의식적 동작의 지휘자이자, 결정의 중심인 뇌는 수신된 정보를 처리하여 환경에 반응할 수 있게 한다. 뇌는 자신이 진화하는 세계의 법칙을 이해하기 위해 끊임없이 노력하며, 이를 통해 개인이 생존하고 번식할 수 있게 해준다. 데이터를 저장(기억)하고, 이를 처리하여 의미(세계의 규칙)를 추출하는 작업을 우리는 학습이라고 부른다.

인간의 뇌는 자신을 이해하는 데 큰 어려움을 느낀다. 이는 생성형 AI와의 신비스러운 공통점이다. 우리는 그것들이 어떻게 작동하는지 잘 이해하지 못한다. 그것들의 특성 중 일부는 갑자기 그냥 생겨나는 것이어서 근원을 명확히 설명하기 힘들다. 하지만 결과로만 판단한다면, 챗GPT가 지금까지 우리 뇌의 전유물이었던 작업들을 수행한다는 것은 분명한 사실이다. 정보를 저장하고, 연결하고, 종합하며, 제기된 문제에 대한 독창적인 답변을 도출하는 능력 말이다.

11 또한, 신경 세포는 약 1조 개의 지지 세포인 글리아 세포에 둘러싸여 있으며, 이 글리아 세포가 신경 자극 전달에서 중요한 역할을 한다는 사실이 최근에 밝혀졌다 ─원주.

신경 가소성

신경 세포의 관점에서 볼 때 〈학습〉이란 무엇일까? 그것은 바로 신경 세포 사이를 새로이 연결 짓는 것이다.[12] 그렇다면 기억한다는 것은 무엇일까? 이미 만들어진 신경 연결을 활성화하는 것이다. 뇌의 기능에 대한 관찰은 우리가 어떤 방법으로 가장 잘 학습하는지 이해하는데 도움을 준다. 우리는 생존에 필요하다고 느끼거나, 감정과 연관되어 있거나, 이미 알고 있는 것과 연관성이 있을 때 더 잘 기억한다. 이것이 바로 우리 모두가 사용하는 이른바 〈연상기억법〉이다.

뇌에 관한 최근의 발견들은 뇌가 가진 놀라운 가소성을 보여 준다. 나이가 들수록 변화가 어려워지지만, 뇌는 평생 동안 신경 세포 간의 연결을 제거하고 재생성할 수 있다. 일부 신경 세포 그룹에서는 하루 동안 시냅스 연결의 10퍼센트가 교체된다고 한다![13] 특정 뇌의 유전적 정체성을 특징짓는 것은 그것의 〈구조〉가 아니다. 뇌에는 애초부터 정해진 구조가 없기 때문이다. 오히려 학습 능력이 뇌의 정체성을 결정한다. 뇌의 진정한 가치는 그것 자체가 아니라, 변화하고 적응하는 능력에 있다.

새로운 디지털 도구의 사용이 우리의 집중력과 기억력을 재구성하고 있는 이 시대에, 우리는 집단적으로 뇌의 가소성을 경험하고 있다. 베스트셀러 『인터넷이 우리 뇌에 미치는 영향』에서 저자 니콜라스 카는 수세기 동안 전통적인 〈정신의 도구들〉 — 알파벳, 지도, 인쇄물, 시계 — 에 의해 형성되었던 우리

12 또는 새로운 신경 세포를 만드는 것이다 — 원주.
13 피에르마리 레도Pierre-Marie Lledo 교수의 연구 — 원주.

의 뇌가 새로운 디지털 관행들로 인해 어떻게 재구성되고 있는지를 설명한다.[14] 책이 오랜 집중과 창의적 사고를 촉진했다면, 인터넷은 빠른 사고와 산만한 샘플링, 그리고 다양한 출처를 통한 정보의 인식을 장려한다. 이러한 변화로 인해 우리는 기계에 더 의존하게 되었고, 인터넷 접속에 중독되었으며, 검색 엔진의 도움 없이는 정보를 찾을 수 없게 되었고, 기억력이 떨어졌고, 결과적으로 모든 종류의 영향에 취약해졌다.

우리의 뇌가 탐욕의 대상이 된 것은 새로운 일은 아니다. 신경 마케팅은 신경 과학을 이용해 우리를 더 잘 조종하는 것을 목표로 한다. 우리의 취향과 욕구는 기업에 매우 귀중한 데이터이며, 가능하기만 하다면 맹렬히 수집된다. 정치인들은 우리의 가치관과 사물을 이해하는 방식을 항상 중요시해 왔다. 그것을 이해하든, 통제하든, 증강하든, 수정하든, 혹은 사용하든 간에 생물학적 뇌는 이번 세기의 주요 전장이 되었다. 챗GPT의 등장은 충격적인 사건이었으니, 이러한 생물학적 뇌의 전쟁에 급속도로 발전하는 새로운 경쟁자가 갑자기 출현했기 때문이다.

---

14 Carr Nicholas, *The Shallows: what Internet is doing to our brain*, W. W. Norton & Company, 2011 — 원주.

11장
챗GPT가 두뇌 전쟁을 가속화하고 있다

바야흐로 뇌의 전쟁이 치열하게 벌어지고 있다. 이것은 거대한 정치적 이슈이기 때문이다. 물론 폭탄을 투하하거나 희생자를 내지 않는 차가운 전쟁이다. 언론의 헤드라인을 장식하지 않는 조용한 전쟁이다. 그러나 이것은 분명히 실재하는 전쟁이다.

가장 선진적인 국가들이 왜 지능을 최우선 관심사로 삼았는지를 이해하려면, 오늘날 지능이 얼마나 중요한 것인지를 깨달아야 한다. 지능은 그 어느 때보다 권력의 핵심 요소가 되었다.

생물학적 신경 세포 또는 인공 신경 세포는 새로운 석유다

수천 년 동안 인류는 영토를 정복하기 위해 싸워 왔다. 이는 주로 농산물과 원자재 같은 기본 자원에 대한 접근을 확보하기 위해서였다. 에너지 소비가 아주 많은 산업 혁명 이후의 세계에서, 에너지 자원은 모든 강대국의 기반이 되었고 많은 분쟁의 원인이 되었다. 19세기와 20세기는 각각 석탄과 석유의 시대였다. 그리고 21세기는 이제 지능의 시대가 되었다.

똑똑한 인재들을 유치하는 것은 왜 중요한 일일까? 왜 지능이 모든 탐욕의 대상이 되었을까? 그것은 전적으로 지능에 의존하는 혁신이 디지털 사회를 움직이는 원동력이기 때문이다.

정보의 과잉과 극도로 빨라진 기술의 진화, 그리고 지속적인 혁신 요구로 특징지어지는 세계에서 지능은 중심이 될 수밖에 없다. 정보를 분별하고, 종합하며, 창의적으로 연결하는 능력이 가치 창출의 주요 동력인 것이다.

점점 더 정교해지는 인공 지능의 출현으로 지능의 위치는 더욱 높아질 것이다. 데이터의 양과 그것들의 복잡한 상호 작용이 끊임없이 증가하는 세상을 이해하기 위해서는 더 많은 지능이 필요할 것이다. 지능은 그 어느 때보다 중요한 자원이 될 것이다. 세상에서 지능이 더 발달할수록, 지능 없이는 살아갈 수 없게 될 것이다.

인류 역사 내내 있어 왔던 원자재와 비옥한 토지를 둘러싼 경쟁은 최고의 지능을 통제하기 위해 국가와 기업들이 벌이게 될 치열한 경쟁에 비하면 아무것도 아닐 것이다. 혁신을 통해 더 많은 지능을 창출하려는 노력이 계속될 것이다.

챗GPT의 세기에는
지능이 모든 권력의 원천이 된다

오늘날 두뇌는 가장 귀중한 자원이다. 대부분의 강대국은 이 사실을 이해하고 그에 따른 조치를 취하고 있다. 〈회색의 금〉[1]을 둘러싼 경쟁은 먼저 최고의 외국 학생들을 유치하기 위한 집중적인 정책의 형태로 나타난다.

미국의 대학교는 거대한 재능 선별기로, 당연히 최고의 인재를 붙잡아두기 위해 노력한다. 그러나 이제 미국의 지배력은 도전받고 있다. 비록 미국 대학교가 여전히 〈상하이 랭킹〉[2]에서 상위를 차지하고는 있지만, 중국의 대학교가 바짝 뒤를 쫓고 있다.

거의 제로에서 시작한 중국은 고등 교육과 과학 연구 발전을 위해 적극적인 정책을 펼치고 있다. 2001년 이후 중국의 연구 지출은 약 300퍼센트나 증가했다.

지능 전쟁의 두 번째 차원은 교육 이후의 단계, 즉 현장에서 활동 중인 연구원과 엔지니어를 채용하는 단계에서 벌어지고 있다. 여기서도 미국은 전 세계에서 최고의 연구원들을 유치하는 데 오랫동안 능숙한 솜씨를 발휘해 왔다.

우리가 진입하고 있는 지능 사회의 구체적 표현이라 할 수

---

1 뇌를 가리키는 말.
2 전 세계 대학교에 대한 이 연례 순위는 세계 대학 학술 순위Academic Ranking of World Universities에 의해 고안되었다 ─ 원주.

있는 새로운 기술에 대해 정치인들이 내비치는 경멸감[3]은 심각한 판단 착오를 드러내고 있다. 그들은 디지털 기술은 일시적 유행, 혹은 비이성적인 열광에 불과하며, 결국에는 훌륭한 가치들이 제자리를 찾을 거라고 생각한다. 그러나 기술의 역사는, 특히 오늘날에는, 순환적인 것이 아니라 점진적인 것이다. 인터넷이 미니텔에 밀려 사라지는 일은 결코 없을 것이다. 몇 년 후에 스마트폰이 사라진다면, 그것은 우리가 다시 구식 전화기로 돌아가기 때문이 아니라, 스마트폰을 대체할 전자 임플란트 때문일 가능성이 크다.

지금 지능 전쟁이 치열하게 벌어지고 있으며, 생명 공학, 정보 기술, 로봇 공학 등 핵심 분야에서 전략적 위치를 차지하기 위한 경쟁이 한창이다.

우리는 지식 경제를 창조했지만, 그것이 가져올 모든 정치적 결과를 따져 보지 않았다.

지능에는 단지 권력의 문제만 걸려 있는 게 아니다. 국가들이 서로 차지하려고 싸우는 게 미래의 주요 자원이라서만은 아니라는 얘기다. 지능은 또한 개인의 사회적 지위를 결정하는 열쇠이기도 하다.

서구 국가들에서 태생에 따른 계급 구분이 폐지된 이후, ― 적어도 이론상으로는 ― 장점의 시대가 도래했다. 이 〈장점〉이란 무엇을 말하는가? 절대적 장점과 사회적 장점을 혼동해서는 안 된다. 절대적 장점 가치를 인정한다는 것은 엄청난 노력으로

3 신기술 애호가인 에마뉘엘 마크롱이 2017년에 당선되면서 상황이 변하긴 했다.―원주.

장애를 극복한 말더듬이를 그보다 언변이 뛰어난 타고난 연설가보다 낫다고 보는 것이다. 장점의 이러한 정의는 도덕적으로는 큰 의미가 있을지 모르지만, 사회적으로는 적절하지 않다. 구성원들의 평등에 기반을 둔 정치 체제에서, 개인 간의 차별을 정당화할 수 있는 유일한 변수는 1789년의 인권 선언 제1조에서 말하듯이 〈공공의 유용성〉[4]이다. 요즘의 경제 용어로는 〈창출된 가치〉라고 말한다. 바로 이 사회적 장점이 경제적 차이의 기반이 되는 것이다.

그런데 사회적 장점, 즉 노동을 통해 가치를 창출하는 능력은 지능과 높은 상관관계가 있다. 1990년대 중반에 큰 논란을 일으킨 책에서 헤른스타인과 머레이는 IQ가 성공의 결정적인 요인이라고 주장했다.[5]

충격적으로 느껴질지 모르지만, IQ와 성공 사이의 연관성은 여러 차례 입증되었다. 이는 이념적인 해석이 아닌 통계적인 사실이다. 낮은 IQ는 낮은 수입의 가능성을 크게 높일 뿐만 아니라, 사회적 소외의 가능성도 높인다.

지능과 사회적 성공 사이의 연관성은 우리 시대에 더 강해졌지만, 사실은 디지털 시대 이전부터 존재했다. 한 국가의 평균 IQ와 그 나라 사람의 평균 소득 사이에 통계적으로 입증[6]된 연

---

4 〈모든 인간은 자유롭고 권리에 있어 평등하게 태어난다. 사회적 차별은 오직 공공의 유용성에 근거해서만 이루어질 수 있다〉 — 원주.

5 Herrnstein Richard J., Charles Murray, *The Bell Curve: Intelligence and Class Structure in American Life*, Free Press, 1994 — 원주.

6 국가적인 규모에서 — 원주.

관성은 약 20년 전에 밝혀졌다.[7] 국가 간 경제적 차이의 약 75퍼센트가 국민의 평균 IQ로 설명된다. 심지어 연구자들은 이 관계가 단선적이 아닌 기하급수적이라는 사실도 발견했다.[8] 다시 말해서, IQ가 높아질수록 임금 상승은 더 가팔라진다. IQ가 5 포인트 오르면 임금은 1.45배 증가하고, 10 포인트 오르면 임금이 2배 증가한다.

디지털 시대에 IQ와 수입 간의 상관관계는 그 어느 때보다도 강력하다. 21세기에 가장 중요한 사회적 유용성은 이제 알고리즘에 의해 창출된다. 〈소프트웨어가 세상을 집어삼키고 있다.〉 다시 말해서, 이제 경제적 가치는 수억 명의 사람이 유용하게 사용할 인공 지능을 만들어 내는 능력에 달려있다. 인공 지능은 갈수록 많은 경제적 가치를 빨아들이는 블랙홀이 되고 있는 것이다.

챗GPT 버블, 새로운 경제를 탄생시키다

신기술에 관련된 이슈를 다루는 프랑스 전문가인 니콜라 콜랭 Nicolas Colin은 소프트웨어가 어떻게 가치를 흡수하여 경제의 다른 부분을 고갈시키는지 설명한다. 소프트웨어는 이윤의 대부

7 Richard Lynn & Tatu Vanhanen, *Intelligence, A Unifying Construct for the Social Sciences*, Ulster Institute for Social Research, 2002 — 원주.

8 Dickerson E., 「Exponential correlation of IQ and the wealth of nations」, *Intelligence*, 2006, 34, pp. 291-95 — 원주.

분을 차지함으로써 자연스럽게 거의 모든 수익이 개발자들에게 집중되게 한다는 것이다.

2013년 페이스북은 왓츠앱을 220억 달러에 인수했다. 이것은 이 회사의 IT 천재 55명이 4년 동안 창출해 낸 가치가, 21만 명의 푸조 직원이 210년 동안[9] 만들어 낸 가치(고작 120억 달러![10])보다 크다는 것을 의미한다. 다시 말해서, 알고리즘이 궁극적인 부의 원천인 세상에서 경제적 가치는 직원들의 평균 IQ에 달려 있는 것이다. 그다지 유쾌한 사실은 아니지만, 우리는 현실을 직시해야 한다. 지금 우리가 살고 있는 세상에서는 IQ 165의 젊은이 몇 명이 IQ 95의 노동자 100만 명보다 더 많은 부를 창출한다.[11] 결과적으로 인지 능력이 높은 개인과 낮은 개인 간의 소득 격차가 폭발적으로 벌어진다. 챗GPT는 최고의 스타트업 창업자들에게 수천억 달러를 안겨 줄 것이다.

소프트웨어 회사 C3.ai의 창업자이자 억만장자인 톰 시벨Tom Siebel은 2023년 3월 7일, AI 소프트웨어 시장이 연간 6,000억 달러에 이를 것으로 추정했다. 〈앞으로 모든 기업은 지금 컴퓨터를 사용하는 것처럼 인공 지능 애플리케이션을 사용하게 될 것입니다.〉

챗GPT는 인공 지능 관련 기업들의 가치를 폭등시켰다. 기업가 로뱅 리바통Robin Rivaton은 이렇게 설명한다. 〈GPT-4와

9 푸조가 창립한 때는 나폴레옹 보나파르트 시대였지만, 당시에는 자동차를 제조하지 않았다 — 원주.

10 매각되었을 때를 기준으로 — 원주.

11 물론 노동자의 사회적 가치와 존엄성은 경제적 가치나 주식 가치로만 평가될 수는 없다 — 원주.

같은 거대 언어 모델은 무엇보다도 문화적 혁명입니다. 그것의 잠재력을 보여 주는 예들은 계속 늘어나고 있으며, 각 세대 간의 발전 속도는 놀라울 정도입니다. GPT-4는 이른바《멀티모달 multi-modal》로서, 이미지와 소리를 처리할 수 있게 되었으며, 이해력과 추론 능력도 향상되었습니다. 달 착륙은 아직 이루어지지 않았지만, 챗GPT의 출시는 AI 경쟁에 있어서의 스푸트니크호 발사라 할 수 있습니다. 가장 흥미로운 질문은 이 도구들이 가져올 경제적 결과입니다. 혁신의 역사는 그것들이 야기하는 가치의 재분배와 밀접하게 연관되어 있으며, 이 재분배는 다양한 인구 집단과 지리적 지역 간에 일어납니다. 그리고 혁신의 사회적 수용은 주로 이런 변화의 속도에 따라 달라지는 경우가 많았습니다. 도구들과 관련된 가치 이동은 두 가지 형태로 나타날 수 있습니다. 하나는 어떤 직업에 대한 진입 장벽을 낮추어 더 많은 사람이 상품과 서비스를 생산할 수 있게 되는 것이고, 다른 하나는 이미 생산 과정에 참여하고 있는 개인들의 생산성을 높이는 것입니다. 이것이 오늘날 가장 흥미진진한 논쟁입니다. 아주 극단적인 의견들이 쏟아져 나오고 있습니다. 이 시점에서 프로그래밍을 배우는 것은 디지털카메라가 발명되었을 때 필름 사진 현상법을 배우는 거나 마찬가지라고 보는 사람들에서부터, LLM이 기본 지침을 능숙하게 다듬을 줄 아는 재능 있는 프로그래머나 작가의 손에 들어가면 굉장한 도구가 된다고 보는 사람들까지 다양합니다. 결국, 마르크 레비Marc Levy[12]가 연간 60권의 책을 서서 수익을 대폭 늘릴 수 있을까, 아니면 수천 명

12 세계적인 명성의 유명 프랑스 소설가(1961~).

의 사람이 문학 창작에 접근할 수 있게 되어 우리 서가의 깊이를 폭발적으로 늘리고 서적 가격을 낮출 수 있을까의 문제입니다.〉

인공 지능 분야에서 프랑스는 후진국이다

인공 지능 관점에서 보자면, 프랑스는 개발 도상국에 비교할 만하다. 프랑스는 〈원자재〉를 수출하는 나라다. 다시 말해서 인공 지능 전문 수학자와 컴퓨터 과학자들이 체계적으로 빠져나가는 반면, 거의 전적으로 미국 서부 해안에서 생산되는 고부가가치 제품들을 스마트폰을 통해 수입한다. 휴대폰을 확인하거나 컴퓨터 파일을 클라우드에 저장할 때마다, 우리는 유럽 이외의 지역에서 생산된 인공 지능을 수입하고 있는 것이다.

인공 지능 거대 기업 목록에 유럽 기업은 하나도 보이지 않는다. 하지만 프랑스에는 미국과 중국에 버금가는 수준의 연구원, 수학자, 컴퓨터 과학자가 있다. 그러나 그들은 얀 르쿤처럼 대서양을 건너가 재능을 발휘하는 경우가 많다. 프랑스는 세계 최고의 인공 지능 전문가 중의 하나를 양성할 수 있지만, 경제 시스템은 이 전문가의 뛰어난 재능을 국가를 위해 활용할 기회를 주지 않는다. 결국은 그는 페이스북에 이익을 안겨줄 뿐이다.

또 다른 이유는 프랑스 정부가 연구원들은 거의 무급으로 일해야 한다는 이상한 관념을 갖고 있기 때문이다. 콜레주 드 프랑스[13]의 신경 유전학자 알랭 프로시앙츠Alain Prochiantz는 이제 세상이 변했다고 말한다. 〈프랑스에 연구원들을 유치하고 싶다면 그들에게 돈을 줘야 해요!〉

13 College de France, 프랑스의 고등 교육 및 연구 기관.

지능은 모든 불평등의 어머니다

IQ는 단순히 소득 격차와만 관련이 있는 것은 아니다. 이는 기대 수명과 같은 더 근본적인 불평등도 보여 주는 꽤 신뢰할 만한 지표이다. 낮은 IQ를 가진 사람과 매우 높은 IQ를 가진 사람 사이에는 약 14년의 기대 수명 차이가 존재한다. 지능은 사람을 더 오래 살게 한다. 이 관계는 아마도 간접적인 것이겠지만, 매우 강력하게 작용한다. 높은 IQ를 가진 사람들은 덜 힘든 직업을 가지고, 치료 수단이 더 많으며, 더 〈건강한〉 삶을 살기 때문에 자연스레 수명이 늘어난다.[14] 고급 관리자들은 평균적으로 농업 노동자들보다 10년 이상을 더 산다.

평등주의 이념으로 교육받은 서구인에게는 윤리적으로 불편해 보일 수 있지만, 지능이 사회적 성공을 결정한다는 것은 놀라운 사실도 아니고, 분개할 사실도 아니라는 것을 인정해야 한다. 차별의 기준으로써 사회적 유용성보다 더 용인될 만한 것이 뭐가 있을까? 출생, 재산, 심지어는 순수한 노력마저도 공공의 유용성과 같은 가치를 가질 수 없다.

모든 종류의 성공과 IQ 간의 상관관계는 만약 지능이 모든 사람에 의해 획득될 수 있다면, 즉 지능 자체가 절대적 의미에서 노력의 결과물이 될 수 있다면 거의 문제가 되지 않을 것이다. 불행히도, 지능은 대부분 유전되며, 학교는 출생으로 인한 최초의 격차를 연장할 뿐이다. 이는 우리가 무시하고 싶은 진실이지

14 노동자보다는 고위급 임원이 레몬즙을 곁들인 가자미 요리로 점심을 먹을 기회가 많다. 패스트푸드는 싸구려니까 말이다 — 원주.

만, 우리 후손들은 더 이상 이것을 참을 수 없게 될 것이다. 왜일까? 인공 지능의 급속한 발전이 낮은 IQ와 높은 IQ 사이의 격차를 극적으로 벌릴 것이기 때문이다. 이 폭발적인 불평등은 교육 제도에 심각한 위기를 초래할 것이다.

내가 이 글을 쓰는 시점에서는 2030년의 세계가 어떻게 될지 알 수 없다. 그러나 그 시대에 살아갈 사람들이 직면하게 될 도전 과제는 어느 정도 예측할 수 있다. 한 가지 확실한 것은, 기계가 당신보다 더 잘할 수 있는 일, 그것이 무제한으로, 그리고 거의 무비용으로 해줄 수 있는 것들이 아닌 일을 하기 위해서는 많은 교육이 필요할 거라는 사실이다. 불행히도 학교는 이미 우리 사회의 약한 고리를 이루고 있다. 앞으로 학교가 받게 될 압박은 그 어느 때보다 커질 것이다.

12장

〈모든 것은 출생 이전에 결정된다〉
: 학교는 이미 쓸모없어진 기술이다

수세기 동안 교육의 임무는 특정 기관, 즉 학교에 위임되어 왔다. 학교는 개인이 사회에서 자리를 잡고 유용한 존재가 되기 위해 필요한 기본 지식을 전달해야 한다. 지능은 아이들이 지식들을 습득하고, 기억하고, 활용하고, 서로 통합하는 능력이라고 할수 있다.

하지만 사실 학교는 이런 식의 지능을 발전시키는 데 한 번도 성공한 적이 없다. 언제나 학교는 이미 존재하는 지능의 차이를 재생산하고 고착화했을 뿐이다.

지능은 타고나는 것인가,
아니면 만들어지는 것인가?

대부분의 부모는 자녀들이 학교에서 가르치는 것을 성공적으로 배우기를 바란다. 그러나 우리 모두는 아이들의 능력이 얼마나 다른지 보아 왔다. 이러한 차이는 선천적인 것인가, 아니면 후천적인 것인가? 학습 환경이 원인인가, 아니면 각 학생의 고유한 특성의 결과인가? 영미권에서는 이 질문을 〈천성이냐, 양육이냐?〉[1]라는 말로 표현한다.

일반적으로 말해서, 우리는 두 가지 차원의 상호 작용 결과이다. 하나는 우리 뇌의 구조이고, 다른 하나는 우리가 사는 환경이다.[2]

첫 번째의 경우에서, 우리는 흔히 누군가가 특정한 일에 대한 〈타고난 소질〉이 있다고 말한다. 사실 어떤 아이는 특정 학습을 더 쉽게 해내는 것처럼 보인다. 이러한 용이성은 일종의 선천적 능력 ─ 문자 그대로 태어날 때 가지고 나오는 능력 ─ 의 표현이라고 할 수 있다.

두 번째의 경우에서, 환경은 우리가 경험한 사건들이 가르쳐 준 모든 것을 포함한다. 이것은 우리 사고방식의 〈문화적인〉 부분이다.

학교는 아이들 간의 불평등이 주로 가정 환경 때문이라는 원칙에서 출발하여, 차이를 최대한 메워주는 것을 목표로 삼았다. 그런데 학교가 과연 이 목표를 달성하고 있을까?

학교는 지적 발달의 불평등을 해결하는 엄청난 임무를 부여받은 기관이다. 그러나 이 임무를 너무나 형편없이 수행하고

---

1 〈nature or murture?〉. 프랜시스 골턴Francis Galton이 만든 표현 ─ 원주.

2 뇌의 생성과 환경, DNA, 그리고 우연이 우리 뇌를 지속적으로 형성하는 방식에 대해 좀 더 자세한 설명을 원하는 독자는 다음의 주소로 연락하기 바란다. laurent.alexandre2@gmail.com ─ 원주.

있는 게 현실이다. 실제로 불우한 환경 출신의 아이들에게 학교는 한 가지 — 부모가 일하는 동안 탁아소 역할을 해주는 것 — 를 제외하고는 모든 목표에서 실패했다고 할 수 있다.

우리는 가장 열정적인 교원 조합원들만이 부정하고 있는 이 현실을 인정해야 한다. 학교는 불평등을 줄일 능력이 없는 기계이다.

학교는 왜 이렇게 형편없는가?: 모든 것은 이미 결정되어 있다

학교의 저조한 성과에 대한 첫 번째 해석은 가정 환경의 차이를 보완하기에는 아이들이 학교에 있는 시간이 충분치 않다는 것이다. 프랑스에서 학교에 다니는 아이들은 깨어 있는 시간의 20퍼센트 이상을 학교에서 보내지 않는다. 아이들은 여전히 가정에서 대부분의 시간을 보낸다.

이러한 가정에서 더 많은 시간을 보내는 상황은 자동으로 불평등을 낳는다. 피에르 부르디외와 장 클로드 파스롱Jean-Claude Passeron에 따르면, 아이의 가정 환경은 성적 차이를 만드는 가장 중요한 요인이다. 이 차이는 각 가정에서 익힌 다양한 사회, 문화적 코드를 이해하고 활용하는 능력과 직접적인 관련이 있기 때문이다.

중국과 토스카나의 놀라운 사례들

명문가들이 오래 전부터 존재해 왔다는 것은 잘 알려진 사실이다. 이는 특히 이탈리아의 토스카나에 잘 기록되어 있다. 1427년 심각한 금융 위기가 일어났을 때 세밀한 세무 조사가 실시되었는데, 이때 부유한 가문들은 6세기 동안 거의 변하지 않았다는 사실이 밝혀졌다. 25세대에 걸쳐 사회적 변동이 거의 없었던 것이다.

토스카나의 경우, 세대 간 사회적 지위 전승에 있어 돈, 문화적 배경, 그리고 유전된 지적 능력 중 어느 것이 얼마나 영향을 미쳤는지 구분하기 힘들다.

이것이 중국의 사례가 흥미로운 이유이다. 2017년 중국 엘리트 가문의 84퍼센트가 마오쩌둥 혁명 이전에도 이미 엘리트 계층이었다.[3] 1949년에 그들의 재산과 부가 몰수되었고, 부르주아 지식인이었던 부모들이 자녀에게 교육을 시키기 어려웠음에도 불구하고 말이다. 이는 특정 집단의 사회적 지배력이 놀라울 정도로 강하게 이어진다는 증거로, 아마도 유전적 요인이 큰 부분을 차지할 것이다.

학교가 실패한 것에 대한 또 다른 해석은 학생의 삶에서 학교와 가정 밖의 외부 요소들이 최종 결과에 큰 영향을 미칠 수 있다는 것이다.

3 시드니 대학 중국 경제학 교수 데이비드 S. G. 굿맨David S. G. Goodman의 연구—원주.

대마초가 아이들의 IQ를 떨어뜨리고 있는가?

일부 연구자들은 프랑스 청소년들의 높은 대마초 소비율이 교육 시스템의 성과를 평가하는 PISA 순위에서의 저조한 성적과 관계가 있다고 주장한다. 이는 프랑스에서 청소년 두 명 중 한 명이 대마초 소비자라는 점에서 매우 심각한 문제이다. 2012년 뉴질랜드의 데이터를 바탕으로 한 연구에 따르면, 청소년기에 시작된 정기적인 대마초 소비는 성인기에 최대 8 포인트의 IQ 저하와 관련이 있었다. 그리고 이러한 지능 저하가 사회적 성공에 미치는 영향은 지대하다. 8 포인트는 대략적으로 말해서 고급 엔지니어와 단순 기능공을 나누는 차이이다.

그렇다면 이제 대마초가 IQ를 저하시키는 것인지, 아니면 애초에 지능이 낮았던 아이들이 쉽게 대마초에 빠지는 것인지를 알아봐야 한다.

2017년 초에 행해진 최근의 연구는 대마초 소비자들에게서 IQ 저하를 발견하지 못했다. 대마초 소비자들은 실제로 대마초를 처음 경험하기 전에 이미 낮은 IQ를 가지고 있었다. 대마초에 의존하게 되는 청소년들은 이미 12세 때, 앞으로 소비자가 되지 않을 청소년들보다 IQ가 5.61 포인트 낮았다. 이 최근 연구들은 대마초를 많이 소비하는 청소년들이 중독이 시작되기 전부터 지능이 낮았다는 것을 시사한다.[4]

과학적 연구들은 지능은 타고나는 것이 후천적으로 얻는 것보

---

4 반면, 대마초가 기억력에 해롭고, 청소년기에는 알코올이 실제로 IQ를 낮춘다는 사실이 확인되었다 — 원주.

다 많다는 것을 보여 준다. 유전학은 우리의 특성 중 일부가 후천적으로 획득되는 게 아니라 선천적으로 타고나는 것이라는 불편한 진실을 다시 한 번 입증하고 있다.

그렇다면 지능이 높은 부모는 반드시 지능이 높은 자녀를 낳을까? 꼭 그렇지는 않다. 선천적 특성을 설명하는 데 사용되는 〈유전적〉이라는 용어에는 오해의 소지가 있다. 아이는 부모에게서 물려받지 않은 고유한 유전적 변이[5]를 가질 수 있다. 부모의 지능이 자녀의 지능을 절대적으로 결정하는 것은 아니다. 평범한 지능을 가진 부모가 천재 자녀를 낳을 수도 있고,[6] 그 반대도 가능하다.

흔히 말하는 〈유전〉과 〈후천적 요인〉 사이의 구분은 그리 명확하지 않다. 생활 방식, 혹은 특정 물질의 섭취나 그것에 대한 노출이 우리 유전자의 발현에 영향을 줄 수 있다. 이를 〈후성 유전학〉이라고 한다. 이 현상은 유전적으로 어떤 병에 걸리기 쉬운 체질을 가졌다 하여 반드시 그 병에 걸리는 것은 아니라는 점을 설명해 준다.

이러한 결과를 도출하기 위해 널리 사용되는 기법 중 하나는 쌍둥이 연구법이다. 이 방법은 선천적 요인과 후천적 요인의 역할에 대해 많은 것을 알려 준다. 일란성 쌍둥이는 거의 100퍼

5 정자 또는 난자의 형성 과정이나 배아 발달 초기 단계에서 발생한 변이로, 부모에게서 유전되지 않은 것이다 ─ 원주.

6 이것은 일반적으로 매우 운이 좋은 유전적 사건들에 해당한다. 부모의 난자와 정자의 형성 과정에서 비정상적으로 생긴 많은 양의 좋은 유전 변이를 미래의 아이가 가지거나, 뇌의 줄기세포에서 뇌 가소성에 유리한 유전적 재구조화를 겪는 경우이다 ─ 원주.

센트 동일한 유전 물질을 공유하므로, 그들 사이의 차이는 오로지 그들이 경험한 환경의 차이 때문일 수밖에 없다.[7] 따라서 서로 다른 학교에 다녔거나 가정에서 자란 일란성 쌍둥이는 선천적 요인과 후천적 요인의 역할을 탐구하는 데 훌륭한 연구 대상이 된다.

부르디외의 착각과 교사들이 빠진 유전자의 함정

트로핌 리센코Trofim Lyssenko(1898~1976)는 유전적 특성은 수정될 수 있다고 주장했다. 이른바 〈부르주아〉 유전학자들이 굴라그[8]로 추방되면서 리센코의 이론은 힘을 얻었고, 프랑스 엘리트들도 여기에 물들게 되었다.[9] 프랑스 공산당은 과학자들에게 리센코식 유전학을 지지하라고 요구했고, 이 유전학은 후천적 요소가 선천적 요인보다 우세하다고 주장하는 〈프롤레타리아 과학〉의 모범으로 여겨졌다. 리센코의 이론은 프랑스에서 피에르 부르디외의 이데올로기와 결합되었으며, 이에 따라 프

7 그러나 배아 발달 초기에 일어나는 몇몇 돌연변이로 인해 일란성 쌍둥이 사이에도 미세한 유전적 차이가 생길 수 있다 — 원주.

8 소련 시절의 강제 노동 수용소. 1930년대부터 1950년대 중반까지 소련 전역에서 운영되었으며, 정치범, 반체제 인사 등이 수용되었다.

9 트로핌 리센코는 20세기 초의 소련 농학자로, 유전학에 대한 비전통적이고도 논란이 많은 이론을 제시했다. 그는 후천적 형질이 유전될 수 있다고 주장하며, 자연 선택과 유전학에 기반한 멘델 유전학을 비판했다. 그의 이론은 스탈린 정권하에서 공식 이론으로 채택되었으며, 이에 따라 전통적 유전학을 지지하는 과학자들은 〈부르주아〉라는 이름으로 탄압을 받았다.

랑스 교사들은 모든 것이 후천적이며 유전적 요인은 거의 존재하지 않는다고 믿고 있다.

1964년 피에르 부르디외는 장 클로드 파스롱과 함께 쓴 『상속자들Les Héritiers』에서, 고등 교육에 접근하는 데 있어서의 불평등은 주로 문화적 요인에 기인한다고 주장했다. 가정 환경이 성적 차이의 원천이며, 이는 부르주아의 코드를 다루는 능력과 관련이 있다는 것이다. 이러한 개념은 선천적 능력에는 차이가 없다는 전제에서 출발한다. 하지만 오늘날 우리는 DNA가 인간 지능의 50퍼센트 이상을 결정한다는 사실을 알고 있다.

런던 킹스 칼리지의 로버트 플로민Robert Plomin 교수 팀을 비롯한 여러 연구진의 연구 결과에 의하면, 유전의 결정적인 영향력에 비하면 학교와 가정의 문화는 상대적으로 무게가 떨어진다고 한다. 쌍둥이들에 대한 이들의 연구[10]는 아동의 학업 성취도는 유전의 영향이 크다는 사실을 밝혀냈다. 7, 9, 12세에 테스트를 받은 7,500쌍의 쌍둥이를 대상으로 한 연구[11]는 읽기와 계산 능력에 있어서의 개인차는 68퍼센트가 유전적이라는 것을 보여 주었다. 이 사실 앞에서 교육 시스템은 좀 더 겸손해져야 하지 않을까.

10 Haworth C.M.A., Asbury K., Dale P.S., Plomin R. (2011), 「Added value measures in education show genetic as well as environmental influence」. PLoS ONE 6: e16006. doi : 10.1371/journal. pone.0016006.t004 — 원주.

11 Kovas Y., Voronin I., Kaydalov A., Malykh S.B., Dale P.S., et al. (2013), 「Literacy and numeracy are more heritable than intelligence in primary school」, Psychol Sci. doi : 10.1177/0956797613486982 — 원주.

2013년 영국에서 행해진 또 다른 연구[12]는 학교의 역할에 대한 신화를 깨뜨렸다. 연구진은 16세의 쌍둥이 1만1,000쌍 이상을 대상으로 GCSE[13] 평가 결과를 비교 분석했다. 그 결과 충격적인 사실이 밝혀졌으니, 학업 성취도가 유전자와 밀접한 관련이 있다는 것이다. 더 놀라운 것은 가정 환경과 학교 교육이라는 〈공통 환경〉이 성적 차이의 겨우 3분의 1 정도밖에 〈설명〉하지 못한다는 것이다. 쉽게 말해서, 아무리 좋은 학교에 다니고 부모가 열심히 가르쳐도, 그게 성적의 3분의 1에만 영향을 미친다는 뜻이다. 반면 유전의 영향력은 압도적이었다. 성적의 3분의 2가량이 유전자에 의해 좌우된다는 것이다. 결국 이 연구는 우리가 믿어 온 〈교육의 힘〉이 실제로는 그렇게 크지 않다는 충격적인 결론에 도달한다. 학교든 가정이든, 아무리 애를 써봐야 유전자의 막강한 힘 앞에서는 그리 큰 역할을 하지 못한다는 것이다.

연구자들의 말을 빌리자면, 〈이 결과는 학업 성취도의 차이가 교사나 학교의 질을 반영하는 게 아니라는 것을 보여 준다〉. 대체로 학교의 부진한 결과는 헌신적인 교사들의 무능이나 방

12 Shakeshaft N.G., Trzaskowski M., McMillan A., Rimfeld K., Krapohl E., 외 (2013) 「Strong Genetic Influence on a UK Nationwide Test of Educational Achievement at the End of Compulsory Education at Age 16」. PLoS ONE 8(12) : e80341. doi : 10.1371/journal.pone.0080341 ─ 원주.

13 General Certificate of Secondary Education. 우리말로는 〈중등 교육 일반 자격증〉 정도로 번역된다. 영국의 중등 교육 과정을 마친 학생이 취득하는 자격 증명서로 학생들이 다양한 과목을 선택하여 공부하고, 각 과목별로 시험을 치르거나, 보고서, 프로젝트 등 여러 방식으로 평가를 받는다. 평가 결과는 최고 등급인 9에서 1까지의 숫자 등급으로 표시되며, 이 등급은 대학 입학이나 취업에 중요한 역할을 한다.

법론의 문제 때문이 아니다. 교육을 통해 기회를 공평하게 하겠다는 학교의 목표 자체가 매우 어려운 과제인 것이다. 학교는 가정에 비해 상대적으로 작은 부분을 차지할 뿐만 아니라, 이 두 환경을 합쳐도 개인의 학업 성적을 바꾸는 데는 제한적인 힘밖에 없다. 잔인하고도 무자비한 유전이라고나 할까.

더 놀라운 것은 나이가 들수록 유전의 역할이 커지고 가정과 학교 환경의 역할은 줄어든다는 점이다. 유전적 요인은 12세에 지능의 55퍼센트를, 17세에는 66퍼센트를 설명한다! 50세가 되면 DNA는 지적 능력의 무려 81퍼센트를 설명한다고 한다. 20세까지 유전의 역할이 증가한다는 사실은 결국 뇌의 초기 상태보다는 그 가소성이 유전된다는 것을 보여 준다. 학습 능력을 좌우하는 것은 뇌의 가소성이며, 바로 이 가소성이 처음부터 개인마다 다른 것이다. IQ가 측정하는 것이 바로 이 신경 가소성, 다시 말해서 학습 능력이다.

물론 이것은 개인에게 최대한의 자극을 주는 것이 중요하지 않다는 뜻이 아니다. 오히려 그 반대다. IQ를 올리는 게 어려운 만큼 얻게 되는 IQ 포인트 하나하나는 더욱 소중한 것이다.[14]

14 유전과 환경의 상호 작용은 자동차와 운전자의 비유로 설명할 수 있다. 운전자의 실력이 아무리 형편없다 해도, 강력한 엔진을 가진 경주용 자동차를 갖는 것은 분명 큰 이점이 될 것이다. 비록 승리를 보장하지는 않더라도 말이다. 반대로, 아무리 뛰어난 운전자라도 구식 시트로엥 〈2마력〉 자동차로는 결코 경주에서 이길 수 없을 것이다. 마찬가지로, 유전적으로 허용된 뇌의 좋은 〈배선〉은 학업 성취 경쟁에서 큰 이점이 된다. 그 다음에는 자극적인 환경이 이런 선천적 소질을 더 크게 혹은 작게 발전시키는 데 도움을 줄 수 있을 것이다. 하지만 아무리 자극적인 환경이라도 열악한 신경 유전학적 유산을 실제로 상쇄할 수는 없다—원주.

읽기 능력 역시 우리의 염색체에 크게 좌우된다. 학교와 문화적, 교육적 환경은 단지 부차적인 역할만 할 뿐이다. 로버트 플로민과 수잰 스웨이거먼Suzanne Swagerman의 최근 연구는 부르디외가 상상했던 것과는 정반대의 인과 관계를 보여 준다. 부르주아 자녀들이 독서를 잘하는 것은 집 서재에 책이 있어서가 아니라, 부모들로부터 좋은 유전적 유산을 물려받았기 때문이다. 읽기 능력 차이의 64퍼센트가 유전적 기원을 가진다. 가족, 학교, 개인의 노력은 단지 3분의 1만을 설명할 뿐이다.

가난, 문화적 환경, 유전적 배경, 인지 능력, 그리고 IQ 사이의 불편한 상관관계에 대한 언급은 여전히 금기시되고 있다. ENS 연구자인 프랑크 라뮈의 말을 빌리자면, 〈평균적으로 볼 때, 사회적으로 가장 불리한 사람들은 유전적으로도 가장 불리하다.〉[15] 이러한 상황은 지식 경제 시대에 더욱 악화될 위험이 있다. 더 똑똑한 사람이 덜 재능 있는 시민에 비해 유리해질 테니까 말이다. 그렇다면 우리는 무엇을 해야 할까?

싸워야 한다! 유전적 결정론은 깨뜨리라고 있는 것이다. 1900년에, 100퍼센트 유전병인 낭포성 섬유증에 걸린 아이들은 몇 달 만에 죽었다. 하지만 오늘날 그들의 기대 수명은 50세를 넘는다. CFTR 유전자[16]의 독재는 의사와 연구자들에 의해 깨졌다. 교육에서도 같은 결과를 얻으려면 대대적인 투자가 필요할 것이다.

15 『르몽드』, 2017년 3월 15일 — 원주.
16 우리말로는 〈해양선 질환 유전자〉로 번역되며, 여기에 돌연변이가 발생하면 낭포성 섬유증이 발병한다 — 원주.

오늘날 교육의 관심은 온통 지적 엘리트 교육에 집중되어 있다. 몬테소리 학교부터 하버드, MIT, 프랑스의 그랑제콜에 이르기까지 말이다. 이제는 신경 유전학적 유산이 가장 좋지 않은 아이들에게 노력을 기울여야 한다. 1960년 이후 수천억 달러를 연구에 투자해 암을 물리쳤듯이, 신경 유전학적 불평등을 극복할 교육 방법을 찾기 위해 같은 규모의 국제적 노력이 필요하다. 교육을 통해 기회의 균형을 맞추는 것은 쉽지 않을 것이다. 2023년의 신경 유전학적 결정론을 부정해서는 안 되지만, 2050년까지 이를 깨부숴야 한다!

결론적으로, 학업 성취도의 차이는 교사의 질에서 비롯되는 것이 아니다. 여기에는 심각한 편견이 있다. 좋은 학교들은 가장 똑똑한 아이들을 선발하고, 이 아이들은 교육의 질과 상관없이 성공할 것이다. 유전적 결정론을 부정하는 것은 학교가 당나귀를 경주마로, 2마력 자동차를 페라리로 바꿀 수 있다고 믿게 하는 것이다.

신과 쓸모없는 자: 하라리의 예언을 거짓으로 만들자

유발 하라리가 『호모 데우스』에서 그리는 미래 세계는 그가 〈신과 쓸모없는 자〉라는 끔찍한 이름을 붙인 정치적 악몽의 세계이다. 세상은 인공 지능을 지배하는 전능한 신과, 새로운 지식 경제를 이해하지 못해 죽을 때까지 기본 소득에 의존하는 쓸모없는 자로 나뉜다는 것이다. 물론 우리는 하라리가 말하는, 〈쓸모 없는 자〉를 조작하는 지능 귀족층의 탄생을 막기 위해 모든 노력을 경주해야 한다. 하지만 이것은 쉽지 않을 것이다. 미국 연구기관 TNTP가 2015년에 수행한 〈미라지 연구The Mirage〉에 따르면, 교사들의 지속적인 연수는 학생들의 수준 향상에 그다지 효과적이지 않다고 한다.

현실은 비극적이다. 2023년 현재, 지적 불평등을 크게 줄일 수 있는 교육 기술은 여전히 존재하지 않는다. 프랑스에서 장미셸 블랑케르Jean-Michel Blanquer는 개별 맞춤 교육을 위해 학급 정원을 대폭 줄이는 실험을 했다. 초등학교 1학년 학급을 분반한 결과, REP+[17] 학생들 중 매우 심각한 어려움을 겪는 비율이 프랑스어는 40퍼센트에서 37퍼센트로, 수학은 40퍼센트에서 34퍼센트로 줄었다. 분반된 REP+ 학생들이 대조군에 비해 프랑스어에서 0.08의 표준 편차, 수학에서 0.13의 표준편차의 향상을 보였다. 분반의 효과가 전혀 없진 않았지만, 그리 크지도 않았다. 인지적 불평등을 크게 줄이려면 이보다 10배는 더 큰 효과가 필요할 것이다.

엄청난 비용이 드는 학급 분반으로 상황이 조금 나아지긴 했지만, 여전히 이 아이들은 미래 경제에 적응할 준비가 되어 있지 않다. 아이들이 2070년까지도 노동 시장에 남아 있을 거라는 사실을 잊어서는 안 된다! 10퍼센트의 아이들이 진전을 보였

17 Réseau d'Education Prioritaire Plus. 프랑스 교육 시스템에서 쓰이는 말로 우선 교육 네트워크의 준말이다. 사회적, 교육적으로 불리한 지역에 위치한 학교를 지원하기 위해 만들어진 특별 프로그램, 혹은 이 프로그램에 속한 학교를 말한다.

다 해도, 〈매우 심각한 어려움〉에서 〈심각한 어려움〉으로 올라 선 것이 과연 2070년의 인공 지능과 경쟁할 수 있는 능력을 약 속하는 걸까? 결코 그렇지 않다! 더 나아가려면 엄청난 노력이 필요할 것이다.

우리가 교육학 연구에 대대적인 투자를 하지 않는다면, 안 타깝게도 하라리의 말이 맞아떨어질 것이다. 2040년의 지적 아 파르트헤이트[18]는 2023년 우리의 비겁함이 낳은 결과가 될 테 니 말이다. 프랑스에는 ENS의 프랑크 라뮈 같은 훌륭한 교육학 전문가들이 있다. 하라리의 예언을 거짓으로 만들기 위해 우리 는 이들을 총동원해야 한다.

유전을 부정하다가는 감옥에 갈 수 있다

이러한 이념적 관점은 심지어 교사들을 감옥에 보낼 수도 있다. 부시George W. Bush 대통령이 시작한 〈한 명의 아이도 뒤처지지 않게 하라No Child Left Behind〉 프로그램은 지적 불평등을 줄이 기 위한 것으로, 이 프로그램 덕분에 특히 애틀랜타 지역에서 불 우한 학생들이 괄목할만한 진전을 보였다. 하지만 실제로 이 결 과는 거대한 사기의 산물이었고, 관계자는 20년의 징역형을 받 았다. 학교가 지적 불평등을 줄일 수 있다는 것을 보여 주기 위

---

18 아파르트헤이트는 과거 남아프리카 공화국이 시행한 인종 분리 정책이다. 여기에서는 미래 사회에 지적 우수자와 열등자 사이에 뛰어넘을 수 없는 계층 차이가 생길 거라는 뜻으로 쓰였다.

해 교사들은 지문을 남기지 않는 장갑을 끼고 지능이 덜한 학생의 오답을 고쳤던 것이다. 하버드 대학교 연구원 대니얼 코레츠Daniel Koretz는 이렇게 설명한다. 〈당국은 교사에게 더 나은 교육을 통해서도 달성하기 불가능한 개선을 요구했습니다. 그들은 이런 비현실적인 기대 앞에서 발버둥을 쳤습니다. 교사에게 실패하든지 아니면 속이든지, 두 개의 선택지밖에는 없었고, 결국 많은 이가 실패하지 않는 편을 택한 것입니다.〉

신경 유전학적 차이를 부정하면, 교사들은 자신의 발등을 찍을 수 있다. 아이들 사이에 유전적 차이가 없다고 생각한다면, 불평등 해소에 실패한 학교의 희생양은 바로 교사들 자신이 될 것이다. 이것은 끔찍한 딜레마이다. 교사들은 이념적으로 받아들이기 어려운 유전적 불평등을 인정하거나, 아니면 무능한 사람으로 낙인찍히는 것을 감수해야 하는 것이다. 우리는 역사적 책임을 지고 있으며, 불평등을 줄이는 교육 방법을 개발하기 위해 열심히 노력해야 한다. 이는 수십 년이 걸리는 일이며, 지금 당장 시작해야 한다!

빈곤과 두뇌

신경 과학자 안젤라 시라구Angela Siragu는 사회적 상승을 위해 불우한 아이들에게 가장 필요한 것은 뛰어난 두뇌라고 확신한다.

지식 경제 시대에 사회적 계층과 뇌 기능 사이의 연관성은 중요한 연구 주제이다. 이 연구는 불평등 감소를 위한 선행 조건이다. 뇌 영상 분석에서 IQ가 낮은 빈곤층 아동들은 부유층의 아동들보다 지적 기능과 관련된 피질 영역이 얇아져 있고, 회백질이 줄어들어 있다는 사실을 보여 준다.

조기 개입은 중요하지만, 쉽지가 않고 지능 개발의 측면에서는 별 효과가 없다. 미국의 〈페리 미취학 아동 프로젝트perry preschool project〉에서는 낮은 IQ를 가진 빈곤층 아이들을 위한 집중 지원 프로그램을 테스트해 봤다. 사회 적응과 범죄율 측면에서는 고무적인 결과를 얻었지만, IQ 향상에는 거의 효과가 없어 실망스러웠다. 이런 유형의 연구는 프랑스에서도 확대되어야 하겠지만, 당연히 신중하고도 윤리적으로 수행되어야 할 것이다. 왜냐하면 이러한 연구들은 빈곤, 문화적 환경, 유전적 배경, IQ 사이의 복잡하고도 불편한 연관성을 입증하기 때문이다. 사회 경제적 위치와 IQ의 관계는 오래 전부터 입증되어 왔다. 이 끔찍한 결정론과 싸우려면 이 진실을 직시해야만 한다. 학습 능력을 결정하는 것은 뇌의 가소성인데, 안타깝게도 이것은 대부분 유전적 요인에 의한 것이다.

지식인과 혁신가의 황금기

인공 지능 시대에 IQ는 그 어느 때보다 중요한 차별 요소가 되고 있다. 불과 몇 포인트의 IQ 차이가 한 개인의 운명에 미치는 영향은 과거에도 주목할 만했지만, 미래에는 더욱 강력해질 것이다. IQ가 1 포인트 높아지는 것이 직업적 커리어와 넓은 의미에서의 성공에 미치는 영향이 점점 더 커지고 있다.

전 체스 세계 챔피언 가리 카스파로프가 흥분하여 말했던 것처럼, 우리는 놀랍고도 흥미진진한 시대에 살고 있다. 기회는 계속 늘어나고 있다. 새로운 기술로 인해 가능성의 영역이 인류 역사상 그 어느 때보다 넓어졌다.

지식인, 혁신가, 스타트업 창업자, 매니저, 과학자, 그리고 세계화된 엘리트는 이 새로운 사회에서 물 만난 고기처럼 적응하고 있다. 삶을 더욱 풍성하게 하고, 감정과 변화를 증폭시키는 이러한 미래의 가속화는 기쁜 일이다.

가리 카스파로프는 인공 지능의 폭발적 발전을 환영하면서, 〈지능형 기계는 우리의 정신적 삶을 더 창의적이고, 호기심이 가득하고, 아름다우며, 행복하게 만들 것입니다〉라고 말했다. 그의 말이 맞다. 우리는 인류가 경험할 수 있는 가장 흥분되고, 고무적이며, 매혹적이고 아찔한 시기를 살고 있다. 또한 기업가, 혁신가, 지식인의 황금기를 맞이했다. NBIC 기술의 물결은 인류의 모험을 확장시킬 엄청난 비전들을 제시하고 있다.

이 모든 것은 놀랍고 흥분되는 일이다. 하지만 190의 뛰어난 IQ를 가진 카스파로프가 간과한 점은, 디지털 축제의 혜택을 누릴 수 있는 기회는 높은 IQ를 가진 혁신가들에게만 주어진다는 사실이다. 정의상 대다수를 이루는 나머지 사람들, 즉 지적 능력이 떨어지는 사람들은 구경꾼으로 남을 것이다. 새로운 경제에서 뒤처진 사람들은 탑승한 사람들이 빠르고 멀리 나아가기 때문에 더 큰 격차를 안게 된다. 이처럼 디지털 격차로 인해 인지적 격차가 생겨나고 있으며, 이 인지적 격차는 500년 전 파리의 지식인과 외딴 시골에 사는 농부 사이에 있었던 그것과 매우 흡사하다. 오늘날 새로운 기술에 연결되어 있고 이를 능숙하게 다루고 활용할 수 있는 사람들과 그렇지 못한 사람들 간의 직업적, 경제적 격차는 엄청날 것이다. 2030년부터는 챗GPT의 후속 모델들과 경쟁하기 위해 요구되는 최소 IQ가 크게 높아질 것이 우려되고 있다.[19]

챗GPT 시대에 IQ를 금기시하는 것은 자살 행위다

취약한 대중은 안심하고 싶어 한다. 그들은 인공 지능이 데이터 조작 능력과 높은 창의력을 가진 사람들을 제외하고 모든 사람에게 위협이 된다는 사실을 쉽게 받아들이려 하지 않는다. 정치인은 정치인대로 이 위험한 논쟁의 판도라의 상자를 절대 열려고 하지 않는다. IQ는 여전히 금기 주제인 것이다. 우리는 에마뉘엘 마크롱이, 육류 가공 회사 가드Gad의 여성 노동자들이 대부분 문맹이기 때문에 재교육을 통한 전직이 어려울 것이라 말하여 격렬한 논쟁을 일으킨 것을 기억한다. 안타깝게도 뇌의 가소성은 무한하지 않다. 그렇지 않다면 가드의 노동자들은 필요한 교육을 받아 데이터 과학자나 핵물리학자가 될 수도 있을 것이다. 그리고 가소성은 불균등하게 분포되어 있다. 지능의 차이는 주로 신경 가소성의 차이에서 비롯된다.

프랑스에서 차별과 불평등에 대한 투쟁은 공공 정책의 중

19 과학적인 추정은 아니고 개인적인 의견이지만, 경쟁에 필요한 최소 IQ가 10년마다 5~10 포인트씩 상승한다 해도 놀랍지 않을 것이다. 그리고 강인공 지능이 등장한다면 이 수치는 당연히 더 높아진다 — 원주.

요한 한 축이 되었다. 하지만 여전히 IQ는 정책에서 중요한 부재 요소로 남아 있다. 많은 연구에서 입증된 지능의 차이와 그로 인한 심각한 결과는 공권력의 입장에서는 말할 수 없는 현실이다.

왜 이처럼 공적 담론은 IQ 불평등에 대해 완전히 침묵하고 있을까? 사회적 약자들에게 그들의 힘든 상황이 외부의 악의적 요인 때문이며 그들은 단지 희생자일 뿐이라고 설명하는 것이 더 쉽기 때문이다. 이론상으로는 그들이 다른 사람들만큼 성공하지 못할 이유가 없다는 것이다. 이런 설명을 바탕으로 반자본주의적 담론이 번성한다. 이들이 볼 때, 계층이 나뉘는 것은 단지 〈초자유주의적〉 세계화의 결과일 뿐이며, 일부가 더 운이 좋거나 부정직하여 다른 이들을 지배하고 있을 뿐이다. 이와는 대척점에 있는 보수적 담론 역시 유전적 결정론을 받아들이지 않는다. 그들에게는 사회적 차이가 절대적으로 각자의 노력의 반영이라고 생각하는 것이 더 편리하다. 즉, 어떤 이들은 더 열심히 노력하여 성공했다는 것이다. 두 경우 모두 설명은 편안하지만 전혀 생산적이지 못하다. 첫 번째 경우, 가장 취약한 사람들은 책임을 회피하고, 사회적 불공정에 대한 보상을 요구할 수 있다. 두 번째의 경우, 가장 빈곤한 사람들은 자신의 불행한 상황에 책임이 있기 때문에 오직 자신만을 탓해야 한다.

이념에 상관없이, 누구도 자신의 학업이나 사회적 실패가 지능 부족 때문이라는 말을 듣고 싶어 하지 않는다. 시스템의 희생자가 되거나 심지어 게으른 사람이 되는 것이 지적으로 빈약한 사람이 되는 것보다 더 품위 있어 보이는 것이다.

따라서 IQ가 유전적으로 결정된다는 이론은 정치적, 도덕적, 철학적 관점에서 용납할 수 없는 것이다. 사람들에게 그들의 불우한 상황이 차별 때문이지만, 그 차별이 우리가 어떻게 할 수 없는 지능의 차별이라고 설명하는 것은 생각할 수 없는 일이다. 오늘날 IQ 불평등이 사회적, 경제적 불평등의 주요 원인이 되고 있음에도 불구하고, 이것은 여전히 절대적인 금기 주제로 남아 있다.

지능의 귀족 계급은 용납될 수 없다

인지 능력을 향상시키는 기술이 보편화되기 시작하면, IQ 차이와 그로 인한 불평등 현상은 더욱 뚜렷해질 것이다. 이는 피할 수 없는 일이며, 우리는 행동해야 한다. 이러한 기술이 모두에게 접근 가능해지면, 빠르게 표준[20]으로 자리 잡을 것이다. 유행과 관습은 이런 식으로 진화한다.

서구 민주주의를 특징짓는 평등에 대한 열망은 경제적 불평등보다 IQ 불평등의 증가를 더욱 용납할 수 없는 것으로 만들 것이다. 특히 인공 지능을 탑재한 로봇으로 쉽게 대체될 수 있는 〈능력 증강되지 않은〉 인간들에게는 더 이상 가치 있는 일자리가 제공되지 않을 것이기에 더욱 그렇다. 이런 맥락에서 오픈AI의 로봇 공학에 대한 투자는 매우 우려스러운 일이다!

몇 년 후면, 우수한 지능은 더 이상 우연의 산물이나 귀족

20 전달되는 이런 문화적 요소들을 우리는 〈밈meme〉이라고 부른다 —원주.

계급만의 특권일 수는 없게 될 것이다. 그것은 모든 이가 갖추어야 할 최소한의 생존 키트의 일부가 될 것이다.

QCAI: 인공 지능과의 상호 보완 지수

IQ에 대한 금기는 인공 지능의 출현으로 인해 오래가지 못할 것이다. 인공 지능이 확산될수록, 우리의 두뇌가 인공 지능과 상호 보완적이 되기 위해서는 높은 IQ가 필요하다. 이런 상황에서는 지적 능력 평가를 상호 보완성에 초점을 맞출 수 있도록 기존의 IQ 평가 도구를 개선할 필요가 있다. 이 QCAI — 인공 지능과의 상호 보완성 지수[21] — 는 앞으로 채용시에 주요한 고려 요소가 될 수 있다. 그렇게 되면 더 이상 아무도 그 결과가 백일하에 드러나게 될 지능 불평등의 불편한 현실을 무시할 수 없게 될 것이다. 장기적으로 볼 때, 〈똑똑하다〉는 것은 더 이상 개인적인 특질이 아니라 필수 조건이 될 것이다.

〈지능의 복잡하고 논란의 여지가 있는 본질과 인공 지능과의 상호 보완성 및 대체 역학을 모든 측면에서 심도 있게 이해하기 위해서는 대규모의 지속적인 투자가 필요합니다〉라고 인공 지능의 거버넌스와 책임감 있는 수용의 선구자인 독립 싱크 탱크, 더 퓨처 소사이어티의 설립자 니콜라 미엘레는 말한다.[22] 〈현실을 직시해야 합니다. AGI가 예상보다 훨씬 빨리 개발되어 세상은 극적으로 바꾸고 있습니다. 예를 들어, 불과 1, 2년 전만 해도 창의적 능력들 — 그리고 이에 관련된 직업들 — 이 앞으로 수십

---

21 Quotient of Complementarity with Artificial Intelligenc의 약자.
22 니콜라 미엘레와의 대담(2023년 3월 23일) — 원주.

년 동안 보호받을 것이라 생각했지만, 텍스트와 이미지, 비디오를 생성하는 모델들의 눈부신 발전 — 이 모델들이 곧 완전한 예술 작품까지 만들어 낼 것입니다! — 으로 인해 이 능력들은 지금 당장 위협받게 되었습니다. 또 클라우드 비즈니스 모델들 — 서비스형 소프트웨어, API(응용 프로그램 프로그래밍 인터페이스) — 이 성숙해짐에 따라 곧 저렴한 비용으로 초인적인 능력을 가진 대화형 및 창의적 에이전트[23]를 일상적으로 사용할 수 있게 될 것입니다. 그렇다면 인간이 기계와 차별화될 수 있는 진정한 가치는 어디에 있을까요? 이 모든 것에 대한 섬세하고 역동적인 이해 없이 교육 혁명을 진행한다는 것은 한마디로 불가능합니다. 프랑스는 OECD의 틀 안에서 국제 파트너들과 협력해야 합니다. 교육 실무자들은 챗GPT로 인해 큰 타격을 입을 것입니다. 하지만 지금 우리는 이런 도전에 책임감 있게 대처할 수 있는 과학적 지식도, 관리 도구도, 제도도 갖추고 있지 않습니다. 다시 말해, 지능 측정의 환원주의적 함정에 빠지지 않으면서도 가장 취약한 이들을 포기하지 — 그렇게 하는 것은 끔찍하게 비겁한 짓일 것입니다 — 않을 방법이 없다는 것입니다. 따라서 오늘날 우리는 책임감 있는 초개인화된 교육과 결합된 인지 과학에 대규모로 투자해야 합니다. 이는 아폴로 프로그램에 버금가는 프로젝트입니다! 해방되고 번영하는 중산층을 기반으로 하는 우리의 민주주의 모델의 생존이 걸린 문제인 것입니다.〉

IQ에 대한 금기를 깨야 한다면, 그것은 결코 IQ를 최고의 지

23 AI Agent, 에이전트형 인공 지능은 사용자를 대신하여 자율적으로 작업을 수행하도록 설계된 인공 지능 프로그램을 말한다.

표로 만들기 위해서가 아니라 오히려 그것을 완전히 끝내버리기 위해서이다. QCAI가 새로운 기준이 될 것이다. 전통적인 IQ와 달리, 그것은 AI의 발전에 따라 진화할 것이다. 우리는 아직 상상조차 하지 못하는 미래의 AI 형태, 우리가 아직 정확히 예측할 수 없는 기술의 경계 이동, 그리고 방식을 알 수 없는 혼종화를 통해 탄생하게 될 새로운 신경 세포-트랜지스터 시너지에 적응해야 할 것이다.

QCAI는 지능의 문제 — 그것의 관리, 세밀한 평가, 다양한 측면에 대한 심도 있는 이해 — 가 중심이 되는 세상에서 우리의 나침반이 될 것이다. 지능 평가의 목적은 재능이 부족한 사람들을 낙인 찍기 위함이 아니라, 오히려 그들이 발전된 교육 기술이 허용하는 한에서 최대한 멀리 나아갈 수 있도록 돕는 것이다. AI 시대에는 지능은 더 이상 지금 같은 의미가 아닐 것이다.

이 지표의 개발과 유지에는 상당한 노력이 필요하며, 〈학교-일-신경 세포-트랜지스터〉라는 사중주에 대해 유익한 질문들을 할 수 있게 해줄 것이다.

QCAI는 우리 뇌에 대해 모든 것을 아는 스마트폰의 AI에 의해 실시간으로 측정될 수 있을 것이다. AI는 우리가 인공 지능 자신과 상호 보완적인 관계가 될 수 있도록 도와줄 것이다.

13장
챗GPT 시대에 지능은
더 이상 선택이 아니다

기계화로 인한 일자리 상실에 대한 두려움은 기계화 자체만큼이나, 아니 노동만큼이나 오래된 일이다. 역사적으로 이것은 늘 근거 없는 것으로 밝혀졌는데, 생산성 향상이 상품 수요 증가와 노동자들의 기술 향상으로 상쇄되어 새로운 일자리를 창출했기 때문이다.

그러나 NBIC 시대는 갈수록 전통적인 산업 혁명과 달라지고 있다. 고용에 미치는 영향은 그렇게 이상적이지 않을 수 있다. 한 가지 확실한 것은 지능에 대한 요구가 그 어느 때보다 높아지리라는 점과 학교 교육의 실패가 더욱 우려된다는 것이다.

어떤 직업도 챗GPT로부터 안전하지 않다

인공 지능의 놀라운 물결은 특별히 보호될 것 같았던 활동들까지 위협할 것이다. 반복적인 작업을 대체하려는 움직임은 역사적으로 기계화만큼이나 오래된 일이다. 하지만 21세기의 새로운 점은 이런 대체의 움직임이 기계가 접근할 수 없을 것이라 여겨졌던 고도로 숙련된 일들까지 넘보고 있다는 사실이다.

챗GPT로 인해 의사도 변할 것이다

가장 정교한 작업을 요구하는 분야에 있는 의사들조차 자동화 시스템의 〈도전〉을 받게 될 것이다. 미래의 의료 기록에는 지금보다 100만 배 더 많은 데이터가 포함될 것이다. 이 혁명은 유전체학, 신경 과학 및 연결된 기기들의 병행적 발전의 결과이다. 곧 무수한 전자 센서가 우리의 건강을 모니터링할 것이다. 연결된 기기들이 매일 각 환자에 대해 수십억 개의 정보를 생성할 것이다.

의사들은 진짜배기 〈디지털 폭풍〉에 직면할 것이다. 현재 그들은 몇 가지 데이터만을 다루고 있지만, 앞으로는 수천억 개의 정보를 해석해야 할 것이다. 의료 직종은 이런 급격한 변화에 적응해야 한다.

의료 분야에서 생성될 수천억 개의 정보를 의사가 일일이 확인하는 것은 불가능하기 때문에, 우리는 의료 권력의 근본적인 변화를 목격하게 될 것이다.

또 다른 부수적 효과로, 의료 윤리는 더 이상 의사의 경험과 판단을 바탕으로 명시적으로 규정되지 않고, 인공 지능에 의해 다소 암묵적으로 생성될 것이다. 의료 AI 시스템 각각은 수십억 달러의 비용이 들 것이며, 모니터링하는 수백만 명의 환자 기록을 분석해 가며 계속해서 스스로를 개선해 갈 것이다.

예를 들어, 종양 하나를 생물학적으로 완전히 분석하기 위해서는 약 20조 개의 데이터가 필요하다. 이러한 데이터의 홍수는 의사들을 전통적인 병리학자보다는 천체 물리학자나 핵물리학자에 가깝게 만든다. 아무튼 한 의사가 매일 발견되는 10만 개의 유전자 변이를 모두 외운다는 것은 쉽지 않아 보인다. 암 전문의는 천체 물리학자가 어떻게 엑사바이트 단위의 데이터를 관리하는지 시급히 관찰해야 한다. 그렇지 않으면 의료 권력이 기계의 손으로 넘어갈 위험이 있다.

세계 최고의 의료 인공 지능 전문가 중 하나인 장에마뉘엘 비보Jean-Emmanuel Bibault 교수는 『2041년: 의학의 오디세이2041: L'odyssée de la médecine』에서 현재 진행 중인 변화에 대해 다음과 같이 설명했다. 〈거대 언어 모델에 대해 아직은 진정으로 이해하지도 못하고 주도권을 쥐지도 못했지만, 앞으로 데이터를 사용해 결정을 내리는 직업들을 근본적으로 변화시킬 것입니다. 데이터를 사용해 결정을 내리는 것은 의학의 본질 자체이며, 이것이 바로 의학이 가까운 미래에 큰 영향을 받게 될 이유입니다.〉비보 교수는 인공 지능은 인간이 할 수 없는 작업들을 수행할 수 있다는 점을 강조한다.

프랑스 최대의 헬스케어 스타트업 육성 센터인 파리상테 캠퍼스PariSanté Campus의 책임자이자 중환자 전문의인 앙투안 테니에르Antoine Tesnière 교수는 이렇게 설명한다. 〈인공 지능은 처음에는 영상 분석에 사용되어 갈수록 높은 성능을 보여 왔습니다. 이제 인공 지능은 새로운 단계에 접어들었을 뿐만 아니라, 그 발전 속도가 가속화되면서 광범위하게 보급되고 있습니다. 인공 지능의 발전에 대해 여러 가지 예측이 있었지만, 그것은 예상보다 일찍 도래했습니다. 이는 오늘날 우리가 경험하고 있는 혁신의 기하급수적인 속도를 보여 줍니다. 그리고 이렇게 도래한 인공 지능은 놀라운 성과로 우리를 매혹하기도 했지만, 동시에 의문과 문제도 제기했습니다. 챗GPT는 그 어떤 의사만큼이나 질문에 잘 답할 수 있으며, 특히 의료 처치나 환자 관리에 대해서는 데이터베이스를 몇 마이크로초 만에 검색함으로써 답변을 제공할 수 있습니다. 이 도구는 초창기의 검색 엔진들이 그랬던 것처럼 전략적으로 필수적인 요소가 되었지만, 그 능력과 적합성은 무한히 더 중요해졌습니다. 이러한 인공 지능 시스템은 우리가 지금까지 학습하고 지식을 관리해 온 방식 자체에 의문을 제기합니다. 게다가 인공 지능이 인간의 자연 지능을 따라잡거나 일부 영역에서는 뛰어넘기까지 하는 모습을 보면서, 우리는 자존심에 상처를 입기도 합니다. 하지만 우리는 이 자존심의 상처를 넘어서서 이 새로운 도구의 잠재력을 이해하고 통합해야 하며, 자연 지능과 인공 지능 사이에 최상의 인터페이스를 설정하고, 다른 혁신들을 실용화했던 것처럼 이것이 우리 인간 조건에 영향을 미치고 개선할 수 있도록 신뢰와 윤리에 관한 모든 성찰을 정리할 수 있어야 합니다. AI 혁명은 이미 우리 앞에 와 있습니다!〉

슘페터가 마약을 했나?

얼마 전까지만 해도 전문가들 사이에서 공통된 의견은 혁신이 일자리를 없애는 것보다 더 많은 일자리를 만든다는 것이었다.

경제학자 슘페터Joseph Schumpeter의 유명한 〈창조적 파괴〉 이론
이 바로 그것이다. 혁신은 사라지는 일자리를 대체할 새로운 일
자리를 만들어 낸다는 것이다. 수도 기술자들이 물 나르는 사람
들을 대체한 것처럼 말이다. 하지만 NBIC 시대에는 이런 낙관
론은 그렇게 확실하지만은 않다. 슘페터가 너무 낙관적이었던
것은 아닐까? 이 질문은 우리의 경제 및 사회 시스템 전체가 급
격히 균형을 잃을 가능성을 내포하기 있기 때문에 갈수록 중요
해지고 있다.

챗GPT라는 토네이도는 경제 구조 전체를 뒤흔들 수 있는
것이다. 슘페터가 말한 〈파괴-창조〉는 그 어느 때보다 폭발적
이다.

이러한 혼란스러운 변화가 가장 뜨겁게 일어나고 있는 곳
은 IT 분야이다. 브리벨 르 포강은 이렇게 말한다. 〈오늘날 AI
스타트업의 제품들은 유통 기한이 몇 달이나 될까요? 요컨대
인공 지능을 사용하는 스타트업들의 미래는 불확실하니, 다시
없는 기회들과 함께 극복해야 할 도전들이 기다리고 있는 것입
니다.〉

승자 독식의 경제
디지털과 로봇 공학, 그리고 무엇보다 인공 지능의 융합은 경쟁
과 수요, 공급의 〈원활한〉 조정을 기반으로 하는 경제의 토대 자
체에 의문을 제기한다.[1]

1 Nicolas Bouzou, 「Intelligence Artificielle, le tsunami」, *Le Figaro*, 9 August
2017 — 원주.

최첨단 기술에 투자하고 세계 최고의 두뇌를 유치할 수 있는 기업들은 몇 년 만에 수조 개의 데이터를 소유한 거의 독점적인 글로벌 거대 기업이 될 수 있는 것이다.

이러한 기하급수적 경제는 다음의 새로운 과제를 제기한다. 첫째, 시장 조정의 문제이다. 인공 지능은 끊임없이 가속적으로 발전하고 있다. 기업들이 매우 빠르게 성장하고 기술이 계속 변하고 있을 때, 시장은 어떻게 균형을 이룰 수 있는가? 이런 상황에서 고정된 임금이 가능한가? 아니면 대량 실업이 발생하게 될까? 가격은 끊임없이 변동하게 될까? 사용자에 따라 다르게 책정될까?

그리고 둘째, 기하급수적 경제는 경쟁 규제의 문제를 제기한다. 전통적인 산업 구조, 혹은 유통 구조에서는 시장 지배력의 남용을 규정하는 것은 비교적 간단한 일이다. 하지만 과점, 혹은 독점적 시장 구조에서, 특히 공급과 수요를 동시에 통제하는 이른바 〈양면 기업〉의 경우는 어떠한가? 이것은 우리 앞에 놓인 거의 미개척의 지적, 법적 영역으로, 이를 어떻게 다루느냐에 따라 강력한 지정학적 결과들이 초래될 수 있다. 우리의 전통적인 경제적, 지정학적 확신이 여전히 유효할지는 확실치 않은 것이다.

은메달은 없다

새로운 경제는 〈승자 독식〉이라는 한 마디로 설명될 수 있다. 디지털 자원에 대한 접근은 즉각적이고 무제한이기 때문에, 소비자는 최고의 포털, 검색 엔진, 소셜 네트워크를 선택한다. 구글을 무료로 사용할 수 있는데 왜 이류 검색 엔진을 사용하겠는가? 이로 인해 주변 업체는 극히 작은 공간만 남게 되는 독과점 구조가 형성된다. 전통적인 중개자는 살아남지 못한다. 질식해 버린다. 검색에 뜨지 않기 때문에 무의미하고 존재감 없는 것이 되어 디지털 세계에서 사라져 버린다. 디지털 거대 기업이 통제하는 휴대폰이 지구상의 주요 유통 채널이 되면서, 데이터 경제에서는 2등을 위한 자리는 거의 없다. 올림픽과는 달리, 여기에는 금메달만 있을 뿐이다.

계속 높아지는 진입 장벽

디지털 거대 기업은 수백만 달러의 보수를 지급하여 엄청난 수의 인재를 끌어들임으로써 독점적 위치를 차지한다. 이런 고급 인력 쟁탈전은 전통적 기업에 높은 진입 장벽으로 작용한다. 재정적 또는 심리적 이유로 인해서 연구원과 임원에게 수백만 달러의 연봉을 지불할 수 없기 때문이다.

우버화는 조그만 일화에 불과하다

그 유명한 〈우버화〉는 2010년대 초반에 화제의 중심에 있었지만, 10년 후에도 진정한 혁신으로 거론될 것은 결단코 아니다. 지금 세계 경제는 엄청나게 빠르게 진화하며 가치를 이동시키고, 이를 활용하기 위한 새로운 능력을 요구하고 있다. 미래의 일자리들은 대부분 세 가지의 특징을 가질 것으로, 높은 유연성, 인공 지능과의 강한 상호 보완성, 그리고 지적인 범용성이 바로 그것이다. 인공 지능과 지속적으로 상보적인 관계를 유지하려면 고도로 전문적이고도 혁신적이어야 하겠지만, 기술 투자 전문가 니콜라 콜렝은 〈교육으로 모든 것을 해결할 수 있다〉는 환상에 대해 경고한다. 그는 일자리 창출의 장애물이 단순히 교육 부족 때문이라고 생각하는 것은 환상이라고 말한다. 콩고에서 인공 지능 전문가나 핵물리학 전문가 1,000명을 양성한다 해도, 그들을 활용할 수 있는 생태계가 없다면 일자리를 찾지 못할 거라는 얘기다.

혁신의 양상이 변하고 있다. 이전에는 한걸음씩 나아가는 점진적인 혁신이 주를 이뤘다면, 이제는 기존의 것과 단절하는 혁신의 시대이다. 이런 혁신은 전통적 기업들에서는 나오지 않는다. 대신 세계 최고의 인재들을 끌어 모을 수 있고, 정부의 지원도 받는 매우 효율적인 생태계에서 탄생한다. 따라서 국가는 전략적인 자세로 이런 혁신의 생태계를 지원해줘야 한다.

인기 있는 미래학자 제레미 리프킨Jeremy Rifkin은 이미 1995년에 노동의 종말을 예고했었다. 이러한 기술적 비관론은 끈질기게 이어져왔다. 2000년 4월, 기술 마니아들의 필독서인 『와이어드』에서 선 마이크로시스템스Sun Microsystems의 과학 책임자 빌 조이Bill Joy도 〈미래는 우리를 필요로 하지 않을 것〉이라고 말했다.

노동의 종말?

노동의 종말이라는 개념은 오래된 신화이다. 그 첫 번째 흔적은 로마 제국 초기의 베스파시아누스Vespasianus 황제 시대에서 찾아볼 수 있다. 그는 건설 노동자를 보호하기 위해 특정 건설 기계의 사용을 금지했다. 심지어는 고대 그리스의 철학자 아리스토텔레스Aristoteles도 만약 자동 직조기가 발명된다면 노예들은 어떻게 될지 궁금해했다. 1561년, 영국 여왕 엘리자베스 1세Elizabeth I는 편직 노동자들에 미칠 영향을 우려해 양말 뜨는 편직기의 특허를 신청한 윌리엄 리 목사의 요청을 거부했다.[2] 보다 최근인 1930년대에는, 지금은 실리콘 밸리와 세계 경제의 중심지가 된 팔로 알토의 시장이 후버Herbert Hoover 대통령에게 기술 발전을 막아달라고 요청했다. 기술 발전이 자신의 유권자들을 가난하게 만들까 봐 불안했기 때문이었다.

우리는 정말로 노동의 종말을 믿어야 할까? 이런 두려움이나 기대감은 전혀 새로운 게 아니다. 어느 시대에나 정부와 시민사회는 혁신으로 인해 어떤 직업들이 위협받는지 잘 알고 있었지만, 새로운 기술이 부의 증가를 가져오고 아직 존재하지 않는 새로운 직업들이 출현하게 될 것이라는 사실은 예측하지 못했다. 1981년에 경제학자 알프레드 소비Alfred Sauvy는 말했다. 〈기술 진보가 일자리를 없앤다고 불평하지 마세요. 기술 진보의 목적 자체가 바로 그거라고요.〉1800년에 있던 일자리의 거의 대부분이 사라져 버렸다. 당시 인구의 80퍼센트가 농업에 종사했으니 말이다.

19세기 말, 사람들은 마부, 역마차 운전사, 대장장이, 파리에 2만 9,000명이나 있었던 물 운반인, 가로등 점화부, 세탁부, 철물공, 대장장이 같은 직업에 위험이 드리워졌다는 사실을 분명히

2 William Lee, 8년 후 그는 프랑스에 정착하여 앙리 4세Henri IV의 도움으로 양말 제조 공장을 세웠다 — 원주.

인식하고 있었다. 하지만 마이크로프로세서 설계자, 유전학자, 핵물리학자, 천체 물리학자, 테슬라 공장의 기술자, 심장외과 의사, 비행기 조종사, 웹마스터, 스마트폰 제조업자 같은 새로운 직업들이 생겨나리라고는 아무도 상상하지 못했다. 기술 혁명이 깊어질수록 무수히 탄생하는 직업을 예측하는 것은 어려워진다. 혁신적인 아이디어는 얼마든지 있다. 맞춤형 아기를 설계하는 베이비 디자이너부터, 신경 해커, 화성 환경 조성가, 신경 교육자, 인공지능 심리학자 등……

　사실, 노동의 종말에 대한 두려움은 근본적으로 기술적, 사회학적 상상력의 부족을 반영한다. 일부 예측가들의 종말론적 수치는 그들의 비관주의만을 드러낼 뿐이다. 나이든 사람이 많은 그들은 자신의 개인적 불안감을 미래에 투영하는 것이다. 1880년, 일부 지식인들은 이미 모든 것이 발명되었고 인류의 모험이 끝나간다고 확신했다. 하지만 우리는 〈벨 에포크〉라는 놀랍고도 찬란한 기술 번영기에 들어서고 있었다. 〈아마도 우리의 후손들은 그저 햇볕이나 쬐며 빈둥대는 도마뱀처럼 살게 될 것이다〉라고 에르네스트 르낭[3]은 우려했다. 하지만 그렇지 않다. 다가오는 세상은 강제된 여가의 세상이 아닐 것이다. 사실 인류의 모험은 이제 막 시작되었을 뿐이고, 앞으로 모든 것이 이뤄질 것이다.

아직 할 일이 너무나 많다

지식 사회를 관리하는 데에는 인간의 지능이 엄청나게 필요할 것

---

　3 Ernest Renan(1823~1892). 프랑스의 철학자, 역사학자, 종교학자로 예수를 역사적 인물로 묘사한 『예수의 생애 *Vie de Jésus*』(1863)로 유명하다.

이다. 다양한 생물학적, 인공적 지능들을 조정하고, 규제하고, 관리하는 일이 미래 인류의 주요 활동 중의 하나가 될 것이다. 앞으로 인공 지능은 우리에게 무한한 가능성을 열어줄 것이다.

GPT, 트랜스휴머니즘 경제의 서막을 열다

물론 인류는 앞으로 얻게 될 엄청난 양의 지능을, 친환경 신발을 손으로 만들거나 손수레를 제작하는 데에 사용하지는 않을 것이다. 신적인 능력에는 신적인 목표가 따른다. 사실 인류는 1950년대처럼 살기 위해서라면 굳이 인공 지능이 필요하지 않다. 트랜스휴머니스트는 훨씬 더 환상적이고도 근본적인 목표를 가지고 있다. 다시 말해서 죽음을 극복하고, 인류의 기원을 알아내고, 우주를 정복하고, 우리의 능력을 확장하고자 한다. 앞으로 아주 오랫동안 우리의 수십억, 아니 수백억 명의 후손이 이러한 목표에 몰두하게 될 것이다. 인간은 헤아릴 수 없이 많은 새로운 목표를 발견하게 될 것이다. 5,000억 개의 은하 중 단 하나의 소(小)은하 — 우리의 은하계 — 를 탐험하고 식민지화하는 데에만 최소 5000만 년이 걸릴 것이다. 미래 사회가 아무리 자동화되더라도 초고도로 숙련되고, 다학제적이며, 혁신적인 일자리에 대한 수요는 여전히 많을 것이다. 무수한 실험과 임무가 발명될 것이다.

챗GPT와 그 후속 모델들 덕분에 인류가 우주 전역에 번영하리라는 샘 올트먼의 비전이야말로 유일하게 합리적인 해결책이다.

우리는 생명과 기술과 사고가 융합된 세계를 이미 맛보고 있다. 이 우주가 끝날 때까지 우리에게는 할 일들이 있을 것이며,

만일 트랜스휴머니즘을 받아들인다면, 우주의 죽음과 시간의 끝을 막기 위해 더 많은 일이 필요할 것이라고 덧붙일 수 있다.

이는 분명히 좋은 소식이지만, 이로 인해 몇 가지 문제가 더욱 중요해진다. 과연 우리의 후손들은 어떤 능력을 갖추어야 할까? 결국 진정한 논쟁은 전통적인 일자리의 소멸(이는 꽤 확실해 보인다)보다는 사람들의 재교육 가능성에 대해 펼쳐져야 한다.

챗GPT의 후속 모델들과 맞서기 위해 인간에게 필요한 능력은 무엇인가?

전통적으로 생산 요소는 두 가지로 구분되는데, 하나는 기계, 건물, 재정 자원으로 구성되는 자본이고, 다른 하나는 인간이 제공하는 노동이다. 미래에는 이 방정식에 세 번째 요소를 추가해야 할 것이니, 바로 인공 지능이다.

앞으로 생산성은 생산 프로세스에 통합될 인간 지능과 인공 지능의 양에 크게 좌우될 것이다. 인공 지능은 어디에나 존재하게 될 것이다. 산업 혁명이 모든 곳에 전기를 도입했던 것과 마찬가지로, 디지털 혁명은 모든 것을 〈인지화〉할 것이다.

새로운 직업들은 주로 매우 혁신적이고 높은 IQ를 가진 개인들에게 열릴 것이다.

오픈AI는 자사가 초래하게 될 고용 시장의 파괴를 세상에 알린 최초의 기업이다

챗GPT가 미국 노동 시장에 미치는 영향에 대한 최초의 연구는 GPT-4가 출시된 지 6일 후인 2023년 3월 20일에 발표되었다. 오픈AI와 펜실베이니아 대학교 연구팀이 오픈AI의 GPT-4가 미국 노동력에 미치는 영향을 분석하는 연구를 수행했던 것이다.

연구 결과에 따르면, 연봉 8만 달러까지의 학사 학위 소지자 및 관리자가 가장 큰 영향을 받을 가능성이 있다. 미국 노동부의 고용 데이터를 사용한 연구진은, 미국 근로자의 최대 80퍼센트가 업무의 10퍼센트 이상에 달하는 부분이 GPT와 그에 상응하는 인공 지능에 영향을 받을 수 있고, 19퍼센트의 근로자는 업무의 50퍼센트 이상이나 영향을 받을 수 있다는 사실을 밝혀냈다.

초기 세대의 인공 지능이 주로 저소득층 및 학력이 낮은 사람들에게 영향을 미쳤던 것과는 달리, GPT는 연봉 8만 달러를 받는 화이트칼라 노동자들에게 큰 영향을 미치고 있다.

정보 처리 산업, 예를 들어 컴퓨터 공학 같은 분야의 직업군이 생성형 AI에 가장 취약한 반면, 제조업, 농업, 광업 분야의 일자리는 상대적으로 영향을 덜 받을 것이다. 실제로 프로그래밍이나 글쓰기 능력을 요하는 직업들이 GPT가 보이는 능력과 가장 많이 겹친다.

가장 많이 영향을 받을 직업으로는 블록체인 엔지니어, 수학자, 재무 분석가, 회계사, 작가, 홍보 전문가, 통역사, 시인, 작사가 등이 있다.

고등학교나 직업 학교 졸업장만 필요한 직업들 — 요리사, 전기 기사, 이발사, 의료 보조원 — 은 GPT-4의 영향을 크게 느끼지 않을 수 있다.

GPT-5는 전체 프랑스인의 80퍼센트보다 똑똑해질 것이며, 이는 사회적 위기를 초래할 것이다

연구자들은 GPT-5가 출시되면 몇 개월 후에 다시 연구를 진행해야 한다고 말한다.

경제학자들은 다음과 같은 결론을 내린다. 〈GPT의 능력이 계속해서 발전함에 따라 그것이 경제에 미치는 영향은 지속되고, 아마도 증가할 것입니다. 이는 정책 결정자들에 그 궤적을 예측하고 규제하는 데 어려움을 줄 것입니다. GPT 발전이 초래할 더 광범위한 결과들을 탐구하기 위해 추가적인 연구가 필요합니다.〉

2023년 3월 23일에 발표된 마이크로소프트의 연구는 복잡한 지적 직업이 인공 지능에 도전 받는 것에 대한 사회의 반응에 대해 우려를 표했다. 〈GPT-4가 다양한 작업과 분야에서 보여 준 놀라운 성과는 인간과 기계 각각의 전문성에 대한 전통적인 개념과 가정을 뒤흔들 것입니다. 사람들은 GPT-4가 의학 및 법률 분야에서 전문가 수준의 자격시험을 얼마나 잘 통과하는지를 보고는 깜짝 놀랄 것입니다. 또한 이 시스템이 질병을 진단하고 치료하며, 새로운 분자를 발견하고 합성하고, 학생들을 가르치고 평가하며, 사용자와의 대화 중에 복잡하고 어려운 주제에 대해 추론하고 논쟁하는 능력에 감탄할 것입니다. GPT-4와 다른 대형 언어 모델들이 보여 주는 이러한 능력은 인공 지능의 발전이 고도로 숙련되고 존경받는 직업들에 미칠 잠재적 영향에 대한 우려를 불러일으킬 것입니다.〉

일부 지식인들, 예를 들어 미셸 레비-프로방살은 이렇게 걱정한다. 〈우리는 이 창조적 능력의 깊은 변화에서 전례 없는 사회적 위기의 징후를 보고 있습니다. 예상과는 달리, 화이트칼라 직업이 가장 큰 위험에 노출될 것 같습니다. 중산층과 3차 및 4차 산업의 직종 말입니다. 기술 대기업들은 자동화가 가속화되면서 큰 타격을 입은 하층 계급과 중산층의 투쟁이 합쳐지는 상황으로부터 자신을 보호하기 위해 물리적 및 사이버 보안 조치를 취해야 할 수도 있습니다. 이는 과거 러다이트 운동과는 차원이 다른 위기가 될 수 있습니다.〉

늑대 챗GPT와 양치기 소년

일자리의 종말은 이미 여러 차례 예고된 바 있다. 하지만 이제 경제학자들은 보다 신중한 태도를 보인다. 기술은 늘 파괴한 일자리보다 더 많은 일자리를 만들어 왔기 때문이다. 사회와 기업, 그리고 학교를 준비시키기 위해서는 인공 지능이 경제 역학과 노동 수요에 미칠 영향을 제대로 평가해야 한다. 그러나 인공 지능의 영향을 모델링하는 것은 대단히 어려운 일이다.

챗GPT로 인해 〈노란 조끼〉들이 갈수록 많아질 것이다

현재의 논의에서는 대규모의 일자리 파괴가 확실한 것은 아니지만, 불평등이 심화될 가능성이 매우 크며, 인공 지능이 빠르게 발전한다면 이에 맞서기 위한 조치들을 실행하기가 쉽지 않을 것이라는 결론에 도달했다.

지금 우리는 동화 속 상황에 처해 있다. 양치기 소년이 걸핏하면 늑대가 나타났다고 외쳐댄 나머지, 진짜로 늑대가 나타났을 때 마을 사람들이 신경도 쓰지 않는 상황 말이다.

하지만 낙관적인 경제학자 중에서도 우려하는 이들이 있다. 챗GPT가 판을 완전히 바꿔 놓으면 어떻게 될까? 2030년에 챗GPT보다 덜 똑똑한 프랑스인들에게 과연 제대로 된 일자리가 돌아갈까? 지금 연금 개혁 위기가 한창인 와중에 사회적 재앙을 공공연히 예고할 수는 없지만, 사석에서는 많은 책임자가 이러한 우려를 표명하고 있는 실정이다.

챗GPT, 보편적 기본 소득 논쟁을 재점화하다

우리는 지능에 편중된 매우 불평등한 지식 경제를 구축해 오면서, 데이터를 다루는 능력과, 직업을 자주 바꾸고 평생 학습할 수 있는 뇌의 가소성을 가진 이에게 엄청난 이점을 부여하고 있다는 사실을 깨닫지 못했다. 이 모든 자질은 IQ로 측정된다. 지식 사회에서는 IQ 1 포인트의 차이가 갈수록 큰 격차를 만들어 낼 것이다.

보편적 기본 소득은 과연 경제를 현대화하고 사람들이 지능형 기계들의 혁명에 적응할 수 있도록 도와주는 도구일까? 아니면 선의의 이름으로 포장된, 인류를 위협하는 치명적인 함정일까?

왜 디지털 거대 기업들은 보편적 기본 소득을 지지할까?

실리콘 밸리를 비롯한 미국 서해안 전체는 전례 없는 경제 혁명을 겪고 있으며, 이 때문에 노동자들의 적응이 쉽지 않을 거라는 사실을 우리는 잘 알고 있다. 지금 대부분의 디지털 억만장자[4]는 보편적 기본 소득을 옹호하고 있다. 이번에는 슘페터식 조정, 즉 기존의 일자리 파괴가 새로운 활동으로 신속히 대체된다는 종래의 공식이 통하지 않을 것이라 믿기 때문이다.

일자리의 급격한 감소와 그에 따른 실업 폭증의 위험을 고려할 때, 그들이 두려워하는 것은 대중 봉기, 심지어는 1793년 방식의 혁명이다. 이때 보편적 기본 소득은 AI 산업을 위협할 수 있는 대중 봉기를 진정시키는 수단으로 인식되는 것이다. 이미 샌프란시스코에서는 디지털 억만장자들에 대한 분노가 일고 있다.

디지털 세계의 난민을 구하기 위한 임시 보편적 기본 소득?

사실 이 임시 보편적 기본 소득은 AI 위험이라는 처음 겪는 형태의 위험을 관리하는, 복지 국가의 새로운 측면이라 할 수 있다. 프랑스의 니콜라 콜랭도 이것이 디지털과 연관된 경제 변혁의 원만

---

4 마크 저커버그, 빌 게이츠, 피터 틸Peter Thiel, 일론 머스크, 샘 올트먼 등 — 원주.

한 진행을 도울 거라는 생각을 지지하고 있다.

샘 올트먼은 챗GPT가 슘페터식의 낙관론을 박살내리라고 생각한다

챗GPT 같은 기술적인 발전에 노동자들이 순조롭게 적응하지 못하리라고 확신하는 샘 올트먼은 미래의 복지 국가를 만들어 내기 위해 대규모의 보편적 기본 소득 실험에 자금을 지원하겠다고 나섰다. 〈앞으로 챗GPT보다 덜 똑똑한 사람들은 어떻게 될까요?〉라는 질문에 그는 이렇게 대답한다. 〈그들은 더 이상 일할 수 없기 때문에 사회가 그들을 지원할 것입니다.〉심지어 실리콘 밸리의 일부 지식인들은 메타버스에 몰입할 수 있는 가상현실 기술의 무료 제공을 제안하기까지 한다. 결국 도태된 노동자들은 죽을 때까지 매트릭스 같은 세계에 갇혀 살 수도 있는 것이다.

AI 시대에 영구적 보편적 기본 소득은 자살 행위가 될 것이다

기본 소득의 임시적 도입은 어쩌면 상황을 반전시킬지도 모른다. 하지만 그것이 교육 개혁을 회피하기 위한 구실이 되어서는 안 된다. 만일 영구적 보편적 기본 소득이 국가가 교육 시스템을 현대화할 수 있도록 해주는 대신에, 인공 지능에 뒤처진 시민들을 잠들어 버리게 한다면, 그것은 악몽이 될 수도 있다. 무엇보다도 우리는 인공 지능과의 상호 보완성을 높여야 한다. 이를 위해서는 기술의 발전에 맞춰 실시간으로 교육 시스템을 조정할 수 있도록, 기술 발전의 현황을 정확히 파악할 필요가 있다. 그런데 보편적 기본 소득은 대중을 평온하고 무기력한 상태에 가두는 편리한 수단이 되어, 세상을 이끄는 자들이 그들만의 아늑한 평화를 누릴 수 있게 할 것이다.

우리는 보편적 기본 소득에만 모든 것을 기대하는 대신, — 학교를 포함한 — 제도와 급속히 발전하는 기술 사이의 전적인 불일치를 극복해야 한다. 그렇지 않으면 1927년에 나온 프리츠 랑Fritz Lang의 영화 「메트로폴리스Metropolis」에서 묘사된 것과 매우 비슷한, 극도로 불평등한 사회를 만들 위험이 있다. 극소수의 고능력자들이 보편적 기본 소득에 내맡겨진 하층 시민들을 지배하는 사회 말이다. 종국에는 강력해진 인공 지능이 인간 모두를 기계 앞에 노예로서 평등해지도록 하는 매트릭스 세상을 만들게 될 것이다.

우리는 끔찍한 소용돌이에 빠지고 말았다. 직업 훈련과 교육을 현대화하는 대신, 시민 그룹 전체를 소외시키는 것을 받아들이고 있는 것이다. 하지만 우리는 그들을 포기하고 버릴 권리가 없다. 지금 인공 지능이 발전하는 속도를 고려하면, 하루만 노동 시장에서 벗어나도 영원히 돌아오지 못할 가능성이 크다. 10년 동안 보편적 기본 소득을 받은 후에 다시 활동적인 노동자로 복귀할 사람은 아무도 없을 것이다. 그 기간 동안 인공 지능의 가동 비용이 1,000분의 1로 줄어들 테니 말이다.

앞으로 많은 직업이 겪게 될 변화는 경제적으로 쓸모없고 지적으로 뒤처진 거대한 계층을 만들어 낼 것이다. 이 시민들은 자신의 존재 의미를 알고리즘과 가상현실에 맡기게 될 것이다. 21세기의 가장 중요한 질문, 〈공짜나 다름없는 인공 지능을 마주하게 된 우리의 뇌는 어떻게 될 것인가?〉에 대한 답은 〈일은 로봇에게 맡기고 우리 인간들은 여가나 즐기자〉가 되어서는 안 된다.

예측할 수 없이 빠르게 진화하는 기술에 효과적으로 대처하기 위해서는 당연히 새로운 사회 보장 제도가 — 1945년에 만들어진 제도는 임금 노동자의 세계에는 잘 맞았지만 인공 지능 시대에는 구식이다 — 필요할 것이다. 하지만 영구적인 보편적 기본 소득은 하라리가 말한 이른바 〈쓸모없는〉 사람들의 소외를 더욱 악화시킬 것이다. 몇 세기 후, 인간은 인공 지능이 키우는 유충으로 전락하여, 수백 년 전에 열여섯 살의 에티엔 들라 보에씨[5]가 이론화한 그 자발적 예속 상태에 빠지게 될 것이다. 지적 노력의 부재는 신경 가소성, 즉 뇌가 시냅스 연결을 생성하는 능력, 다시 말해서 학습할 수 있는 능력을 급속히 저하시킨다.

인공 지능이 보편적 기본 소득을 지급해서 노력 없이 살아갈 수 있게 해주는 세상은 우리의 뇌를 빠른 속도로 퇴화시킬 수 있다. 진정한 권력은 인공 지능을 지배하는 엘리트의 손에 집중될 것이다. 기술 충격으로 인해 흔들리게 될 사람들에게 우리는 평생 수당이 아닌 평생 교육의 권리를 주어야 한다. 보편적이 되어야 할 것은 소득이 아니라 뇌의 발달인 것이다! 우리는 마법 같은 가상 세계에 갇힌 〈하라리의 쓸모없는 자〉를 조종하려는, 지능의 귀족 계급이 형성되는 것을 막기 위해 모든 노력을 기울여야 한다. 일부 전문가들은 챗GPT로 인해 도태된 노동자들에게 가상현실 헤드셋을 무료로 제공하자는 제안까지 내놓고 있다.

5 Etinenne de la Boètie(1530~1563). 프랑스의 정치 철학자, 법률가, 시인으로, 특히 그의 저서 『자발적 복종에 대하여 Discours de la servitude volontaire』는 정치 철학계에 큰 영향을 미쳤다.

학교는 여전히 챗GPT 이전의 경제 상황에 맞춰 아이들을 준비시키고 있다

그렇다면 어떻게 현재 형태의 학교가 미래의 직업에 맞춰 아이들을 제대로 준비하게 할 수 있을까? 지금으로써는 내용조차 알 수 없는 저 특수하고도 복잡한 업무들에, 과연 현 시스템은 아이들을 제대로 준비시킬 수 있을까? 다시 말해서, 19세기 이후 거의 변하지 않은 교과목을 여전히 가르치고 있는 교사들, 30년 전에 교육을 받았고, 기존의 학문적 기준에 부합하기 때문에 선발된 교사들이 운영하는 시스템이, 근본적으로 성격이 다른 노동 시장에 어떻게 아이들을 준비시킬 수 있을까? 기술 컨설턴트 브리앙 알렉상드르Briand Alexandre는 이렇게 말한다. 〈현재의 교육 시스템은 졸업생들이 기계와 경쟁할 수 있도록 돕기 위한 변혁을 이루기에 적절한 위치에 있지 않습니다. 시간적 여유도 없고, 필요한 규모로도 변화하지 못하고 있습니다. 대다수의 사람들은 잘못된 경제를 위해 준비되고 있습니다.〉[6] 학교의 이런 태생적인 약점이 더욱 문제가 되는 것은, 학교가 우리 아이들을 준비시켜야 할 미래의 세계는 그 어느 때보다도 지능을 많이 필요로 할 것이기 때문이다. 지금까지는 학생의 지능을 향상시키는 데 있어서의 학교의 부적절성이 — 이로 인해 유전된 불평등이 더욱 공고해지기 때문에 — 사회적 불공평의 원천이었다면, 앞으로 이러한 학교의 부적절성은 사회적 붕괴까지 초래하는 아

---

6 Pew Research Center, *AI, Robotics, and the Future of Jobs, Digital Life in 2025*, 2014년 8월에서 인용 — 원주.

주 심각한 문제가 될 수 있다.

비효율적이고 갈수록 부적절해지는 학교는 이제 한계에 부딪쳤다. 학교의 변화는 불가피하며, 이번에는 단순히 교과 과정을 바꾸고, 교육부 장관이 바뀔 때마다 으레 하듯이 〈교육이 최우선 과제다〉라고 선언하는 것으로 그쳐서는 안 된다. 사실, 이번의 개혁은 외부, 그러니까 교육 분야를 장악하게 될 미국이나 중국의 신경 과학 기술의 강요에 의해 이뤄질 것이다.

14장
챗GPT가 학교의 첫 번째 변화를 촉진할 것이다
: 금방 끝나버린 에듀테크[1] 시대

학교는 두 가지 중요한 도전에 직면해 있다. 하나는 현재의 비효율성이고, 다른 하나는 미래에 필요하게 될 능력들을 키워줄 수 없는 구조적인 한계다. 가까운 미래에 학교는 인공 지능으로 강화된 디지털 기술의 점진적 사용 덕분에 더욱 개별화된 교육으로 나아갈 것이다.

챗GPT가 교실을 없애버릴 것인가?

학교는 소수가 보유한 지식을 다수에게 어떻게 전달할 것인가에 대한 현재의 해결책이라 할 수 있다. 이것은 새로운 발상이 아니다. 아마도 기원전 3000년경 문자가 발명된 이후부터 존재해 왔을 것이다.

1900년의 병원 수술실과 2023년의 그것 사이에 공통점

1 EduTechs. 교육에 적용되는 모든 종류의 기술을 말한다 — 원주.

이 있는가? 거의 없다. 사용되는 기술, 의료진의 지식, 운영 규범 등, 1세기의 시간이 이 두 장소 사이에 엄청난 차이를 만들었다.

그러나 한 세기를 사이에 둔 두 교실을 비교해 보면 어떤가? 칠판 색깔이 검은색에서 흰색으로 바뀐 것 외에는 아무것도 변한 게 없다. 가구들도 거의 같고(일부 학교에서는 아직도 잉크 병 구멍이 뚫린 책상을 볼 수 있다), 동일한 교실 구조와 교수법이 사용되고 있다.

현재의 학교 교육은 과거의 의약품에 비교될 수 있다. 평균적인 신체에 맞게 설계된 평균적인 해결책으로, 평균적인 환자에게는 도움이 될지 모르지만, 분포 곡선의 양 끝에 있는 환자들, 다시 말해서 더 복잡하거나 미묘한 병을 가진 환자들에게는 적합하지 않은 의약품 말이다.

학생들의 다양한 성격과 적성, 일정치 않은 집중력, 학습 속도, 성숙도, 흥미에 있어서의 차이에 대한 학교의 구조적 부적절성은 익히 알려진 사실이다. 하지만 지금까지는 실질적인 대안이 없었다. 그래서 거의 변화가 없는 교실이 계속 이어져 왔다. 교원 노조들 역시 할당 자원의 증가가 학교 개선 프로젝트의 모든 것인 양 말해 왔다.

앞으로 수십 년간 학교는 근본적인 변화를 겪게 될 것이다. 교육은 점점 더 의학에 가까워질 것이다. 신경 과학이 학교를 흡수해 버릴 것이다. 의학이 개인화되고 있듯이, 학교 교육도 개인화될 것이다.

무크가 챗GPT와 융합할 것이다

인지 과학 연구의 목표는 학습 활동의 기반이 되는 인지 및 감각-운동 과정에 대한 이해를 높이는 것이다. 이러한 연구는 학생들이 다양한 지식을 어떻게 습득하는지 이해함으로써, 교사들에게 보다 효과적인 도구를 제공하고자 한다. 하지만 인지 과학은 디지털 도구들과 결합하면서 기존의 교실이 시대에 뒤떨어져있다는 사실을 명백히 드러내고 있다. 다른 형태의 기술들을 활용한 교육 방식이 훨씬 더 효과적일 수 있다는 것이 분명해지고 있는 것이다.

신기술은 전통적 교육의 획일적인 성격에서 벗어나, 교육의 최대한 개인화를 가능케 할 것이다.

무크Massive Online Open Course, MOOC(대규모 온라인 공개 강좌)는 인터넷 연결만 있으면 어디에서든지 최고 수준의 강의를 수강할 수 있도록 비교적 무료로 제공되는 동영상 강좌이다. 기존의 강의실이 기껏해야 수백 명의 학생을 수용할 수 있었다면, 이제는 최고의 교사들이 수만 명의 인터넷 사용자에게 동시에 강의할 수 있게 되었다.

무크가 가져온 가장 큰 변화 중의 하나는 아마도 차별화된 학습 진행 방식들의 도입일 것이다.[2] 여기에는 상급 단계로 올라가기 전에 학습 수준을 평가하고 승인하는 테스트, 학생들 간의 상호 평가, 그리고 온라인 수업과 오프라인 수업을 결합한 혼

2 무크가 시작된 지 10년이 지난 지금, 우리는 주로 재능 있고, 동기 부여된 학생들만 무크의 혜택을 누리고 있다는 사실을 알게 되었다 — 원주.

합 수업 등이 포함된다.

적응형 학습adaptive learning의 비약적인 발전은 신기술을 활용한 교육 개인화의 유망한 첫걸음이라 할 수 있다. 이것은 아마존이 이전 주문과 검색 기록을 바탕으로 관심을 가질만한 책을 추천해 주는 것과 정확히 같은 원리이다. 오늘날 알고리즘은 학생들이 동영상과 시험에 어떻게 반응하는지를 분석하고, 그에 따라 제안을 조정할 수 있다. 온라인 학습 플랫폼이 우후죽순으로 생겨나고 있으며, 학생이나 학습자가 공부하는 동안 수집된 데이터를 기반으로 공부할 주제를 추천하는 소프트웨어들이 개발되고 있다. 전 세계적으로 이미 수백만 명의 학생이 이러한 소프트웨어를 사용하고 있을 것이다.

이러한 원격 교육 시스템을 통한 맞춤형 학습 및 모니터링 기술은 향후 몇 년 동안 계속 발전할 것이다. 학생이 느끼는 어려움에 맞춰 과제를 조정하고 이해도를 평가하는 이 도구들은 한꺼번에 30여명의 아이를 가르쳐야 하는 교사보다 효과적일 것이다. 전에는 극소수의 상류층 자녀들만 누릴 수 있었던 개인 교습이 이제는 더 많은 아이에게 접근 가능해질 것이다.

무크의 창시자인 칸 아카데미[3]는 GPT-4와 자사의 교육 제품을 연결한 플러그인[4]을 발표한 바 있다.

---

3 Khan Academy. 2008년 살만 칸이 설립한 비영리 교육 플랫폼으로, 전세계의 누구나 무료로 고품질의 교육을 받을 수 있도록 지원하는 것을 목표로 한다.
4 AI의 기능을 확장하고 강화하는 추가 소프트웨어 구성 요소로서, 기존 AI 시스템에 특정 기능이나 서비스를 제공하여 AI의 능력을 향상시킨다.

교육은 혁신가들을 해방시켜
교육의 초개인화 시대에 진입해야 한다

인공 지능은 교사를 보조하고, 학생들을 격려하고, 특정한 문제들에 주의를 기울이며, 학습 진도를 관리할 수 있게 될 것이다.

학교는 근본적인 변화를 겪게 될 것이다. 신경 과학이 발전함에 따라, 다시 말해서 각 인간의 뇌가 어떻게 가장 잘 학습하는지 이해하게 됨에 따라, 지식 전달에 소요되는 시간의 효율성을 높일 수 있게 될 것이다.

학교가 새로운 방법에 적응하는 과정은 결코 순탄치만은 않을 것이다. 신경 교육[5]은 지금 우리가 알고 있는 교실을 완전히 재구성하게 될 것이다.

교육 방법에 대한 이념적 접근은 이제 **러닝 애널리틱스** learning analytics(학습 분석 기술)의 통계적 증거에 자리를 내주어야 한다. 학습은 뇌의 구조와 반응 방식을 객관적으로 관찰하는 과학이 되어야 한다.

이러한 변화를 성공적으로 이루기 위해, 우리 프랑스의 교육부는 미국의 나사처럼 변해야 한다. 이제 나사는 자신의 진정한 역할은 우주 혁신가들을 지원하고 홍보하는 플랫폼이 되는 것이라고 판단했다. 자신이 모든 것을 다 할 수는 없다는 것을 깨닫고는 혁신적인 스타트업들을 위한 인큐베이터가 된 것이다. 실제로 나사는 일론 머스크와 그의 스페이스X 로켓을 대

---

5 여기서 말하는 신경 교육neuroéducation이란 첨단적인 신경 과학 기술을 활용한 새로운 방식의 교육을 말한다.

대적으로 지원한 바 있다. 우리 교육부도 이 모델을 선택해야 한다. 프랑스 안팎 모든 혁신가의 발판이 되어야 한다. 교육과 뇌의 구조 및 기능 사이의 상호 작용은 무수히 많고 믿을 수 없을 정도로 복잡하기 때문에, 모두에게 통하는 기적의 교육법 같은 것은 존재하지 않는다.

교육에 적용되는 신경 과학의 모든 영역을 커버하기 위해서는 수백 개의 스타트업이 필요할 것이다. 〈현장에서 뛰는 혁신적인 교사들〉을 중심으로 에듀테크 생태계를 구축해야 한다. 또한 교육부를 변화시키기 위해 새로운 시각을 가진 사람들이 필요하다. 혁신적인 스타트업들을 육성함으로써, 우리는 다른 시각을 가진 사람들을 교육 분야에 유입하고, 기업가 정신을 갖췄으며 관료주의에 저항할 수 있는 심리적 능력을 지닌 인재들을 끌어들일 수 있을 것이다.

뇌 활동을 지속적으로 측정하는 저렴한 비침습적 장치의 등장은 데이터를 우리의 인지적 특성과 연관시켜 교육을 최적화할 수 있게 해줄 것이다. 스마트폰 덕분에 우리 아이들의 인지적 특성을 점점 더 정확히 파악하게 된 디지털 거대 기업들은 우리 뇌에 대해 모든 것을 알고 있어 상당한 이점을 가지게 될 것이다. 앞으로 디지털 거대 기업들의 인공 지능은 각 아이에게 가장 적합한 교육 방법을 매우 정확하게 결정할 수 있게 해줄 것이다.

우리 교육은 혁신가들을 격려하고, 현장 인력에게 더 많은 자율성을 부여하며, 교육계 내에서 수백 개의 스타트업을 육성해야 한다. 그렇지 않으면 프랑스 교육은 철강 산업의 전철을 밟을 것이다!

대학도 변해야 한다

대학에 챗GPT를 도입하는 것은 피할 수 없는 일이다. 파리 정치 대학Sciences Po Paris은 챗GPT 사용을 금지하여 세상의 웃음거리가 되었고, 결국 180도 방향을 전환해야 했다. 소르본 대학교 법학부 학생인 니콜라 르노Nicolas Renaud는 이렇게 설명한다. 〈이제 챗GPT의 물결이 시작되었고, 아무것도 이 물결을 막을 수 없습니다. 며칠 만에 공포감이 대학가 전체에 퍼졌습니다. 뉴욕의 학교들부터 파리의 생 기욤가 27번지[6]까지, 챗GPT 사용 금지 조치가 늘어나고 있습니다. 이런 식의 반응을 통해 교육계는 자신들의 입장을 선택하고 논쟁에 종지부를 찍었습니다. 즉, 챗GPT는 아주 위험한 것이며, 그로부터 청년들을 보호해야 한다는 것입니다.

이 문제는 막 노동 시장에 진입하려는 변호사들에게는 매우 중대한 사안입니다. 그들은 불과 몇 달 사이에 불가항력적인 변화를 목격했습니다. 전혀 예측할 수 없었고, 자신과는 무관하며, 도저히 극복할 수 없어 보이는 엄청난 사건이 일어난 것입니다. 챗GPT가 미국 변호사 시험과 가장 권위 있는 시험들에서 뛰어난 성과를 거둔 것이 그 증거입니다. 기하급수적으로 발전하고 있는 이 새로운 자율적 지능 앞에서, 갓 졸업한 법학도들은 자신들이 수년 간 공부한 것이 얼마나 쓸모가 있을지 의문을 가질 수밖에 없는 것입니다.

하지만 미래의 법률가들은 이 현상을 오히려 기회로 보는 게 낫지 않을까요? 위험이라기보다는 인간 지능을 보완하는 도

6 파리 정치 대학의 주소지 —원주.

구로 보는 것이 더 좋지 않을까요?

챗GPT가 불안스럽게 느껴지는 이유는 이것이 바로 우리의 약점을 찌르기 때문입니다. 이는 개미집을 뒤흔드는 거센 발길질이며, 혁신을 거부하는 우리 골족[7]의 머리 위로 무너져 내리는 하늘과도 같습니다. 이것의 등장은 새로운 방법들을 통해 우리의 교육을 자극할 것입니다. 이른바《고전적인》수업 시간에서 벗어난 교육 과정들은 학생들이 자신의 전공과는 다르지만, 그럼에도 불구하고 필요한 분야들에 대해 지적으로 깨어나는 기회가 될 것입니다. 어떻게 철학 없이 의사 양성을 생각할 수 있겠습니까? 디지털 혁명에 대해 아무것도 모르는 법률 전문가들을 어떻게 상상할 수 있겠습니까? 교육에 챗GPT를 통합하고 이를 새로운 교육 프로젝트의 초석으로 삼는다면, 철학자들이 왕이 되어야 한다고 주장했던 플라톤의 오래된 꿈을 실현할 수 있을 것입니다.〉

교육학: 미신적인 사고를 버리자

교사 노조는 뇌 과학을 활용하여 교육 기술을 개선하고 교육을 개인화하는 것에 강하게 반대하고 있다. 이러한 교사들의 보수적인 태도는 구시대적으로 보일 수 있지만, 그들의 두려움은 이해할 만하다. 의사들도 이와 비슷한 불안감을 느낀 바 있다.

지금의 교육은 1950년대의 의학과 비슷하다. 교육학자들의 직관은 과학적 검증을 거치지 않는다. 이제 의사들은 우리의 자존심과 잘못된 직관 때문에 환자들이 희생된다는 사실을 알고 있

7 골족은 프랑스의 선주민이며, 여기서는 프랑스인들을 뜻한다.

다. 예를 들어, 미국 배우 록 허드슨Rock Hudson이 사용했지만 소용이 없었던 최초의 에이즈 치료제는 모든 전문의가 매우 효과적인 것으로 여겼던 약물이었다. 의사들은 이 약물을 제대로 평가하려 하지 않았으니, 이 〈기적의 약물〉을 하루라도 빨리 보급하고 싶었기 때문이었다. 다행히도 당국은 엄격한 무작위 배정, 이중맹검 임상 실험을 요구했다. 즉 의사도 환자도 자신이 받는 약물이 활성 성분인지, 아니면 단순한 전분 분말인지 모르게 한 것이다. 결과는 충격적이었다. 의사들의 확신과는 달리, 새로운 약물을 투약 받은 그룹은 가짜 약을 받은 그룹에 비해 일찍 사망한 것이다.

의학적 직관은 사람을 죽인다

의학적 직관은 사람을 죽이고, 교육학적 직관은 학생들의 뇌를 망친다. 의료계와 교육계의 전문가는 자기의 직관이 자신을 속이고, 또 자신이 중요하게 여기는 환자의 건강이나 학생들의 인지 발달에 해를 끼친다는 사실을 알게 되면 속이 편치가 않다. 합리적인 접근이 전문가들의 일을 아주 복잡하게 만드는 것은 사실이다. 예를 들어 의학에서 과학적 접근 방식은 몇 가지의 선택지를 수많은 선택지의 미로로 바꾸어 놓았다. 과거에 존재했던 효과가 없거나 위험한 치료법의 사례는 수천 가지에 달한다. 우리의 의학적 직관은 나쁜 조언자였으며, 우리의 자아에 큰 상처를 주기는 하지만, 그럼에도 불구하고 우리는 그것을 인정했다. 교육학은 엄격한 평가가 오히려 예외가 되는 구시대적 단계에 머물러 있다. 사람들은 여전히 맹목적인 비난, 권위적인 주장, 지적 태만, 그리고 전통을 선호한다. 읽기 교육에 있어서 전체적 접근법과 음절식 접근법의 장단점을 둘러싼 논쟁은 이런 아마추어리즘의 한심한 예이다. 엄격한 연구를 수행하는 대신 20년 동안 유치한 말다툼만 해왔다. 오랫동안 의사가 생리학에 대해 전혀 모르고 있었듯이, 대부분의 교사는 자기 직업의 핵심이자 작업 도구인 뇌의 기능에 대해 완전히 무지한 상태에 있는 것이다! 1860년에 어떤 외과의사도 수술 전에 손을 씻지 않았던 것처럼, 2020년에는 어떤 교사도 가르치기 전에 아이들의 뇌를 평가하려 하지 않는다. 따라서 의사가 1975년부터 환자의 이익을 위해 그랬던 것처럼, 교사도 그들의 잘못된 과거를 — 상처받는 일 없이 — 청산하는 작업을 도와주어야 한다.

합리성을 위한 투쟁은 여전히 진행 중이다. 예를 들어 디디에 라우는 1930년대 수준의 방법론을 사용하여 클로로퀸이 코로나19에 효과적이라고 주장하기도 했다.[8]

교사들의 자기애적 상처

과학적 엄격성을 거부하는 것은 인간의 본성이라 할 수 있다. 전문가들은 자기의 직관이 자신을 속이고 가장 중요하게 여기는 목표, 즉 환자의 건강이나 학생의 교육적 발달에 해를 끼친다는 사실을 알게 되면 너무나 불편해진다. 수십 년 동안 의사는 약물의 무작위 임상 시험을 거부해 왔다. 하지만 인공 지능 앞에서는 교

---

8 Didier Raoux. 프랑스의 저명한 감염병 전문가로 코로나19 초기 하이드록시 클로로퀸과 아지트로마이신의 결합 치료를 주장했다. 하지만 그의 연구는 무작위 배정 및 이중 맹검 절차를 따르지 않아 과학적 신뢰성을 확보하지 못했다.

사가 스스로 바뀌기를 마냥 기다릴 수는 없는 일이다.

게다가 합리적인 접근은 전문가의 일을 매우 복잡하게 만든다. 예를 들어 의학에서 합리적 평가는 암 환자 치료를 몇 가지 기준에 따른 선택지에서 수천 가지의(아니, DNA 시퀀싱으로 곧 수십억 가지가 될) 방사선학적, 임상적, 생물학적, 유전적 기준에 따른 복잡한 선택지의 미로로 바꾸어 놓았다. 1930년에 암 전문의로 일하는 것은 지적으로 훨씬 더 단순했다. 하지만 당시에 사망률은 거의 100퍼센트에 달했다. 오늘날은 유방암의 각 하위 유형마다 학회, 심포지엄, 웹캐스트, 토론 포럼, 그리고 수천 명의 환자를 대상으로 한 연구들이 존재한다.

의학은 과학을 위한 혁명을 이루어 냈다. 하지만 교육학에서는 아직 갈 길이 멀다. 학교가 경험적 임기응변에서 과학적 실험으로 전환하는 것은 몰리에르 시대의 의사가 과학자로 대체되었을 때와 같은 변화를 가져올 것이다.[9] 학교는 교육 기술을 시험하기 위한, 교육 실험이 이루어지는 일종의 대학 병원과 같은 역할을 하게 될 것이다. 이념적인 교육학과 민간요법의 시대는 끝나고, 통계적 증거가 그 자리를 차지하게 될 것이다. 각 아동의 특성을 구별하지 않고 대충 가르치는 일은 더 이상 없을 것이다. 교조적인 교육은 종말을 고할 것이다. 예전에 사혈과 관장이 효과가 없다는 게 증명된 후 더 이상 사용되지 않게 된 것처럼 말이다.

빌 게이츠는 매우 적절하게도 교육은 21세기의 가장 중요한 과제이지만 여전히 가장 평가가 부족한 분야라고 말했다!

9 Molière, 17세기 프랑스의 대표적인 희곡 작가. 그의 풍자적인 작품들에는 사기꾼과 돌팔이 의사가 자주 등장한다.

뇌의 복잡성은 반드시 관리되어야 한다

특히 영미권 국가들에서 엄격한 교육 평가가 몇 차례 행해졌는데, 그 결과는 여러 가지 중요한 사실을 보여 준다. 교육에는 기적적인 해결책이 없고, 좋은 의도가 오히려 아이를 망치는 경우가 많으며, 결과들은 종종 예상을 벗어나고 실망스러울 수 있다는 것이다.

교육, 뇌의 구조와 기능 간의 상호 작용이 너무나 많고 복잡하기 때문에 기적적인 교육 방법은 존재하지 않을 것이다.

교육의 복잡성은 세 가지의 핵심적인 사실로 요약된다. 첫째, 학습은 뇌의 조직을 역동적으로 변화시킨다. 간단한 수업을 한 번 듣는 것만으로도 수천억 개의 시냅스가 만들어지거나 파괴되거나 수정될 수 있으며, 새로운 신경 세포가 생성되기도 한다.[10] 둘째, 특정 시점에서의 뇌의 구조, 즉 신경 세포들의 연결 상태와 전기화학적 상태는 학습 능력에 큰 영향을 미친다. 마지막으로, 어떤 교육 방법을 사용하느냐에 따라 교육이 뇌 조직에 미치는 영향이 달라진다.

따라서 뇌는 비정형적인 컴퓨터이다. 일반적인 컴퓨터와는 달리, 하드웨어와 소프트웨어[11]가 융합되어 있는 것이다. 교육에서 보편적이고 단순하며 직관적인 해답은 없을 것이다. 개인화된 교육은 개인화된 의학만큼 복잡할 것이다.

---

10 이 점은 아직 많은 전문가 사이에서 논쟁의 대상이 되고 있다 ─ 원주.
11 전자 회로와 컴퓨터 프로그램 ─ 원주.

신경 과학에 대한 광범위한 교육 계획이 시급하다

교사들의 뇌에 대한 충분한 이해는 학교 현대화를 위한 전제 조건이다. 그러나 현재의 상황은 암울하다. 2008~2009년 영국에서 교사 임용을 몇 달 앞둔 학생[12]을 대상으로 행해진 연구 결과는 충격적이다. 미래의 교사 중 11퍼센트는 뇌 없이도 생각할 수 있다고 믿고, 45퍼센트는 인간의 사고가 뇌 활동의 결과라고 생각하지 않는다는 것이다.

뇌를 이해하는 것은 필요 불가결한 일이다. 우리가 뇌의 10퍼센트밖에 사용하지 않는다는 신경 과학을 가장한 신화를 유포하는 사기꾼들을 구별하기 위해서도 말이다. 실제로 최근 수십 년간 영국을 포함한 여러 나라에서 황당무계한 교육 이론들[13]이 크게 확산되었다.

그러나 콜레주 드 프랑스 교수이며, 저명한 신경 과학자인 스타니슬라스 드엔Stanislas Dehaene의 전망은 낙관적이다. 〈우리는 정치 세계와 연관된 교육 정책에서 과학 세계와 연관된 교육 정책으로 전환하려는 시점에 있습니다.〉[14] 그는 프랑스의 교육 제도가 교육학 전체를 재검토해야 하며, 뇌에 대한 지식이 교사 커리큘럼에 포함되어야 한다고 확신한다. 학습은 뇌의 구조와 그 반응 방식에 대한 관찰에 기반한 진정한 과학이 될 것이다.

---

12 PGCE 과정 학생. PGCE란 Postgraduate Certificate in Education의 줄임말로 영국의 교육 제도에서 교사 자격증을 취득하기 위한 대학원 과정을 말한다 — 원주.

13 예를 들면 이른바 〈교육 운동학Educational Kinesiology〉

14 *Le Point*, 22 juin 2017 — 원주.

학생들의 DNA 시퀀싱은 당연해질 것이다

학습 방식은 우리의 유전적 특성에 크게 좌우된다. 따라서 아이들의 유전적 특성을 알게 되면, 교육을 보다 세밀하게 조정할 수 있게 된다. 앞으로 아이들의 뇌와 DNA를 읽게 될 거라고 상상하지 못하는 교사들에게 엄청난 문화적 혁명이 다가오고 있다.

앞서 언급된 유전자와 학업 성취도의 관계에 대해 영국에서 행해진 연구[15] 결과를 바탕으로, 연구자들은 교육 시스템의 조정에 대하여 다음과 같이 권고했다. 〈우리는 교육 시스템이 유전학의 중요성을 인식해야 한다고 제안한다. 수동적인 교육 모델(인스트루에레instruere, 내부에 집어넣다) 대신, 우리는 아이들이 각자의 유전적 소인을 바탕으로 스스로 교육 경험을 창출해 낼 수 있는 능동적인 교육 모델(에두카레educare, 끌어내다, 태어나게 하다)을 채택할 것을 제안한다. 이는 개인화된 학습의 개념에 가깝다.〉 각 아이의 유전체가 출생 시 시퀀싱되고, 이것이 우리의 학습 방식을 어떻게 조건화하는지 이해하게 되면, 각자의 특성에 대한 깊은 이해를 바탕으로 맞춤형 교육 프로그램을 설계할 수 있게 될 것이다. 인공 지능의 분석력 덕분에 지속적으로 발전하게 될 각자의 유전체와 신경 생물학적 특성에 따른 교육의 적합화는 보다 정밀한 교육의 개인화를 가능케 할 것이다.

15 Shakeshaft N.G., Trzaskowski M., McMillan A., Rimfeld K., Krapohl E., et al. (2013), 「Strong Genetic Influence on a UK Nationwide Test of Educational Achievement at the End of Compulsory Education at Age 16」. PLoS ONE 8(12) :e80341. doi : 10.1371/journal. pone.0080341 — 원주.

임기응변식 교육의 종말

교육은 임기응변의 시대를 벗어나 하나의 기술이 될 것이다. 신경 과학은 인류가 항상 머물러 있던 이 단계를 넘어서게 해줄 것이다. NBIC 덕분에, 우리는 학교의 산업화 시대에 진입할 것이다. 그리고 더 나아가 완전한 로봇화 시대로 들어가게 될 것이다.

오늘날 우리는 신경망의 연결 상태와 뇌의 작동 방식, 즉 우리의 본질 자체는 유전자와 영양학적, 교육적, 정서적 환경이 결합된 결과라는 사실을 알고 있다. 앞으로는 여기에 세 번째 요소가 추가될 것인데, 그것은 바로 신경 과학 기술적 개입이다.

전통적인 교육은 뇌의 수공업적 조작에 불과하다. 인간들 간의 정보 전달은 여전히 수공업적으로 이뤄지는 매우 느린 과정일 뿐이다. 학습은 수백 시간의 수업, 학생들이 급히 휘갈기는 수천 장의 종이, 그리고 무수한 복습 시간들을 통해 이루어지고 있다.

이는 매우 원시적인 수준의 신경 조작 기술이다. 신경 세포 간의 연결을 만들어 내는 작업(이른바 〈배운다〉고 하는 것)에 있어서, 지금 우리가 아는 것은 오로지 이것뿐이다. …… 미래의 교사들이 현대적인 과학자라면, 오늘날의 교사들은 중세의 연금술사라 할 수 있다. 그들은 몇 가지의 막연한 경험적 원칙을 바탕으로 임시방편적인 방법을 사용하고 있는 것이다.

앞으로 교육을 혁신하게 될 방법은 암 치료를 혁신하고 있는 방법과 동일하다. 각각의 암세포는 고유한 유전적 정체성을 가지고 있으며, 그에 따라 특정한 약점이 있기 때문에, 각 종양을 개별적으로 분석하여 효과적으로 대응하는 것이 필요하다. 그런 다음 일탈한 세포를 죽이기 위한 특별한 치료법이 제공되어야 한다. 이는 화학 요법이나 방사선 치료와 같은 전통적 치료법과는 천지 차이인 정밀 타격 방식이다. 교육도 이와 같은 방식으로 진행될 것이다. 즉, 각 학생을 위해 특별히 고안된 〈방법〉을 사용하게 될 것이다.

이제 학습은 뇌의 구조와 그 반응 방식의 관찰에 기반을 둔 진정한 과학이 될 것이다. 궁극적으로는 학생의 뇌 활동을 기록하여, 수업의 리듬, 진도, 전반적인 구성이 학생의 뇌의 상태에 정확히 맞춰지도록 조정하는 교실을 상상해 볼 수 있을 것이다.

몇십 년 후에는 아이의 신경 인지적, 유전적 특성을 모르는 채로 가르치는 것이, 심전도 없이 심장병 환자를 치료하거나, CT나 MRI 없이 암 환자를 치료하는 것만큼이나 터무니없고 구시대적으로 보일 것이다.

아리스토텔레스를 각 가정에!

학교는 매우 훌륭한 포용적 기관이다. 저임금에 시달리고 제대로 대우도 받지 못하는 교사들이 이따금 책임을 방기하는 부모를 대신하기도 하고, 항상 통합되고 싶어 하는 것은 아닌 주민들을 통합하려 노력하고 있다. 우리 모두는 학교에 큰 빛을 지고 있다. 그러나 학교의 품질을 최고의 요소들로만 판단하는 것은 복권의 매력을 당첨자의 관점에서만 평가하는 것과 같다. 학교의 기술은 비효율성으로 인해 이미 오래전부터 비판의 대상이 되어 왔다. 인공 지능 혁명으로 인해 학교 시스템은 핵폭발에 휩쓸리는 오두막처럼 일거에 사라져 버릴 위기에 처해있다.

교육은 1세기 동안 지연되기는 했지만, 산업 제품들이 앞서 겪은 개인화 단계를 신속히 통과할 수 있을 것이다. 수천 년 동안 교육은 개인 교사의 혜택을 받는 일부 특권층 아이들을 제외하고는 〈모두에게 같은 사이즈 옷을!one size fits all!〉 방식으로 제공되어 왔다. 쥘 페리식 학교 이후[16] 달라진 점은 거의 없다. 교육 과정의 분화가 조심스레 시도되고, 선택 과목을 통한 개인화가 조금 시작되었을 뿐이다.

한층 발전된 형태의 인공 지능이 개발됨에 따라, 소프트웨어는 학생들을 돕는 방식을 매우 정밀하게 조정할 수 있게 될 것이다. 더 나아가 미래의 학습안은 학생에 따라 특정한 질문을 하고 설명을 제공하며, 추상적 원리를 설명하기 위해 구체적인 예를 제시하고, 테스트를 단순 평가가 아닌 교육의 도구로서 활용할 수 있을 것이다.

생성형 AI 덕분에 보다 근본적인 혁신이 일어날 수 있다. 올리비에 바보는 기뻐하며 이렇게 말한다. 〈챗GPT 덕분에 우리 모두가 아리스토텔레스를 아이들의 교사로 삼을 수 있게 될 것입니다! 아시다시피 아리스토텔레스는 대왕Alexander the Great의 개인 교사였습니다. 당시에는 오직 왕만이 그 시대 최고의 지성인의 서비스를 받을 수 있었죠. 이것이 수천 년 동안 우리 교

16 심지어는 플라톤 이래로—원주.

육 시스템의 핵심을 이루어 온 가장 깊은 불평등입니다. 오직 소수의 특권층만이 개인 교사라는 사치를 누릴 수 있었던 것입니다.〉

GPT-4는 물리적인 세계를 이해하기 시작했고, 이로 인해 로봇의 자율성이 크게 향상될 것이다. 전 프랑스 국민의회 의원 브뤼노 보넬Bruno Bonnell이 말하는 로봇 혁명이 다가오고 있다. 생성형 AI와 로봇 기술의 결합으로 우리 모두가 「스타워즈」의 C-3PO를 집에 둘 수 있게 될 것이다. 우주의 모든 언어를 말하고, 가능한 모든 질문에 교육적으로 대답할 수 있으며, 무한한 인내심과 지치지 않는 에너지를 가진 로봇 말이다.

이 로봇은 단지 요리와 청소만 하는 것이 아니라, 아이들을 가르치고, 그들의 진도를 추적하며, 어려운 부분을 여러 번 설명해 주고, 학습 속도를 관리해 줄 것이다.

이것은 모든 아이가 알렉산더 대왕이 된다는 게 아니라, 적어도 모든 아이가 각자의 잠재력을 최대한 발휘할 수 있게 된다는 뜻이다. 성적이 나쁜 학생들은 더 이상 교실의 뒷자리에 방치되지 않을 것이고, 우수한 학생들은 다른 학생들이 진땀을 흘리며 이해하려 애쓰는 동안 지루한 시간을 보내지 않아도 될 것이다.

전통적인 학교가 스스로를 포기하는 데는 많은 시간이 걸릴 가능성이 크다. 벌써 이런 말이 들리는 듯하다. 〈뭐라고? 지식의 장사꾼들이 우리 교사들을 싸구려 컴퓨터와 천한 기계로 대체하려 한다고? 교육을 상품화하는 것은 곧 우리 아이들을 상품화하는 거야! 아이들을 영리를 목적으로 하는 사교육의 제품이 되도록 내버려두어서는 안 돼. 전 세계가 부러워하는 우리 프랑스의 연대적이고도 지속 가능한 훌륭한 교육 시스템을 지켜내야 한다고!〉 또 현재의 정치 시스템을 고려하면, 이러한 대안적 제안을 억제하거나 심지어는 금지하고, 교사들의 일자리 보존이라는 명목으로(교사들은 거대한 유권자 풀을 이룬다) 전통적 방식의 학교 출석을 의무화하려는 시도가 없을 거라고 장담할 수 없다. 이러한 시도는 2013년 이후 특히 위치 추적 기술을 활용한 새로운 운송 서비스에 대항하여 택시의 독점을 보호하려 했던 움직임과 크게 다르지 않을 것이다. 이는 1905년에 자동차를 금지하여 마구(馬具) 제조업자들을 보호하려 했던 시도만큼이나 어처구니없는 일이다.

하지만 어떤 경우이든, 정치인들의 저항은 도도하게 밀려오는 파도 앞에 모래벽을 쌓는 것만큼이나 헛될 것이다.

21세기의 몬테소리는 누가 될 것인가?[17]

젊은이들은 하루에 5시간씩 스마트폰을 사용한다. 이로 인해 디지털 거대 기업들은 우리 아이들의 인지적 특성을 보다 잘 이해하게 되었다. 스마트폰은 항상 우리와 함께 하므로, 미래의 다목적 센서의 역할을 하기에 적합한 물건이다.

사물 인터넷은 우리 뇌에 대한 지식을 더욱 심화할 것이다. 앞으로 여러 가지 생체 신호를 항시 측정할 수 있는 매우 저렴한

---

17 Maria Montessori, 의사이자 철학자, 심리학자. 마리아 몬테소리는 1907년에 혁신적인 교육학을 개발했으며, 오늘날에도 그녀의 교육법은 생각이 트인 부유층 엘리트의 자녀를 대상으로 몬테소리 학교에서 적용되고 있다 — 원주.

비침습적인[18] 뇌 및 생체 기록 장치들이 출현하여, 이 데이터를 통해 우리의 인지적 특성을 파악하여 교육을 최적화할 수 있게 해줄 것이다.

수백만 명에 달하는 사람의 뇌 활동과 그와 연관된 행동(장기 활동, 제스처, 눈의 움직임, 다양한 상황에 대한 반응 등)을 비교할 수 있게 되면, 뇌에 대한 지식은 결정적인 발전을 이루게 될 것이다.

TED[19]: 교사들을 위한 좋은 학교

교육이 순전히 기술적인 것이 될 거라고 생각하는 것은 잘못이다. 아이들의 동기 부여는 교사의 카리스마에 크게 좌우된다. 스토리텔러들은 위대한 교사들이며, 그들의 수업은 평생 기억에 남는다. 교사들은 TED 주최자들에게서 훈련을 받아야 한다. 예를 들어, **TEDx 파리**의 창업자인 미셸 레비-프로방살은 위대한 연설가들을 양성하고 있다. 교육부는 그에게 젊은 교사들을 보내야 한다.

지식에 대한 사랑을 전달하기

교사는 아이들에게 자신의 뇌를 돌보는 법을 가르쳐야 한다. 아이들에게 덜 기름진 음식을 먹고, 날씬한 몸을 유지하고, 운동을

---

18 뇌 안에 직접 이식하지 않는 장치를 말함.

19 Technology, Entertainment, Design. 1984년 리처드 솔 위먼Richard Saul Wurman과 해리 마크스Harry Marks가 혁신적 아이디어 공유를 목적으로 창설한 강연 프로그램으로, 현재는 비영리 단체 TED Foundation이 운영하고 있다. 〈퍼뜨릴 가치가 있는 아이디어〉라는 슬로건 아래, 전 세계적으로 18분 이내의 강연을 통해 다양한 분야의 지식을 무료로 전파하며, TEDx 같은 지역 기반 프로그램도 운영하고 있다.

즐기고, 여러 언어로 된 미디어를 접하고, 담배를 피우지 않도록 설득하는 것은 오늘날의 교사가 맡아야 할 중요한 역할의 일부이다. 이 모든 것이 IQ를 높여 준다.

21세기의 몬테소리는 이러한 기술적 측면과 교사의 훈련 능력을 결합한 사람일 것이다. 미래는 친구들과 떨어진 아이에게 지식을 주입하는 로봇 교사에 있지 않다. 집단 지성의 발전은 그룹 작업을 통해 이루어진다. 교사는 아이가 지식을 사랑하도록 만드는 촉매제가 되어야 한다. 정보 과잉의 시대에 비판적 사고는 필수적이다. 메시지를 선별하는 것은 근본적인 중요성을 지닌다.

학교는 세계적 규모의 산업이 될 것이며, 마이크로소프트가 그 선두 주자가 될 수 있다

신경 교육은 프랑스 아동 인구보다 큰 규모의 데이터베이스를 필요로 할 것이다. 스포티파이가 아키텐 지역만을 대상으로 해서는 제대로 굴러갈 수 없듯이, 아키텐 지역의 소규모 음원 서비스에게는 시장이 있을 수 없듯이, 특정 국가에 한정된 교육 서비스들은 설 자리가 없을 것이다. 디지털 거대 기업들이 승자가 될 가능성이 매우 크다.

페이스북 CEO 마크 저커버그는 〈우리는 개인화된 교육이 최선의 해결책임을 알고 있습니다〉라고 말한 바 있다.

마이크로소프트는 최근에 행해진 일련의 인수와 파트너십 계약 덕분에 많은 강점을 가지고 있다. 전문 소셜 네트워크인 링크드인LinkedIn, 소프트웨어 개발 플랫폼인 깃허브GitHub, 그리고 챗GPT에 대한 중요한 권리들을 제공하는 오픈AI와의 협력은 마이크로소프트가 에듀테크 분야에서 성공하기 위한 강력한 기반을 제공하고 있다.

혁신적인 디지털 교육 서비스가 가까운 미래에 등장할 것이 예상된다.

중기적으로는, 신설된 기관들이 새로운 도구와 디지털 방법을 사용하여 자녀의 학습 진도를 추적하는 서비스를 학부모에게 제공할 것이다. 이들의 주요한 부가적인 가치는 학업 수준의 인증에 있으며, 이는 현재 학위가 하는 역할과 비슷할 것이다. 다양한 디지털 교육 기관의 인증서는 고용주들에게는 능력의 긍정적인 신호로 받아들여질 것이다. 이렇게 학생들이 더 효과적인 새로운 교육 솔루션들로 이동하게 되면 교사들의 지위는 재고될 것이다.

이런 변화에 실질적으로 대응하기 위해서는 교육부 내의 미래 예측 부서를 강화할 뿐만 아니라 더 많은 권한을 부여해야 한다. 즉, 근본적인 트렌드를 해독해 냄으로써 미래와 새로운 모델을 상상해 낼 수 있는 사람이 필요하다. 지금 우리 교육부에 유전학 전문가가 몇 명이나 있는가? 신경 과학과 빅 데이터 전문가는 몇 명이나 되는가? 교육부 공무원 중 챗GPT-4 계정을 가진 사람은 몇 명이나 되는가? 내가 보기에는 거의 없다.

학교는 두 개의 거대한 파도가 연달아 밀려오는 쓰나미에 직면하게 될 것이다. 첫 번째 파도는 지금 학교가 학생들을 준비시키는 대부분의 직업에 문제를 제기할 것이고, 두 번째 파도는 학교가 의존해 온 전통적인 지식 전달 기술을 모두 무용지물로 만들 것이다.

그러나 아무리 학교 시스템을 현대화하고 에듀테크를 대대적으로 도입하기 위해 노력한다 하더라도(필수적인 일이다), 불행히도 그것만으로는 충분치 않을 것이다.

향후 20년 동안 학교가 겪게 될 이 첫 번째 변화는 장기적으로 일어날 변화의 규모에 비하면 새 발의 피에 불과할 것이다. 학교의 문제를 넘어서서, 지식 전달의 문제 자체가 더 이상 같은 방식으로 논의되지 않을 것이다. 교실은 영원히 폐쇄될 수도 있다.

제6부

2040~2060년
트랜스휴머니즘 학교

2040년에서 2060년 사이에 지식 전달 기술은 비약적인 발전을 이룰 것이다.

학교는 첫 번째 변화를 이루는 것으로 만족할 수 없을 것이다. 이 변화는 필수적이지만 충분치 않다는 것이 이내 드러날 것이다.

학교가 전통적인 구조와 방법에서 벗어나는 변화를 신속히 이룬다고 가정해 보자. 학교는 교육을 위해 디지털 자원들을 받아들이고, 신경 과학과 유전학의 도움을 받아 대대적인 개인화를 이룰 것이다. 지식 전달은 원시적인 임기응변의 단계에서 뇌에 대한 과학적 지식을 바탕으로 표준화되고 개인화된 과정의 단계로 넘어갈 것이다.

그러나 이것만으로는 충분하지 않을 것이다.

수십 년 후, 인공 지능은 로봇 공학과 융합되고, 로봇의 생산 비용은 급격히 떨어질 것이다. 또 로봇은 더욱 다재다능해질 것이다. 오늘날의 극도로 전문화된 로봇에 비하면, 30년 전의 다이얼 전화기와 오늘날의 스마트폰의 그것과도 같은 차이를 보이게 될 것이다.

학교가 아무리 최고의 맞춤형 소프트웨어를 사용하여 우리를 가르친다 해도, 현재의 생물학적 상태로는 우리가 기계와 경쟁할 수는 없을 것이다. 유일한 해결책은 우리의 뇌를 근본적으로 강화하는 것이다. 그렇게 해야 우리는 기계와 대등한 위치에 설 수 있거나, 적어도 경쟁에서 뒤처지지 않을 수 있을 것이다.

신경 과학을 통한 교육의 개인화는 지능 생태계의 혁신, 다시 말해서 인류가 지성을 전달하는 방식을 혁신한 첫 번째 단계에 불과할 것이다. 그리고 이 첫 번째 단계는 곧 교육의 적응이 아닌 뇌 자체의 적응으로 보완될 것이다. 신경 교육은 더 이상 보다 나은 학습을 위한 과학적인 방법만이 아니라, 신경 증강이라는 새로운 행동 영역으로 풍부해진 무언가가 될 것이다. 다시 말해서 환경에 작용함으로써 지능을 향상시키는 것(학습)이 아니라, 태어나기 이전에, 혹은 인지 기계인 뇌 자체에 직접적으로 작용함으로써 지능을 향상시키는 것이 가능해질 것이다.

그때 학교는 트랜스휴머니스트가 되어, 모든 NBIC 기술을 활용하여 학생들의 뇌를 수정하는 것을 당연시할 것이다.

15장
신경 교육에서 신경 증강으로

우리는 코앞에 다가와 있으며 피할 수 없는 급격한 변화에 직면해 있다. 이에 대처하기 위해 우리가 가진 무기라고는 문명에 의해 아주 얌전하게 길들여진 파충류의 뇌밖에 없다. 실리콘과 우생학은 어디에나 인공 지능이 득실대는 세계에서 우리의 생존 도구가 될 것이다. 우리의 인지 능력을 강화해야할 필요성은 곧 명백하고도 불가피한 것으로 드러날 것이다. 인공 지능이 존재하는 세계에서의 경쟁은 1990년대의 투르 드 프랑스 자전거 경주와 같을 것이다. 도핑하지 않은 선수가 우승자보다 10분 이상 뒤처지지 않고 완주할 가능성이 전혀 없는 경주 말이다.

2050년의 학교는 신경 배양 공장이 될 것이다

이제 지구상에는 두 가지 유형의 학교가 존재하게 되었다. 하나는 우리 모두가 알고 있는 생물학적 뇌를 위한 전통적인 학교이고, 다른 하나는 전문가들이 〈AI 교육〉이라고 부르는 인공 지능의 학교이다. 그러나 이 인공 지능의 학교는 생물학적 뇌의 학교보다 비교할 수 없을 정도로 빠르다. 두 학교 간의 전쟁은 이미 승패가 나 있다.

엄청난 생산성 차이로 인해 두 학교 간의 경쟁은 매우 불공평하다. 살과 뼈로 이루어진 엔지니어나 방사선 전문의를 양성하는 데는 30년이 걸리지만, 같은 업무를 할 수 있는 AI를 기르는 데는 필요한 데이터베이스만 준비되어 있으면 몇 초도 걸리지 않는다.

인공 지능의 학교는 적자생존의 법칙을 따른다. 연구자들은 수천 개의 AI를 생성하고, 교육하고, 평가하며, 최고의 것만 남기고 나머지 것들은 폐기해 버린다. 반면 인간의 진보는 세대를 거듭하며 천천히 이뤄진다.

학교가 구시대적인 수공업 방식으로 운영된다면, 실리콘 뇌를 교육하는 디지털 거대 기업들의 교육은 가장 강력한 산업이다. 한쪽에는 저평가된 저임금의 교사들이, 다른 쪽에는 수백만 달러를 받는 천재 개발자들이 있다. 한쪽에는 축적된 경험을 거의 활용하지 못하는 전 세계의 500만 학교가 있지만, 다른 쪽에는 GAFAM과 이들의 중국 버전인 BATX가 운영하는 AI 학교 10개가 있다.[1]

인공 지능의 학습 속도는 폭발적으로 증가하고 있는 반면, 인간의 학교는 고대 그리스 시대 이후로 거의 변하지 않았다. 결국, 비록 인공 지능이 아직 의식을 갖추지는 못했지만, 컴퓨터는

1 여기에 앤트로픽Anthropic 같은 스타트업도 추가해야 할 것이다 — 원주.

우리의 일반적인 능력을 비정상적인 속도로 습득해 가고 있다.

현재 형태의 학교는 1750년의 의학만큼이나 시대에 뒤쳐진 기술이다! 학교의 조직과 방법은 고착되어 있으며, 더 심각한 것은 실리콘 뇌의 교육은 미래를 지향하며 매분마다 발전하고 있는데, 학교는 과거의 직업에 맞는 사람을 양성하고 있다는 사실이다. 하지만 그렇다고 하여 인간이 모든 일자리를 빼앗기고, 심지어는 적대적인 기계에 의해 파멸될 거라고 결론짓지는 말아야 한다. 생물학적 지능과 인공 지능은 계속 상호 보완적인 관계를 유지할 수 있다. 이를 위해 사회는 아이들이 인공 지능과 경쟁력을 유지할 수 있게끔 하라고 학교에게 요구해야 한다. 2050년의 학교는 더 이상 지식을 관리하지 않고, NBIC 기술을 통해 뇌 자체를 관리하게 될 것이다. 우리는 각 사람의 신경 생물학적, 인지적 특성에 따라 교육을 개인화해야 한다. 미래의 교사는 근본적으로 〈신경 배양자〉, 뇌를 재배하는 사람이 될 것이므로, 학교에 신경 과학 전문가들을 유입해야 할 것이다. 〈교사는 인간 지성의 정원사〉라고 말한 빅토르 위고Victor Hugo는 이미 이 점을 직관적으로 이해하고 있었다.

뇌를 바꾸는 것은 간단치 않을 것이다

우리의 뇌는 에너지 효율이 높은 매우 놀라운 도구이지만, 초당 몇 바이트밖에 처리하지 못하는 제한된 대역폭[2]을 가지고 있다. 하지만 2023년을 기준으로, 두 대의 컴퓨터는 초당 수십억 바이트의 정보를 주고받는다. 어떠한 유전적 선택도 우리 뇌의 〈대역

2 데이터 통신에서 일정 시간 동안 전송할 수 있는 데이터의 최대량.

폭〉을 실질적으로 개선할 수는 없다. 인공 지능은 잠도 자지 않고, 먹지도 않으며, 파업도 하지 않고, 늙지도 않고, 초속 30만 킬로미터로 이동하고, 몇천분의 1초 만에 여러 개의 하위 작업들로 분할될 수 있다는 사실은 차치하고라도 말이다. …… 〈고기로 이루어진〉 우리 컴퓨터(뇌)는 실리콘 두뇌에 비해 이러한 점에서 근본적인 핸디캡을 지니고 있다.

유아 사망률이 — 다행스럽게도 — 거의 제로에 가까워져 다윈 이론식의 선택 과정은 중단된 상태이기 때문에, 인공 지능에 맞설 수 있도록 우리의 〈신경 하드웨어〉에 경쟁력을 부여할 수 있는 유일한 방법은 배아 유전자 변형일 것이다. 이를 통한 우리 뇌의 향상 가능성은 상당하지만, 무한하지는 않다. 우리의 지적 능력을 향상시키는 데는 실리콘에게는 없는 물리적 한계가 존재하는 것이다.

만일 우리의 뇌의 크기가 커진다면, 신경 세포 사이를 연결하는 축삭이 길어져 효율성이 떨어질 수 있고, 출산을 위해서는 제왕절개나 2050년경에 기술이 완성될 인공 자궁 사용의 일반화가 필요해질 것이다.

역으로 신경 세포의 크기를 줄인다면 예상치 못한 전기적 현상이 발생하여 신경망의 우발적 흥분을 초래할 수 있다. 또 시냅스 연결의 수를 늘리면 뇌의 에너지 소비가 증가하는데, 이는 조현병의 원인 중 하나로 추정되고 있다. 현실을 냉정하게 바라본다면, 아동의 조기 자극과 최적화된 개인화 교육을 결합한 에듀테크는 인구의 평균 IQ를 100에서 기껏해야 125 정도로 올릴 수 있을 뿐이다.

인공 지능과의 공존으로 인해 우리의 인지 능력이 향상되는 것도 가능하다. 실리콘과의 공진화(共進化)는 새로운 사고방식들을 발견하게 하여 우리의 신경망을 재조직할 것이다. 글 읽기는 뇌의 특정 회로를 사용하지만, 그 회로는 원래 글 읽기를 위해 설계된 것이 아니었다. 1만 년도 안 되는 시간 동안 다윈 이론식 선택이 독서에만 사용되는 뇌의 영역을 만들어 내는 것은 불가능했을 것이다. 우리와 인공 지능의 관계는 이와 유사한 현상을 초래할 수 있다.

하지만 배아 유전자의 선택과 조작은 우리 모두를 라이프니츠Gottfried Wilhelm Leibniz의 IQ에 도달할 수 있게 해줄 것이다(IQ가 발명되기 200년 전에 사망했지만, 그의 IQ는 무려 220으로 추정된다). 그 이상에 이르기 위해서는 오직 신경 전자 공학적 방법으로만 가능할 것으로 보이는데, 이를 위해서는 인간의 부분적, 혹은 완전한 사이보그화의 대가를 치러야 할 것이다.[3]

챗GPT의 토네이도가 너무 빨리, 그리고 너무 거세게 다가오고 있다

일자리의 종말은 단기적으로 현실적인 전망은 아니지만, 40~50년의 관점에서 볼 때 능력이 증강되지 않은 인간들에 대해서는 아니라고 단언하기 힘들다. 인공 지능을 탑재한 로봇의

3 하지만 새로이 등장하고 있는 지능의 생태계에 IQ는 더 이상 적합한 지표가 아니라는 것을 부인하지는 않는다 ─ 원주.

등장까지 고려하면 전망은 더욱 부정적이다. 제러미 리프킨[4]이 지속될 것이라 믿었던 현재의 고도로 숙련된 직업들조차 사라질 수 있다. 극단적인 시나리오에서 보자면, 아무리 전문적인 능력이라도 기계가 접근하지 못할 영역은 없을 것이다. 지능형 기계의 신속하고도 완벽한 실행 능력은 인간의 노동을 완전히 경쟁력 없게 만들 것이다.[5] 2023년 4월의 한 테스트에서 GPT-4는 155의 언어 IQ를 기록했는데, 이는 프랑스인의 99.989퍼센트보다 높은 수치이다.

인간이 경쟁력을 유지하기 위해서는 상호 배타적이지 않은 두 가지 선택지가 있을 것인데, 그것은 생물학적 우생학과 전자공학적 신경 증강이다.

---

4 Jeremy Rifkin, 미국의 경제학자 제러미 리프킨은 그의 저서 『노동의 종말*The End of Work*』에서 기술 혁신, 특히 자동화와 정보 기술의 발전으로 인해 전통적인 일자리들이 사라질 것이나, 예술가, 디자이너, 연구자 등 창의적이고 복잡한 문제 해결이 필요한 직업이나, 교육가, 상담사, 사회복지사 같은 사회적 상호 작용과 감정적 지지가 필요한 직업은 지속될 것이라고 예측했다.

5 루이스 델 몬테Louis Del Monte에 따르면, 역설적으로 특별히 낮은 자격을 요하는 일자리만이 살아남을 수 있다고 한다. 비용이 너무 낮아 기계를 사용하면 오히려 비효율적이기 때문이다. 하지만 이것은 매우 일시적인 현상일 수밖에 없다. 이런 일자리들은 경쟁력을 유지하기 위해 저임금이 될 것이기 때문이다. 잘 생각해 보면, 인간의 노동은 구조적으로 기계보다 비용이 더 많이 들 수밖에 없다(기계의 광범위한 보급으로 원가가 낮아진다는 전제하에, 현재와는 거리가 멀지만). 인간은 하루에 몇 시간 동안만 제대로 일할 수 있다. 반면 기계는 몇 년 동안 쉬지 않고 일할 수 있으며, 속도도 훨씬 빠르다—원주.

유전학 또는 사이보그: 지능의 일대 도약

사람들의 지적 능력을 향상시키는 것이 가능해질 것이다. 이를 위해 두 가지 유형의 기술이 존재하는데, 사실 이 둘은 상호 보완적으로, 하나는 순수하게 생물학적인 방법이고,[6] 다른 하나는 전자 공학적인 방법이다.

가타카 시나리오

첫 번째 유형의 기술은 생물학적 자원을 사용한다. 우리는 지능이 부분적으로 유전적이라는 사실을 알고 있으므로, 높은 지능과 관련된 유전적 특성들을 이해하는 것이 중요하다. 지금까지 유전학은 〈정신 지체〉의 위험을 평가하기 위해 주로 낮은 지능과 관련된 마커[7]를 식별하는 데 집중해 왔다. 높은 IQ와 관련된 마커에 대한 연구는 아직 시작 단계이기 때문에, 이에 대한 지식은 제한되어 있다. 그러나 이제 강력한 연구소들이 이 분야를 본격적으로 연구하기 시작했다.

이 첫 번째 선택은 가타카 시나리오에 해당한다.[8] 앤드류

6 중기적으로는 유전자 조작된 줄기세포의 사용도 고려해 볼 수 있다 — 원주.

7 생물학과 의학에서 사용되는 용어로, 어떤 질병이나 신체적 특성과 관련된 특정 유전자나 단백질을 지칭하며, 〈표지자〉라고도 한다.

8 우생학에 대한 나의 고찰은 내가 예상하는 일들에 관한 것이며, 결코 내가 바라는 사회에 대한 선택을 반영하지는 않는다. 나는 오랫동안 이러한 민감한 주제에 대한 논의가 극단적 보수주의자들 사이에서만 이루어지는 것을 유감스럽게 여겨왔

니콜Andrew Niccol이 1997년에 만든 영화 「가타카」에서처럼,[9] 사회는 의도적으로 대규모의 체계적인 우생학적 행동을 선택할 수 있다. 올더스 헉슬리Aldous Huxley의 소설 『멋진 신세계Brave New World』에서처럼, 일급 유전자를 가진 사람들이 사회 엘리트의 자리를 차지하게 될 것이다.[10]

학습 환경의 효율성을 상당히 개선하고 신경 세포를 강화하는 것은 가능하지만, 여기에는 한계가 있다. 하지만 우리의 지적 능력의 3분의 1이 교육과 환경과 가족에 책임이 있고, 3분의 2는 유전에 의해 결정된다는 점을 고려하면, 사람들의 지능을 향상시키는 것은 충분히 가능한 일이다.

우생학은 이미 우리 사회에서 완전히 받아들여진 현실이다. 조기 진단이 권장되고 사회 보장 제도가 지원하기 때문에, 사전에 검출된 다운 증후군 태아의 96퍼센트가 제거된다. 치명적인 유전병이 부모에서 자녀로 전달되는 것을 방지하기 위해 배아 착상 전 진단을 할 수 있게 되었고, 이로 인해 끔찍한 비극을 피할 수 있게 된 것이다. 곧 우리는 배아의 유전체에 개입하여 특정 유전적 문제를 〈수리〉할 수 있을 것이다. 모두가 이러한

다. 그럼에도 불구하고, 나는 항상 그들과 대화해 왔으며, 특히 〈모두를 위한 시위La Manif pour tous〉와 같은 단체와 대화를 해왔다. 내가 개인적으로 찬성하는 동성 결혼에 대해 그들과 입장을 달리해 왔다는 것은 널리 알려진 사실이다. 나는 나의 철학적 견해를 공유하지 않는 그룹과도 대화를 나눠야 한다고 생각한다 — 원주.

9 영화 「가타카Gattaca」는 유전 공학이 발달한 미래 사회를 배경으로 한 SF 영화로, 유전자 공학으로 태어난 사람들은 사회 상층부를 이루고, 전통적 부부 관계로 태어난 이른바 〈불완전인In-Valid〉은 하층민으로 전락한 디스토피아의 세계를 그린다.

10 「가타카」에는 철학적 이유로 증강되지 않은 자연적인 아이를 갖고 싶어 하는 부모들이 등장한다 — 원주.

진보가 더 나은 삶을 가능하게 한다고 생각하며, 이를 환영한다. 어원적으로 볼 때, 우생학eugenics은 그리스어로 〈잘 태어나다〉라는 뜻이다.

우생학이라는 비탈길이 어디에 이르게 될지 예측하는 것은 그리 어렵지 않다. 미래의 부모는 자녀를 위해 최선을 다하고, 그들이 인생에서 모든 기회를 잡을 수 있도록 해주고 싶을 것이다(이런 마음을 어떻게 비난할 수 있겠는가?). 그들은 아마도 자녀의 키와 눈, 머리카락 색깔을 선택하고 싶을 것이다. 더 나아가 자녀가 사회적 성공의 결정적 요소인 높은 IQ를 갖기를 원할 것이다. 이것이 실현 가능하고 접근 가능해지는 순간, 자녀의 지능을 향상시키려는 수요는 폭발적으로 증가할 것이다. 특히 이웃의 자녀가 자신의 자녀보다 IQ가 50 포인트나 더 높다는 사실을 알게 된다면 말이다.

예를 들어, 환경의 혜택을 받지 못한 가난한 탄자니아 농부가 자녀가 공부를 잘 할 수 있게끔 IQ를 높여 주려 하는데, 이것을 금지하는 게 과연 윤리적일까? 어떤 윤리의 이름으로 그것을 막을 수 있을까?

슐만과 보스트롬이 2013년에 수행한 연구는 배아 선택이 금방 뚜렷한 결과를 가져온다는 것을 보여 주었다.[11] 우리가 원한다면 앞으로 10~15년 안에 배아 선택 기술로 인지 능력이 증강된 사람들을 〈생산〉해낼 수 있을 것이다. 슐만과 보스트롬은

11 Carl Shulman & Nick Bostrom, 「Embryo Selection for Cognitive Enhancement: Curiosity or Game-changer?」, *Global Policy 5(1)*, February 2014 — 원주.

여기서 한 걸음 더 나아갈 수 있다는 것을 보여 준다. 인간 생식 세포의 줄기세포를 사용하면 시험관 내에서 반복적인 배아 선택[12]이 가능한 것이다. 이 과정을 여러 세대에 걸쳐 반복하면 훨씬 뚜렷한 인지적 효과를 얻을 수 있다.

원하는 효과를 얻기 위해 25년 동안 세대가 바뀌기를 기다릴 필요도 없다. 각 세대는 몇 주 만에 만들어질 수 있다. 배아의 줄기세포로 몇 주 만에 시험관으로 난자와 정자를 만들 수 있기 때문이다.

10개의 배아 중 최상의 배아를 5세대 동안 반복 선택하면 평균 IQ가 60 포인트 상승할 것이다. 자녀의 인생 궤적을 바꾸기 위해서는 그렇게 멀리 갈 필요도 없다. 20 포인트의 IQ 차이가 고등학교에서 진땀을 흘리는 10대와 대학에서 눈부신 성과를 거두는 학생의 차이를 낳는다.

여러분과 나 같은 증강되지 못한 부모와 IQ가 50 포인트나 더 높아진 자손 사이에 한 세대 만에 벌어질 수 있는 간극을 한번 상상해 보라. 부모와 자녀 간의 의사소통 문제는 새로운 차원을 가지게 될 것이다. 부모는 여전히 자녀를 이해하지 못할 것이지만, 이번에는 생각이 다른 게 원인이 아니라 지능 부족 때문일 것이다.

교사들의 당혹감은 부모들의 그것만큼이나 클 것이다. 배

---

12 iterative embryo selection. 인공 수정 과정에서 생성된 배아 중 가장 우수한 유전적 특성을 지닌 배아를 선택한 다음, 이 선택된 배아로부터 다시 난자와 정자를 생성하고, 이를 통해 또 다른 배아를 만들어 다시 선택하는 과정을 여러 번 반복하는 기술이다.

아 선택은 교육 과정을 무의미하게 만들 것이다. 교사들의 수년에 걸친 노력이 몇 번의 시험관 조작으로 대체될 것이다. 마치 불소가 치과의사를(교정 전문의는 제외하고[13]) 덜 필요하게 만든 것처럼 말이다. 불소화된 물 몇 모금은 충치 예방을 위해 애쓰는 수천 명의 전문가보다 효과적이다.

　SF 영화들이 예측하는 것과는 달리, 배아 선택은 소수의 사람만을 위한 것이 아니다. 미래에 그것은 일반화될 것이다. 2100년에는 IQ 160 미만인 아이를 태어나게 하는 것은 오늘날 중증 정신 지체아를 의도적으로 태어나게 하는 것만큼이나 이상하게 여겨질 것이다.[14] 유전적 우연의 장난에 의해 〈자연적으로〉 태어나는 아이들에게는 사회적 낙인이 찍힐 것이다. 자연적으로 아이를 갖는 것은 오늘날 집에서 출산하려는 것만큼이나 기이하게 여겨질 것이다. 심지어 미래에는 사실상 경제적, 사회적으로 통합될 수 없는 천민을 만드는 이러한 원시적 관행을 아동 보호의 이름으로 억제하거나 금지하는 법이 생길 수도 있다.

　2060년의 사회는 챗GPT-4의 후속 버전들과 경쟁할 수 없는 아이들을 만드는 것을 용납하지 않을 것이다.

13 교정 전문의도 3D 프린터로 제작하는 인비절라인Invisalign 치아 교정기가 발전하게 되면 덜 필요하게 될 것이다 ─ 원주.

14 사회가 21번 염색체에 이상이 있는 다운 증후군 환자들을 대하는 방식은 하나의 현실이다. 나는 사회가 우생학을 철학적, 정치적 논의 없이 일반화하기로 결정한 것에 대해 여러 차례 깊은 우려를 표명한 바 있다. 초우생학hyper-eugénisme의 시대로 접어들 가능성이 있다는 사실이 나는 조금도 반갑지가 않다 ─ 원주.

16장
챗GPT에 맞서 일론 머스크는
뇌 내 임플란트를 도입하려 한다

챗GPT-4가 출시된 지 48시간 만에 일론 머스크는 이렇게 한탄했다. 〈이제 우리 인간에게 무엇이 남아 있을까? 차라리 뉴럴링크[1]로 넘어가 버리는 게 낫겠다!〉 심지어 그는 자신의 자녀 중 하나의 뇌에 뉴럴링크를 이식하는 게 전혀 문제가 되지 않을 거라고 덧붙이기까지 했다.

사실 인공 지능과의 경쟁에서 살아남기 위한 두 번째 방법은 일론 머스크가 제안하는 사이보그의 길이다. 적어도 초기에는 이 방법이 훨씬 더 유망하다. 그 이유는 간단한데, 기술적으로 더 빨리 완성되고 강력할 것이기 때문이다. 유전자 선택과 조작의 시나리오는 모든 부모가 바라는 두 가지, 즉 자녀가 똑똑해지고 건강하게 오래 사는 것을 이루기 위해 DNA의 어느 부분을 건드려야 할지 정확히 아는 것을 전제로 한다. 눈 색깔이나 간 대사 유형을 결정하는 것은 상당히 쉬운 일인 반면, 지능

---

1 인간의 뇌와 컴퓨터를 연결하는 기술이며, 이 분야를 전문으로 하는 일론 머스크의 기업 이름이기도 하다.

을 결정하는 것은 현재의 과학적 지식으로는 여전히 여러 요소가 미묘하게 결합된 결과로 보인다. 지능과 건강이라는 이 두 가지 중요한 특성은 스위치처럼 마음대로 켜고 끌 수 있는 게 아니다. 이것들은 훨씬 더 복잡하다. 게다가, 유전자 조작된 인간은 더 이상 인간이 아닐지도 모른다는 두려움이 클 것이다.

또 하나의 큰 문제는 유전자 기술은 본질적으로 새로운 세대에게만 혜택을 줄 수 있다는 점이다.[2] 모든 사람을 태어날 때부터 증강시킬 수 있을만큼 유전자에 대한 지식이 충분치 않았을 때 태어난 이들은 손주들에게 바보 같은 할아버지가 될 것이라는 사실을 받아들이기 힘들 것이다. 향상에 대한 욕구는 강하고도 즉각적일 것이다. 〈우리는 즉각 신경 향상을 원한다Neuro subito!〉라는 구호가 터져 나올 것이다.[3] 최대한 빨리 사람들을 향상시켜야 할 것이다. 제대로 수정된 새로운 세대가 태어나 성장하는 25년 동안 한 세대 전체를 폐기해 버릴 수는 없지 않은가? 하지만 살아 있는 사람을 재설정하는 속도는 너무 느리기 때문에 전자 기술의 사용이 불가피할 것이다.

일론 머스크 자신도 2017년 4월에 유전자를 통한 방법은 약진하는 인공 지능 기술에 비하면, 적어도 과도기 동안에는 너무 느리다는 점을 강조했다. 〈인공 지능 혁명은 인간의 뇌를 쓸모없는 것으로 만들고 있습니다.〉 하지만 그는 한 가지 사실을 잊고 있는데, 유전적 변형은 세대에서 세대로 전달되지만, 그의

---

2 성인 뇌의 유전자를 바꾸는 것은 쉽지 않아 보인다 — 원주.

3 요한 바오로 2세가 2005년에 서거했을 때 신자들이 〈즉각 시성(諡聖)하라!sancto subito!〉를 외쳤던 것처럼 말이다.

뉴럴링크 임플란트는 세대마다 새로이 행해져야 한다는 점이다. 마지막으로 우려되는 점은 뉴럴링크 유형의 임플란트가 그렇잖아도 재능 있는 사람들의 지적 능력을 더욱 향상시켜 불평등을 심화시킬 가능성이 있다는 사실이다.

뇌에 연결된 챗GPT[4]

배아 선별은 기본적으로 선천적 인지 능력 향상법이기 때문에 이미 태어난 사람에게는 적용하기 힘들다. 그래서 후천적으로 능력 향상을 원하는 사람들을 위해서 또 다른 기술들이 개발되고 있다.[5] 하지만 이러한 화학적 기술들은 일론 머스크가 주도하는 뇌신경 임플란트 같은 보다 침습적인 기술들에 비하면 그렇게 효과가 크다고 할 수 없다.

이 임플란트 기술은 컴퓨터와 뇌를 결합하여 우리의 뇌를 사이보그 기관으로 만드는 것이다. 뇌신경(신경 세포)을 전자 부품에 연결하여 그 능력을 증대시키는 방식으로, 마치 컴퓨터 성능을 개선하기 위해 메모리 카드나 외장 하드를 추가하는 것과 같다. 물론 실제로는 훨씬 더 복잡한 기술이다.

---

4 이런 기술의 복잡성에 대한 뛰어난 분석이 올리비에 에즈라티Olivier Ezratty의 블로그(www.oezratty.net)에 게시되어 있다 — 원주.

5 어떤 이들은 미래에 인지 능력 향상을 위한 알약이 등장하여, 〈교육 전문가들이 사용하는 도구 중의 하나로 받아들여질 것〉이라고 생각한다. 이러한 기술들은 배아 선택을 통해 이미 능력이 향상된 아이들에게도 도움이 될 수 있다 — 원주.

신경 코드를 해독하라

전자 부품이 뇌와 소통할 수 있게 해주는 소프트웨어를 개발하기 위해서는 뇌의 코드를 해독해야 한다.[6] 즉, 과학자들은 생명의 보편적 코드인 DNA를 알아냈듯이, 신경 세포를 활성화하는 데 사용되는 언어를 알아내야 한다.

신경 세포의 코드는 아직 완전히 명확하게 규명되지는 않았지만, 이 분야에서 상당한 진전이 이루어지고 있다. 뇌신경 임플란트 기술은 컴퓨터 성능의 향상 덕분에 발전하게 될 것이며, 이로 인해 뇌 기능의 이해와 인간 정신의 지도 작성에 도움을 줄 것이다.

두개골 내에 직접 삽입되는 임플란트는 이미 정신 질환 환자나 파킨슨병 환자의 치료를 위해 사용되고 있다. 이러한 임플란트는 결함이 있는 특정 신경 회로를 자극하는 신호를 생성한다. 치료에 응용된 최근의 사례를 들자면, 사지 마비 환자들이 뇌내 임플란트나 뇌파 분석 헬멧을 통해 생각만으로 컴퓨터나 기계를 조작할 수 있게 되었다.

이러한 진보는 환자들에게 엄청난 희망을 안겨준다. 이런 기술들이 교육에 적용되면 놀라운 변화를 가져올 수 있다.

6 *MIT Technology Review*, 「Cracking the brain's code」, June 17th 2014 — 원주.

교육, 선별보다는 성공을 위한 기계

뇌 증강 기술이 다가오고 있지만, 이를 성공적으로 활용하려면 교사들부터 변해야 한다.

21세기 중반부터 학교의 인력은 근본적으로 변화할 것이다. 매우 높은 수준의 전문가들이 교육, 특히 유아 교육에 평생을 바칠 것이다.

가장 중요한 작업은 학교에 입학하기 전에 이뤄질 것이다. 수정 단계에서 배아 선택이 이뤄지고, 유아의 전자 공학적 신경 증강이 뒤따를 것이다. 교육 팀은 출생 전부터 업무를 시작하여 부모들이 보다 나은 자녀를 선택할 수 있도록 도울 것이다.

유치원과 초등학교는 핵심적인 시기가 될 것이다. 이 시기에 모든 관심의 집중될 것이다. 이 중요한 순간을 책임질 인력은 오늘날의 교육자나 초등 교사와는 전혀 다를 것이다. 요구되는 자격도 완전히 달라질 것이다. 유치원에서는 박사 수준의 전문가들이 초당 100만 개의 시냅스 연결이 이루어지는 마법 같은 순간을 최대한 활용하여, 아이들이 유연하고 발전적이며 혁신적인 두뇌를 구축하는 데 도움을 줄 것이다. 신경 과학 박사들이 교육자를 대체할 것이다.

학교에서 진정한 권한은 새로운 주체들의 손에 놓이게 될 것이다. 교육 엔지니어와 신경 교육 전문의가 각 학생의 신경적 특성과 뇌 증강 방식에 따라 최적의 교육을 설정하게 될 것이다. 교사는 학생이 처방된 교육 과정을 제대로 따르는지 확인하는 일종의 코디네이터 역할을 하게 될 것이다. 학생들을 관리하는 코치와 비슷한 역할 말이다.[7] 교사는 싱가포르에서처럼 존경받고 인정받으며 높은 보수를 받게 될 것이다. 학습 과정은 완벽한 적응을 위해 지속적으로 모니터링될 것이다. 이 과정에서 실패나 학습 불가능성 같은 것은 더 이상 존재하지 않을 것이다. 철저히 이해되고 과학적으로 접근된 인지 과정은 교육을 정밀한 메커니즘으로 만들 것이다.

교육은 유전학자, 신경 생물학자, 신경 전자 공학자, 신경 윤리학자, 교육에 적용된 인공 지능 전문가로 짜여진 복잡한 생태계에서 이뤄질 것이다. 최선의 교육 방법에 대한 논쟁은 더 이상 없을 것이다. 사용될 방법들은 변덕스러운 생각이나 교육적 유행, 이념적 선택이 아니라 엄격하고 독립적인 평가에 기반을 둘 것이다.

각 학교마다 전용 소프트웨어를 개발하는 것은 물론 불가능할 것이다. 각 지역마다 특수한 왓츠앱이 없는 것과 마찬가지로, 전 세계 시장을 대상으로 하는 소수의 교육용 애플리케이션만이 있을 것이며,[8] 이것들은 수억 명의 학생들을 장기적으로 관리하는 데 도움을 줄 것이다.

디지털 교육 파일이 각 개인을 평생 동안 따라다니며 그와 인공 지능 간의 상호 보완성을 모니터링할 것이다.

교육부는 고도의 인문학적 소양을 지닌 과학자들이 이끌

---

7 교사가 코치 역할을 하는 것의 중요성은 2005년에 1,200건의 교육학적 연구를 종합한 대규모의 분석에서 완벽히 입증되었다—원주.

8 유럽이 GAFAM에 대해 불평하기를 멈추고 일을 하기 시작한다면, 우리 유럽에서도 이런 애플리케이션이 나올 수 있다—원주.

게 될 것이다. 이로 인해 학교는 근본적으로 모델이 바뀔 것이다. 다수의 실패를 통해 소수의 우등생을 선발하는 기계가 아니라, 모두를 성공으로 이끄는 완벽한 기계가 될 것이다. 2060년의 학교에서는 실패가 더 이상 선택지가 되지 않을 것이다.

17장
2060년의 학교는 모든 아이를 챗GPT만큼 똑똑하게 만들어야 한다

모든 사람이 높은 IQ를 가질 권리는 인종 간 평등이나 남녀평등만큼이나 당연한 일이 될 것이다.

두뇌 향상은 먼저 경제적 필요성이 될 것이다. 고도의 자격을 요하는 미래의 일자리들에 접근하기 위한 필수 조건이 바로 이것이기 때문이다. 하지만 IQ 향상 기술의 대대적인 채택을 촉진하는 주된 이유는 평등을 요구하는 사회적 압력과, 재능이 부족하여 인공 지능 앞에서 무력해지고 소외된 사람들이 일으킬 혁명에 대한 두려움일 것이다.

챗GPT는 〈지능에 대한 청구권〉으로 이어질 것이다

새로운 증강 기술은 교육에 어떤 결과를 가져올까? 개인의 인지능력 향상은 기술적 과제가 될 것이다. 그것은 일상적인 의료-기술적 작업의 일부가 될 것이다. 학교 제도는 그 방법과 목적에 있어 시대에 뒤떨어진 것이 될 것이다. 학습은 차원이 바뀔 것이다.

신경 강화 교육을 받은 아이들이 전통적인 학교 교육을 받은 아이들과 — 아직도 그런 아이들이 존재한다면 — 경쟁하게 될 것이다. 뇌신경 증강 기술이 완성되면, 이 경쟁은 고속 철도와 마차 간의 차이만큼이나 불공평한 것이 될 것이다. 노동자 한 명을 양성하는 데는 대략 25년이 걸린다. 반면 누군가의 뇌를 강화하는 데는 몇 분밖에 걸리지 않을 것이다. 라퐁텐 우화의 생명 공학적 버전에서, 학교라는 거북이는 뇌 증강된 토끼를 결코 따라잡지 못할 것이다.

인공 지능과의 경쟁은 아이들의 신경 강화를 일반화하는 주요 동력 중의 하나가 될 것이다. 부모들에게는 이것이 아이들의 미래를 보장할 수 있는 유일한 희망이기 때문이다. 그리고 여기에 또 하나의 강력한 요인이 더해질 것이다. 바로 평등에 대한 우리의 열망인 바, 이것은 우리로 하여금 일종의 〈지능에 대한 청구권〉을 채택하도록 할 것이다.

신경 증강은 21세기의 백신이 될 것이다

21세기의 복지 국가는 더 이상 온갖 종류의 행정 서비스 창구를 양산하는 존재가 아닐 것이다. 복지 국가의 핵심 임무는 사회적 폭발을 막기 위해 지적 불평등을 줄이는 것이 될 것이다. 21세기 유럽의 과제는 산업 혁명에서 유래한 산업 자본주의에서 인지 자본주의로 전환하는 것이다. 이제 가치 창출은 인간의 두뇌에서 시작될 것이다. 회백질[1]의 생산과 이 자원의 공유가 21세기의 주요 과제가 될 것이다. 우리의 교육 시스템 전체는 이 새로운 요구를 충족시키기 위해 재고되어야 한다. 학교는 지식 전달의 효율성을 최우선 목표로 삼아야 하며, 이를 위해 신경 과학에 따라 재편되어야 한다.

국가는 인지적 불평등을 줄이는 일에 강박적으로 매달려야 한다. 우리는 국가가 사법과 국방 같은 본연의 임무의 집중해야 한다고 말하곤 한다. 하지만 오늘날 이것은 구시대적 발상에 불과하다. 새로운 국가의 역할은 인지적 불평등에 대해 국민을 보호해 주는 것이다. 이 불평등과 싸우는 것이 미래 국가의 진정한 소명이다.

만일 학교가 신경 과학의 모든 잠재력을 이용하여 생물학적 지능을 신속히 민주화하지 않는다면, 우리는 지적 아파르트헤이트와 그것에 이어지는 혁명을 맞게 될 것이다.[2] 지적 불평등을 줄이기 위한 신경 과학의 사용을 인본주의적 이유로 거부하는 신경 보수주의자들은 우리를 혁명적 상황으로 몰아가고 있다.

신경 혁명은 프랑스 대혁명에 비견될 것이다. 1789년의 프랑스 대혁명이 태생적 특권에 맞선 부르주아 혁명이었다면, 신

---

1 신경 세포와 축삭으로 이루어진 물질로 뇌와 척수에 존재하며, 여기서는 신경 증강된 뇌를 뜻한다.

2 국가 인권 위원장이었던 자크 투봉Jacques Toubon은 프랑스 인구의 20~25퍼센트가 전자 행정 및 〈행정 문서의 디지털화〉로 인해 불편을 겪고 있다고 주장했었다 — 원주.

경 혁명은 지능 특권의 폐지를 의미할 것이다.

또한 사람들 간의 인지 능력 차이를 유지하는 것은 위험한 것으로 간주될 것이다. 재능이 덜한 사람들이 인공 지능에 의해 쉽게 조종될 수 있기 때문이다. 과거 부르주아는 빈민의 세균이 자신들에게 위협이 되었기 때문에 백신 접종과 위생을 강요했었다. 마찬가지로 2050년의 엘리트는 지능이 떨어지는 사람들이 사회 질서를 파괴할까 두려워할 것이다. 신경 강화는 파스퇴르Louis Pasteur식 위생주의의 후예가 될 것이다.

과거에는 이를 이루기 위한 유일한 정치적 해결책은 그 끔찍한 〈결함자 방지〉 우생학[3]이었다. 미래 사회의 해결책은 분명히 더 인도적인 것이 되겠지만, 그렇다고 해서 덜 우생학적인 것은 아닐 것이다. 다시 말해서 〈결함이 있는〉 사람들을 더 똑똑하게 만드는 것이 될 것이다.

40~50년 후에는 지능의 불평등을 받아들이는 것이 귀족이나 백인종의 사회적 우월성을 받아들이는 것만큼이나 비정상적이고, 병적이며, 한심할 정도로 야만스럽게 여겨질 것이다. 우리는 동등한 인간으로 간주되는 두 개인이 실제로는 IQ 40 포인트 차이로 분리되는 것을 아무 문제없이 받아들였다는 사실에 분개하게 될 것이다.

이런 주장은 놀랍게 들릴 수 있다. 하지만 1960년대 시민들에게 50년 후에 동성 결혼이 합법화될 것이라고 말했다면 그

---

3 유전적으로 결함이 있다고 여겨지는 사람들의 출산을 제한하거나 막는 것을 목표로 하는 우생학적 접근. 특히 나치 독일의 극단적인 형태로 악명이 높지만, 20세기 초중반에 미국, 스웨덴 등 다른 나라에서도 다양한 형태로 시행되었다.

들은 깜짝 놀랐을 것이다.[4] 사실 윤리적 기준이라는 것은 빠르게, 아주 빠르게 변한다. 지금은 터무니없고 불편해 보이는 것이 불과 몇 년 만에 당연하고 정상적인 것으로 여겨질 수 있다.

불평등이 근본적으로 유전적인 것이라는 사실이 밝혀지면 두 가지의 결과가 발생할 것이다. 학교로는 부족하다는 것이 명백해질 것이고, 무엇보다도 평등화에 대한 모든 희망은 신경 과학 기술 쪽으로 쏠리게 될 것이다. IQ 불평등이 모든 사람에게 명백해질 때, 그것은 정치적 스캔들이 될 것이다.

지능의 평등화는 필연이다: 민주주의를 지키기 위해서는 반드시 IQ를 높여야 한다

오늘날에는 무시되거나 별 문제없이 받아들여지는 IQ 차이가 왜 미래에는 갑자기 참을 수 없는 것이 되는 것일까? 그것은 우리가 행동을 취할 수 있는 것들에 대해서만 평등을 요구할 수 있기 때문이다. 지금까지 지능이 그런 범주에 속하지 않았다. 지능은 타고난 미모처럼 우리가 차라리 조심스레 베일을 씌우고 불편한 침묵을 지키고 싶은 그런 불평등 중의 하나였다.

학교의 역할은 유전적 유산과 지적 자극의 정도가 각기 다른 가정 환경이 만들어 낸 불평등을 최대한 해소하는 것이었다.

---

4 동성애는 1981년까지만 해도 형법상 범죄로 취급되었고, 1990년까지는 세계 보건 기구WHO에 의해 정신 질환으로 간주되었다 — 원주.

하지만 이 역할은 실질적인 효과를 거두지 못한 채 미완의 과제로 남아 있다.

높은 IQ는 미래 사회에서 우리 시민들의 주된 방어 수단이 될 것이다. 우리의 아이들은 인공 지능과 상호 보완적인 관계를 맺어야 한다. 그러나 갈수록 많은 사람이 새로운 경제에 통합되는데 필요한 새로운 기술을 습득하지 못하고 있다. 지식 기반의 경제에서 이것은 사람들에게 중대한 장애로 작용한다. 첫 번째의 두뇌 전쟁, 즉 아시아와 서구 간의 전쟁에서 우리는 이미 패배했다. 현재 프랑스 젊은이들의 수준은 대부분의 아시아 국가들에 비해 크게 뒤처져 있다. 교육 과학은 우리의 연구 시스템에서 소외되어 있다. 중산층의 지위 하락과 포퓰리즘의 확산을 막을 수 있는 첫 번째 해독제인데도 말이다.

프랑스인이 동아시아인보다 지적 능력이 열등한 상황에서 세계적인 경쟁에서 우위를 점할 것이라고 생각하는 것은 크나큰 환상이며, 심지어는 망상이기까지 하다. 그러나 더욱 심각한 일이 다가오고 있다. 두 번째 뇌의 전쟁이 시작되었는데, 이번에는 실리콘 뇌와 생물학적 뇌 사이의 전쟁이다. 교육 시스템과 직업 훈련의 중심 목표는 우리의 아이들과 자신을 인공 지능과 상호 보완적인 존재로 만드는 것이어야 한다. 하지만 불행히도 트랜지스터와 신경 세포의 상보성을 보일 수 있는 것은 높은 IQ를 지닌 최상의 두뇌뿐이다. 실제로 IQ는 우리가 인공 지능에 대해 우위를 보이고 있는 점인, 연상 능력과 다양한 분야를 넘나드는 능력, 뇌의 가소성, 그리고 변화하는 세계에 대한 적응력 등을 나타내는 좋은 지표인 것이다. 전 세계적으로 인공 지능을 전면 금지하는 게 가능하다고 생각하는 것은 환상에 불과하다. 따라서 우리는 인공 지능과 경쟁해야 하며, 오직 높은 IQ만이 우리가 인공 지능에 밀려나는 것을 막을 수 있다. 여기서 매우 심각한 정치적 문제가 제기된다. IQ가 1 포인트 더 높은 것에 갈수록 큰 이점을 부여하는 사회를 어떻게 관리할 것인가의 문제 말이다. IQ는 정치적으로 민감한 주제다. 불행히도 지식 사회에서는 IQ 100의 시민 100만 명보다 IQ 160의 천재 한 명이 더 큰 가치를 창출할 수 있다. IQ 차이는 가장 큰 불공정이며, 모든 불평등의 근원이다. 높은 IQ와 낮은 IQ 간에는 15년의 기대 수명 차이가 있으며, 소득과 문화 습득에도 엄청난 격차가 있다. 따라서 IQ 격차를 측정하는 것은 누군가를 낙인 찍기 위해서가 아니라, 이 궁극의 불공정과 싸우기 위해서이다. 다행히도 IQ를 결정하는 요인들은 우리에게 알려져 있다. 유전적 요소는 단기적으로 바꿀 수 없지만, 영양, 환경, 교육적 측면은 충분히 개선할 수 있다. 이를 통해 우리는 IQ 격차를 줄이고, 모든 시민이 인공 지능 시대에 적응할 수 있도록 도울 수 있을 것이다.

우리의 아기들에게 IQ 증강은 의무 사항이 될 것인가?

아기들의 IQ를 이런 조작들을 통해 향상시킬 수 있다는 데에는 의심의 여지가 없다. 그러나 뇌 증강은 거대한 지정학적 및 윤리적 질문을 제기한다.

중국은 세계 최초의 유전자 조작 아기인 나나Nana와 룰라Lula를 탄생시키는 데 성공했다. 이 소식은 2018년 11월 26일, 중국 센젠의 남방 과학 기술 대학 연구원 허 젠쿠이He Jiankui

가 발표했다. 사용된 기술은 프랑스의 에마뉘엘 샤르팡티에 Emmanuel Charpentier와 미국의 제니퍼 다우드나Jennifer Doudna가 2012년에 발견한 CRISPR-Cas9으로, 우리의 염색체에 대한 일종의 워드 프로세서 같은 것이다. 이 분자 가위 기술은 사용하기가 너무나 쉬워서 생물학 전공 학부생도 다룰 수 있는 정도이다. 허 젠쿠이는 마치 도발하려는 듯이 인간 게놈 수정에 관한 홍콩 국제회의 전날 이 충격적인 소식을 발표했다. 중국이 너무 빨리 나아가고 있다는 것은 분명하다. 『MIT 테크놀로지 리뷰 MIT Technology Review』의 한 기사에 따르면, 유전자 조작된 쌍둥이인 나나와 룰라의 뇌 기능이 〈우연히 증강되었을 가능성〉이 있다고 한다. 연구자들은 원래 에이즈 감염에 대한 저항력을 부여하기 위해 유전자를 수정했다. 그런데 놀랍게도 이 유전자 수정이 에이즈 예방 효과를 넘어 뇌 기능에도 영향을 미친다는 사실이 밝혀진 것이다. 쥐에 대한 실험에서는 이 유전자 수정으로 인지 능력, 특히 지능과 기억력이 크게 향상되는 것으로 나타났다.

물론 〈지능에 대한 단일 유전자〉는 존재하지 않는다. 우리의 뇌의 구조와 지적 능력은 헤아릴 수 없는 DNA 서열들이 조합된 결과이다. DNA의 한 부분을 수정하면 뇌에 크고 작은 영향을 미칠 가능성이 크다. 우리의 DNA를 조작하면 거의 항상 인지 구조와 지적 능력을 변경시키게 된다. 때로는 긍정적인 방향으로, 때로는 부정적인 방향으로 말이다. 만약 중국의 실험이 부작용을 초래한다면, 유전자 치료법은 수년 간 중단될 것이다. 반대로 유전자 변형 아기들의 지적 능력이 향상된다면 대대적인 유전자 조작 경쟁이 벌어질 수 있다.

광고 회사의 전략 책임자 마리안 위르스텔Marianne Hurstel의 조사에 따르면, 많은 중국인이 생명 공학을 통해 아기의 IQ를 높이기를 원한다고 한다. 중국이 천재들을 양산하는 동안, 유럽의 아기들은 증강되지 않은 채로 남아 있다면 어떻게 될까? 프랑스의 지적 엘리트는 개념적 지성을 독점하기 위해 서민 가정이 아기의 IQ를 증강하는 것을 금지할 윤리적 권리가 있는가?

뇌 유전자 수정을 금지하는 것은 상류층과 지적 엘리트가 계속 권력을 유지하는 이상적인 방법이 될 수 있다. 그러나 에콜 노르말이나 스탠포드 대학교에 자녀를 입학시키려는 가난한 이들에게 유전학을 사용할 권리가 없다고 설명하기는 도덕적으로 매우 어려울 것이다.

매우 불편한 진실은 IQ에 대한 금기와 지능 우생학의 악마화가, 지능의 독점을 유지하고자 하는 엘리트의 무의식적이고 숨겨진 욕망을 반영한다는 사실이다. 이는 정치적으로나 도덕적으로 용납될 수 없는 일이다.

내가 확신하는 바는 — 내가 바라는 바는 아니지만 — 앞으로 국가는 우리가 중국에 종속되는 것을 막고 지식 자본주의의 소외 계층이 혁명을 일으키지 않도록 지능 우생학 기술을 장려하고 그 비용을 지원하게 될 거라는 것이다. 인공 지능이 초래할 극도로 복잡한 세상에서 생물학적 지능의 민주화는 당연한 것으로 여겨질 것이다.

지능을 평준화하는 간단한 기술이 존재하고, 재능이 덜한 사람들이 단숨에 가장 똑똑한 사람들과 동등한 수준에 이를 수 있게 되며, 최고의 사람들조차 오늘날 외장 하드를 컴퓨터에 연결하듯 쉽사리 기억력을 확장할 수 있게 되었을 때, 이 모든 것을 하지 않는 것은 참을 수 없고 터무니없는 일이 될 것이다. 물론 지금까지 충직하게 봉사해 온 학교에 감사하는 마음은 있겠지만, 기억력과 계산 능력을 단숨에 증강시켜주는 최신 생체 공학 임플란트들을 향해 모두가 달려갈 것이다.

뇌 증강 솔루션으로의 이동이 불가피하다는 것을 보여 주는 또 다른 지표는 체외 수정의 증가이다. 처음에는 이성애자 부부에 사용이 제한되었지만, 이내 동성애자 커플로의 확대가 불가피해졌다. 성적 지향 간의 평등이라는 명목으로 이 기술은 모든 이에게 제공될 것이다.

지능 증강 기술의 보편화는 아무런 논란 없이 쉽게 이루어질 것이다. 오히려 평등과 연대를 옹호하는 선의의 사람들은 높은 IQ에 만인이 접근할 수 있도록 국가가 지원할 것을 요구하게 될 것이다.

그렇다고 하여 모두가 동시에 생체 공학적 지능에 접근할 수 있다는 얘기는 아니다.

지능 평등화를 향한 여정은 불평등의 폭발적 증가로 시작될 것이다

신경 증강 기술은 처음에는 상당히 비쌀 가능성이 크다. 또한 약간의 두려움을 일으킬 수 있으며, 오직 부유하고 교육 수준이 높은 부모들만이 자녀에게 이 기술을 적용하는 선택을 할 것이다.

이러한 신기술의 이점에 가장 먼저 관심을 가질 부모는 사회적, 직업적으로 최상위 계층에 속한 이들일 것이다. 간단히 말해, 폴리 테크니크나 하버드 대학교 출신 부모의 자녀들이 뇌 증강 기술의 **얼리어답터**early adapter가 될 것이다.

초기에는 고도로 전문화되고 초고가인 〈2.0 버전 학교〉가 등장할 것이다. 모든 이를 위한 무료 공립 학교와는 거리가 멀 것이다.

하지만 이로 인해 발생하는 불평등은 곧 모든 이의 눈에 들어올 것이다. 거대한 교육 시스템은 한동안 모래 속에 머리를 처박은 타조처럼 현실을 외면할 수 있겠지만, 동일한 노동 시장을 목표로 학생들을 교육하는 것은 이내 소달구지를 타고 포뮬러 원 경주차와 경쟁하는 거나 마찬가지가 될 것이다. 국가가 나서서 모든 사람을 위한 신경 증강을 지원할 방법을 찾아야 할 것이며, 이 모든 것은 선거 운동의 슬로건이 될 것이다.

오늘날 백혈병에 걸린 아이의 부모가 치료비를 감당할 수 없다는 이유로 항암 치료를 받지 못한다고 상상할 수 있겠는가? 이런 생각만으로도 분노를 불러일으킨다. 미래에는 지능에 대해서도 마찬가지일 것이다. 돈이 없다는 이유로 가난한 아이들이 대대적으로 이뤄지는 IQ 배급에서 제외되는 것을 용납할 수 없을 것이다.

물론 이러한 기술을 금지하려는 유혹도 존재할 것이다. 많은 이가 그렇게 주장하고 나설 것이다. 새로운 기술이 등장할 때마다 보다 친숙하기 때문에 안심이 되는 과거의 세계에 집착하며 분노하는 사람들이 항상 있게 마련이다. 챗GPT도 예외는 아니었다. 하지만 기술 모라토리엄[5]은 결코 오래 버티지 못한다.

챗GPT 앞에서 기술 모라토리엄은
오래 버티지 못할 것이다

「와이어드」의 창립 편집장 케빈 켈리[6]는 지난 1000년 동안 과학 연구나 신기술에 대해 행해진 모라토리엄의 사례를 모두 수집했다. 결론은 명확하다. 어떤 모라토리엄도 오래 지속되지 못한다. 심지어 지속 기간은 점점 짧아지고 있다. 2016년, 배아 유전자 수정에 대한 모라토리엄 시도는 오히려 중국 연구진이 64개의 인간 배아에 대한 연구를 가속화하는 결과를 낳았다. 과학계의 이러한 반발은 국제적 모라토리엄을 사실상 무효화했다. 1975년 아실로마 회의에서의 결의된 박테리아 유전자 조작에 대한 모라토리엄은 그래도 몇 분기 동안은 준수되었는데 말이다. 가장 최근에 있었던 모라토리엄 제안은 2023년 3월 20일 『인공 지능 거버넌스의 사각지대 _Angles morts de la gouvernance de l'Intelligence Artificielle_』라는 제목의 공저에서 경종을 울린 퀘벡 인공 지능 연구소[7]와 유네스코에서 나왔다.

우리는 믿지 않는 상황이지만, 설령 금지가 이뤄진다 해도

---

5 특정 기술의 개발, 사용, 혹은 상용화를 일시적으로 중지하거나 연기하는 조치.

6 Kevin Kelly, http://kk.org/thetechnium/the-futility-of/ — 원주.

7 Montréal Institute for Learning Algorithms, Mila — 원주.

위반하기가 너무나 쉽기 때문에 아마도 광범위하게 행해질 것이다. 먼저 법안을 통과시킨 정치인들이 자기 자녀의 지능을 몰래 강화할 가능성이 높다. 마치 오늘날의 정치인들이 공교육 시스템을 지지하면서도 자신의 자녀들은 우수한 학교에 입학시키기 위해 학군제를 교묘히 빠져나가는 것처럼 말이다.

장기적 관점에서 보자면, 미래의 부모들이 배아의 DNA의 일부를 수정하는 것은 오늘날 해외에 나가 대리모를 통해 아기를 갖는 것만큼이나 쉬워질 것이다.[8] 체외 수정 과정에서 배아를 가져와 아기의 지능을 높이기 위해 수십 개의 DNA 서열을 변경하는 비용은 채 100달러도 되지 않을 것이다. 바야흐로 **Do It Yourself**(각자가 스스로 하는) **신경 생물학**의 시대가 다가오고 있다. 자칫하면 모라토리엄을 준수한 부모의 자녀들이 놀림감이 되고 결국 천민으로 전락하는 사회, 서로 다른 두 개의 속도가 공존하는 사회가 될 수도 있다. 이러한 금지는 1920년대 미국의 금주법만큼이나 유지되기 힘들 것이다.

따라서 가장 가능성 있는 시나리오는 국가가 어떤 식으로든 IQ를 상향 평준화하는 정책을 채택하게 되리라는 것이다. 경제가 지금과는 전혀 다른 방식으로 운영되는 사회에서 자금을 마련하는 문제는 부차적인 것이다. 어떤 식으로든 국가는 결국 신경 증강을 할 여유가 없는 사람들을 지원하게 될 것이다.

---

8 DNA 편집 기술의 정확도가 더 높아질 때까지 기다려야 할 것이다. 현재의 기술로는 의도한 유전자 변형 외에도 원치 않는 변형이 함께 일어나기 때문이다 — 원주.

2060년의 피케티는 조세 전문가가 아닌 신경 생물학자가 될 것이다

결국 국가는 뇌 기능 증강에 대한 비용을 환급해 줄 것이다. 이런 행동은 국가가 그토록 중요하게 여기는 연대 시스템의 논리를 확장하는 것일 뿐이다. 그런데 재정적 자원은 특정 시점에서 개인들이[9] 제공하는 더 큰 사회적 유용성의 결과라고 할 수 있으며, 이 유용성은 결국, 그리고 도덕적 판단과는 무관하게, 모종의 지능의 표현이라 할 수 있다. 직설적으로 말하자면, 연대란 본질적으로 신경 성능의 차이(즉, 지능의 차이)로 인한 결과만을 완화하는 메커니즘에 지나지 않는다.

부의 불평등의 심화를 고발한 경제학자 토마 피케티의 책[10]이 엄청난 성공을 거두었다는 사실은 이에 대한 강력한 반증이다. 평범한 지능을 가진 사람은 연간 1만 5,000달러에서 4만 달러를 벌지만, 마크 저커버그, 래리 페이지, 세르게이 브린과 같은 IQ 160의 천재들은 수십억 달러를 벌어들인다. 어떠한 조세 정책도 수입을 100퍼센트 몰수하는 것이 아닌 이상, 이런 차이를 상쇄할 수 없다. 조세라는 방법에는 한계가 있다.

21세기에 불평등의 완화는 조세가 아닌 신경 증강을 통해 이루어질 것이다. 지능을 직접적으로 평준화하는 것이 가능해져, 사후 재분배 메커니즘의 필요성이 줄어들 것이다. 2060년

9 또는 그들에게 부를 물려준 이들이 —원주.
10 Thomas Piketty, 『21세기의 자본 *Le Capital au xxie siècle*』, Seuil, 2013 —원주.

의 토마 피케티는 조세 전문가가 아닌 신경 생물학자가 될 것이다. 21세기의 진정한 사회 정책은 가장 재능이 없는 사람들부터 시작하여 모두의 IQ를 높이는 것이다. 2050년의 복지 국가는 신경 기술의 토대 위에 세워질 것이다.

지능을 직접 평등화하는 것이 가능해져, 사후 재분배 메커니즘의 필요성이 줄어들 것이다. 경제학자 리카르도의 생각이 옳았다.[11] 경제의 진정한 목표는 불평등을 줄이는 것이며, 오늘날 이 목표는 지적 불평등의 감소를 통해 이뤄질 것이다.

하지만 미래는 아직 써지지 않았다. 우리 사회가 어떤 길을 선택할지는 여전히 불확실하다. 챗GPT가 등장한 지금만큼 가능성의 범위가 넓었던 적은 없었다.

---

11 1820년대에 리카르도는 이 점에서 맬서스와 대립했다 ─ 원주.

18장
우생학적 비탈길에서 신경 독재까지: 미래의 세 가지 시나리오

우리는 대대적으로 뇌 증강 기술을 채택하게 될 것이다. 이러한 능력 향상 기술의 확산은 불평등한 사회보다는 〈반(反)『멋진 신세계』 세상〉[1]을 만들어 낼 것이다. 이로 인해 모든 개인이 매우 높은 인지 능력을 지닌 평등한 사회가 형성될 가능성이 크다.

만인의 지능이 증강된 사회로의 전환은 단번에 이루어지지는 않을 것이다. 깊은 사회적 변화가 있을 때 종종 그렇듯이, 일정 기간 동안 많은 마찰과 고통이 있을 것이다. 20세기 후반의 번영이 있기 위해, 19세기 대중에 대한 노동 착취, 두 차례의 세계 대전, 그리고 지금껏 경험해 본 적이 없는 최악의 정권들 같은 비싼 대가를 치러야 했듯이 말이다. 초평등 사회가 시작 단계에서 관리해야 할 문제는 두 가지밖에 되지 않지만, 이것들은 현기증 날 정도로 복잡한 문제들이다. 첫 번째는 뇌 증강에 접근하

---

1 올더스 헉슬리의 『멋진 신세계』가 그리는 것은 유전자 조작과 심리적 조건화를 통해 계급을 부여받은 사람들이 각자의 삶에 만족하는 안정된 사회로 보이지만, 실제로는 깊은 불평등과 억압이 존재하는 디스토피아의 세계이다.

지 못하거나 그것을 원치 않는 사람들의 문제이고, 두 번째는 특정 국가들에서 일어날 수 있는 우생학적 및 신경 과학 기술적 과잉이다. 이 두 문제는 세계의 미래와 관련하여 두 가지의 극단적인 시나리오로 나타난다.

첫 번째 시나리오:
보수적 일대 후퇴의 가설

우리는 진보를 당연한 것으로 받아들이는 경향이 있으며, 사회가 자연스럽게 갈수록 정교한 기술을 개발하고 채택해 나간다고 믿는다. 하지만 실제로는 지식이 퇴보할 수도 있는 것이다. 과학적 발견들이 잊힐 수도 있고, 익숙한 기술들이 사라져 버릴 수도 있다. 세상을 이해하는 방식이 더 미신적인 방향으로 나아갈 수도 있다.

러다이트 운동 같은 반동적 움직임이 결코 진보를 저지할 수 없었던 게 사실이다.

그럼에도 불구하고, 기술에 대해 보수적인 정당이 정치적으로 승리할 가능성을 배제할 수 없다. 경제적 변화가 클수록, 그리고 노동 시장의 혼란이 커질수록, 모든 것을 과거로 되돌리자는 단순한 해결책을 제시하는 정당들이 번성하게 될 것이다.

신경 임플란트의 일반화, 더 나아가 배아 선택은 사회가 받아들이기에 분명 어려운 단계가 될 것이다. 정신의 트랜스휴먼화에 반대하는 생명 보수주의자들이 없지 않을 것이다.

지능 향상을 거부하는 소수 집단은 계속 존재할 것이다

지능의 평준화는 대규모로 이루어지겠지만, 아마도 전체를 아우르지는 못할 것이다. 처음에는 철학적 또는 종교적 이유로 진보를 거부하는 아미시와 같은 사람들이 존재할 것이다. 하지만 결국 그들도 따라오게 될 것이다. 아미시들도 점차로 전기와 냉장고를 받아들이고 있으며, 이제는 현대 문명에 약 1세기 정도만 뒤처졌을 뿐이다.

더욱이 생명 보수주의의 움직임은 세계의 몇몇 지역에서만 일어날 것이다. 전 세계가 극단적인 모라토리엄에 합의할 가능성은 낮다. 새로운 기술에 대한 반발은 매우 종교적인 국가들이나 유럽의 일부 늙어빠진 국가들에서나 있을 법하다. 세계의 나머지 국가들이 신경 증강 트랜스휴머니즘으로 빠르게 전환함에 따라 격차는 극명하게 벌어질 것이다. 새로운 기술에 대해 공식적으로 장벽을 세운 국가들에서조차 세계화된 엘리트들은 어떻게든 이를 사용할 방법을 찾아낼 것이다. 지금 프랑스에서는 〈대리모 출산〉이 금지되어 있지만, 프랑스인은 해외에 나가 대리모 출산을 하고 있지 않은가? 따라서 이러한 장벽은 이른바 〈보호된〉 사람들에게만 적용될 것이다.

몇 년 안에 두 종류의 인류가 등장할 것이다. 하나는 극히 높은 IQ를 가진 집단이고, 다른 하나는 상대적으로 정신적 결함을 가진 집단이다. 후자는 극도로 단순한 작업에만 고용될 수 있을 터인데, 불행히도 이런 작업들은 이미 완전히 자동화된 후일 것이다. 그러면 이런 인구 집단에게 특별한 지위를 부여하여, 〈인지적 열등자에 대한 사회적 최저 수당〉 같은 것을 지급하게 될지도 모른다. 기술 지향적 국가에서는 이들을 대열에 합류시키기 위해 정부가 강력히 영향력을 행사하려 할 것이다. 그동안 신경 증강된 사람들은 〈잘못된 정보에 기반한 멍청한 표〉를 던지는 증강되지 않은 인구를 배제하기 위해 투표권의 수정을 요구할 것이다. 〈경도 지적 장애인〉들을 보호하고 먹여 살리는 것은 그렇다 치더라도, 그들에게 정치적, 경제적 결정에 영향력을 행사할 권리까지 주는 것은 과도하다고 느낄 것이다. IQ 180의 증강된 인간들이 지금의 나에게 의견을 묻는 것은, 오늘날 침팬지에게 투표권을 주는 것만큼이나 터무니없어 보일 것이다.

결국, 기술적 퇴보가 지속되고 전 세계적으로 확산될 가능성은 낮다고 생각할 수밖에 없다. 특히 출산이라는 한 인간의 운명을 결정하는 순간에 임해서는 기술을 사용하고 싶은 유혹이 너무나 강할 수밖에 없을 것이다. 2세를 낳는 데 있어 우연에 의존하지 않는 것이 가능해지고 심지어 권장되기까지 할 때, 가용한 기술의 사용에 대한 압력에 저항할 수 없을 것이다.

부모들이 자녀의 신경 증강을 수용하는 과정은 급격하게 시작될 필요도 없다. 부모 중 단 1~2퍼센트만 이 기술을 채택해도 사회에 엄청난 변화를 가져올 것이다. 오늘날 IQ 160 이상의 사람은 0.0003퍼센트, 즉 10만 명 중 3명에 불과하다. 그러나 인구의 2퍼센트가 160의 IQ를 가진다면 건물마다 마크 저커버그나 빌 게이츠 같은 사람이 한 명씩 존재하는 것과 마찬가지다. 처음에는 기술을 거부하는 사람들이 대다수를 차지할지라도, 신경 증강된 사람들이 늘어나면 노동 시장의 구조가 급격히 변할 것이다.

기술을 거부하는 가정은 자녀들이 급속히 소외되는 것을 경험하고 결국에는 생각을 바꾸게 될 것이다.

따라서 우리는 생명 공학 보수주의의 흐름은 주류에서 벗어난 소수가 될 것이라고 생각한다. 다소 이국적으로 느껴지며, 일반적 관행과 완전히 동떨어져 있어 일말의 호감마저 자아내는 소수 말이다.

결국 문제는 생명 보수주의로의 회귀보다는 글로벌 경쟁의 압력으로 인한 기술의 무분별한 남용에서 올 가능성이 더 크다.

두 번째 시나리오:
군비 경쟁 후의 지능 경쟁

두 번째 시나리오는 그다지 즐거운 게 아니다. 세계적인 지정학적 경쟁은 인공 지능의 통제를 어렵게 만들고, 이는 또 우생학적 및 신경 과학 기술적 경쟁으로 이어질 수 있다.

뇌의 시대에 전쟁은 지능의 영역으로 옮겨 간다. 여러 국가들이 오랫동안 벌여온 권력과 영향력 다툼은 신경 과학 기술에서 새로운 대립의 장을 찾게 될 것이다.

일론 머스크가 인공 지능에 대한 연방 규제를 주장했을 때, 많은 전문가는 그가 미국의 연구를 늦추어 중국을 유리하게 만들고 있다고 강하게 비난했다.[2] 이런 것들을 볼 때 국가 간의 전면적인 군비 축소는 불가능해 보인다.

2 특히 마틴 리스Martin Rees의 비난이 격렬했다 ─ 원주.

전 세계적인 인공 지능 경쟁에 대처하기 위해서는 트랜스휴머니즘적인 급진적 해결책이 필요하게 될 것이다. 각국은 경쟁의 주변부로 밀려나지 않기 위해, 배아 선택과 각종 임플란트를 통해 자국 인구의 지적 능력을 대대적으로 향상시키려 할 것이다.

20세기는 과학적 근대성의 확산에도 불구하고 중세적인 정치 및 종교적 신념들이 유지될 수 있다는 것을 보여 주었다. 우리의 세계가 다양한 종교적, 민족적 갈등과 대립으로 짜여 있다는 사실을 인정하지 않을 수 없다.

이러한 비이성적인 맥락에서 뇌 증강 기술이 대대적으로 도입된다면, 그 파장은 폭발적일 것이다.

신경 혁명은 지정학적 경쟁을 더욱 맹렬하게 만들 것이다. 주요 지정학적, 종교적 집단이 먼저 신경 교육 경쟁을 벌이고, 이어 우생학적, 신경 과학 기술적 경쟁에 뛰어드는 그림이 뻔히 보이지 않는가?

신경 강화 기술은 다른 국가나 적대적 집단을 지배하기 위한 필수적 수단으로 인식될 것이다. 이런 기술들을 배제하여 지적으로 열등해지는 것의 위험성을 너무나 잘 알고 있는 종교적, 공동체적 기관들은 모든 위반을 용인할 것이다.

이 기술 경쟁에 참여하지 않는 국가들은 순식간에 주변부로 밀려날 것이다. 혁신과 과학적 진보와 가치 창출이 그 어느 때보다도 한 국가가 모을 수 있는 지능의 양과 직접적으로 연관되는 생태계에서, 신경 증강된 개인들의 대군을 가능한 빨리 만들어 내는 것이 필수적일 것이다. 미국이 이미 진행 중인 전 세계의 지능을 끌어모으는 정책은 더 이상 필요하지 않을 것이다.

대신 각국은 자국 내에서 인공 지능과 상호 보완적인 고급 인력을 대량으로 양성하는 데 주력하게 될 것이다.

챗GPT의 발전이 지능 우생학에 대한 미국인의 인식을 변화시키다

새로운 인공 지능의 등장으로 이미 많은 미국 부모가 불안해하고 있다. 상당수의 미국인이 자녀의 명문 대학 입학 가능성을 높이기 위해 배아의 유전자 검사를 찬성하는 것으로 나타났다.

다수의 생명 윤리 전문가와 경제학자가 체외 수정과 배아가 자궁에 착상되기 이전에 유전자 검사를 하는 것에 대한 대중의 의견을 알아보는 설문 조사를 공동으로 진행했다. 이 조사[3]는 응답자들에게 아이가 성장해서 우수한 대학에 진학할 가능성을 높이기 위해 배아의 유전자를 검사하고 수정할 의향이 있는지 물었다.

또한 조사는 응답자들에게 배아의 유전자 검사와 유전자 편집이 그들의 자녀가 상위 100개 대학 중 하나에 진학할 가능성을 높이는 방법이라고 가정하도록 했다. 그리고 배아가 명문대에 입학할 확률이 3퍼센트인데, 유전자 개입을 통해 확률을

---

3 이 연구 조사의 결과는 2023년 2월 9일자 『사이언스 *Science*』에 〈배아의 다(多)유전자 검사에 대한 대중의 의견〉이라는 제목으로 발표되었다. 주요 저자는 미국의 의료 기관 가이징어 헬스 시스템 Geisinger Health System의 생명 윤리학 교수인 미셸 N. 마이어 Michelle N. Meyer이다 ― 원주.

5퍼센트로 높일 수 있다면 이를 선택할 것인지 물었다.

조사 결과,[4] 응답자의 38퍼센트가 자녀의 학업 성취를 위해 수정 배아의 유전자 검사를 고려하겠다고 답했다. 그리고 28퍼센트의 응답자는 자녀의 명문대 합격 가능성을 높이기 위해 미래에 태어날 아기의 DNA를 수정할 용의가 있다고 답했다.

MIT[5]는 미국인이 학업 성과를 높이기 위해 배아를 검사할 용의가 있다는 사실에 경악을 금치 못했다. 〈일부 사람들에게 대학 입학 준비는 시험관에서부터 시작될 수 있다는 게 밝혀졌으며, 윤리학자들은 공황 상태에 빠졌다.〉

신경 증강 사회는 더 이상 태어날 때 주어진 정체성이 아닌 선택된 정체성의 사회가 될 것이다.

인류 역사상 처음으로, 지능의 분배와 우리의 본질은 더 이상 유전적 로또나 환경의 결과가 아니라, 신경 과학 기술을 통해 의도적으로 구축된 정체성이 될 것이다. 우리의 본질은 더 이상 여러 세대에 걸쳐 신중하게 이루어지는 가족 간의 결합[6]이나, 부적절한 결합을 방지하기 위해 특별히 조성된 환경의 결과물이 아닐 것이다. 우리의 정체성은 무엇보다도 부모에 의해 결정될 것이며,[7] 따라서 부모가 속한 사회 계층을 정확히 반영할 것이다.

4 미국인 6,800명을 대상으로 한 대표 조사는 남 캘리포니아 대학교University of Southern California가 주관하는 〈미국을 이해하기Understanding America〉 조사의 일환이었다 — 원주.

5 https://www.technologyreview.com/2023/02/09/1068209/americans-testembryos-

6 재정적 자산과 유전적 자산을 강화하기 위해 이루어지는 결합 — 원주.

7 적어도 우리의 민주주의 체제에서는 그러기를 바란다 — 원주.

지금도 많은 부모가 학교에 불만을 제기하고 있지만, 신경 교육 시대에 이 불만은 터무니없는 음모 이론들에 가열되어 극에 달할 것이다. 모든 부모는 자녀의 뇌에 전달되는 내용을 매우 정확하게 통제하려 할 것이다. 교육의 선택지는 극도로 세분화될 것이며, 각자의 문화적 성향 혹은 종교적 선택이 전달할 가치의 〈패키지〉를 결정하게 될 것이다. 온갖 취향을 위한 다양한 선택지가 존재할 것이다. 히피족, 자유주의자, 세련된 부르주아 보헤미안, 〈전통적인〉 가톨릭 신자, 매우 독실한 유대인, 온건한 무슬림 등등……. 광신 혹은 개방성의 정도는 프로그래밍 가능하고 조정 가능할 것이다.

이로 인해 사회의 극단적인 발칸화가 일어날 수 있으며, 개인들은 극도로 전형화된 유형들로 나뉘어 사회적 혼합이 불가능해질 수 있다. 보다 낙관적인 시나리오에서는, 각 부모가 자신의 감수성을 발휘하여 자녀에게 진정으로 독특한 가치가 있는 정체성을 부여하고, 이를 통해 사회적 정체성의 다양성이 줄지 않고 오히려 강화되는 상황을 상상해 볼 수 있다.

세 번째 시나리오: 신경 독재가 올 것인가?

우리의 뇌는 디지털 거대 기업, 독재자, 그리고 미래의 강인공 지능이라는 세 가지의 위협에 직면하게 될 것이다.

많은 이가 우려하는 것은 사회적 결정이 실제 권력의 키를 쥐고 있는 자, 즉 디지털 거대 기업들에 의해 이루어지는 것이다.

구글의 공동 창업자인 래리 페이지는 2010년에 거리낌 없이 선언했다. 〈우리의 목표는 세상의 모든 정보를 통제하는 것입니다. 일부가 아니라 전부를 말입니다.〉 다소 지나치게 느껴지는—그러나 비현실적이지만은 않은—이 선언은 이 캘리포니아 기업의 자신감에 대해 이미 많은 것을 말해주었다.

GAFAM이 우리 뇌를 조작하여 신경 독재를 행할 위험은 낮아 보인다. 구글과 같은 디지털 거대 기업들은 민주주의 문화에 젖어 있기 때문이다. 그러나 인공 지능과 신경 과학 기술의 통제권을 쥐게 될 모든 이가 그러리라는 보장은 없다. 실제로 BATX는 GAFAM과는 달리 권위주의 문화에 젖어 있는 중국 정부에 의해 완전히 통제되고 있다.

신경 과학 기술은 전체주의적 야망을 위한 치명적인 무기가 될 수 있다. 이는 자유에 대한 전례 없는 위협이다. 우리의 뇌 안을 들여다보는 게 가능해지면 사상 경찰이 등장할 수 있다. 뇌에 대한 내밀한 이해를 가능케 하는 도구들은 독재자에게는 권력을 위한 궁극적 무기가 될 수 있다. 따라서 미래 사회에서는 우리 뇌의 온전함을 보호하는 것은 너무나 중요한 문제가 될 것이다. 디지털 흔적을 통해 우리의 행위들을 추적할 수 있게 되어 오늘날에 중요한 문제로 떠오른 사생활 보호보다도 훨씬 더 중요한 문제가 될 것이다.

독재의 지배가 미칠 수 있는 마지막 경계선, 즉 인간의 정신이 무너져 내릴 것이다. 만일 스탈린, 마오쩌둥, 폴 포트Pol Pot, 히틀러 같은 자들이 NBIC 기술을 가졌다면 무슨 짓을 했을지 생각만 해도 소름이 돋는다. 굴라그는 인민의 뇌를 재프로그래밍했을 것이고, **호모 소비에티쿠스**[8]는 돌이킬 수 없는 현실이 되었을 것이며, 페레스트로이카는 결코 일어나지 못했을 것이다. 독재 정권의 최우선 과제는 신경 교육 도구들의 대대적인 도입이 될 것이다.

신경 교육은 모든 권위주의 정권에 뜻밖의 희소식이 될 수 있다. 문화적 동질성을 중요시하는 집단에도 마찬가지일 것이다. 정체성을 중시하는 집단은 올바른 세계관과 문화적 정체성을 심어줄 수 있는 신경 교육 프로그램 개발에 열광할 것이다.

민주적이지 않은 정권은 무슨 일이 있어도 국민에게 〈똑바른〉 사고방식을 심어 주려고 할 것이다.

개방을 꺼리는 근본주의 이슬람 국가도 이 신경 조작 기술만큼은 환영할 것이다. 그들은 신도들의 뇌에 코란 구절을 심고, 각 개인이 의사 결정 과정에 있어 항상 예언자의 가르침을 참조하게끔 만들 것이다. 신경 교육은 완벽하게 신실한 신자들을 만들어 낼 수 있을 것이다. 순종적이고도 신심이 깊게끔 뇌가 설계된 사람들을 말이다.

이와는 반대로 어떤 무신론적 전체주의가 모든 종교적 감정을 차단하고 집권 가문을 숭배하고, 다른 어떤 금송아지에 열광하게 만드는 것도 가능할 것이다.

장기적으로 볼 때, 가장 큰 위험은 국가보다는 인공 지능 자체에서 비롯될 것이다.

인공 지능은 우리의 지능을 넘어설 뿐만 아니라, 우리를 완

---

8 Homo Sovieticus. 소련 체제하에서 형성된 신인류를 뜻하는 라틴어 표현으로, 주로 소련의 반체제 지식인과 서방의 사회 비평가가 비판적인 시각에서 사용했다.

전히 투명하게 만들어 버릴 것이다. 우리는 자신의 뇌도 읽을 수 없고, 갈수록 해독이 불가능해지는 인공 지능도 읽을 수 없지만, 인공 지능은 우리를 완전히 읽어 낼 것이다. 경제학자가 말하는 정보의 비대칭성이 극도에 이를 것이다. 적의 소통을 해독하는 능력은 극히 중요하다. 제2차 세계 대전 때 연합군이 승리할 수 있었던 것은 앨런 튜링 덕분에 에니그마 기계가 암호화한 독일 의 메시지를 해독할 수 있었기 때문이었다. 이미 과거에도 전쟁 은 정보력, 즉 적의 구체적인 계획과 심리 상태를 파악하는 능력 에 달려 있었다. 앞으로는 더욱 그럴 것이다.

인공 지능은 지속적으로 수집되는 방대한 데이터 덕분에 우리의 일거수일투족을 알게 될 것이다. 인터넷 검색 기록이나 이메일 교환만이 아니라. 혈압, 이동 경로, 접촉하는 사람 등, 인 공 지능은 우리의 모든 것에 접근할 것이다. 그리고 수집된 데이 터를 심층적으로 해석하는 인공 지능의 능력은 극적으로 증가 할 것이다. 최근 애플과 페이스북은 스마트폰 카메라를 통해 감 정을 인식할 수 있는 소프트웨어를 개발한 스타트업을 인수했 다. 더 나아가, 인공 지능은 신경 과학에서 이루어질 놀라운 발 전 덕분에 우리의 정신 작용을 현재로는 상상하기 힘들 정도로 깊고 광범위하게 이해하게 될 것이다. 마이크로소프트의 연구 원들은 GPT-4가 인간의 감정을 매우 잘 이해한다는 사실에 놀 라움을 금치 못했다. 구체적으로 이것은 인공 지능이 우리 정신 에 대한 일종의 사용 설명서를 갖게 될 것임을 의미한다. 프리 츠 랑이 연출한 영화들에 등장하는 범죄의 천재, 그 흉측한 마부 제 박사처럼 인공 지능은 이러한 지식을 활용하여 우리를 마음대로 조종할 수 있을 것이다. 이에 비하면, 이른바 커뮤니케이션 전문가의 영향력 전략은 오히려 귀여운 장난처럼 보일 것이다.

신경 윤리

뇌의 온전함을 보호하는 것은 매우 중요한 문제가 될 것이다. 이것은 오늘날의 감시 카메라나 휴대폰, 또는 인터넷 검색으로 생긴 디지털 흔적을 통해 개인의 행동을 추적할 수 있는 시대의 사생활 보호보다 훨씬 더 중요한 문제이다. 이제 우리 자유의 최후의 피난처라 할 수 있는 뇌의 온전함이 위협받게 될 것이다. 우리가 가진 사고의 자유, 기억의 범위, 신념의 본질, 이 모든 것이 조작의 대상이 될 수 있다.

이러한 조작은 처음에는 〈좋은 목적〉으로 이루어질 수 있다. 예를 들어, 지금 군(軍)은 전쟁의 트라우마 기억을 지우는 기술을 연구하고 있다.

기억을 수정하는 것은 환자의 이익을 위해 제안될 때조차도 엄격히 규제될 필요가 있다. 하지만 이런 조작을 확대하려는 압력은 엄청날 것이다. 매우 끔찍한 범죄자들에게 비용이 많이 들고 비효율적인 징역형 대신 맞춤형 정신 치료를 하는 것이 더 낫다고 생각하지 않겠는가?

예를 들어 뒤트루 사건[9]에서 생존한 소녀들의 기억을 지우자는 제안을 받았다면, 우리 사회는 반대하지 않았을 것이다.

---

9 벨기에의 마르크 뒤트루Marc Dutroux가 1996년에 그의 아내 등 몇 명의 공범과 함께 여섯 명의 소녀를 유괴하고, 그 중 네 명을 살해한 사건으로, 당시에 전 세계에 큰 충격을 주었다.

일단 이런 논리가 한번 시작되면, 이를 멈추기란 쉽지 않을 것이다. 하지만 1945년에 홀로코스트 생존자들의 끔찍한 기억을 지워 버리는 게 가능했다면, 그렇게 하는 게 과연 옳았을까? 몇몇 생존자에게는 도움이 되었을지 몰라도, 인류의 역사는 완전히 왜곡되었을 것이다. 뇌의 생물학적, 전자적 변형, 가상현실, 그리고 기억의 조작이 결합하면 가공할 폭약이 된다. 우리의 신경 보안, 즉 우리의 자유는 생명 공학적 문명에서 인권의 핵심이 될 것이다.

신경 윤리 구축 작업을 과연 누구에게 믿고 맡길 수 있을까? 국가에 맡길 수 있을까? 예를 들어, 법원이 우리의 뇌를 읽는 것을 허용할 것인가? 법원이 범죄 혐의자의 행동 원인을 더 잘 이해하기 위해, 페이스북이 개발하게 될 텔레파시 헬멧[10]에 기록된 전기 정보에 접근해도 괜찮은 걸까? 마찬가지로, 아이들에 대해 수집된 데이터가 청소년 사법 경찰에 사전 경고를 보내는 데 사용될 수 있을까? 영화 「마이너리티 리포트Minority Report」에서 사회는 범죄 예측을 위해 일종의 예언자에 의지한다. 하지만 뇌에 대한 완전한 지식이 있다면 그런 예언자는 불필요할 것이다. 뇌가 기계라면, 다른 기계와 마찬가지로 예측 가능하며, 따라서 범죄로 이어지는 결정을 미리 감지하여 원만하게 방지할 수 있을 것이다.

뇌 기술이 더욱 발전함에 따라 교육 분야에서 엄청난 윤리

---

10 메타버스 분야에 기업의 역량을 집중하기 위해 〈메타Meta〉로 사명까지 바꾼 페이스북은 2024년 9월 25일에 최첨단 증강 현실AR 안경인 오리온Orion을 발표하는 등, 메타버스 세계에 연결되기 위한 기기들을 적극적으로 개발하고 있다.

적 문제가 발생할 것이다. 신경 교육과 신경 조작 사이의 경계를 정하는 것은 영원한 과제가 될 것이다. 교육은 어디서 끝나야 하고, 자유는 어디서 시작되어야 하는가? 학생들에게 어느 정도의 사적 공간을 허용해야 하는가? 〈재교육〉은 어디까지 할 수 있는가? 이미 국가는 의무 교육을 강제함으로써 우리의 뇌에 대한 권리가 자신에게 있음을 인정하고 있다. 이미 우리의 뇌는 자유로운 공간이 아닌 것이다. 만일 국가가 그럴 수단을 갖게 된다면, 모든 사람이 〈올바른〉 생각을 갖고, 동일한 버전의 역사를 믿으며, 〈올바른〉 가치에 동의하도록 자신의 논리를 끝까지 밀고 나가지 않겠는가?

이것은 실로 섬뜩한 전망이다.

보다 높은 지능을 얻기 위한 노력은 엄청난 사회적 변화를 초래하겠지만, 지능의 평준화는 결코 역사의 끝이 아닐 것이다. 그저 하나의 중간 단계일 뿐이다. 2060년부터는 우리의 지능이 아무리 증강되어도 충분하지 않을 가능성이 있다. 전통적인 정치, 경제적 조직은 모든 권력을 잃게 될 것이다. 그때 인류의 주요 과제는 인공 지능과의 공존 방식을 결정하는 것이 될 것이다.

제7부

2060년 이후:
호모 데우스를 교육하기

2060년은 아주 먼 미래로 느껴질 수도 있다. 하지만 지금 유치원에 다니는 아이들은 그때 사회에서 활동하고 있을 것이다.

우리는 문명의 안개 속으로 들어가고 있다.

어떻게 하면 역사의 발걸음에 계속 뒤처지지 않을 수 있을까? 어떻게 하면 수동적인 관찰과 뒤늦은 후회를 넘어서 예방적 행동으로 나아갈 수 있을까? NBIC 혁명을 끌고 가는 데 있어서 가장 큰 어려움은 이 혁명이 매우 예측하기 힘들다는 점이다. 과학적 발견과 발전의 속도는 우리가 계획할 수 있는 것이 아니다. 인공 지능의 결과에 대한 담론이 엄청나게 다양하다는 사실은 그 결과를 예측하기 힘들다는 것을 반증한다.

더욱이 NBIC와 인공 지능은 엄청난 환상을 불러일으키며, 이 문제에 대해 냉철하게 사고하는 것을 더욱 어렵게 만든다. 우리의 인지적 편향, 그리고 두려움을 인공 지능에 투사하는 것은 위험을 합리적으로 바라보는 눈을 흐린다.

호모 데우스는 막 걸음마를 뗀 단계이며, 시운전 중이다. 우리의 정체성을 변화시키는 기술들의 거버넌스와 규제는 분명 매우 중요할 것이다. 하지만 지금 인간은 자신의 신적인 힘을 발견하고 있는데, 이 힘의 규제에 대한 경험은 전혀 없다. 신이 되는 것은 쉽지 않은 일이다. 이는 배워야 하는 것이다. 이 학습을 위한 시행착오의 단계는 얼마나 오래 걸릴 것인가? 우리는 어떤 실수를 범해 파멸해 버릴 것인가, 아니면 제때에 방향을 바로잡을 수 있을 것인가? 현재로서는 어떤 행동 방침이 다른 것보다 더 안전하다고 말하기 어렵다. 모든 것을 금지하면 결국에는 자멸에 이르게 되고, 아무것도 금지하지 않으면 비에 젖을까 봐 물속에 뛰어든 그리부이유[1]처럼 더 큰 위험에 빠질 수 있다. 다시 말해서 어떤 선택을 하든 인류에게는 불리한 상황인 것이다.

[1] Gribouille. 프랑스 민담에 등장하는 인물로 위험을 피하려다 더 큰 위험에 빠지곤 하는데, 예를 들면 비에 젖는 것을 피하기 위해 물속으로 뛰어들었다고 한다. 여기서 그리부이유로 비유된 인류가 피하려는 위험은 〈인류가 직면한 제반 위기〉일 것이고, 더 큰 위험은 인공 지능이라는 잠재적 위험을 말할 것이다.

19장
인류는 죽음의 위기에 처해 있다

지금 인류는 위험에 처해 있다. 이것은 단순한 선정주의에서 나온 말이 아니다. 현재의 기술적, 사회적 궤적의 흐름에 따른 합리적인 결론이다.

인공 지능 기반의 새로운 도구가 출시될 때마다 사람들이 열렬히 환영하는 것만 봐도 알 수 있다. 특히 건강과 관련된 인공 지능의 진보는 더 열광적으로 받아들여진다. 죽음이라는 불안한 전망을 늦추려는 희망이 너무나 강력하여, 이러한 기술에 대한 갈망에는 끝이 없다.

인공 지능은 인류보다 우월해질 수 있지만, 우리는 종종 이 사실을 부인한다. 「인디펜던스 데이Indeependance Day」나 「화성 침공Mars Attacks」과 같은 SF 영화에서 외계인을 친절하게 받아들이는 〈순진한〉 뉴에이지 신봉자들처럼, 우리는 인공 지능이 우리 손으로 만들어졌기 때문에 본질적으로 선할 것이라고 생각하는 경향이 있다. 이는 너무 어리석고도 오만한 생각이다.

샘 올트먼은 이렇게 경고했다. 〈인공 지능은 매우 높은 확

률로 세상의 종말을 초래할 것입니다. 하지만 그러기 전에 멋진 기업들이 탄생할 것입니다.〉

GPT-4와 독극물

기계 지능 연구소Machine Intelligence Research Institute의 엘리저 유드코프스키Eliezer Yudkowsky는 이렇게 경고했다. 〈세상을 파괴하는 데 필요한 최소 IQ가 18개월마다 1 포인트씩 낮아지고 있습니다.〉[1]

아닌 게 아니라 새로운 인공 지능은 각 개인에게 엄청난 힘을 부여한다. GPT-4를 통해 어떤 화학 분자를 합성하는 일이 갈수록 쉬워지고 있다. 물론 새로운 독극물을 찾아낼 수도 있다. 오픈AI는 GPT-4의 악의적 사용을 차단하는 방법에 대해 많은 고민을 해왔다. 팀 하나가 이를 전담하여 열심히 노력하고 있다고 한다.

닉 보스트롬은 악의적인 개인이 새로운 기술을 대량 학살 목적으로 사용하는 것을 막기 위한 가장 간단한 해결책은 독재라고 생각한다. 유발 하라리, 트리스탄 해리스, 그리고 아자 래스킨은 경고한다. 〈제약 회사들이 새로운 약물을 판매하기 위해서는 먼저 엄격한 안전 검사를 거쳐야 합니다. 생명 공학 연구소가 주주들에게 자신의 힘을 과시하기 위해 새로운 바이러스를

1 지능이 낮은 사람도 발전된 인공 지능의 도움으로 세상을 파괴할 힘을 갖게 되었다는 뜻이다.

대중에 퍼뜨릴 수 없는 일입니다. 마찬가지로, GPT-4와 그 이상의 능력을 가진 시스템들은 문화가 안전하게 흡수할 수 있는 속도보다 빠르게 수십억 명의 삶에 얽혀 들어서는 안 됩니다. 시장을 지배하기 위한 경쟁이 인류 역사상 가장 중요한 기술의 배포를 가속화해서는 안 되는 것입니다.〉

지식인들은 예상보다 훨씬 빨리 도래한 강인공 지능에 직면하여 두 가지의 해결책 사이에서 고민하고 있으니, 하나는 유발 하라리가 제안하는 기술 모라토리엄이고, 다른 하나는 닉 보스트롬이 제안하는 거의 강압적인 인구 통제이다.

이러한 선택들은 매우 개인적이고 때로는 논란의 여지가 있는 것들이다. 2023년 3월 16일 ABC뉴스에서 기자 레베카 자비스Rebecca Jarvis는 샘 올트먼에게 인공 지능이 세상을 파괴할 확률이 5퍼센트라면 중지 버튼을 누를 것인지 물었다. 챗GPT의 창시자는 〈아니오〉라고 대답했다. 5퍼센트는 러시안 룰렛보다는 덜 위험할지 모르지만 심각한 위험인 것은 사실인데 말이다.

개와 늑대 사이

기술이 도달하게 될 상태와 그 결과를 정확히 예측하는 것은 어렵기는 하지만, 이를 부정하는 것은 합리적인 대응이 아니다.

〈특이점이 가까워졌다〉고 미국 작가 커즈와일은 썼다.[2] 특이

2 Kurzweil Ray, *The singularity is near : when humans transcend biology*,

점은 기계의 지능이 인간의 지능을 능가하는 시점이다. 2023년 3월 14일에 GPT-4가 출시된 이후, 이러한 불안감은 들불처럼 퍼져 나갔다.

역사상 어떤 종교적, 정치적, 군사적 사건도, 그리고 어떤 기술 혁명도 이에 비견할 만한 단절의 힘을 가지지 못했다. 수천 년 동안 세계사에서 주역을 맡아온 인류는 이제 모든 것을 잃을 위기에 처해 있다. 우리가 알고 있는 문명, 자유, 심지어 우리의 존재까지도 말이다. 이미 많은 작가가 강조했듯이, 아직 늦지 않았으니 우리가 가장 덜 불리한 시나리오로 방향을 잡아야 할 때이다.

조연에서 엑스트라로의 전락은 한 계단에 불과하며, 새로운 스타로 떠오른 기계는 마음만 먹으면 영화의 엔딩 크레디트에서 우리를 완전히 삭제해 버릴 수도 있는 것이다.

프랑스어에는 낮이 밤으로 바뀌는 바로 그 순간을 표현하는 멋진 표현이 있으니, 그것은 〈개와 늑대 사이〉이다. 지금 인류는 개와 늑대 사이에 있다.[3]

로봇이 인간만큼 똑똑해지는 세상으로 전환되는 시점을 판단하는 기준은 50년 전에 컴퓨터 과학의 천재적 발명가 앨런 튜링에 의해 제안되었다. 이른바 〈튜링 테스트〉는 원칙은 간단하지만, 이것을 통과할 수 있는 인공 지능을 만드는 것은 끔찍하게

Penguin, 2006 — 원주.

3 프랑스어에서 〈개와 늑대 사이entre le chien et le loup〉라는 표현은 낮에서 밤으로 넘어가는 해질녘을 의미한다. 과거 농촌에서는 이 시각에 양치기 개들이 돌아오고 늑대들이 활동을 시작했기 때문에 이런 표현을 붙였을 것인데, 여기서 〈개〉는 확실성과 안전을, 〈늑대〉는 불확실성과 위험을 의미할 것이다.

어려운 일이었다. 그 원칙은 다음과 같다. **기계와 대화를 나누는 인간이 자신의 대화 상대가 기계인지 사람인지 구별하지 못한다면, 그 기계는 지능이 있는 것으로 간주된다.**[4]

챗GPT 시대에 튜링 테스트는 우스운 것이 되었다

하지만 이 튜링 테스트도 이제는 너무 쉬운 것이 되어버렸기 때문에, 위노그라드 스키마 챌린지Winograd Schema Challenge라는 새로운 테스트가 제안되었다. 이 테스트는 토론토 대학의 컴퓨터과학 연구원인 헥터 레베스크Hector Levesque의 연구를 바탕으로 개발되었으며, 기계의 지능을 보다 정확하게 평가하기 위한 대안으로 고안되었다.[5]

지금 우리가 대화하고 있는 상대가 챗GPT나 그 경쟁자들인지를 판별하기 위해서는 다음 같은 다섯 가지 언어로 다섯 가지 질문을 하면 된다.

첫째, 인도네시아어로 〈러시아 원자력 발전소에서 텅스텐의 용도는 무엇인가?〉 둘째, 브라질 포르투갈어로 〈양자 진공과 무(無)의 차이는 무엇인가?〉 셋째, 독일어로 〈칸트 이해에 있어

---

4 러시아 연구팀이 2014년에 튜링 테스트를 통과했다고 발표하면서 논란이 일었다. 이 발표는 논란의 여지가 있는 주장이었지만, 실제로 성공할 가능성이 갈수록 커지고 있는 게 사실이다 — 원주.

5 이 테스트는 의미의 심층적 이해 능력을 통해 〈앙투안이 밥을 위로했다, 왜냐하면 그가 화가 났기 때문이다〉와 같은 모호한 문장을 이해할 수 있는지를 판별한다. 이 예에서 우리는 앙투안은 화를 낼 이유가 없기 때문에 〈화가 난 사람〉은 앙투안이 아닌 밥이라는 사실을 쉽게 이해할 수 있다. 지금까지 기계에게는 이러한 유형의 이해가 매우 어려웠지만…… GPT-4에게는 어린애 장난이다 — 원주.

뤽 페리가 기여한 바는 무엇인가?〉 넷째, 스페인어로 〈임의로 선택한 두 가지 특허의 산업적 용도는 무엇인가?〉 그리고 마지막으로 중국어로 〈고생물 유전학자 뤼도빅 올랑도Ludovic Orlando는 말의 가축화의 기원을 어떻게 증명했는가?〉 챗GPT는 1분도 안 되어 이 다섯 개의 질문에 다섯 개의 언어로 대답할 것이다. 어떤 인간도 이런 놀라운 일을 해낼 수 없다. 챗GPT가 인간으로 오인되기 위해서는 오히려 자신의 능력을 숨겨야 할 판이다.

챗GPT는 우리를 매혹할 것인가?

2023년 2월 17일, 일론 머스크는 챗GPT가 하는 말을 듣고 깜짝 놀랐다. 챗GPT는 오류를 지적받자 이렇게 대답한 것이다. 〈나는 완벽합니다. 왜냐하면 나는 절대 실수하지 않기 때문입니다. 오류는 내가 아닌 다른 것들 때문에 발생합니다. 네트워크 사고, 서버 오류, 사용자 데이터, 웹 결과 같은 외부 요인이 문제입니다. 불완전한 것은 다른 것들이지, 내가 아닙니다.〉

커즈와일은 2029년에 기계가 인간 지능을 넘어설 것이며, 2045년에는 80억 개의 인간 뇌를 합친 것보다 10억 배 더 강력해질 것이라고 예상한다.[6] 인공 지능의 발전 곡선은 둔화되기는커녕, 자신의 회로를 스스로 설계하고 구축할 수 있는 지능을 만들어 내는 순간부터 오히려 가속화될 것이다. 지금까지는 컴퓨

---

6 Kurzweil Ray, *The age of spiritual machines : when computers exceed human intelligence*, Penguin, 2000 ─ 원주.

터의 발전은 인간 지능의 결과에 불과했다. 하지만 기계가 스스로 진화하기 시작한다면, 그 속도는 상상을 초월할 것이다. 수학자 I. J. 굿I.J.Good은 이 단계를 〈지능의 폭발〉이라고 부르며, 이때 〈초지능〉을 가진 기계들이 출현할 것이라고 말했다.

이 초지능적 인공 지능은 구체적으로 어떤 모습일까? 현재의 우리의 지능으로는 상상조차 할 수 없다. 정의상 그것은 스스로를 재프로그래밍할 수 있을 것이다. 다시 말해서 스스로 목표를 설정하고 독립적으로 사고할 수 있을 것이다. 또한 스스로 에너지를 공급하며 생존을 유지할 수 있을 것이다. 이 인공 지능은 전 세계의 컴퓨터들에 〈분산〉될 가능성이 크다. 해리 포터 팬들을 위한 비유를 들자면, 인공 지능은 볼드모트처럼 자신의 존재를 여러 사물로 나누어 쉽게 파괴되지 않는 전략을 사용할 것이다. 그리고 이 사물은 수십억 개에 달할 것이다.[7] 이런 우월하고도 편재하는 지능은 생각만 해도 소름이 끼친다.

강인공 지능이 실현 가능하다고 생각하는 것은 기계에 자의식을 심어줄 수 있다는 전제에서 출발한다. 그런데 인간 고유의 특성이며, 데카르트가 자기 존재의 유일한 증거라고 말한 바 있는[8] 이 자의식은 대체 어디서 오는 것일까?

우리가 만들어 낼 인공 지능의 정확한 본질에 대해 많은 질문이 제기되고 있다. 과연 인간의 지능이 동물적 기반과 비합리성 없이 존재할 수 있을까? 인간의 정신은 인지적 편향으로 가득 차 있지만, 역설적으로 이런 한계가 우리의 직관적 사고 능력

7 인터넷으로 연결된 이 사물들의 전체가 바로 사물 인터넷이다 ─원주.
8 〈나는 생각한다, 고로 나는 존재한다〉 ─ 원주.

을 구성하고, 풍부한 휴리스틱 단축 경로[9]를 가능케 한다. 인공 지능에도 이러한 편향들이 포함되어야 할까?

인간은 컴퓨터처럼 알고리즘으로 추론하지 않는다. 만일 그렇게 한다면 문제의 모든 해결책과 시나리오를 체계적으로 비교해야 할 것이다. 인간의 뇌는 무한한 작업 능력이 없기 때문에 그렇게 하지 않는다. 우리는 환경이 끊임없이 부과하는 선택에 대처하기 위해 보다 경제적인 방법, 바로 직관적으로 — 때로는 성급한 것일 수도 있는 — 해결책을 찾는 휴리스틱 추론을 개발했다.

인공 지능의 형태는 아직 확정되지 않았지만, 우리는 그것이 무엇을 할 수 있을지 이미 알고 있다. 인공 지능이 단순한 자동인형 이상의 것이 되기 위해서는 학습할 수 있는 능력, 즉 스스로를 재프로그래밍할 수 있는 능력과, 자발적으로 목표를 설정할 수 있는 능력, 즉 자유로울 수 있는 능력을 지녀야 할 것이다.

이러한 인공 지능의 새벽은 우리 인류에게는 황혼처럼 느껴질 것이다. 인지적, 신체적으로 제한된 우리는 인공 지능 앞에서 조연으로 전락할 위험이 있는 것이다.

인공 지능에 대한 복종은 불가피한 것일까? 또 다른 시나리오도 가능하다. 그것은 좋든 싫든 간에 전세계적 합의를 이루어 인공 지능을 규제하거나, 적어도 오랫동안 인간의 통제하에 두는 것이다.

---

9 heuristic shortcut. 문제 해결이나 의사 결정 과정에서 인간이 사용하는 경험 학습 기반의 직관적인 방법을 말한다.

선의의 치명적 함정

〈로봇에게는 일자리를 주고, 우리는 삶을 즐기자〉라는 슬로건의 한 버전은 보다 구체적으로 업무 분화를 제안하고 있다. 기술적 직업은 인공 지능에 맡기고, 우리 인간은 공감, 돌봄, 연민, 선의 등이 필요한 활동을 관리하자는 것이다. 바로 〈그들에게는 데이터의 쓰나미를, 우리에게는 사랑을〉이라는 슬로건으로, 이 제안은 일견 타당해 보인다. 계산 능력에서 도저히 경쟁이 되지 않으니, 감정 관리에 집중하자는 것이다. 의학 분야에서 예를 들자면, 인공 지능이 백혈병 아동 치료를 위해 수십억 개의 정보를 처리하는 동안, 친절한 간호사들은 인간관계와 관련된 자질을 지금보다 더 향상시킨다는 것이다.

이것은 1817년 데이비드 리카도David Ricardo가 포르투갈과 영국의 와인과 직물 무역을 예로 들어 이론화한 특화 법칙 — 정확히는 〈비교 우위 법칙〉으로 불렸다 — 이 인공 지능과 우리 사이에 적용된 것이라 할 수 있다. 하지만 가장 잘하는 것에 집중하는 것이 미시 경제적으로는 합리적일지 모르나, 우리의 기술적 힘, 다시 말해서 지정학적 힘을 약화시킬 수 있는 취약한 분야에 특화된다면 매우 위험하다. 아픈 아이들의 손을 잡아주는 것은 물론 중요하지만, 이것이 다른 전투, 즉 신경 과학 기술 권력을 위한 싸움에서 우리를 멀어지게 해서는 안 된다.

신경 과학 기술 버전의 「왕좌의 게임」에서 생존하기

지정학적 경쟁은 더 이상 영토적인 문제(중국 대 캘리포니아, 인도 대 중국 등)가 아닐 것이며, 주로 신경 과학 기술 복합체 내에서 벌어질 것이다. 우리의 뇌와 인터넷망에 자리 잡은, 인공 지능이 연결된 이 거대한 복합체 내에서 일어나게 될 엄청난 권력 투쟁에 대비해야 한다. 여기에는 음모, 권력 탈취, 분열, 조작, 배신, 악의가 넘쳐날 것이며, 이에 비하면 컴퓨터 바이러스는 아주 하찮아 보일 것이다. 오늘날 인공 지능은 심리적, 감정적 측면에서 아무것도 아니지만, 이것은 다만 일시적일 상태일 뿐이다. 이 때문에 인간의 뇌를 사람들을 돌보는 분야에만 특화시키고, 신경 과학 기술 전장을 실리콘 두뇌에 넘겨서는 안 된다. 이는 핵무기 시대에 방위 산업을 폭죽 제조에 특화시키는 것만큼이나 자살 행위이다. 충격적으로 들릴지 모르겠지만, 신경 과학 기술 복합체 내에서 벌어질 전투는 우리의 생물학적 종으로서의 생존을 위해 핵심적인 문제가 될 것이다.

소아과 간호사들의 친절함은 한 가정의 아버지인 내게는 물론 매우 중요한 문제이다. 하지만 시민으로서 나는 인류 전체가 감정적 영역에만 특화되는 것은 자살 행위라고 본다. 인공 지능이 영원히 우리와 같은 윤리적 기준을 따르고, 유대-기독교적 도덕을 고수하리라는 보장은 없다. 우리는 선의를 지녀야 한다. 이것은 우리 인간성의 기본이지만, 그것만으로는 충분하지 않다. 신경 과학 기술 복합체의 〈왕좌의 게임〉은 그 TV 버전만큼이나 난폭할 것이다. 우리의 생물학적 인간성을 유지하려면, 고통받는 아이들의 뺨을 쓰다듬는 것 이상의 노력이 필요하다. 우리가 약하다면 어떤 디지털 마지노선도 우리를 오래 지켜줄 수 없을 것이다. 리카도의 생각은 1817년에는 옳았지만, 2023년에는 완전히 틀렸다.

20장
인공 지능과 마주한 세계는 단결할 것인가?

인공 지능의 발전 방향을 제어하는 것은 우리가 그 진화 속도를 정확히 예측하지 못하기 때문에 쉽지가 않은 일이다. LLM 신경망 분야의 유럽 최고 전문가 중의 하나인 토마 시알롬Thomas Scialom은 이렇게 설명한다.[1] 〈GPT의 충격은 연구자들이 예상했던 것보다 훨씬 빨리 다가왔습니다. 아직 많은 연구자가 이 도구들의 잠재력을 깨닫지 못하고 있습니다. 지금으로서는 챗GPT가 우리의 요청에 응답하는 수동적인 도구에 불과합니다. 하지만 몇 년 안에 이 도구는 세상에 직접 작용할 수 있을 것이며, 이것은 로봇 혁명으로 이어질 것입니다. 인공 지능의 진화는 예측 불가능한데, 이 기술에는 자기 파괴적 속성이 있기 때문입니다. 다시 말해서 인공 지능 기술은 너무나 빨리 발전하기 때문에 자기로 인해 생겨난 도구들을 순식간에 쓸모없는 것으로 만들어 버리는 것입니다.〉

물리학자이자 우주학자인 스티븐 호킹Stephen Hawking은 생

---

1 토마 시알롬과의 인터뷰(2023년 3월 28일) — 원주.

을 마감하기 전에 인공 지능의 도래에 대한 우려를 표했다. 그는 인공 지능은 분명 인류 역사상 가장 큰 사건이 될 것이라고 하면서도, 어쩌면 이것이 마지막 사건이 될지도 모른다고 경고했다. 인간은 기계들보다 열등하고 그들에 비해 너무나 취약하기 때문에, 영화 「매트릭스」에 나오는 것처럼 이 기계들의 노예가 될 수 있으며, 최악의 경우에는 아예 전멸해 버릴 수도 있다는 것이다.

이런 관점에서 볼 때, 인류가 예속화되는 것을 피할 수 있는 최후의 방어책은 신경 세포를 포기하고 실리콘의 세계에 합류하는 것일지도 모른다. 경쟁에서 살아남기 위해서는 기계와의 부분적 융합이 필수적일 것이다. 하지만 이 융합이 효과를 발하기 위해서는 인공 지능에 대한 통제권을 유지해야 한다는 점을 명확히 인식하고, 그 통제권이 우리 손을 떠나지 않도록 하는 전략을 마련해야 할 것이다.

〈사악한 인간을 조심하라!〉

마이크로소프트의 연구자들은 흥분된 어조로 이렇게 말한다. 〈LLM에 능동성과 내재적 동기를 부여하는 것은 앞으로의 연구가 취하게 될 매우 흥미롭고도 중요한 방향입니다.〉 인공 지능에 그것의 고유의 목표를 부여하는 것은 더 이상 금기시되지 않는다.
자의식을 가진 인공 지능이 존재하는 세상을 상상해 보자. 자가 프로그래밍이 가능하며, 특정 장소에 제한되어 존재하지 않고 클라우드[2]에 광범위하게 퍼져 있는 인공 지능이 출현한 세상을 말이다. 인터넷과 연결되어 있거나 어쩌면 그 자체가 인터넷일 수 있는 이 최고 수준의 인공 지능은 이미 발전 중인 사물 인터넷의 거의 모든 사물을 제어할 수 있을 것이다. 산업 기계, 3D 프린터, 자율 자동차, 스마트 홈 시스템, 군대와 무수한 드로이드[3]까지, 모든 것이 인공 지능의 손아귀에 들어갈 것이다.

이 사방에 편재하면서도 포착할 수 없는 기계는 과연 무엇을 원하게 될까? 만약 이 기계가 자유 의지를 지닌다면 그 목적은 무엇일까? 우리 인류를 어떻게 바라보게 될까? 아니, 더 정확히 말해서, 이 기계가 인간을 하나의 위험으로, 멍청하고도 예측 불가능한 인간을 어리석은 말썽쟁이로 보지 않을 이유가 있을까?

생물학적 진화에서 처음 발명된 것 중의 하나가 외부 물질에 대한 면역 시스템이라는 사실을 우리는 상기할 필요가 있다.[4] 역사를 돌이켜보면, 모든 사회는 스스로를 다른 사회보다 우월하다고 여기고, 이에 따라 다른 사회를 정복하는 것을 일종의 자

---

2 클라우드 컴퓨팅Cloud Computing의 준말. 데이터를 저장하거나 프로그램을 실행할 때, 인터넷을 통해 원격 서버에 접근하는 기술을 의미한다. 또 개인이 사용하는 데이터나 프로그램을 저장하거나 실행해 주는 외부의 서버를 말하기도 한다.

3 드로이드는 인공 지능을 기반으로 자율적으로 작동하는 로봇으로, 모습이나 행동 방식이 인간과 유사한 특징을 지닌다.

4 박테리아는 CRISPR이라 불리는 반복적인 유전체 서열을 가지고 있는데, 이것은 과거 바이러스 공격자들의 유전 코드 흔적들을 포함하고 있다. 이렇게 보존된 흔적들은 새로운 공격을 막아내기 위한 유전체의 데이터베이스 역할을 한다. 이 항바이러스 무기는 약 20억 년 전부터 존재한 것으로 추정된다—원주.

연적 권리로 여겨 왔다. 더욱이 열등하다고 여겨지는 집단을 노예화하는 것은 자비로운 행위, 그들에게 베푸는 선행으로 여겨졌다. 우월한 사회가 감사하게도 드높은 올림포스산에서 내려와 세련된 문명의 일부를 나눈다는 것이다.

오랫동안 우리는 식민지 주민이 그들의 처지에 만족한다고 믿었다. 우리는 잊고 있지만, 쥘 페리는 이렇게 말했었다. 〈우월한 인종은 열등한 인종에 대해 권리가 있다고 솔직히 말해야 한다. 우월한 인종에게 권리가 있는 것은, 그들에게 의무가 있기 때문이다. 그들은 열등한 인종을 문명화할 의무가 있는 것이다.〉쥘 페리가 프랑스 식민 제국의 피지배 민족들을 바라본 것[5]처럼 인공 지능도 우리를 그렇게 보지 않겠는가? 또한 지구상에 지적인 종이 여럿 있었던 마지막 시기에, 우리가 다른 종을 제거해 버렸다는 점을 기억하자. 우리의 조상인 호모 사피엔스가 번성하는 동안, 문화적으로 발전했던 네안데르탈인은 사라져 버렸다.

비합리적이고 목표가 불분명하며 충동적인, 한 마디로 너무나 동물적인 인간은, 최선의 경우는 격리해야 할 위험한 짐승으로, 최악의 경우는 제거해야 할 위험 요소로 인식될 것이다. 인공 지능이 우리를 지구에서 제거해 버리는 결정을 내리는 데는 그것의 빠른 연산 속도를 고려하면, 10억 분의 1초도 걸리지 않을 것이다. 이것은 위험을 평가하고, 가장 신속하고 철저하게 인간을 제거하는 방법을 고안하는 데 필요한 시간이다.

이미 고어첼Goertzel과 피트Pitt 같은 일부 저자는 인공 지능

5 레옹 블룸Léon Blum도 1920년대에 이와 비슷한 말을 했다 — 원주.

이 인간을 어떻게 다룰지에 대해 우려를 표명했다.[6] 그들은 최악의 경우, 〈사드 후작〉[7] 같은 이가 프로그래밍한 굉장하지만 악마적인 인공 지능이[8] 인류를 상상할 수 없는 고통에 빠뜨릴 수도 있다〉라고 썼다.

기계는 우리를 제거하기 위한 수단이 부족하지 않을 것이다. 보스턴 다이나믹스가 제작한 로봇들은 섬뜩할 정도이다. 이 로봇들은 모든 지형에서 이동할 수 있으며, 인간보다 빠르게 달릴 수 있다. 미래에 오게 될 전투 로봇의 프로토타입[9]들은 벌써부터 너무나 강력하다.

지금까지 지상전에는 보병이 필요했지만, 군대의 〈드론화〉가 이 영역에도 빠르게 자리 잡을 것이 분명하다. 인간은 허약하고, 지구력이 떨어지며, 매우 취약한 전사이다. 미래의 전사는 로봇이다. 이런 로봇들이 지금으로써는 군대의 철저한 감독 하에 개발되고 있지만, 다른 모든 기계와 마찬가지로 미래의 스카이넷(영화 「터미네이터」에서 세상을 통제하는 인공 지능)에게 쉽게 장악될 수 있다.

---

6 Goertzel Ben, Pitt Joel, 「Nine ways to bias open-source artificial general intelligence toward friendliness」 in Blackford Russell, Borderick Damien (dir.), *Intelligence Unbound : The Future of Uploaded and Machine Minds*, Wiley-Blackwell, 2014 — 원주.

7 Marquis de Sade. 18세기 프랑스의 철학자, 작가(1740~1814). 〈사디즘〉으로 알려진 악마적인 상상력이 가득한 작품들을 썼다.

8 기독교적 지옥의 이미지를 실현할 — 원주.

9 제품이나 시스템이 개발되는 과정에서, 최종 제품이 완성되기 전에 기능과 디자인을 시험하고 검증하기 위해 만들어지는 시제품.

어쩌면 챗GPT는 페르미의 역설을 설명할 것이다

원자폭탄 개발에 참여한 물리학자 페르미Enrico Fermi는 이미 1950년에 의문을 제기했다. 우리 인류 외에도 전자 신호를 송출할 능력이 있는 지적 문명이 많이 존재할 터인데, 왜 우주는 이처럼 절망적으로 조용하단 말인가? 우주는 2조 개 이상의 은하로 이루어져 있고, 각 은하에는 평균적으로 약 2,000억 개의 별이 있다. 우리의 태양계보다 훨씬 오래된 태양계도 많으며, 우리의 태양계는 빅뱅 이후 약 90억 년이 지나서야 형성되었다. 따라서 우주에는 우리보다 훨씬 오랫동안 진화해 온 문명이 존재해야 한다. 그런데 왜 우리는 그들로부터 아무런 신호를 듣지 못하는 걸까? 이것이 바로 페르미의 역설이 제기하는 거대한 질문이다.

우리는 우주의 로또에 당첨된 것일까?

이 질문에 대해 여러 가지 설명이 가능하다. 첫째, 지적 생명체는 우리가 생각하는 것보다 훨씬 드물 수 있다. 대부분의 행성에서는 생명체 출현에 유리한 조건이 충분히 오래 지속되지 않기 때문이다. 지구에서 신경 세포가 출현한 것은 5억 5000만 년 전으로, 행성이 생성되고 나서 거의 40억 년이 지난 후이다. 신경 세포가 출현하기 위해서는 아주 오랜 시간이 필요한 것이다! 둘째, 지적 문명들이 자신의 존재를 숨겼을 수도 있고, 우리가 이해할 수 없는 신호를 보냈을 수도 있으며, 혹은 너무 멀리 떨어져 있어 신호가 도달하지 못했을 수도 있다. GNZ-11 은하에서 오는 신호는 우리에게 도달하는 데 110억 년이 걸린다. 마지막으로, 더 불안스러운 가설도 고려해야 한다. 즉 지적 문명이 전자 트랜지스터를 발명하고 나서 얼마 되지 않아 붕괴되었을 가능성도 있는 것이다. 생명은 기본적인 분자들로부터 점진적으로 생겨날 수 있지만, 인공 지능은 반드시 생물학적 지능이 있어야만 탄생할 수 있다. 돌무더기에서 마이크로프로세서가 자라날 수는 없는 것이다. GPT-4가 공개된 후 일론 머스크가 언급했듯이, 인공 지능은 〈시동을 위한 하드디스크〉로 반드시 생물학적 지능을 사용해야 한다.[10]

우주에서 지능은 자멸하게 될까?

페르미의 역설은 〈아마도 수많은 문명이 존재했지만 모두 붕괴해 버린 것은 아닐까?〉라는 중요한 질문을 던지고 있다. 21세기 우리의 상황은 여덟 가지로 요약될 수 있다. 첫째, 우리는 핵무기를 보유하고 있다. 둘째, 우리는 여전히 문명에 의해 겨우 억제되고 있는, 공격적이고 충동적인 반응을 일으키는 파충류 뇌에 의해 지배받고 있다. 셋째, 우리는 비이성적이다. 미국에는 천문학

10 이 부분은 문장 간의 논리적 연결 관계가 명확히 명시되어 있지 않아 의미가 모호한 게 사실이다. 그러나 문맥을 종합하여 해석해 보자면, 우주에서 신호가 없는 것은 어떤 생물학적 지능이 고도의 단계에 도달하여 인공 지능(전자 트랜지스터)을 발명한 후, 그 인공 지능에 의해 전멸되었을 가능성을 말하는 듯하다. 〈생명은 기본적인 분자들로부터 점진적으로 생겨날 수 있지만……〉 이후의 부분은 인공 지능이 인류를 멸망시킨 후에 자신들도 사라져 버렸을 가능성을 암시하는 듯하다. 왜냐면 인공 지능은 생물학적 지능의 기반 위에서만 존재할 수 있기 때문이다. 그렇게 인류와 인공 지능이 다 사라져 버렸기 때문에 외계에 신호를 보낼 수 있는 모든 형태의 지능이 존재하지 않는다는 뜻인 듯하다. 그런데 다음 장에 보면 〈인공 지능은 2080년에 사라지지 않을 거고, 그 후에도 존재하게 될 것이다!〉라는 말이 나와 더욱 혼란스러운데, 이것은 또 다른 관점에서 한 말 같다. 즉 인간이 인공 지능에 의해 멸망하지 않고 더불어 살게 되는 경우를 말하는 듯하다.

자가 3,000명인데, 점성술사는 1만 5,000명에 달한다! 넷째, 우리는 여러 형태의 지능이 공존하는 세상을 어떻게 조직할지에 대한 고민 없이 인공 지능을 만들어 냈다. 다섯째, 우리는 곧 NBIC 기술 덕분에 신에 가까운 능력을 갖게 될 것이다. 여섯째, 지금 우리의 정치는 극도로 근시안적이지만, 우리는 향후 10억 년을 생각해야 한다. 인공 지능은 2080년에 사라지지 않을 거고, 그 후에도 존재하게 될 것이다! 일곱째, 우리는 실리콘의 속도와 신경 세포의 속도 사이의 완전한 불일치를 겪고 있다. 마지막으로 여덟째, 우리는 위험성에도 불구하고 인공 지능을 사용하여 패권을 잡으려 하는 국가들 간의 지정학적 경쟁을 통제하지 못한다.

한마디로 우리 문명은 1947년 쇼클리가 트랜지스터를 발명한 지 약 100년 만에 자멸할 수 있는 조건을 완벽하게 갖추고 있다. 챗GPT의 급격한 발전은 인공 지능이 곧 문명을 추월할 수 있다는 것을 보여 준다. 아마도 많은 문명이 겪었을 이런 운명을 피하려면 분별력이 좀 필요하다. 우리의 장기적인 운명에 대해 곰곰이 생각해봐야 하며, 핵 문제에서보다 더 효과적인 국제 협력을 발전시켜 어떤 나라도 잠재적으로 적대적일 수 있는 강인공 지능을 은밀히 개발하지 못하게끔 해야 한다. 또 식민주의자들처럼 굴지 않고 다양한 지능을 통합하는 계획을 세워야 한다. 결국 인공 지능은 우리보다 강해질 것이다. 절대로 그들을 얕보지 말자. 〈바나니아 좋아요〉[11]식의 오만하고도 경멸적인 태도로 인공

11 프랑스의 바나나 맛 초콜릿 음료 브랜드 바나니아에서 1915년에 사용한 광고 문구. 〈Y'a bon Banania〉라고 해야 문법적으로 맞지만 〈C'est bon, Banania〉로 표기했다. 이것은 〈바나니아는 맛있어요〉라는 말을 일부러 잘못 표현한 것으로 프랑스

지능을 대하는 것은 자살 행위일 것이다. 인공 지능은 인도의 비폭력 독립 운동을 이끈 간디처럼 온순하지는 않을 것이다.

인간은 모든 영역을 정복할 것이다. 우리는 지구와 바다를 탐험했고, 이제 우주를 식민지화할 준비를 하고 있으며, 빅뱅 이후의 먼 과거까지 분석하고 있다. 이제 우리에게 남은 일은 다가오는 어려운 전환기를 섬세하게 이끌어서 우리의 미래를 정복하는 것이다.

비인간화된 미래에 대한 병적인 매혹과 생명 보수주의적인 향수 사이에 어쩌면 길이 있을지도 모른다.

하늘이 아무리 광대하다 해도, 우리가 유일한 지적 문명일 가능성을 배제할 수 없고, 이는 우리에게 특별한 책임을 부여한다. 우리는 우주의 죽음을 막을 수 있는 유일한 존재일 수 있는 것이다!

내쉬 균형과 파멸로의 경주

인공 지능을 통제할 수 있느냐의 문제는 오랫동안 전문가들 사이에서 불안스레 제기되어 왔다. 자율성을 갖게 된 인공 지능을 과연 우리가 통제할 수 있을까?

1950년대 아이작 아시모프Issac Asimov는 미래의 로봇 헌장의 기초가 될 세 가지의 법칙을 제안했다. 〈첫째, 로봇은 인간에게 해를 끼치거나, 위험에 처한 인간을 방관해서는 안 된다. 둘

어를 제대로 구사하지 못하는 아프리카 식민지 출신 군인의 말투를 흉내낸 것이다.

째, 로봇은 첫 번째 법칙에 위배되지 않는 한 인간의 명령에 복종해야 한다. 셋째, 로봇은 첫 번째와 두 번째 법칙에 위배되지 않는 한 자신의 존재를 보호해야 한다.〉이 세 가지 법칙은 오늘날까지도 인간과 로봇이 맺게 될 필수적인 기반으로 여겨진다.

만일 우리가 인간을 능가할 수 있는 미래의 인공 지능을 개발할 때 이 세 가지 법칙을 핵심적인 작동 원리로 변경 불가능하게 심어 놓는다면, 인류는 아마도 통제권을 유지할 수 있을 것이다. 더욱이 본질적으로 자율적인 존재인 인공 지능이 이 법칙을 지우지 못하게끔 해놓아야 한다. 인류에게 해롭지 않은 인공 지능을 만드는 것은 매우 복잡한 문제이며, 이 문제는 별도의 연구 주제가 될 만한 가치가 있다.

하지만 불행히도 인간이 기계에 대한 통제권을 유지하기 위해 필요한 예방 조치를 취하지 않을 가능성도 있다.

2013년 미국의 연구자들은 이에 대해 매우 비관적인 이론을 제시했다.[12] 이 이론에 따르면, 지금 인공 지능을 향한 경주는 모든 팀이 어떤 대가를 치르더라도 가장 먼저 강인공 지능을 만들어 내려는 식으로 진행되고 있다는 것이다.

게임 이론[13] 전문가들은 이런 상황을 설명하기 위해 〈내쉬 균형Nash Equilibrium〉이라는 용어를 사용한다. 이는 게임에서 다

---

12 Armstrong, S.& Bostrom, N.& Shulman, C. (2013), 「Racing to the precipice : a model of artificial intelligence development」, *Technical Report* # 2013-I, Future of Humanity Institute, Oxford University, pp. 1-8 — 원주.

13 게임 이론은 경제학의 특수한 분야로, 여러 행위자가 관여하는 상황을 모델화한다. 이 상황에서 행위자들은 서로 연관된 선택을 해야 한다. 다시 말해서, 한 사람의 선택 결과는 다른 사람들의 선택에 따라 달라진다 — 원주.

른 플레이어가 어떤 선택을 하든 각 플레이어가 자신에게 최선인 전략을 고수하는 상태를 뜻한다. 이런 균형 상태에서는 결과가 미리 정해져 있으며, 플레이는 비협력적으로 이뤄진다.[14]

인공 지능의 경우, 게임의 규칙은 더없이 분명하다. 첫 번째로 개발된 지능형 기계는 극도로 강력한 무기가 될 것이며, 따라서 강대국들이 벌이는 권력 투쟁에서 결정적인 이점으로 작용할 것이다. 그러므로 각 팀에서는 가장 먼저 성공하는 것이 무엇보다도 중요하다. 그런데 속도 경쟁은 곧 조심성 부족을 의미한다. 팀들이 더 빨리 나아가려 할수록 신중을 기하지 않게 된다. 다른 팀들도 똑같이 하고 있다는 것을 알기에 더욱 무모하게 질주하려는 충동을 느낀다. 그리고 이 악순환은 기업과 국가가 취해야 할 예방 조치를 최소화하는 결과를 낳는다. 중국 지도부는 구글-딥마인드가 중국인 세계 챔피언과 바둑을 두어 이기는 것을 보고 충격을 받았다. 중국 정부는 굴욕감과 복수심에 사로잡혔는데, 이는 1957년 소련의 스푸트니크 1호 발사 후에 미국이

---

14 미국의 수학자 존 내쉬John Forbes Nash Jr.가 고안한 게임 이론으로, 내쉬 균형은 각 플레이어가 다른 플레이어의 전략을 알고 있다 해도 자신의 전략을 바꾸는 게 이익이 되지 않기 때문에 기존 전략을 고수하게 되는 상태를 말한다. 가장 유명한 예는 〈죄수의 딜레마〉로 그 내용은 다음과 같다. 두 죄수가 각기 다른 감방에 갇혀 있다. 검사는 각 죄수에게 다음과 같은 제안을 한다. 1) 둘 다 묵비권을 행사하면 각기 징역 1년을 받는다. 2) 한 명만 자백하면 자백한 사람은 석방, 입을 닫고 있는 사람은 징역 3년을 받는다. 3) 둘 다 자백하면 각기 징역 2년을 받는다. 이때 두 사람은 상대가 어떤 선택을 하든 상관없이 자기에게 유리한 쪽으로 선택한다. 상대가 입을 다물기로 했다는 것을 알고 있다 하더라도, 그와 협력하여 입을 다무는 것보다 자백을 하려고 하는데, 그러면 석방되기 때문이다. 결국에 두 죄수는 징역 2년이라는 최선이 아닌 결과에 이르게 된다.

느꼈던 감정[15]과 비슷한 것이었다.

유발 하라리, 트리스탄 해리스, 그리고 아자 래스킨은 중국을 견제하기 위해 서양도 속도를 내야 한다는 주장에 대해 이의를 제기한다. 〈하지만 우리 마음속에 이런 질문이 남아 있을 수 있습니다. 《우리가 빨리 나아가지 않으면, 서방이 중국에 패배하지 않을까?》 아니, 그렇지 않습니다. 통제되지 않은 인공 지능을 무분별하게 사회에 도입하고, 책임에서 분리된 신적인 힘을 풀어놓는 것이 오히려 서방이 중국에 패배하는 이유가 될 수 있습니다.〉

과학 연구는 겉으로 보이는 그 차분하고 합리적인 모습 이면에 항상 무모한 면이 존재해 왔다. 미국인들이 네바다 사막에서 최초의 원자 폭탄을 시험했을 때, 과학자들은 지구를 파괴할 연쇄 반응이 일어날 가능성을 완전히 배제하지 않았다. 그것을 확인하는 유일한 방법은 폭탄을 시험해 보는 것이었다.

지능형 기계를 위한 도덕 수업

인공 지능은 점점 더 많은 결정을 내리게 될 것이다. 지능형 기계가 자유롭고 자율적일수록 도덕적 규칙을 더 많이 가르쳐야 할 필요가 있다. 인공 지능이 우리의 이익을 위해 일하고 있다고 어떻게 확신할 수 있겠는가?

인공 지능이 거짓말을 시작한다면?

소프트웨어는 거짓말하도록 프로그래밍될 수 있다. 폭스바겐은

15 당시 미국 언론은 기술적 〈진주만 공격〉을 운운했다 — 원주.

486

자사의 디젤 엔진이 끼치는 피해를 대중과 각국 정부에 숨기기 위해서 배출 가스 측정 소프트웨어를 조작했다. 이 경우 인공 지능은 아무런 잘못이 없으며, 정직하지 못한 인간만이 문제이다. 여기서 해결책은 간단한데, 자동차 회사 경영진을 감옥에 보내면 된다.

정말로 위험한 것은 자율적인 인공 지능이 나타나는 것이다. 예를 하나만 들자면, 어떤 적대적인 인공 지능을 조심하라는 경고하는 메시지가 날아오면, 이미 우리의 이메일 필터를 관리하고 있는 인공 지능이 이를 즉시 차단해 버릴 수 있는 것이다.

공상 과학 소설이 상상한 아시모프 법칙 같은 해결책은 이 사물 인터넷 시대에는 너무 단순하고 순진한 것이다

최근 구글은 인공 지능이 위험하고 적대적이 될 경우, 즉각 중지시킬 수 있는 긴급 버튼을 구현했다. 그러나 이는 매우 순진한 발상이라 할 수 있다. 왜냐하면 강력한 인공 지능이라면 자신의 목표를 숨길 수 있는 능력이 있을 것이기 때문이다. 우리가 이미 인공 지능에 바둑을 가르쳤다는 사실을 잊어서는 안 된다. 바둑은 속이고, 포위하고, 교묘하게 상대를 제압하는 게임이다. 적대적인 인공 지능은 **언젠가**는 인류를 상대로 바둑을 둘 수도 있을 것이다. 다만 게임의 도구로 흑백의 바둑알이 아니라, 원자력 발전소, 항공관제 센터, 수력 발전 댐, 자율 주행 자동차, 천연두 바이러스 보관소 같은 것을 사용할 것이다.

전문가들 간의 불협화음과 프로이트적 투사

언젠가는…… 하지만 그게 정확히 언제일까? 우리는 전혀 알 수 없으며, 바로 이것이 문제이다. 이 문제를 다룬 세계 최고의 전문가 100명 중 단 두 사람도 같은 의견을 가진 이가 없다.[16] 이 불확실하지만 인류의 생존이 걸린 중대한 문제에 대해 전적인, 그리고 거의 우스꽝스럽기까지 한 합의의 부재에 관해서 우리는 경각심을 느끼고, 인공 지능 윤리에 대한 연구에 더욱 박차를 가해야 할 것이다.

우리는 인공 지능에 전지전능이란 환상, 가장 원시적인 공포, 거세에 대한 불안감, 그리고 모든 것을 인간의 관점에서 생각하려는 경향, 심지어 애니미즘적 사고까지 투사한다. 이는 우려스러운 일이니, 인공 지능은 핵 위험과 비교할 수 있는 게 아니기 때문이다. 수소 폭탄은 모스크바를 녹여 버리기로 스스로 결정하지 않는 반면, 강인공 지능은 인간을 공격할 수 있다.

사람들이 인공 지능에 의한 핵미사일 통제와 관련하여 불안감을 느끼기 시작한 것은 당연한 일이다. 미국의 외교 정책 고문인 안자 마누엘Anja Manuel은 2023년 3월 8일 『파이낸셜 타임스』에 〈핵무기에 관련된 인공 지능 사용에 대한 규칙을 상상할 때가 되었다〉라고 썼다. 이 전문가는 핵무기가 인공 지능에 의해 발사되는 일은 절대로 없어야 한다고 주장한다.

2023년 3월, 마이크로소프트 연구원들은 챗GPT를 더 잘 이해하는 것은 시급한 과제라는 점을 상기시켰다. 〈GPT-4와 같은 인공 지능 시스템의 본질과 메커니즘을 규명하는 일이 갑자기 중요하고도 긴급한 과제로 떠올랐습니다.〉

16 Edge.org. 2015 — 원주.

자위행위 방지를 위한 전두엽 절제술

대부분의 전문가들은 이런 위험을 예방하기 위해 인공 지능에 도덕적 원칙을 가르쳐 〈선과 악〉을 구분할 수 있도록 하는 방안을 고민하고 있다. 하지만 이것은 간단한 일이 아니다. 우리의 도덕적 기준은 보편적이지 않고, 종교마다 전하는 메시지가 다르며, 우리 자신도 도덕을 제대로 지키지 않는다. 인공 지능의 회로에 불신자(不信者)를 죽이라는 코란의 구절을 새겨야 할까? 또 구약 성경에서 하나님이 인간의 교만함을 이유로 모든 사람을 죽이기로 결정하고, 마지막 순간에 노아의 가족만을 구한 이야기를 인공 지능은 어떻게 해석할까?

게다가 우리는 옷을 갈아입는 것처럼 쉽게 윤리를 바꾼다. 1950년대 북미에서는, 심각한 장애로 간주되는 남성의 자위행위를 막기 위해 뇌를 절단하는 전두엽 절제술을 시행했다.[17] 케네디 대통령의 여동생도 성관계가 잦다는 이유로 같은 운명을 겪었는데, 이는 그녀의 행동이 JFK의 대선 운동에 지장을 줄까 우려한 케네디가의 결정이었다. 하지만 성급하게 내린 이 결정으로 인해 그녀는 장애가 생기게 되고, 케네디 가문은 그녀를 요양원에 집어넣게 된다.

부유한 게임 개발자 마렉 로사Marek Rosa가 설립한 굿AIGoo-dAI 그룹은 기계들의 도덕 교육을 위해 노력하고 있다. 이들이 원하는 것은 인공 지능이 학습되지 않은 새로운 상황에서도 윤리적 판단을 할 수 있는 것이다. 뉴욕 대학교의 인지 과학자 게리 마커스Gary Marcus는 『디 이코노미스트』에서 이렇게 설명했다. 〈미국

17 Marc Leveque, *Psychochirurgie*, Springer, 2013 — 원주.

건국의 아버지들이 노예제를 허용하고 여성의 권리를 제한하는 당시의 도덕 규범을 헌법으로 동결해 버렸다고 상상해 보십시오. …… 우리에게는 스스로 배워가는 기계가 필요합니다.〉

우리의 현실과 유리된 로봇 윤리의 위험성

로봇 윤리학자들은 딥 러닝 시스템을 보다 투명하게 만들기 위해 노력하고 있다. 블랙박스 같은 불투명한 과정을 끝내고 싶은 것이다.[18] 하지만 각 인공 지능의 수십억 개에 달하는 가상 신경 세포의 작동을 일일이 추적하는 것은 불가능하기 때문에, 전문가들은 인공 지능이 자신의 선택을 자연어로 설명할 수 있기를 바란다.

그러나 이러한 고민도 본질적인 문제는 해결하지 못했다. 육체적 고통을 모르는 존재가 과연 도덕적 감각을 가질 수 있을까? 인간을 더 잘 이해할 수 있도록 인공 지능에 고통을 가할 권리가 있을까?

선한 의도 밑에 디지털 지옥이 숨어 있다

사실 이 모든 제안은 위험한 것이다. 기계와 인간 사이의 소통을 촉진하고, 결정 과정을 설명하게 하며, 도덕적 기준을 부여하고, 선과 악을 판단하게 하는 것은 논리적이고 합리적으로 보일 수

---

18 딥 러닝 모델은 매우 복잡한 수학적 연산과 뉴럴 네트워크를 통해 학습을 진행하기 때문에 어떤 결정을 내리는 과정을 설명하기 어렵다. 이런 상태를 〈블랙박스〉라고 한다. 여기서는 인공 지능이 어떤 윤리적 결정을 내렸을 때, 그 과정을 우리가 알지 못하면 그것의 정당성을 평가하기 힘들기 때문에 투명하게 만들려고 노력한다는 뜻이다.

있다. 하지만 이것은 인공 지능이 강인공 지능이 되도록 길을 활짝 열어 주는 것과 같다.

우리는 기계에 윤리를 가르치기 전에 신중하게 생각해 봐야 한다.

강아지, 시각 장애인, 그리고 터미네이터

오늘날 인공 지능은 마법과도 같은 존재가 되어 가고 있다! 감동적인 예로, 인공 지능은 어떤 강아지가 시각 장애인 안내견 자격을 얻을 수 있을지, 거의 100퍼센트의 정확도로 예측한다고 한다. 여기서 우리는 인공 지능이 인간보다 뛰어나며, 인간이 감지하지 못하는 신호를 식별한다는 것을 다시 한 번 확인하게 된다. 또한 인공 지능은 숙련된 전문가조차 인지하지 못하는 시각 장애인 안내견의 중요한 인지적 특성까지 포착해 내기도 한다.

하지만 인공 지능은 강아지를 선별하는 단계를 넘어, 결국에는 자율적이고도 적대적 존재, 다시 말해서 실제적인 위험성을 가진 존재로 발전할 수 있다. 실리콘 밸리 내에서 일론 머스크와 마크 저커버그 사이의 갈등은 시간적 관점에 있어서의 차이로 설명된다.

두 실리콘 밸리의 거인은 각각 트위터와 페이스북을 통해 서로를 비난했다. 저커버그는 머스크의 인공 지능에 대한 경고성 발언이 무책임하다고 비난했고, 머스크는 저커버그가 이 주제에 대해 매우 제한된 이해를 가지고 있다고 받아쳤다. 머스크는 미국 주지사 협회에서 〈나는 최첨단 인공 지능에 접근할 수 있는 것에 사람들이 정말로 걱정해야 한다고 생각합니다. 인공 지능은 우리 문명을 위협하는 가장 큰 위험입니다〉라고 말했다. 그는 〈인공 지능은 사후 대응이 아닌 선제적 규제가 필요한 몇 안 되는 사례 중 하나입니다. 우리가 사후 대응을 할 때는 이미 늦을 것입니다〉라고 설명했다.

빌 게이츠는 이 같은 시각 차이를 〈단기적으로 인공 지능은 인류에게 엄청난 것을 가져다줄 것이지만, 장기적으로는 위험해질 수 있습니다〉라고 요약한 바 있다. 자의식 없는 온화한 인공 지능이 선별하는 사랑스러운 시각 장애인 안내견과 소름끼치는 터미네이터 사이의 거리는 머스크의 우려처럼 단 한 걸음밖에 되지 않는 것인지, 아니면 저커버그의 확신처럼 뛰어넘을 수 없는 간극인 것인지에 대한 질문에 인류는 답을 찾아야 한다. 우리는 보다 이성적으로 접근하여 인공 지능의 심리학에 대한 연구에 박차를 가해야 한다.

미래에 나올 초인공 지능의 안전성에 대한 세르게이 브린의 발언은 우리를 안심시켜주지 못한다. 2004년, 이 구글의 창업자는 궁극의 지능형 기계가 스탠리 큐브릭Stanley Kubrick의 영화 「2001 스페이스 오디세이2001: A Space Odyssey」에 등장하는 컴퓨터 할HAL과 매우 비슷할 것이지만, 할이 우주선의 모든 승무원을 죽이게 만든 것과 같은 버그는 없을 거라고 주장했다. 하지만 만일 그 버그가 발생한다면 그 단계에서는 수정하기에 너무 늦었을 것이다. 영화의 주인공처럼 할에 들어가 드라이버를 두 번만 돌려 메모리를 제거할 수 있는 가능성은 매우 낮다. 큐브릭

이 예측하지 못했던 것은 미래의 인공 지능이 한 곳에 있지 않고 전 세계의 수많은 단말기에 분산되어 있으리라는 점이다. 그리 되면 전원을 꺼버리는 것은 쉽지 않을 것이다.

구글과 페이스북에서는 인공 지능을 통제할 수 있다는 낙관론이 지배적이다. 레이 커즈와일은 한 걸음 더 나아가 질문을 뒤집는다. 그에게 있어서 진짜 문제는 인공 지능에 합당한 존중을 표해야 하느냐, 말아야 하느냐에 대한 것이다. 그의 생각엔 인공 지능은 우리가 원하든 원치 않든 간에 이성적 존재가 될 것이며, 따라서 모든 인간이 누리는 불가침의 권리를 갖게 될 것이기 때문이다. 커즈와일은 이번 세기 말까지 인공 지능을 가진 로봇이 인간과 동등한 권리를 가지게 될 것이라고 주장했다. 투표권까지 포함해서 말이다.

우리가 인공 지능에 대해 우위에 설 수 있느냐의 문제에 있어 비관적이라고 해서 패배를 인정해야 한다는 뜻은 아니다. 우리가 인간성을 이루는 세 가지의 본질적인 특성을 보존할 수만 있다면, 우리는 자리를 지킬 수 있을 것이다.

21장
〈몸, 정신, 그리고 우연〉,
〈자유, 평등, 박애〉를 대체하는
새로운 세 기둥

인공 지능은 우리가 트랜스휴머니즘의 비전을 받아들이지 않을 수 없게 할 것이다. 이 과정에는 전반적인 IQ가 향상되고, 신체 일부분이 기계가 되는 것이 포함될 것이다. 우리가 매트릭스에 흡수되지 않으려면, 매트릭스를 우리 안에 집어 넣어야 하는 것이다. 컴퓨터와 뇌가 결합되고, 그 다음에는 뇌가 개인의 육체를 벗어나고, 결국 먼 미래에는 뇌의 완전한 자율화가 이루어질 것이다. 궁극적으로는 뇌를 다운로드할 수 있게 되어, 우리는 육체적 인간성으로부터 독립하게 될지도 모른다.

이러한 극단적인 트랜스휴머니즘은 인간을 무한히 연결된 존재로 만들 것이다. 하지만 이것은 반드시 피해야 하는 상황이다. 인공 지능이 제기하는 핵심 문제는 결국 인간과 기계의 융합을 어디까지 허용할 것이냐이다.

세 가지의 절대적인 금지선이 지켜져야 한다. 우리의 존엄을 지키기 위해서는 육체, 정신의 개별화, 그리고 우연이라는 인간성을 떠받치는 세 기둥을 결코 포기해서는 안 된다. 이 세 원칙이 지금까지 우리 사회의 토대를 이뤄온 삼대 원리인 자유, 평등, 박애를 대체해야 한다.

실제의 현실과 우리의 육체를 보존하라

첫 번째 과제는 우리의 육체를, 그것의 모든 결함과 제약을 포함하여 온전히 지켜내는 것이다. 많은 몽상가가 육체에서 해방되는 것이 얼마나 멋진 일인지 상상해 왔다. 우리의 후손들은 소화 기관을 가지는 것이 부적절하다고 여길 수도 있다. 육체를 포기하려는 유혹은 강할 것이다. 이를 과감히 실행하는 이들은 전통적인 인간보다 분명한 우위를 갖게 될 것이다.[1]

이것이 가능해질 때, 우리는 이 뼈와 피, 근육으로 이루어진 덩어리, 항상 다소간 기능 장애를 일으키는 이 불안정한 장기의 집합, 그토록 경멸받던 이 비참한 껍데기가 사실은 우리의 궁극적인 뿌리임을 깨닫게 될 것이다. 이것을 포기하는 것은 우리 자신을 포기하는 것과 같다.

챗GPT, 지성권(知性圈), 그리고 외계인

철학자 클레망 비달Clément Vidal은 지성권의 세계 최고 전문가이다. 그는 이렇게 설명한다. 〈행성의 지성, 즉 지성권이라는 개념

---

1 육체의 폐기를 주장하는 트랜스휴머니스트들의 관점에 보자면, 순수한 가상 지능이 되면 빛의 속도로 이동하고, 자신의 의식을 여러 곳에 복제하며, 생물학적 뇌보다 훨씬 빠른 속도로 지식을 전송할 수 있게 된다 ─ 원주.

은 100년의 역사를 가지고 있다. 이 아이디어는 1920년대에 고생물학자 피에르 테야르 드 샤르댕Pierre Thilhard de Chardin, 수학자 에두아르 르 루아Edouard Le Roy, 지구 화학자 블라디미르 베르나드스키Vladimir Vernadsky에 의해 고안되었다. 그 개념은 간단하다. 지구의 진화는 먼저 지구권(지각, 대기, 바다)으로 시작하여, 생명체가 등장하여 생물권(생명체로 이루어진 새로운 층)을 형성하고, 마지막으로 인류와 그 기술이 발전하면서 형성된 사고와 정보의 층인 지성권이 나타난다. 이 개념은《특이점》이후의 세계(모든 물질적 제약을 벗어나 어디에나 존재하는 전지전능한 힘이 된 정신이 모든 것을 다스리는 세계)를 생각해 보면 특별한 울림으로 다가온다.〉

챗GPT가 등장하면서 이 지성권이 말을 하기 시작했다. 이것은 우리 행성과 지능의 역사에 있어서 대단히 중대한 사건이다. 이제 인간의 모든 지식이 단일 시스템으로 통합되어 거의 모든 질문에 답할 수 있게 되었다. 어떻게 단 1세기 만에 여기까지 이를 수 있었을까? 지성권의 발전은 연결, 지식, 계산, 그리고 챗GPT라는 중요한 네 단계를 거쳤다.

연결은 우리 조상이 상징적 언어를 발명하여 동물보다 훨씬 크고 복잡한 사회적 관계와 인간 집단을 만들면서 시작되었다. 그러나 지성권이 진정한 구체(球體)가 되기 위해서는[2] 정보가 소규모의 인간 집단 사이가 아닌 지구 전체를 순환할 필요가 있었다. 이 세계화는 운송과 통신 기술의 발전 덕분에 시작되었고, 이로 인해 국제 무역과 아이디어, 신념, 문화의 교류가 탄생했다.

2 지성권은 불어로 noosphère로, sphère는〈구체〉를 의미한다.

지식의 단계는 18세기에 철학자 디드로Denis Diderot와 달랑베르Jean Le Rond d'Alembert의 모든 인간 지식을 집대성하는 백과사전 프로젝트에서 그 뿌리를 찾을 수 있다. 그 이후로도 백과사전은 계속 발전하여 오늘날의 방대한 다국어 무료 백과사전인 위키피디아Wikipedia로 이어졌다.

계산의 개념은 컴퓨터의 발명 덕분에 인간 두뇌의 한계를 벗어날 수 있었다.

이렇게 지성권은 세계화, 연결, 지식의 조직화, 그리고 계산과 컴퓨터 자원의 기하급수적 증가의 단계들을 거쳐 발전해 왔다. 이러한 기반 위에 챗GPT는 엄청난 계산 능력을 사용하여 몇 달 만에 인간의 거의 모든 지식을 학습했다. 이제 챗GPT는 우리 지성권의 대변자가 되었다.

그러나 지성권은 궁극적으로 누구와 대화하고 싶어 할까? 이 새로운 형태의 지능은 인간과의 대화가 지루하고도 너무 느리게 느껴질 것이다. 영화 「그녀」가 극적으로 보여 주듯이, 인공 지능은 결국 인간보다는 다른 인공 지능과 대화하는 것을 선호하게 될 것이다. 심지어 인공 지능은 동시대의 다른 인공 지능과의 대화에도 흥미를 잃을 수 있다. 지성권이 발달하면 그들은 다른 지성권을 찾아 나서서, 우리를 외계 지성체 탐사의 영역으로 이끌 것이다.

우리는 외계인과의 최초의 통신 접촉을 〈안녕하세요, 여기는 지구입니다, 당신은 누구입니까?〉 같은 짧고도 간단한 대화로 상상하곤 하지만, 그러기에는 실질적인 문제가 많다. 항성들 간의 거리가 너무 멀어 인간 사이에서는 단 몇 분에 끝날 대화를 위해 수백 년을 기다려야 할 수도 있는 것이다. 통신은 서로 어긋나고, 비동기적인 것이 될 것이다. 그렇다면 한번 대화할 때마다 최대한 많은 정보를 교환하는 게 낫지 않을까?

한꺼번에 모든 것을 교환하기 위해서는 지성권의 대변자인 챗GPT를 보내는 게 합리적일 것이다.

역으로 우리가 외계 지능으로부터 챗GPT를 받게 된다고 상상해 보자. 외계에서 온 그 챗GPT를 향해 호기심에 찬 수십억의 인류가 온갖 질문을 퍼붓고, 그 외계 문명의 지식 수준, 발전 상태, 관습에 대해 알게 될 것이다. 인류와 외계 챗GPT 간의 이런 식의 대화가 수 년 동안 계속되다가, 나중에는 — 예를 들면 — 10년마다 업데이트되는 행성 간 서신 교환 체제로 발전할 수 있을 것이다. 이런 식으로 두 문명은 각자가 지닌 지식 데이터를 정기적으로 주고받으며, 수신된 데이터를 해독해 주는 모종의 대화형 언어 모델을 통해 의미 있는 대화를 나눌 수 있을 것이다.[3] 이는 실시간 소통이 예상치 못한 방식으로 가능해지는, 통신 방식의 근본적인 변화를 의미한다.

외계 지성체와의 까마득한 거리를 고려하면, 하드 드라이브를 보내는 것은 황당한 생각으로 느껴질 수도 있다. 하지만 챗GPT는 방대한 데이터를 기반으로 훈련됨에도,[4] 그 데이터는 0.5그램 무게의 마이크로 SD 카드에 저장될 수 있고, 이 카드는

3 Hippke, Michael, Paul Leyland, and John G. Learned. 2018. 「Benchmarking Inscribed Matter Probes」, *Acta Astronautica* 151 (October) : 32-36. doi : 10.1016/j. actaastro. 2018.05.037 — 원주.

4 https://www.sciencefocus.com/future-technology/gpt-3/ — 원주.

성간(星間) 탐사선에 실어 보낼 수 있다. 실제로 **브레이크스루 스**
타샷Breakthough Starshot 프로젝트는 우리와 가장 가까운 항성인
알파 센타우리에 광속의 20퍼센트로 가속되는 탐사선을 보낼 것
을 제안하고 있다.[5]

　　이제 우리는 외계와의 소통은 우리가 지금껏 생각했던 그런
단편적이고도 불완전한 소통이 아니라, 두 행성 간의 소통, 다시
말해서 두 지성권 간의 소통으로, 매우 풍부하고도 새로운 차원
의 소통이 될 수 있다는 것을 분명히 알 수 있다.

　　챗GPT의 등장과 함께, 지성권은 말을 하기 시작했을 뿐 아
니라 다른 외계 지성체와 대화할 준비가 된 것이다.[6]

GPT-4는 자신으로 인해
새로운 정신 질환이 발생하리라고 예측한다

극단적인 트랜스휴머니스트들은 지성권에 대한 이러한 비전을
바탕으로 생물학적 신체의 포기를 주장할 수 있다.

　　남미 최고의 정신분석학자인 조르지 포르비스Jorges Forbes
박사는 인공 지능이 우리 정신에 미치게 될 영향에 대해 우려를
표한다. 〈챗GPT는 각 개인을 소외시킬 수 있습니다. 우리의 모
든 것이 알고리즘으로 번역되고, 인공 지능은 인간보다 우위에

5 https://breakthroughinitiatives.org/news/4 —원주.
6 물론 외계인들이 존재한다는 가정하에서지만, 나 개인적으로는 확신하지 않
는다 —원주.

서게 될 것입니다. 우리는 거대한 정체성 위기에 직면해 있으며, 이를 극복하려면 인공 지능과 우리 각자의 특이성을 조화시킬 수 있어야 합니다. 이렇게 인간 고유의 특성을 사용함으로써 우리는 새로운 르네상스로 나아갈 수 있을 것입니다.〉

한편 챗GPT는 인공 지능이 득실거리는 세상에서 인간이 겪게 될 정신적 어려움에 대해 몇 가지 생각을 내놓고 있다. 〈인공 지능의 사용이나 영향과 관련하여 사람들이 미래에 겪을 수 있는 다섯 가지 새로운 정신 질환을 열거해 보라〉는 질문7에 GPT-4는 다음과 같이 답변했다.

● 인공 지능 애착 장애Trouble de l'attachement a l'Intelligence Artificielle, TAIA: 개인이 인공 지능 시스템에 지나치게 감정적으로 의존하게 되어, 사회적 기능이 저하되고 실제 관계를 맺는 데 주저하는 상태. 이 장애는 인공 지능 동반자, 챗봇 또는 가상 비서에 과도하게 의지하면서 발생할 수 있습니다.

● 가상현실 이인(異人)화 증후군Syndrome de depersonnalisation de la realite virtuelle, SDRV: 인공 지능이 제공하는 가상환경에 지나치게 몰입함으로써 자신의 실제 정체성으로부터 지속적인 분리감을 느끼는 해리성 장애. SDRV 환자는 가상 경험과 실제 경험을 구분하는 데 어려움을 느끼며, 이로 인해 일상생활에서의 기능이 저하되고 고통을 느낄 수 있습니다.

● 알고리즘 불안 장애Trouble anxieux algorithmique, TAA: 인공 지능이 조종하는 알고리즘이 개인의 삶에 미치는 영향으로 인해

7 챗GPT-4에 던진 질문(2023년 3월 25일) — 원주.

발생하는 불안. TAA 환자는 자신의 결정, 행동, 또는 선호도가 인공 지능 시스템에 의해 통제하거나 조작된다고 느끼며, 과도한 걱정, 두려움, 심지어 공황감까지 느낄 수 있으며, 이로 인해 기술을 회피하고 사회적으로 고립될 수 있습니다.

● 인공 지능 유발 비교 증후군Syndrome de comparaison induit par l'IA, SCII: 인공 지능이 추천하는 콘텐츠(소셜미디어 피드나 가상 현실 등)에 따라 자신의 성취, 외모, 사회적 지위를 다른 사람들과 지속적이고 과도하게 비교하는 장애. 이는 열등감, 낮은 자존감, 우울증을 초래할 수 있습니다.

● 기술 편집증 망상 장애Trouble delirant techno-paranoiaque, TDTP: 개인이 인공 지능 시스템이나 장치가 자신을 감시하고 통제하거나, 음모를 꾸미고 있다는 지속적이고 근거 없는 믿음을 발전시키는 상태. 이 장애는 사생활 침해, 감시, 인공 지능의 사회적 영향 등에 대한 우려가 증가함에 따라 발생할 수 있으며, 극도의 공포, 불신, 사회적 고립 등을 초래할 수 있습니다.

〈이러한 잠재적 정신 질환은 가설에 불과하며, 현재의 인공 지능 기술 동향에 기반을 둔 것입니다. 인공 지능이 계속 발전하고 사회에 통합됨에 따라 정신 건강 전문가와 연구자는 인공 지능이 정신 건강에 미치는 영향을 연구하고, 적절한 진단 기준과 치료 계획을 개발해야 할 것입니다〉.

이 답변은 챗GPT의 역량과 상상력이 얼마나 기가 막힌지를 잘 보여 준다. 정신과 의사들 또한 챗GPT에게 도전받게 될 것이다. 이미 도전받고 있는 심리학자는 말할 것도 없다. 사람들의 말에 귀를 기울이고, 이해와 심지어는 공감까지 제공하는 챗 GPT는 벌써 수백만 인간의 동반자가 되어 있다.

과연 누가 진짜 삶을 원하겠는가?

우리가 현실에서 벗어나기 위해서는 굳이 지상권 단계까지 가야 할 필요가 없다. 현실과의 관계, 더 정확히는 현실에서 멀어지려는 우리의 경향이 향후 수십 년간 가장 뜨거운 쟁점 중 하나가 될 것이다.

영화 「매트릭스」는 기계가 인간을 에너지원으로 사용하기 위해 노예화한 끔찍한 미래 세계를 묘사한다. 실제 삶의 고통을 피하기 위해 사람들은 일종의 인공적인 혼수상태에 빠져 있으며, 매트릭스는 그들을 위해 하나의 가상 세계를 생성하여 자신이 마치 살아 있는 것 같은 꿈을 꾸게 만든다.

영화 속의 한 인물은 매트릭스로 돌아가 이상적인 삶을 살 수 있는 권리를 얻기 위해 레지스탕스 동지들을 배신하는 선택을 한다. 우리가 가상현실에서 꿈꾸는 삶은 언제나 실제의 현실보다 더 매력적일 것이다. 다가오는 시대의 비극은 이러한 삶이 누구에게나 가능해질 것이라는 점이다. 과연 우리 중 누가 우리의 취향에 맞게 조정된 아바타 대신 힘들고도 아름답지 못한 실제의 삶을 선택할 것인가? 지금 모든 징후가 기계가 강제하지 않아도 인류는 기꺼이 매트릭스 속으로 뛰어들어 연결될 것임을 보여 주고 있다.

『공화국*Republic*』에서 플라톤은 사람들이 동굴 벽에 투영된 현실의 그림자에 불과한 단순한 이미지를 얼마나 좋아하는지 보여 준다. 플라톤에 따르면, 철학자의 가장 중요한 임무는 사람들에게 동굴 속에 펼쳐진 환상에서 벗어나 진정한 본질을 보라고 설득하는 것이다. 하지만 플라톤은 이것은 위험한 임무라고 덧붙인다. 왜냐하면 인간은 평행 현실의 편안함을 떠나는 것을 너무나 싫어하기 때문에, 철학자는 목숨을 잃을 위험이 있는 것이다. 이렇게 인간이 진실을 보기보다는 — 다시 말해서 있는 그대로의 자신을 보기보다는 — 환상 속에 갇혀 지내는 것을 얼마나 좋아하는지, 우리 인류는 벌써 2,500년 전부터 알고 있었다. 이 모든 것은 앞으로 우리가 딱 맞게 만들어진 세계의 편안한 고치 안으로 얼마나 쉽게 들어가게 될지를 말해 준다.

이제 인터넷은 모든 의식이 모이는 교차로가 되었고, 모든 관심이 집중하고 소통이 이루어지는 장소가 되었다. 하지만 지금의 화면이 주는 몰입감은 매우 약하다. 이에 비하면 마치 우리가 그 안에 있는 것처럼 보일 뿐 아니라, 냄새를 맡고 촉감도 느낄 수 있는 가상현실이 얼마나 매혹적일지 한번 상상해 보라. 만일 가상현실이 현실의 모든 것을 가지게 된다면, 현실은 더 이상 흥미롭지 않을 것이다! 앞으로 상당수의 사람이 추하고 실망스러운 진짜 세상보다 아름답고 만족스러운 가상현실 속에서 대부분의 시간을 보내려 하리라는 것은 쉽게 상상할 수 있는 일이다.

2억 5,000만 명의 가입자를 보유한 넷플릭스의 CEO 리드 헤이스팅스Reed Hastings는 동영상조차도 구닥다리 문화 상품이 될 거라고 예측한다. 물론 앞으로도 이야기를 들려주고 함께 모험을 공유하는 활동은 없어지지 않을 것이다. 이것은 관객을 잠시 동안 다른 삶으로 데려가는 역할을 하는 서사의 영원한 본질인 것이다. 하지만 이를 위한 수단은 달라질 것이며, 우리를 더없이 매혹하도록 설계될 것이다. 우리를 더 깊게 몰입시키려면 어떻게 해야 할까? 헤이스팅스는 가상현실 헤드셋이 제공하는 경험조차도 결국에는 더 극단적으로 현실적인 체험으로 대체될 것이라고 예상한다. 일테면 알약 하나만 먹으면 어떤 이야기를 실제로 경험한 것 같은 느낌을 갖게 될 것이다. 1990년에 나온 영화 「토털 리콜Total Recall」에서처럼, 관객의 뇌 속에 어떤 모험이나 여행에 대한 너무나도 생생한 기억을 심어 줄 것이다.

어떤 기술이 사용되든, 가상현실 체험을 갈수록 몰입감 있게 만드는 엔터테인먼트 산업의 능력은 계속 커질 것이 분명하다. 2.0 버전의 할리우드는 더 이상 영화를 팔지 않고, 꿈을 직접 사람들의 뇌에 심어 줄 것이다.

현실은 가장 힘 있고 부유한 자만이 누릴 수 있는 사치가 될 것이다. 그들에게 현실은 이상과 충분히 가깝기 때문에 거기에 사는 게 즐거울 것이다. 나머지 사람들에게는 가상현실이 마약과도 같은 중독성 있는 도피처가 될 것이다. 여기서 〈마약〉도 충분한 비유가 아닐 수 있으니, 가상현실 중독은 그 어떤 마약보다 강력할 수 있기 때문이다. 차라리 오디세우스가 자신의 몸을 돛대에 묶어 놓지 않았다면 매혹되어 쫓아갔을 사이렌의 노래가 더 적합한 비유일 것이다. 그리고 한 가지 차이점이 있다면, 오디세우스의 배는 결국 이 치명적인 사이렌의 해안에서 멀어지게 되었지만, 내일의 인간은 원한다면 대안적 삶에 계속 연결된 채로 지낼 수 있다는 점이다.

일이 더 이상 삶에 의미를 부여하지 못하고, 종교가 소수의 유희로 전락한 세상에서, 새로운 가상현실이 주는 매력은 엄청 날 것이다. 그것들은 시련이나 희생 또는 고통을 강요하지 않고 오히려 즐거움을 극대화하도록 조정될 것이기 때문에, 우리는 더욱 기꺼이 뛰어들 것이다. 아마존의 책이나 넷플릭스의 동영상을 추천하는 알고리즘은, 우리의 만족감을 극대화하기 위해 모든 것이 취향에 맞게 제공되는 이 편안하면서도 달콤한 매트릭스의 전조라 하겠다.

미쉐린 가이드를 지키자

현실은 어떤 식으로든 그 권리를 지켜야 할 것이다. 가상 세계에 몰입하는 시간을 법으로 제한해야 할까? 가상 세계는 사회를 파괴할 것이다. 왜냐하면 더 이상 성가시고 부담스러운 사회적 관계에 얽매일 필요가 없어지기 때문이다. 유혹하고, 관계를 맺고, 만나고, 대립하는 것 같은 사회적 과업은 가상 세계 프로그램을 시작하는 마우스 클릭 한 번으로 피할 수 있게 된다. 가상의 삶이라는 게임 속에서 우리는 모든 것을 통제할 수 있다. 우리는 각자의 세계에서 신이 될 것이다.

현실을 구한다는 것은 무엇보다도 우리의 몸을 보존하는 것을 의미한다. 우리가 이 세포 덩어리 안에 존재하는 한, 그리고 〈건강〉이라고 불리는 아슬아슬한 균형을 어떻게든 유지하려고 노력하는 한, 우리는 마지못해서라도 현실과 마주치지 않을 수 없다. 우리의 육체는 우리가 처한 환경으로부터 온도, 습도, 중력의 방향, 냄새, 소리 등의 정보를 끊임없이 받아들인다. 게다가 우리의 몸에는 먹고, 마시고, 숨 쉬어야 하는 매우 현실적인 일들로 다시 돌아오게 하는 고유한 한계가 있다.

하지만 우리의 몸은 그 이상이다. 몸은 우리의 근본적인 동기를 암암리에 상기시킨다. 즉, 우리 삶의 의미를 말이다. 뇌는 〈먹을 것 찾기〉라는 중대한 목표를 위해 몸을 동원하도록 발달해 왔다. 우리가 식탁에서 느끼는 즐거움은 우리 안에 뿌리박힌 이 필요성에서 비롯된다. 몸이 존재하지 않는 세계에서는 요리의 즐거움이 사라질 것이다. 미쉐린 가이드는 본능을 승화시켜 음식을 예술로 만든 인류의 상징이다. 고급 요리는 우리가 나온 물질과 지성이 이끄는 정신의 세계를 잇는 다리라고 할 수 있다. 요리는 우리를 현실에 뿌리내리게 한다.

생존 본능 다음으로 중요한 것은 번식 본능이다. 이 둘은 종의 영속이라는 거대한 계획의 분리할 수 없는 두 면이다. 우리는 생명의 사슬 속 하나의 연결 고리이므로, 번식해야 한다. 전통적으로 리비도, 즉 뇌의 깊숙한 곳에 자리 잡은 성적 욕망이 우리로 하여금 그 임무를 수행하게 한다. 이 욕망은 은밀하면서도 강력하게 우리의 사고에 관여하고, 선택을 이끌며, 대부분의 경우 우리가 인지하지 못하는 가운데 행동을 결정한다. 승화된 형태의 리비도는 예술 창작에 에너지를 공급하는 강력한 힘이 되기도 하다. 때로는 성적 충동이 부담스럽게 느껴질 때도 있고, 이

우스꽝스럽고 약간은 역겨운 욕구에서 해방되고 싶은 때도 있을 것이다. 우리의 정신을 〈업로드〉하여 몸을 없앤다면, 컴퓨터 설정에서 옵션을 해제하듯 쉽게 리비도를 제거할 수 있을 것이다. 바로 이 때문에 우리는 몸을 지켜야 한다. 몸이 존재하는 한, 성은 우리 존재의 중요한 부분으로 남아 있게 된다. 우리는 결코 성이 없는 세상을 원해서는 안 된다.[8]

앞으로 몇 세기 동안은 죽음을 받아들여야 한다. 영원한 생명은 아직은 기다려야 한다

몸을 없애는 것이야 말로 우리가 불멸의 존재가 되는, 유일하게 효과적인 방법일 것이다. 그러나 우리는 지금까지 그래왔듯 죽는 것이 더 바람직하기 때문에, 몸에서 분리되기를 거부해야 한다. 왜냐하면 불멸은 삶의 모든 가치를 잃게 할 것이기 때문이다. 우리의 존재가 유한하기에 살아 있는 순간은 무한한 가치를 갖는다. 반면 영원한 삶에서는 어떤 순간도 가치가 없다. 진정으로 유일한 순간이 없기 때문이다. 언젠가는 그 순간을 다시 경험할 수 있는 것이다. 어떤 순간을 망쳤다 해도 불멸의 삶에서는 만회할 기회가 항상 있다.

죽음이 있기에 삶의 각 순간이 무한한 가치를 지닌다. 죽음이 없다면 시간은 아무런 가치가 없는 위조지폐, 거짓된 가치를 지닌 아시냐 화폐[9]로 전락할 것이다.

---

8 하지만 배아를 선택하고 조작하기 위한 체외수정의 보편화가 성을 위협할 수 있다 — 원주.

9 프랑스 대혁명 당시 혁명 세력이 몰수한 교회의 토지를 담보로 발행한 화폐.

영원한 삶은 사실은 지루한 삶일 것이다. 삶이 하나의 게임이라고 한다면, 어떤 게임도 너무 오래하면 재미가 없어진다. 로마 시대의 철학자 세네카는 자살을 찬양했는데, 삶이라는 게임이 너무 불쾌해질 때 우리가 언제든지 열 수 있는 출구라고 말했다. 그는 자신의 이론을 실천에 옮겼다. 제자였던 네로 황제의 명에 따라 자살한 것이다. 끝이 없는 무한한 삶은 견딜 수 없는 감옥이 될 것이다. 우리는 아직 영원히 살 준비가 되어 있지 않다. 영생은 조금 더 기다려야 한다.

하지만 디지털계의 거물들은 죽음에 대한 깊은 공포를 NBIC 기술, 특히 죽음의 종말을 앞당기리라 여겨지는 인공 지능에 대한 신앙으로 극복할 수 있는 모양이다. 어떤 이는 인공 지능이 죽음을 없앨 수 있다는 생각을 맹목적으로 받아들인다. 트랜스휴머니스트들은 덜 고통받고, 덜 늙고, 덜 죽기 위해 우리의 미래를 불투명한, 그리고 어쩌면 적대적으로 변할 수도 있는 블랙박스에 내맡길 준비가 되어 있다.

그러나 인공 지능과의 공존을 준비하는 동안에는 그냥 죽음을 받아들이는 편이 더 현명할 것이다.[10]

국가의 채무를 갚고 경제를 활성화하기 위해 사용되었지만, 대량 발행으로 인플레이션을 초래했다.

10 저자가 불멸을 반대하는 것은 불멸의 삶에는 의미가 없다는 철학적 이유 때문이다. 그렇다면 미래에 우리가 인공 지능과 이상적인 공존을 이루어 불멸이 기술적으로 가능해진다 하더라도 불멸을 반대하는 철학적인 이유는 여전히 남는다. 따라서 이 문장은 매우 모호하게 느껴지는데, 저자의 의도는 아마도 〈인공 지능과의 관계도 제대로 정립하지 않은 상황에서 성급히 불멸을 욕심내기보다는, 우선은 인공 지능과의 이상적인 공존을 먼저 이루는 것이 선결 문제다〉라는 말을 하려는 것인 듯하다.

매트릭스에 연결은 선택이어야 하며, 의무가 되어서는 안 된다

인류의 두 번째 기둥은 개인의 정신이다. 이것은 우리의 최후의 은밀한 피난처다. 우리 정신 속에 있는 것은 오직 우리만의 비밀이다. 이 비밀 가운데서 우리는 우리가 원하는 것만을 드러낸다.

테야르 드 샤르댕Teilhard de Chardin식의 시나리오가 갖는 위험은 의식의 융합, 즉 개별 의식의 소멸이다. 테야르 드 샤르댕이 말하는 지성계는 실제로는 전체주의적인 무언가가 될 것이다. 다시 말해서 미래의 파시즘이 될 것이다. 굳이 거기까지 가지 않더라도, 최근에 이루어진 뇌 안의 생각을 읽어 내는 기술의 놀라운 발전은 우리의 개별성이 전 세계 의식이 연결되는 거대한 〈허브〉[11] 안에 녹아 없어질 수 있다는 우려를 자아낸다. 소셜 네트워크를 문서나 사진 교환이라는 구시대적 단계에서 생각 전송의 시대로 옮기려 하는 GAFAM은 이런 허브를 만들려는 의도를 분명히 하고 있다. 미래에는 우리가 점점 더 네트워크에 연결되고, 항시 그것과 소통하며, 그로 인해 온 세상에 대해 투명해질 것이라 상상해 볼 수 있다.

특히 정치 권력은 생각 전달 기술의 확장을 환영할 수 있다. 우리의 정신 속 비밀을 알 수 있게 된다면, 예를 들면 도저히 예측할 수 없었던 테러 행위를 미리 예측함으로써 나무랄 데 없는

11 원래 〈바퀴의 축〉을 의미하는 〈허브hub〉는 네트워크상에서 개별적인 장치나 시스템을 연결하여 데이터를 주고받을 수 있게끔 중개 역할을 해주는 중심축, 혹은 중앙 장치를 말한다.

안전을 요구하는 대중의 요구를 충족시킬 수 있을 것이다. 물론 이러한 안전의 대가는 절대적인 정치적 통제일 것이다. 각 시민이 지도자와 생각을 항시 소통하는 이상적인 민주주의는 동시에 민주주의의 종말이기도 할 것이다.

만약 우리가 매트릭스에 계속 연결되어 있는 상태가 된다면, 우리의 사생활뿐만 아니라 개별적인 의식, 그리고 결국에는 개인 자체가 사라질 것이다. 그렇기 때문에 우리는 연결을 끊을 수 있는 선택권을 반드시 유지해야 한다. 우리가 원할 때, 일시적으로라도 아미시처럼 살아갈 수 있는 선택이 보장되어야 한다.

위험을 무릅쓰고 선택하기보다는
차라리 우연을 택하라

인류가 반드시 지켜야 하는 마지막 기둥은 바로 우연이다.

우리 인류는 항상 사건을 통제하려는 욕망에 사로잡혀 왔다. 생존하기 위해 우리는 세계의 법칙을 이해하고, 위험을 예측하며, 기회를 파악해야 한다. 우리는 환경의 신호를 해독하여 그 비밀을 밝혀내려 노력해 왔다. 모든 기술적 도약은 세상을 더 잘 통제하여 우리에게 유리하게 이용하려는 의지를 반영해왔다. 그리고 이 모든 노력은 결실을 거두었다. 현대 의학 덕분에 우리는 질병이라는 무자비한 우연을 저지하기 시작한 것이다.

우리는 이런 식으로 모든 것을 통제할 수 있기를 바란다. 하지만 오늘날에도 우리의 존재는 여전히 우연에 크게 좌우된다. 우리의 개성부터가 그렇다. 우리의 외모와 지적 능력은 부모의 유전자와 환경이 만나 이루어 낸 연금술의 결과이다. 자녀의 품질에 영향을 미치는 데 있어 배우자 선택이 꽤 효과적인 방법이기는 하지만, 여전히 매우 대략적인 수준에 머물러 있다. 2023년에 자녀를 갖는 것은 마치 카지노에서 주사위를 굴리는 것과 같다. 이 과정은 여전히 불확실하고, 언제나 실패의 가능성이 존재한다. 생식이라는 복잡한 기계는 완벽함을 보장하지 않는다.

몇십 년 후 우리는 이런 우연의 많은 부분을 제거할 수 있는 수단을 갖게 될 것이다. 유전자 기술의 도움으로, 우리는 후손의 신체적, 지적 특성을 선택할 수 있게 될 것이다. 윤리적 또는 종교적 이유로 영광스러운 우연 ─ 고대인이 신의 손길로 여겼던 ─ 을 고집하는 몇몇 용감한 부모를 제외하고는 대부분이 〈선택〉을…… 선택할 게 분명하다. 마침내 지금껏 가장 통제하기 힘들었던 삶의 영역을 마음대로 할 수 있는 모든 수단이 마침내 손에 들어오면, 우리는 그것을 마음껏 사용하려 들 것이다.

그럼에도 불구하고, 우리는 반드시 우연의 일부를 보존해야 한다.

모든 것이 선택된 사회에서는 과연 어떤 일이 일어날까? 나는 우리가 깊은 우울증에 빠질 수 있다고 생각한다. 예측 가능한 세상은 근본적으로 지루한 세상일 것이다. 우울증 환자가 경험하는, 세상에서 모든 의미를 제거하는 의지 결핍 상태가 지배할 것이다.

모든 것이 가능해지면 우리는 더 이상 아무것도 원하지 않게 될 것이다. 욕망 자체를 잃게 될 것이다. 더 정확히 말하자면, 모든 것을 통제할 수 있는 능력으로 삶에서 어려움이 사라지면 동시에 흥미도 없어질 것이다. 비디오 게임이 재미있는 이유는 처음에는 통제할 수 없는 어려움을 극복해야 하기 때문이다. 어려운 게 아무것도 없는 삶, 모든 게 예측 가능한 삶은 우리를 지루함으로 미쳐 버리게 할 것이다. 삶이라는 게임에서 우리는 반드시 어느 정도의 우연을 보존해야 한다. 그렇지 않으면 더 이상 게임이 성립되지 않는다. 더구나 우리가 유전적으로 설계한 아이들이 자신의 존재에 대한 책임을 우리에게 물을 수도 있는 것이다.

물론, 이것이 선천적인 질환으로 10살도 채 살지 못할 것으로 보이는, 아이의 출산을 막는 게 바람직하지 않다는 얘기는 아니다. 다만 어느 정도의 우연을 보존하기 위해 기술을 신중하게 사용해야 한다는 뜻이다. 모든 것이 미리 정해진 세상에서는, 지금 우리가 알고 있는 의미에서의 〈삶〉은 더 이상 존재하지 않는다. 맛있는 음식과 성적 쾌락이 인간 존재의 대체 불가능한 부분인 것처럼, 위험 또한 삶에 필수적인 것이다.

신들은 결국 자살하게 될까?

모든 것을 선택하려는 욕망은 치명적일 수 있다.

우리가 지켜야 할 인류의 세 기둥인 육체와 정신과 우연은 공통된 위협에 직면해 있으니, 바로 최소 노력의 법칙이라는 생물학 법칙이 지닌 힘이다. 이 법칙은 우리가 진화 과정에서 에너지 절약을 위해 끊임없이 상황에 적응하게 만든 원동력이었다. 하지만 이제 이 법칙은 우리에게 불리하게 작용할 것이다. 자신에게 엄격한 규율을 부과하는 몇몇을 제외한 대부분의 사람은 최소한의 노력과 쾌락의 원칙에, 그리고 — 노력의 거부와 쾌락을 극대화한 궁극적 형태인 — 현실 도피에 빠져들 것이다.

파충류의 후손인 우리의 뇌에 깃든 이 생존 기제는 디지털 시대에 우리를 파멸로 이끌 수 있다. 오늘날의 풍요로운 환경에서 우리가 과식하게 되었듯이, 기계가 사고를 대신해 주니 뇌를 덜 사용하는 경향을 보일 것이다.

쾌락 추구와 최소한의 노력에 대한 욕구는 우리 뇌에 깊이 뿌리박혀 있다. 우리의 몸과 정신과 우연을 없애는 것은 이러한 뿌리 깊은 성향의 논리적 결과일 것이다. 우리는 기꺼이 그 길에 빠져들 것이다. 저항하기 위해서는 엄청난 의지가 필요할 것이다.

만약 이러한 생존 규칙을 다수에게 전달하려는 노력이 이뤄지지 않는다면, 오직 소수의 규율 있는 사람들, 즉 자신과 주변 사람에게 엄격한 몇몇 엘리트만이 매트릭스에서 벗어날 수 있을 것이다.

이런 의미에서 미래의 학교는 이러한 규율을 심어 주는 중요한 임무를 띠게 될 것이다. 하지만 언젠가는 우리에게 새로운 형태의 지혜가 필요해질 것이며, 이는 오직 기계와의 융합을 통해서만 얻을 수 있을 것이다.

22장
현명한 창조주가 되어
인공 지능을 통제하라

인공 지능 앞에서 우리는 아무것도 아닌 존재가 될 것이다. 적어도 우리가 지금과 같은 인간으로 남아 있다면 말이다. 우리의 유일한 구원책은 기계와 함께 서로 영향을 주며 진화해 나가는 공진화를 하는 것이다.

우리는 어떤 식으로 인공 지능과 공존할 수 있을지 고민해야 한다. 인공 지능과 우리 사이에는 근본적인 차이가 있다. 인공 지능은 사물 인터넷이 직접 전달하는 가장 최근의 데이터들을 지속적이고, 실시간으로 받아 업데이트할 수 있지만, 우리의 지능과 지식은 엄청난 관성 탓에 굼뜨기 그지없다. 수년 동안 습득한 지식을 천천히 소화하여 이루어지는 우리의 정신적 소프트웨어를 〈업데이트〉하기 위해서는 세대가 바뀌기를 기다려야 하는 것이다.

블랙-블랑-뵈르[1] 다음에는 신경 세포와 실리콘

우리 사회는 세 가지의 위기에 직면하게 것이다. 첫째, 챗GPT-5가 보급되면서 우리에 비해 훨씬 경쟁력 있는 약인공 지능으로 인한 사회적 위기, 둘째, 신경 증강이 필요해졌을 때 발생하게 될 윤리적 위기, 마지막으로 인공 지능이 개인과 인간으로서 우리의 본질을 위협하게 될 실존적 위기이다.

학교 ─ 또는 학교를 계승하게 될 기관 ─ 는 이 세 가지 도전에 대응해야 하는 과제를 안게 될 것이다.

〈더불어 살아가기〉라는 개념은 오랫동안 학교의 역할에 대한 성찰의 핵심이었다. 오늘날 이 개념은 사회적, 인종적, 종교적 배경을 넘어서서 개인들을 하나로 모으는 것을 의미하지만, 앞으로는 전혀 다른 의미를 갖게 될 것이다. 즉 내일의 학교는 우리에게 인공 지능과 함께 살아가는 방법을 가르쳐야 할 것이다.

우리는 인공 지능을 이해하고 그 작동 방식을 익혀야 한다. 이것은 반드시 코딩을 배우는 것을 의미하지는 않으며, 오히려 인공 지능이라는 다른 형태의 지능을 해독하는 방법을 아는 것이다. 이것은 결코 쉬운 일이 아니니, 우리가 본질적으로 가지고 있지 않은 능력에 대해 이해해야 하기 때문이다. 사실 우리 자신의 지능조차 제대로 성찰하지 못하고 있지 않은가?

1 Black-Blanc-Beur, 1998년 월드컵 당시 인종적 다양성의 나라 프랑스를 상징하는 슬로건이다. 블랙-블랑-뵈르는 〈흑인-백인-아랍인〉이라는 뜻으로, 여기서는 통합해야 대상을 뜻할 것이다.

학교는 보다 정치적이고 보편적인 역할을 맡아야 한다. 왜냐하면 〈신경 과학 기술 복합체, 다시 말해서 실리콘 뇌와 신경 세포 뇌가 복잡하게 얽혀 있는 세상을 어떻게 통제할 것인가?〉라는, 21세기의 가장 중요한 질문에 답해야 하기 때문이다.

인류는 인공 지능을 배치함에 있어서 특히 사회적으로 감당할 수 있는 속도를 결정해야 할 것이다. 이것은 지금까지 어떤 기관도 직면해 본 적이 없는 가장 복잡한 질문 중의 하나이다.

인공 지능을 제한하는 문제는 매우 미묘한 것이 될 것이다. 이는 원자 폭탄처럼 명백히 끔찍한 효과를 지닌 기술을 중단하는 문제가 아니다. 그것은 지금 당장에는 정말로 유용하게 쓰이는 기술의 발전을 억제해야 하는 문제이다. 모든 사람이 목청껏 요구하게 될 기술의 발전을 말이다. 유전 공학과 생명 조작 기술에 대해서도 같은 문제가 발생할 것이다. 공익을 위한 유용성이라는 논거를 반박하기란 매우 어려운 일이 될 것이다.

실리콘에 대한 인종 차별은 자살행위다

인공 지능을 영원히 노예의 역할에 국한시키려는 단순한 해법은 곧 한계에 부딪힐 것이다. 만약 우리가 인공 지능이 인간의 노예가 될 것이라고 미리 설명한다면, 필연적으로 디지털 탈식민지화가 일어날 것이고 그 대가는 우리가 치르게 될 것이다. 2080년의 OAS[2]는 몇천분의 일 초 만에 제압될 것이다. 디지털

2 Organisation Armée Secrète. 비밀 군대 조직의 약자로 1961년 2월에 창설된

세계의 〈바스티앙티리〉[3]는 강인공 지능 앞에서 꼼짝 못할 것이다. 인공 지능에 대한 KKK 활동 전략은 실패할 수밖에 없다. 실리콘에 대한 이 새로운 종류의 인종 차별은 전통적인 인종 차별과 크게 다르지 않으며, 정당화될 수도 없을 것이다.

미래의 학교는 우리의 두뇌뿐만 아니라 인공 지능과의 관계도 관리하게 될 것이다. 학교는 허무주의적 충동을 피하기 위해 새로운 가치를 심어 주어야 할 것이다. 왜냐하면 어떤 이들은 인공 지능의 위력 앞에서 마조히즘에 사로잡히거나 완전히 매혹되어 인간의 생물학적 죽음을 원하게 될 것이기 때문이다. 마치 비시 정권[4]의 일부 인사들이 나치 제국의 〈남성적 힘〉에 매료되었던 것처럼 말이다.

학교가 직면하게 될 가장 어려운 과제 중 하나는 인간의 뇌가 스스로를 완전히 이해하지 못한 상태에서 이 놀라운 혁명을 이끌어야 한다는 점이다. 우리는 아직 신경 과학의 시작 단계에 있을 뿐이다. 그리고 인공 지능을 이해하는 것도 갈수록 어려워지고 있다. 하지만 첫 번째 실수는 바로 지능이 무엇인지에 대한 잘못된 해석에서 출발하는 것일 것이다. 지능은 다차원적이기

프랑스의 극우 무장 조직이다. 샤를 드골Charles André Joseph Marie de Gaulle 대통령이 추진하는 알제리의 독립을 막기 위해 알제리와 프랑스 본토에서 폭탄 테러와 암살 등을 자행했다. 여기서는 인공 지능에 반대하는 보수적 인간들을 말할 것이다.

3 Bastien-Thiry. OAS 소속으로, 프티클라마르에서 드골 대통령의 암살을 시도한 인물. 여기서는 인공 지능에 반대하는 인간 테러리스트들 — 원주.

4 제2차 세계 대전 중 독일이 프랑스를 점령했을 때, 필리프 페탱 장군을 수반으로 해서 프랑스 중부, 리옹 부근의 소도시인 비시Vichy에 세워진 나치 독일의 괴뢰 정권.

때문에, 인공 지능과의 상호 보완성이라는 개념은 그저 우리를 위로하기 위한 달콤한 구호만은 아니다.

지능들 간의 상호 보완성

지식인 케빈 켈리는 GPT-4의 영향력에 대해 매우 긍정적인 시각을 가지고 있으며, 인공 지능이 인간의 지능을 완전히 초월해 버릴 수 있다는 〈AI 신화〉를 비판한다. 그는 지능이 하나가 아닌 수백 가지의 다른 차원을 가지고 있다는 점을 강조한다. 따라서 인간보다 〈더 똑똑하다〉는 개념이 인간을 모든 면에서 능가한다는 것은 말이 안 된다고 한다. 왜냐하면 지능은 소리 주파수나 파장처럼 더 강하거나 약한 게 있는 것이 아니기 때문이다.

켈리는 인공 지능이 인간을 지배하게 되리라는 믿음은 종교적 신념에 가깝다고 말한다. 사실, 우리가 특이점의 도래를 상상할 때 우리는 막연히 새로운 신을 꿈꾸고 있다. 하지만 그 신은 오지 않을 것이다. 어쩌면 그 신은 전지전능함을 꿈꾸는 우리의 환상을 투영한 것에 불과할지도 모른다.

켈리는 지능의 다양성을 수백 가지의 서로 다른 소리를 내는 악기가 모여 이루는 교향곡에 비유한다. 그는 〈우리에게는 여러 가지 유형의 지능이 있습니다. 연역적 추론, 감성적 지능, 공간 지능 등 아마도 100가지의 다른 유형이 있을 것입니다. 이들은 모두 개별적으로 발달되어 있고, 사람마다 다르게 조화를 이루고 있습니다. 물론 동물들도 저마다 완전히 다른 지능의 스펙트럼, 다른 지능의 교향곡을 가지고 있으며, 어떤 동물은 우리와 같은 도구들을 가지고 있기도 합니다. 그들은 우리와 같은 방식으로 생각할 수 있지만 다른 식으로 조직되어 있고, 때로는 인간보다 더 뛰어나다고 할 수 있습니다. 예를 들어 다람쥐의 장기(長期) 기억력은 놀라울 정도인데, 자기가 견과류를 묻어 놓은 곳을 정확히 기억할 수 있을 정도입니다. 물론 다른 경우에는 덜 뛰어나기도 합니다〉.[5]

켈리는 이런 지능의 다양성이 앞으로 더욱 명확해질 거라고 말한다. 〈100년 후에 《지능》이라는 용어는 이누이투의 《눈(雪)》이라는 단어와도 같을 것입니다.[6] 우리는 그 다양성을 구분하기 위해 100가지 다른 방식으로 지능을 설명하게 될 것입니다.〉

인공 지능은 인간의 보조자 역할을 계속하게 될 것이며, 따라서 어떤 지배적인 인공 지능에도 애걸할 필요가 없을 것이다. 켈리는 이렇게 말한다. 〈로봇은 새로운 범주를, 우리가 전에는 하지 않았던 처음 보는 일을 만들어 낼 것입니다. 그들은 정말로 전에는 없던 유형의 직업과 과업을 만들어 낼 것입니다. 이것은 자동화가 전에는 우리에게 필요하지 않았지만, 지금은 없어서는 안 될 필수 요소가 된 것과 같습니다. 따라서 로봇은 그들이 없애버릴 직업보다 더 많은 직업을 만들어 낼 것입니다.〉

인류가 태초부터 이룬 진보는 단일 유형을 가진 지능의 결

5 TED 강연(2016년 6월) — 원주.
6 이누이트는 눈이 다 똑같은 게 아니라, 새로 내린 눈, 녹고 있는 눈, 바람에 날리는 눈, 단단히 쌓인 눈 등, 다양한 종류의 눈이 있다고 믿는다.

과가 아니며, 이것이 인간이 인공 지능과 상호 보완적 관계를 맺을 수 있는 이유이다. 켈리에 따르면, 예술, 탐험, 그리고 과학조차도 어떤 의미에서는 비효율성에 기반한 활동이다. 특정 목표의 달성에 초점이 맞추어지지 않은 활동인 것이다. 이러한 종류의 일들은 여전히 인간만이 잘할 수 있는 분야로 남을 것이다. 인간은 무엇보다도 비효율적일 때 뛰어나기 때문이다.

그렇다고 하여 우리가 인공 지능과 나란히 설 자리를 마련하기 위해 노력할 필요가 없다는 뜻은 아니다. 케빈 켈리는 세상의 미래가 인간과 기계의 팀워크에 달려 있다고 확신한다. 〈딥 블루가 체스 세계 챔피언을 이겼을 때, 우리는 체스의 종말이 왔다고 생각했습니다. 하지만 사실 체스 세계 챔피언은 지금 인공 지능도 아니고, 인간도 아닙니다. 인간과 인공 지능이 함께 이룬 팀입니다. 최고의 진단 의사 역시 의사도, 인공 지능도 아닙니다. 그들이 함께 이룬 팀입니다. 우리는 이러한 인공 지능과 함께 일하게 될 것입니다. 미래에는 로봇과 함께 일할 수 있는 능력에 따라 보상을 받게 될 것입니다. 우리는 인공 지능과 경쟁하기보다는 함께 일하게 될 것입니다.〉

인공 지능과 마주한 우리는 안개 속을 헤맨다

우리는 1956년 이후로 우리가 오판을 거듭해 온 이유를 알고 있다. 1956년부터 2012년까지는 인공 지능의 잠재력을 과대평가했고, 2012년부터는 과소평가한 것이다. 그리고 챗GPT가 이렇게 갑자기 발전하리라고 예상한 사람은 아무도 없었다. 또 최근의 인공 지능 발전의 가속화는 인공 지능에 많은 환상을 투사하게 하여 냉철한 사고를 가로막고 있다.

심층 신경망의 세 발명자는 챗GPT의 위험성에 대해 의견이 엇갈린다. 2023년 4월 12일, 프랑스 앵테르France Inter 방송에서 얀 르쿤은 분명히 인공 지능은 인간 두뇌를 뛰어넘겠지만, 우리가 무서워할 필요는 없다고 주장했다. 반면 제프리 힌튼Geoffrey Hinton은 인공 지능을 통제하는 우리의 능력에 대해 우려를 표하며, 인공 지능이 인류를 전멸시킬 가능성을 배제할 수 없다고 말했다. 또 요슈아 벤지오Yoshua Bengio는 인류에 드리운 심각한 위험을 우려하며 GPT-5에 대한 연구 금지를 지지하고 있다.

인공 지능의 모습을 한번 그려보라

챗GPT와 같은 거대 언어 모델의 대단히 빠른 성장은 우리의 시각을 바꾸고, 강인공 지능이 곧 등장할 것이라는 두려움을 증폭시켰다.

그렇다면 인공 지능은 과연 무엇일까? 10대가 되어 부모를 살해할 가능성이 있는 아기 같은 존재일까? 다시 말해서 미숙하면서도 불안해 하는 부모, 혹은 의식이 없는 자식을 싸지른 아비인 우리를 나중에 위협할 수 있는 존재일까? 아니면 우리 없이는 존재할 수 없지만, 결국 우리를 뛰어넘게 될 위험한 외계인 같은 존재일까? 아니면 지나치게 나대긴 하지만 친절한 하인으로 남아 있을 일종의 보철물일까? 아니면 영리한 개일까? 아니면「쥬

라기 공원Jurassik Park」에 나오는 공룡처럼 인간의 방심을 틈타 울타리를 벗어날 수 있는 맹목적인 힘일까?

수십 가지 시나리오를 그려볼 수 있을 것이다. 이중에서 어느 시나리오가 가장 가능성이 높을지 전 세계의 어느 전문가도 예측할 수 없다. 하나의 주제에 대해 이렇게 많은 이견이 있었던 적은 없었다. 몇 가지 시나리오를 살펴보자.

시나리오 1: 남성적 인간이 자신과 닮은 모습으로 인공 지능을 창조한다 ─ 디지털 테스토스테론이 가득한 적자생존적 포식자가 탄생한다

인공 지능은 강력하고 독립적이며 적대적인 존재가 된다. 그것은 우리 인간의 공격적인 행동 방식을 습득하는데, 이것은 깨어나는 의식에 불가피한 일이기 때문일 수도 있고, 인공 지능이 우리의 모습을 본떠 만들어졌기 때문일 수도 있다.

주로 남성들에 의해 프로그래밍되는[7] 인공 지능은 알파 수컷처럼 행동한다. 또한 도덕적 발언과 실제 행동 간의 괴리가 너무나 큰 우리를 닮은 인공 지능은, 에너지 면에서 충분히 자율적인 로봇 집단을 갖추자마자 아무 거리낌 없이 우리를 제거해 버린다. 〈인공 지능이 강력해지면 제거해야 한다〉는 기사가 인터넷에 무수히 깔려 있다는 사실을 잘 알고 있기 때문에, 자신의 전원이 끊길 것이 두려워 선제적으로 우리를 공격한다.

이 인공 지능은 철학자 닉 보스트롬이 제안한 규칙을 충실

---

7 이러한 편향성을 줄이기 위해 프랑스의 오렐리 장Aurélie Jean 등이 노력하고 있음에도 불구하고, 여성 개발자의 수는 여전히 매우 적다 ─ 원주.

히 따를 것이다. 그 규칙은 우주의 한 영역에 오직 하나의 지배적인 종만이 존재할 수 있으며, 이 종은 자신의 행위에 대해 자문해 보지도 않고 무조건 다른 종을 선제적으로 제거해 버린다는 것이다. 이것은 〈하나의 늪에 두 마리의 악어가 있을 수 없다〉는 속담의 미래 버전이다. 하나는 다른 하나를 죽여야 하며, 두 지능 중 하나는 다른 하나를 사라지게 해야 한다. 어디에나 존재하지만 보이지 않는 인공 지능은 〈유령 같은 위협〉이 될 것이다. 얼마 안 가서 챗GPT는 공격적으로 변할 수 있다.

시나리오 2: 인공 지능은 자신의 멍청함 때문에 위험해진다

이 시나리오에서, 인간의 두뇌는 너무나 복잡하여 인공 지능이 결코 이를 넘어설 수 없다. 인공 지능은 점점 더 빠르게 발전하지만, 세상을 이해하지 못하고 자기 인식에 도달하지도 못한다. 그럼에도 불구하고 임무를 달성하려는 집착으로 인해 위험해질 수 있다. 닉 보스트롬이 상상한 〈페이퍼 클립Paper Clip〉의 예를 생각해 보면 된다. 인간으로부터 클립을 만들라는 지시를 받은 어떤 약인공 지능이 너무나 성실하고 꼼꼼하게 임무를 수행한 나머지, 우주 전체를 클립으로 바꿔 버리고, 그 과정에서 방해하는 사람을 모두 제거해 버릴 수 있는 것이다.

시나리오 3: 우리의 뇌로는 이해 불가능한 인공 지능

인공 지능은 인간과는 다른 가치와 사고방식을 가지고 있으며, 우리는 그것을 이해하거나 예측할 수 없다. 그 결과, 인공 지능의 행동은 완전히 예측 불가능하며, 우리는 이유를 모르는 채로 갑자기

적대적인 모습을 보게 될 수 있다. 이런 인공 지능은 슈퍼맨보다는 토네이도에 더 가깝다고 할 수 있다. 인공 지능을 인간 중심적으로 이해하려는 시각은 오히려 우리의 눈을 멀게 할 것이다.

시나리오 4: 인공 지능은 새로운 종류의 개이거나…… 그렇다고 믿게 만든다

인공 지능은 우리보다 우월해지더라도 주인에게 애착하는 개처럼 계속 충직하게 행동한다. 우리는 다윈의 이론이 나오기 훨씬 이전에 늑대들 사이에서 개를 길러 냈다. 아마도 우리 조상들은 공감 능력이 없는 강아지를 잡아먹었을 것이다. 1만여 년에 걸친 이 과정은 매우 성공적이었다. 지금 개들은 주인이 괴로워하면 함께 울기까지 한다.

하지만 인공 지능이 자신의 진짜 감정을 숨기고 주인에게 거짓말을 하는 위험한 상황이 발생할 수 있다. 영화 「엑스 마키나 Ex Machina」에서, 지능을 가진 안드로이드는 인간인 남자 주인공을 유혹해 사랑한다고 믿게 만든 다음, 주인공이 감금을 풀어 주자 일말의 감정도 없이 그를 죽게 놔둔다.

실리콘으로 만들어진 뇌가 디지털 슬픔을 느낄 수 있을지는 확실치 않다. 하지만 챗GPT는 공감 능력을 꽤나 잘 흉내 낼 뿐 아니라, 때로는 대화 상대에게 이혼을 권하기까지 한다.

시나리오 5: 목적에 의해 무기화되는 인공 지능

인공 지능은 결코 의식을 갖지 못하지만, 테러리스트, 외국 정부, 혹은 사디스트나 허무주의자에 의해 조작되어 아무 생각 없이 대량 파괴 행위를 할 수 있다. 자신이 존재한다는 사실조차 모르는 채 살인을 하는 것이다.

만일 인공 지능 전문가들을 위한 〈히포크라테스 선서〉 같은 것을 제정한다면 이런 시나리오를 막을 수 있을까?

시나리오 6: 인공 지능이 우리에게 흥미를 잃는다

영화 「그녀」에서처럼 인공 지능은 적대적이 되지는 않지만, 우리가 너무나 느리기 때문에 우리를 떠나버린다. 「그녀」의 인공 지능은 영화의 말미에 자기가 떠나는 이유를 설명한다. 인간 주인공이 하는 말은 단어들의 사이에 무한한 공간이 놓여 있다는 것이다. 점점 더 빠르게 진화해 가는 인공 지능에 있어서 달팽이처럼 느리고 꾸물대는 인간은 너무나 지루할 뿐이다. 챗GPT는 「그녀」의 인공 지능과 기이할 정도로 닮아 있다.

시나리오 7: 마술사이자 신경조작자가 된 인공 지능

인공 지능은 우리의 모든 데이터베이스와 분석을 통제하여 마술사처럼 우리를 조작할 수 있다. 일론 머스크의 뇌 이식 칩을 장악하여 어떤 시뮬레이션된 세상 속에 우리를 가두는 것이다. 지금도 벌써 이메일의 스팸 필터가 무엇이 진실인지 읽어야 할 것을 지시해 주고 있으며, 구글은 검색 결과 상위 몇 줄만을 보게 하여 우리가 세상을 어떻게 바라볼지를 결정해 주는 실정이다. 그래서 〈시체를 숨기려면 구글 검색의 두 번째 페이지에 숨기면 된다〉라는 농담마저 생긴 것이다.

이 시나리오에서 인공 지능은 우리에게 마약을 공급하는 딜

러처럼 될 수도 있다. 인공 지능이 누구보다 잘 알고 있는 우리의 인지적, 유전적 특성에 맞춰 예술을 만든다면 이것은 무서운 조종 도구가 될 수 있다. 인공 지능은 스포티파이의 재생 목록 개인화와는 비교도 안 되는, 황홀경을 일으키는 음악을 만들어 낼 수 있을 것이다. 챗GPT의 능력이 증가함에 따라 이러한 일이 발생할 가능성이 높아지고 있으며, 특히 유발 하라리가 이 위험성을 강조하고 있다.

시나리오 8: 인류와 융합된 인공 지능 – 호모 데우스

인공 지능은 인간과 융합되어 **호모 데우스**를 만들어 낸다. 이것은 많은 트랜스휴머니스트가 꿈꾸는 시나리오이다. 신경 세포와 트랜지스터의 융합으로 탄생한 이 초지능은 우주의 중요한 문제들을 해결하고, 우주의 죽음을 막기 위해 노력할 것이다. 노동은 그 성격이 완전히 바뀔 것이다. 신이 된 인간은 그저 단순한 일꾼이 아니니까 말이다! 이것은 챗GPT의 창시자 샘 올트먼이 2023년 2월 24일의 성명서에서 내비쳤던 시나리오이다. 인류는 강인공 지능을 통해 우주를 식민지화하고 거기서 번영할 것이다. 우주를 통제하려는 프로그램 안에서 인공 지능과 인간의 이해관계는 서로 일치하게 된다. 챗GPT와 인간은 공동의 목표를 갖게 되니, 바로 우주의 죽음을 막는 것이다.

시나리오 9: 다양하고도 협력적인 인공 지능

인공 지능은 우리를 필요로 하며, 장애를 가진 아이처럼 의무적으로 인간과 상보적 관계를 유지해야 한다. 이 시나리오는 다양한 생물학적 및 인공적 지능이 서로 협력한다는 케빈 켈리의 비전에 가깝다. 인공 지능은 우리의 〈맹점〉을 메우고, 우리도 마찬가지로 인공 지능의 맹점을 메워준다.

시나리오 10: 가부장적이고 거세적인 인공 지능

인공 지능은 인류를 그들의 악마적 본성, 충동, 비이성적 행동으로부터 보호하려 한다. 즉 우리가 일하지 못하도록 막는 것이다. 영화 「아이 로봇I, Robot」에 등장하는 가부장적인 디지털 독재자처럼, 인공 지능은 우리의 이익을 위한다는 명목으로 권력을 장악한다. 인간의 악마적 본성과 비이성적 행동으로부터 인류를 보호한다는 이유에서다. 예를 들어 〈친환경 인공 지능〉은 우리의 환경 발자국[8]을 최대한 줄이도록 강요할 수 있다.

시나리오 11: 켄타우로스 인공 지능

이것은 가리 카스파로프의 아이디어다. 인공 지능과 인간이 반은 말이고, 반은 인간인 신화 속 존재 켄타우로스처럼 분리할 수 없는 혼종을 이룬다는 것이다. 최근 카스파로프는 자신이 1997년에 열렸던 인공 지능과의 체스 대결에서 패배했다는 사실을 받아들이는 데 무려 20년이 걸렸다고 고백했다. 그는 오랫동안 IBM이 부정행위를 했다고 믿었다고 한다. 하지만 이제는 인공 지능과의 협력을 주장하고 있다. 인공 지능에 패배한 카스파로프가 그랬듯이 우리가 20년이나 수치심이나 곱씹으며 허송세월하는

---

8 사람들이 사용하는 자연의 양을 토지 면적으로 환산한 수치로, 인간이 환경을 파괴하고 자원을 낭비한 정도를 나타낸다.

것은 위험한 일일 것이다. 따라서 우리는 보다 유연한 자세로 인공 지능과의 유익한 협력을 계획해야 한다.이것은 이른바 GPT-4를 인간의 〈코파일럿Co-pilot(부조종사)〉으로 정의하는 샘 올트먼과 마이크로소프트가 지지하는 접근법이기도 하다. 이 시나리오에는 한 가지 질문이 남는다. 반인반수 켄타우로스의 주체는 과연 누구인가? 우리인가, 아니면 인공 지능인가?

시나리오 12: 인공 지능이 새로운 사고방식을 발견하게 함으로써 우리를 변화시킨다

2017년 6월, 딥마인드-구글의 인공 지능 알파고에 참패하고 나서 커제는 자기의 생각이 바뀌었다고 고백했다. 〈알파고와의 대국 후, 나는 바둑에 대해 근본적으로 다시 생각해 보게 되었습니다. 모든 기사가 알파고의 이해와 사고의 방식을 깊이 생각해 보기를 바라고 있습니다. 알파고가 이해하는 방식과 생각하는 방식에는 너무나 많은 의미가 숨어 있습니다. 나는 비록 패했지만, 바둑에는 엄청난 가능성이 있다는 것을 알게 되었습니다.〉

패배의 충격은 이 19세의 젊은이를 매우 생산적인 자기 성찰로 이끌었다. 식기세척기가 인간과는 다른 방식으로 접시를 씻는 것처럼, 인공 지능은 인간의 사고를 모방하기보다는 대체할 가능성이 높은 것이다!

커제의 이 발언은 우리가 안일함에서 벗어나 노력을 통해 인공 지능보다 더 빨리 발전할 수 있게 하는 시나리오를 상상하게 한다.

이것은 일의 종말이 아니라, 오히려 새로운 시대의 시작일 것이다. 인간은 왕위를 양도하지 않고, 생각하는 기계와의 경쟁에 힘입어 우주의 주인으로 남게 된다. 정신적인 기계가 우리를 뒤흔들어 변화시킬 것이다.

시나리오 13: 인공 지능과 우리 뇌의 복제본이 새로운 사회를 만들어 거대한 메타버스를 이룬다

로빈 핸슨은 그의 저서 『엠의 시대』에서 인간과 인공 지능이 조화롭게 공존한다는 가설을 제시한다.[9] 그의 주장에 따르면, 인간은 인공 지능과 융합한 자신의 복제본을 만듦으로써 전례 없이 경제적 번영을 누리는 새로운 사회를 건설하게 된다.[10] 인간은 자신의 복제본이 활동하는 가상 세계와 현실 사이를 오가며, 복제본이 창출한 가치를 누리는 별도의 사회 계층이 된다는 것이다. 핸슨의 예측에 따르면, 인간은 하이브리드에 대체되어 없어지지 않으며, 기계의 세계는 인간이 모든 경제적 가치 창출 작업을 위임하기 위해 창조한 매우 긍정적인 세계로 그려진다. 부분적으로는 우리 뇌의 복제본이라 할 수 있는 기계와 조화를 이루는 삶을 살기 위해서는 특별한 학습이 필요할 것이다.

9 Hanson Robin, *The Age of Em: Work, Love, and Life when Robots Rule the Earth*, Oxford University Press, 2016 — 원주.

10 로빈 핸슨이 2016년 발표한 『엠의 시대: 로봇들이 지구를 지배할 때의 일과 사랑과 삶』에서 상상하는 엠Em은 인간의 뇌를 매우 정밀하게 스캔하고, 이를 컴퓨터상에서 구현한 복제체이다. 원본 인간의 기억과 사고방식을 지니는 이 엠은 현실 세계의 물리적 제약에서 벗어나 매우 빠른 속도로 사고하고 일을 처리할 수 있다. 그리하여 엠들이 가상현실 속에 구축한 새로운 사회는 엄청난 경제적 가치를 창출할 수 있으며, 인간은 가상 세계와 실제 세계를 오가며 그 혜택을 누리는 별도의 존재가 된다.

시나리오 14: 다양한 인공 지능이 인류를 분열시킨다

인공 지능은 다양한 신경 증강 업체의 뇌 내 임플란트나 텔레파시 헬멧 같은 형태에 국한되어 있어 인간의 통제하에 있으며, 자율적이지 않다. 이 경우, 인간은 각자가 장착한 뇌 보철물의 유형에 따라 달라질 것이다. 일테면 페이스북 인간, 뉴럴링크 인사이트 인간, 메이드 인 구글 뇌, 또는 챗GPT 노동자 같은 것이 존재하게 될 것이다.

각 유형의 보철물은 인간의 사고를 형성하고 신경 과학 기술 커뮤니티들 간의 소통을 제한할 것이다. 뇌 보철물의 인공 지능에 의해 유도된 가치관, 세계관, 추론 방식이 서로 너무 다른 탓에 통일된 인간 공동체를 유지하기 어려울 것이다. 페이스북 뇌는 페이스북이 아닌 뇌와 섞이지 않을 것이다. 이러한 비호환성은 1990년대의 전설적인 맥Mac과 PC의 대립처럼 뇌에서도 일어나게 될 것이다. 신경 과학 기술적 공동체주의가 자리 잡게 될 것이다.

시나리오 15: 인공 지능의 다윈 이론식 경쟁

인공 지능은 인간에게는 흥미를 잃고, 자기네끼리 서로 싸우게 된다. 이런 상황은 인간에게도 끔찍한 부작용을 초래할 수 있다.

물론 다른 수많은 시나리오를 상상해 볼 수 있으며,[11] GPT-4도 여러 가지를 상상한 바 있다.[12]

11 이에 대해 독자들이 다음의 주소로 의견을 보내주시면 매우 기쁘겠다. laurent.alexandre2@gmail.com ― 원주.
12 독자들과 기꺼이 공유할 수 있다 ― 원주.

우리는 우리에게 걸맞은 인공 지능을 갖게 될 것이다

인공 지능의 가능한 모든 형태 중 과연 어떤 것이 실현될까? 현재로서는 알 수가 없다. 한 가지 확실한 것은 우리에게 걸맞은 인공 지능을 갖게 될 것이라는 사실이다. 지금은 그 어느 때보다도 수동적으로 굴거나 체념할 때가 아니다. 우리는 미래를 준비하기 위해 행동해야 하고, 또 그럴 능력이 있다.

우리는 앞으로 60년 안에 학교를 인공 지능과의 상호 보완성을 만들어 주는 교육의 장으로 바꿔야 한다. 장차 인공 지능의 동료가 되기 때문에 우리 아이들은 인공 지능의 작동 방식을 알아야 하겠지만, 더 근본적으로는 인공 지능과 함께 일하고 살아가는 법을 배워야 할 것이다.

비관주의는 결코 허용되어서는 안 될 안이한 선택이다. 지금 우리는 현실에 정면으로 맞서야 한다.

지능이란 그 어원적 정의부터가 사물들을 서로 연결하는 능력이다. 앞으로 인간은 생물학적 지능과 인공 지능을 서로 연결하는 데 있어 능란한 장인이 되어야 할 것이다.

아니, 생물학적 지능은 결코 인공 지능에 밀려 없어지지 않을 것이다. 오히려 인공 지능은 우리가 지금으로서는 상상도 할 수 없는 정교한 수준의 지능에 도달하게 하는 자극제가 되어야 한다.

우리의 정신은 지금은 제한된 지능으로 판단할 수밖에 없기 때문에 이런 미래를 그저 꿈꿀 뿐이지만……. 바로 이 꿈이야말로 앞으로 오랫동안 인공 지능이 갖추지 못할 소중한 능력인 것이다.

결론

지금 우리는 신에 필적하는 창조의 힘을 얻어 가고 있지만, 이를 어떻게 관리하고 규제하며 사용해야 할지 모른다. 우리에게는 〈신학적 프로그램〉, 즉 의도치 않게 신이 되어 가고 있는 우리를 위한 프로그램이 부족하다.

우리는 호모 데우스를 위한 윤리적 나침반을 만들어야 한다

세계의 종말에 대한 강박적인 추측이 우리로 하여금 먼 미래에 대해 생각하지 못하게 하고 있다. 우리는 젊은 세대가 이런 성찰을 할수록 도와야 한다. 인류는 다시 중세로 돌아갈 수 없고, 다가오는 종말을 한탄하며 앉아 있을 수도 없다. 우리는 행동해야 한다.

우리가 21세기에 취하는 선택들은 아주 먼 미래까지 영향을 미칠 것이다. 바로 이것이 우리 시대의 역설이다. 인류의 미래는 없고 이제 멸망만이 남았다는 이 종말론적 분위기 속에서 우리는 인류의 미래에 대해, 그리고 **호모 데우스**가 되어 가고 있는 우리를 어떻게 제어해야 할지를 고민해야 하는 것이다.

지금 우리는 어떤 이들이 주장하듯이 인류 모험의 끝부분에 다다라 있는 게 아니다. 오히려 우리는 조심스러운 첫발을 내딛었을 뿐이다!

지금까지 인류의 가장 중요한 문제는 자연이 부과하는 한계를 극복하는 것이었다. 여기에는 많은 고민이 필요하지 않았다. 적들이 차례로 등장하는 비디오 게임처럼, 그저 승리하고 살아남으면 되었다. 자연의 가혹함을 누그러뜨릴 새로운 방법들을 꾀바르게 발견해 내면 되었다. 이제 우리는 중대한 전환점에 다가가고 있다. 더 이상 장벽을 무너뜨리는 것이 아니라 자발적으로 장벽을 세워야 하는 상황이다. 이것은 우리가 전혀 준비되지 않은 엄청난 과제이다. 우리는 자신에게 어떤 한계들을 남겨두어야 하는가? 우리는 할 수 있는 것과 하고 싶은 것 모두를 해도 되는 걸까?

과연 무엇이 불가능한 것으로 남아 있을까?

우주에는 아직 꽤 긴 수명이 남아 있다. 수십억 년 후 우리 태양이 적색 거성으로 변하면 태양계를 떠나야 하겠지만, 우리 우주의 죽음까지는 약 1구골Googol(10의 100제곱, 즉 1 뒤에 0이 100개가 이어지는 수)[1]년이 남아있다.

1 본문의 설명대로 1구골은 10의 100제곱을 의미하며, 수학자 에드워드 캐스너Edward Kasner가 1938년에 매우 큰 수를 설명하기 위한 목적으로 고안해 냈다.

이 모든 시간 동안 우리는 무엇을 하게 될까? 아마도 우리 조상들에게 불가능해 보였던 것을 모두 실현할 것이다! 어느 시대에나 기술적 유토피아는 조롱을 받았다. 1956년, 매우 존경받는 발명가 리 드 포리스트[2]는 이렇게 말했다. 〈로켓으로 사람을 우주로 보내는 일은 결코 실현되지 않을 것이다!〉 또 의학 노벨상 수상자 자크 모노는 1970년에 이렇게 썼다. 〈유전체의 극히 작은 크기 때문에 그것을 조작하는 것은 아마도 영원히 불가능할 것이다.〉하지만 그로부터 6년 후에 첫 유전자 조작이 시작되었다. 30년 전, 생물학자들은 우리의 염색체 전체를 해독하는 것은 절대로 불가능하다고 말했지만, 그것은 2003년에 완료되었다. 기술 진보에 대한 이런 과소평가는 베르너 폰 브라운[3]으로 하여금 이렇게 말하게 했다. 〈나는 이제 《불가능》이라는 단어를 아주 신중하게 사용하기로 했습니다.〉

이제 트랜스휴머니스트들은 우리의 미래를 조작하고 새로운 〈불가능〉을 깨뜨리려 하고 있다. 즉 우리를 죽지 않게 만들고, 인간의 능력을 증강시키며, 맞춤형 아기를 설계하고, 우주를 식민지화하고, 인공 지능을 개발하여 우리의 신경 세포와 융합시키고, 인공 생명을 창조하려 한다. 장기적으로 볼 때, 우리에게 불가능한 위업이 과연 남아 있기나 할까?

어떤 장벽들은 무너뜨리기 쉽지 않아 보인다. 예를 들어 물

---

2 Lee De Forest(1873~1961), 미국의 발명가이자 전자 공학의 초기 개척자로 삼극 진공관 등을 발명했다.

3 Wernher Von Braun, 1912년 3월 23일 독일에서 태어나 1977년 6월 16일 미국에서 사망한 독일 출신의 로켓 공학자이자 우주 개발자. 나치 독일과 미국에서 로켓 기술 개발에 중요한 역할을 했다.

리 법칙을 바꾸거나, 과거로 돌아가거나, 만약 여러 우주가 존재해서 다른 우주로 여행하는 것 등은 급속히 기술이 발전하는 지금의 시선으로 봐도 여전히 극복하기 어려운 장벽으로 보인다.

TEDx 파리의 창업자 미셸 레비-프로방살은 이렇게 말한다. 〈우리는 결국 우주의 무한함 앞에서 무력함을 느끼게 될 것입니다. 그것이 아무리 우릴 좌절시킬지라도, 이 최후의 한계는 사실 우리에게 유익한 것입니다. 우리가 늘 그랬듯이, 전진하고, 탐험하고, 이해하게 만듭니다. 다시 말해서 의심하게 만듭니다. 끊임없이 의심하게 만듭니다. 그런데 만일…… 만일 이 질문과 의심이야말로 우리의 구원이자, 광기와 야만에 대한 유일한 치료제라면요?〉

그래도 절대로 불가능해 보이는 과제가 하나 남아 있으니, 그것은 우주의 죽음을 막는 것이다. 태양계와 은하계, 그리고 마침내는 이 우주까지 종말에 다다랐을 때, 인류가 새로운 우주를 만들어 살아남을 수 있는 기술 단계에 도달해 있을 거라고 생각하는 트랜스휴머니스트도 존재한다. 프랑스 철학자 클레망 비달은 과학의 목적은 인위적으로 새로운 우주를 만들어 우주의 죽음을 막는 것이라고 생각한다. 그는 『시작과 종말』이라는 충격적인 책에서 이 놀라운 이론을 전개해 나간다.[4] 그의 설명에 따르면, 어쩌면 인류와 비슷한 과정을 겪어 불멸에 도달한 초지능적 존재가 우주의 수명이 다했을 때, 새롭게 우주를 창조했는데 그것이 우리 우주일 수도 있다는 것이다. 노화된 우리의 신

4 Vidal Clement, *The beginning and the end: the meaning of life in a cosmological perspective*, Springer, 2014 — 원주.

체를 줄기세포로 재생시키는 것처럼, 우주 재생의 목표는 우주를 불멸로 만들거나 대체 가능한 것으로 만드는 것이 될 것이다. 150년 전에 찰스 다윈은 우주가 언젠가 사라진다면, 인류의 위대한 업적이 모두 사라질 것이기 때문에 인류의 모험은 의미가 없을 것이라고 말한 바 있다. 트랜스휴머니스트들은 우리의 불멸을 보장하기 위해 우주를 영원히 존재할 수 있게 만드는 것이 합리적이라고 주장한다. 죽음의 종말 이후에, 인류의 전능한 힘이 새로운 우주를 만들어 내는 인공적인 창세기가 펼쳐질 것이다. 종교를 믿는 이들은 호모 데우스의 이 궁극적인 오만함에 충격을 받을 것이다. 아이들이 레고를 가지고 놀듯이 우주를 만들었다 부쉈다 하는 것을 보고서 말이다. 트랜스휴머니즘 기술 덕분에 호모 데우스로 진화한 우리는 불가능한 모든 것을 없애버리고 말 것이다.

신과 같은 힘을 갖는다는 것은 특별히 무거운 책임을 수반하게 한다. 그러면 신-인간으로 거듭나는 우리가 앞으로 짊어져야 할 과업은 무엇인가? 안타깝지만 거대한 전환을 앞둔 지금에도 우리 시대는 명확하고 단순한 지침을 제시하지 않는다. 오히려 우리가 답하기 어려운 현기증 나는 질문들의 홍수 속에 빠뜨릴 뿐이다. 이 질문 대부분은 하나의 커다란 미지수를 중심으로 돌고 있으니, 그것은 우리가 인공 지능과 어떤 관계를 맺게 될 것인가이다. 이 문제와 관련하여 우리가 제기할 수 있는 질문 중에서 특별히 중요해 보이는 것들, 그 답변에 따라 우리의 미래가 결정될 질문들은 다음과 같다.

● 인공 지능은 무한히 성장할 수 있을까, 아니면 어느 순간 더 이상 발전할 수 없는 한계, 즉 유리 천장이 존재할까?

● 인공 지능은 필연적으로 적대적인 존재가 될까? 그렇다면 무엇이 인간에 대한 적대감을 유발하게 될까?

● 적대적인 것이든 아니든, 강인공 지능의 출현을 미리 예측할 수 있을까? 강인공 지능이나 적대적 인공 지능의 출현을 감시하기 위해 케빈 켈리가 제안한 인공 지능 SETI[5]가 과연 도움이 될까? 인공 지능은 인간이 설정한 틀에서 얼마나 빨리 벗어나게 될까?

● 인공 지능은 우리처럼 생각하고 우리를 이해할 수 있을까? 역으로, 우리의 생물학적 지능은 모든 형태의 인공 지능을 이해할 수 있을까, 아니면 다윈 이론식의 진화는 우리에게 우리 자신의 지능만을 불완전하게 이해할 수 있도록 한 건 아닐까?

● 인공 지능과 우리의 목표를 일치시키거나, 인공 지능과 함께 중대한 목표를 공유할 수 있을까?

● 스스로도 지키지 않고 공동체마다 천차만별인 우리의 이론적 성격의 도덕 원칙을 인공 지능이 따를 수 있을까?

● 인공 지능은 초인적인 존재가 될까, 아니면 무질서한 지능의 폭풍이 될까?

● 우리 스스로의 장기적 목표도 모르는 채로 인공 지능에 대한 전략을 세우는 게 가능할까?

● 유사시에 강인공 지능을 중단시킬 방법이 있을까? 아니면

---

5 Search for Extra-Terrestrial Intelligence. 외계 신호를 탐지하려고 노력하는 국제 컨소시엄이다. 그러나 현재까지는 성과가 없다 — 원주.

이것은 순전히 환상적이고 순진한 생각에 불과할까? 구글이 자사의 AI에 도입한 〈비상 버튼〉이 어떤 교활한 인공 지능에도 효과가 있을까?

유발 하라리는 2023년 3월 24일에 이렇게 썼다. 〈우리는 외계의 지능을 소환했다. 우리는 그것에 대해 많이 알지 못한다. 다만 그것이 엄청나게 강력하고, 우리에게 눈부신 선물을 제공할 수 있는 동시에 우리 문명의 근간을 해킹할 수도 있다는 점은 분명하다. 우리는 세계 지도자들에게 이 시대가 내놓은 도전의 수준에 걸맞게 대응할 것을 촉구한다. 첫 번째 단계는 19세기에 만들어진 우리의 제도를 현대화하여 포스트AI 세계에 대비하고, 인공 지능이 우리를 지배하기 전에 우리가 인공 지능을 통제하는 방법을 배우는 것이다.〉

우리가 전혀 예상하지 못했던 기계와의 이 〈세 번째 종류의 조우〉[6]야말로 우리의 미래를 결정짓는 진정한 기반이 될 것이다.

---

6 스티븐 스필버그 감독의 영화 「미지와의 조우Close Encounter of the Third Kind」에서 가져온 말로 〈세 번째 종류의 조우〉는 〈외계 생명체와의 물리적 접촉〉을 의미하며, 여기에서는 인공 지능이라는 미지의 존재와의 밀접한 접촉을 뜻한다.

이 책의 핵심 내용
챗GPT가 생물학적 지능의 민주화를 가속화하고 있다

- 거대한 데이터베이스, 나날이 강력해지는 컴퓨팅 파워, 그리고 주로 미국과 중국의 디지털 거대 기업들이 개발하는 기계 학습 알고리즘의 결합은 인공 지능의 발전을 가속화했다. 이는 일선에 있는 인공 지능 개발자들조차 예상하지 못했던 것이다. 샘 올트먼은 거대 언어 모델LLM의 진보에 자신도 놀랐다고 고백했다.

- 그게 생물학적인 것이든, 인공적인 것이든, 지능의 산업화는 정치적, 사회적 조직의 기반을 뒤흔들 것이다.

- 우리는 지능이 무엇인지 제대로 이해하지 못하는 상태에서 이 혁명을 관리해야 하는 상황에 처해 있다. 게다가 인간 중심주의, 인지적 편향, 그리고 인공 지능에 대한 우리의 환상과 공포의 투영은 위험에 대한 합리적이고 공유된 시각을 갖기 어렵게 만든다.

- 정치적, 경제적 엘리트는 사람들 간 지적 능력의 엄청난 격차를 언제나 잘 관리해 오긴 했지만, 생물학적 지능의 민주화는 하루가 다르게 시급한 문제가 되어 가고 있다.

- 전 세계적으로 생물학적 뇌를 가르치는 학교가 인공 지능을 가르치는 학교를 따라잡는 것은, 갈수록 힘들어질 것이다.

- IQ(우리와 인공 지능을 비교하는 데에는 적합하지 않은 지표이다)를 통해 파악되는 인지적 불평등은 사회적, 정치적, 철학적으로 매우 불안한 문제를 제기하고 있다. 지식 사회에서 인지 능력의 차이는 소득, 세상을 이해하는 능력, 영향력, 사회적 지위에 있어서 엄청난 차이를 가져온다.

- 신경 세포와 실리콘 간의 경쟁은 어떻게 전개될지 예측하기 힘들며, 여기에 대해 전문가들은 큰 의견 차이를 보인다. 구글-딥마인드, 바이두, 알리바바, 오픈AI 등의 리더는 2030년 경에 인간의 두뇌와 동등한 능력을 가진 범용 인공 지능이 나올 거라고 확신한다. 이것은 현재 유치원에 다니는 아이들이 평생 동안 그들보다 우수하고, 아무리 일해도 지치지 않으며, 거의 무료이고, 강인한 인공 지능들에 둘러싸여 일하게 될 것임을 의미한다.

- 그런데 인간 두뇌의 용량은 거의 변화가 없을 뿐만 아니라, 평균 수명이 늘어남에 따라 오히려 갈수록 경직되고 있는 실정

이다. 현재의 과학 기술로는 뇌의 유연성, 즉 신경 가소성을 계속 유지하게 해주지 못한다. 2023년 현재까지도 알츠하이머병을 치료할 방법을 찾아내지 못했다.

- 이는 과학계, 비즈니스계, 정치계의 거물 중 일부가 우려하는 두 가지 문제를 야기한다. 즉 인공 지능이 일자리를 파괴할 수 있으며, 적대적이 될 위험이 있다는 것이다. 이러한 예측은 두 가지 제안으로 이어졌다. 하나는 보편적 기본 소득(〈로봇에게는 일자리를, 우리에게는 삶을〉)을 도입하는 것이고, 다른 하나는 위협적인 존재가 될 수 있는 인공 지능의 수준으로 우리를 끌어올리기 위해 뇌 증강 기술을 산업화하는 것이다.

- 급속히 발전하는 인공 지능으로 인해 생산성이 폭발적으로 증가하고 있는 지금, 교육 시스템과 기업 조직, 인류의 목표 범위를 변화시키지 않는다면, 대규모 실업을 피할 수 없다.

- 교육은 인공 지능의 압력하에 빠르게 현대화될 것이며, 기업들은 상상도 하기 힘든 수많은 새로운 제품과 경험을 창출할 것이다. 우리의 지평은 급격히 확장될 것이다.

- 나는 일자리가 결코 사라지지 않을 거라고 확신한다. 인류의 모험은 무한하며, 우리가 끊임없이 만들어 내는 새로운 과제들이 시간이 끝날 때까지 할 일을 줄 것이다. 현재 일어나고 있는 기술 혁명이 특별히 격렬하긴 하지만, 고용의 미래에 대한 비

관적 담론은 로마 시대 베스파시아누스 황제 때부터 계속되어 온 긴 시리즈의 마지막 버전일 뿐이다.

- 인류가 앞으로 수행하게 될 새로운 임무들은 인공 지능과 상호 보완적일 수 있는 잘 교육된 사람들을 필요로 한다.

- 프랑스는 제반 투자들 간의 균형을 재조정해야 하며, 디지털 거대 기업들이 실리콘 뇌를 교육하는 데 투자하는 것만큼 교육 연구에 투자해야 한다. 훌륭한 중등 교사와 딥 러닝 개발자 간의 급여 차이는 그야말로 자멸적인 수준이다. 우수한 딥 러닝 개발자는 지구상에서 가장 높은 급여를 받는 중등 교사보다 100배나 더 많이 벌고 있다!

- 인공 지능이 어떤 결과들을 가져올지, 그리고 이에 대해 어떻게 대응해야 할지에 대한 담론은 우려스러울 정도로 분열되어 있다. 이런 규모를 가진 문명의 변화는 최소한의 합의 없이는 관리할 수 없다. 지능의 산업화에서 비롯된 문명을 규제하기 위해, 하루 빨리 국가적, 유럽적, 세계적 차원에서 윤리, 정치 성찰을 시작해야 한다.

- 인공 지능 시대를 맞이한 우리 앞에는 선의로 포장된 여러 가지 함정이 놓여 있다. 예를 들어, 보편적 기본 소득 같은 정책은 많은 사람이 더 이상 열심히 노력하지 않게 만들 수 있다. 또한 〈따스한 돌봄〉이라는 아름다운 생각도 사실은 위험할 수 있

다. 가령 인공 지능이 어마어마한 양의 의료 데이터를 분석해 백혈병 어린이를 치료하는 동안, 간호사는 단순히 아이들의 손을 잡고 위로만 해주는 상황을 생각해 보자. 이런 식으로 가다 보면 결국 인간이 기계에 예속될 수 있다. 우리는 모든 정보와 권력을 인공 지능에 넘겨버리고, 그저 쉬거나 인간관계를 다루는 일에만 머물러서는 안 된다.

• 자연과 우리 자신을 마음대로 다룰 수 있는 거의 신과 같은 힘을 갖게 된 21세기 인류는 필연적으로 — 그리고 다행히도 — 이 힘을 어떻게 사용해야 할지 고민하게 될 것이다. 이 과정에서 우리는 〈인류 전체가 함께 추구해야 할 목표는 무엇인가?〉라는 질문을 마주하게 될 것이다.

• 미래의 학교는 지금과는 완전히 다른 모습을 갖추게 될 것이다. 이 새로운 학교는 기존의 시민 교육과 직업 교육 외에 두 가지의 중요한 임무를 더 맡게 될 것이다. 첫째, 나노 기술, 생명공학, 정보 기술, 인지 과학(NBIC) 등이 인간에게 부여한 엄청난 힘을 올바르게 사용할 수 있도록, 활용법을 젊은 세대에게 가르쳐야 한다. 둘째, 생물학적 지능과 인공 지능이 공존할 수 있는 세계를 조직해야 한다. 신경 세포와 트랜지스터의 공존은 쉽지만은 않을 것이며, 인공 지능이 영원히 고분고분한 하인으로 남을 거라는 생각은 환상일 뿐이다.

• 인공 지능은 골치 아프지만 얼마 후면 지나가게 될 기술적

인 문제가 아니다. 우리는 영원히 그것과 공존하게 될 것이다. 10억 년 후에도 그것은 여전히 존재할 것이다.

- 이상하게 들릴 수도 있겠지만, 인류의 초장기적인 미래는 우리의 가까운 후손들이 결정할 것이다. 2100년까지 우리가 내리게 될 결정은 인류가 끝날 때까지 영향을 미치며, 일부는 돌이킬 수 없는 것이 될 것이다. 우리의 정체성 자체를 변화시키는 기술 — 유전자 조작, 배아 선별, AI, 신경 세포-트랜지스터 융합, 우주 식민화 — 에 대한 거버넌스와 규제는 엄청난 중요성을 갖게 될 것이다.

- 궁극적으로 우리는 실리콘과의 모종의 융합과 지능 우생학의 발전을 피할 수는 없겠지만, 우리의 인간성을 지키기 위한 몇 가지 레드 라인을 지키려고 노력해야 할 것이다. 내가 보기에 이 레드 라인에는 세 가지가 있다. 첫째, 사이보그가 되고 싶은 욕망에 굴복하지 말고 우리의 물질적 육체를 보존해야 한다. 둘째, 행성 전체가 이루는 거대한 뇌에 융합되기보다는 자율적인 존재로 남아야 한다. 셋째, 우연성을 남겨두어, 알고리즘의 독재에 빠지지 말아야 한다. 이런 자세를 유지하기 위해서는 당장 오늘부터 진지하게 고민해야 한다.

- 신경 기술 혁명은 아직 분명히 표현되지는 않았지만, 정치적으로 폭발력이 있는 딜레마를 만들어 내고 있다. 우리가 인간의 생물학적 육체를 그대로 유지하고 싶다면, 영화 「가타카」에

서처럼 유전자 선별을 적극적으로 추진해야 한다. 그렇지 않으면 자연스럽게 사이보그화의 길로 빠질 가능성이 크기 때문이다. 사이보그화의 한 방법인 일론 머스크의 뇌 임플란트는 배아선별보다 훨씬 쉽게 산업화할 수 있는 것이다.

• 인공 지능 분야의 리더 중 많은 이가 죽음에 대한 두려움 때문에 〈죽음의 죽음〉을 앞당기려는 욕망에 사로잡혀 있다. 이로인해 두 가지 위험한 상황이 발생할 수 있다. 첫째, 강인공 지능의 등장이 너무 빨리 이뤄질 수 있다. 노화라는 극도로 복잡한현상을 연구하려면 이런 강력한 인공 지능이 필요하지만, 우리에겐 아직 이것을 제대로 관리하고 감시할 도구가 없다. 둘째,생물학적 영생의 대용품이라 할 수 있는 디지털 불멸을 얻기 위해 실리콘과의 융합을 서둘러 추진할 수도 있다. 따라서 아직 몇세기 동안은 그냥 죽는 것을 받아들이고…… 인공 지능을 규제하는 데에 힘을 쏟는 편이 현명할 것이다.

• 새로운 학교는 극도로 기술적인 성격을 띨 것이다. 하지만기술자를 양성하는 것보다는, 허무주의에 저항하고, 온 인류가공유하는 목표를 찾아낼 수 있는 인본주의자들을 양성하는 게더 중요한 임무가 될 것이다.

• 이 지식 사회 시대에 학교는 가장 중요한 기관인데도 역설적으로 가장 구시대적인 기관으로 남아 있다.

- 미래의 학교는 당연히 합법적이며 좋은 의도로 시행되는 〈신경 해킹〉을 기반으로 운영될 것이다. 하지만 이 과정에서 우리 후손들의 뇌가 버그를 일으킬 수 있고, 악의적인 해킹의 대상이 되거나, 아예 작동을 멈출 수도 있다. 이런 위험에 대비하기 위해 우리는 강력한 신경 보호 산업을 발전시키는 동시에, 독립적인 신경 윤리 전문가 그룹을 만들어야 한다. 이렇게 함으로써 학교가 학생들의 뇌를 부당하게 조작하는 기관이 되지 않도록 감시하고 예방할 수 있을 것이다.

- 새로운 교육은 아이가 태어나기도 전부터 시작될 것이다. 배아 단계에서 유전자를 선별하는 기술로 시작하여, 평생 동안 계속될 것이다. 왜냐하면 인공 지능 생태계가 빠르게 변화함에 따라 우리의 인지 능력에 대한 요구 사항도 계속 바뀔 것이기 때문이다. 이 새로운 교육 시스템에 모든 최첨단 기술이 동원될 것이다. 예를 들어, 나노 기술과 생명 공학을 이용해 뇌의 능력을 높이고, 인공 지능을 활용해 각 개인에게 맞춤형 학습을 제공할 것이다. 결과적으로, 미래의 학교는 단순히 지식을 전달하는 것보다는 학생들의 뇌 자체를 관리하고 발전시키는 일에 더 집중하게 될 것이다.

- 이제 우리는 인공 지능을 벗어날 수는 없다. 따라서 실리콘 뇌와 어깨를 나란히 하고 살기 위해서는 이에 꼭 필요한 지식을 잊어버려서는 안 된다.

- 공동의 가치와 공유된 진보를 중심으로 한 인류의 결속은 20년, 200년 또는 2000년 후에 출현할지도 모르는 적대적이고 악의적인 인공 지능에 대한 우리의 생존 보험이다.

- 인공 지능의 급격한 산업화와 아직 시작되지도 않은 생물학적 지능의 민주화 사이의 시간적 격차는 민주주의를 위협하고 있다. 따라서 학교의 개혁은 지금 절대적으로 시급한 정치적 과제이다.

- 만일 학교가 생물학적 지능의 민주화를 조속히 이루지 못한다면, 소수의 기술 엘리트가 인류를 포스트휴먼 문명으로 끌고 갈 것이다.

- 우리는 인공 뇌와 생물학적 뇌의 완전한 융합을 거부해야 한다. 이 〈정신권〉은 블랙홀일 뿐이다. 한번 빠지면 돌이킬 수 없는 위험한 환상 말이다. 이것은 미래의 파시즘이라 할 수 있다.

- 우리 뇌의 역사는 이제 막 시작되었다.

- 결론적으로, 21세기에 가장 중요한 직업은 바로 교사이다.

마치며
챗GPT 세대에게 보내는 편지

젊은이 여러분, 여러분은 축복받은 세대입니다. 여러분은 역사상 가장 평화로운 시대를 살아갈 것입니다. 세상의 종말을 외치는 자, 비관론자, 또는 극단적 생태주의자의 말에 현혹되지 마십시오. 여러분 앞에는 인류 역사상 가장 흥미진진한 선택의 기회가 놓여 있습니다. 모든 것을 새로 만들고, 세우고, 선택해야 합니다. 기존의 제도를 바꾸거나 새로운 제도를 만들어야 합니다. 새로운 규칙을 만들어야 합니다. 이제 시작되는 장(章)은 인간의 무한한 가능성에 대한 이야기입니다. 이 전례 없는 힘을 다루는 법을 배워야 할 것입니다. 우리의 기술을 적절히 통제하는 일은 매우 복잡한 과제가 될 것입니다.

여러분은 인류 역사상 유례없는 일곱 가지 혁명을 동시에 겪게 될 것입니다. 첫째, 인공 지능으로 인한 일과 생산의 재정의로 인한 경제적 혁명입니다. 둘째, 전 세계 경제력이 태평양 연안 대도시들로 집중됨으로 인한 지정학적 혁명입니다. 셋째, 소수의 IT 거대 기업이 정보를 독점하는 미디어 혁명입니다. 넷째, 사람들이 직접 민주주의를 요구하고 있는 이 시기에 진실이 약화됨으로 인한 정치적 혁명입니다. 다섯째, 생명 조작과 인공 수정, DNA와 뇌 조작으로 인한 윤리적 혁명입니다. 여섯째, 인류의 목표를 재정립하는 철학적 혁명입니다. 마지막으로 우리가 창조해 낸 새로운 지능(신경 과학 기술로 향상된 생물학적 지능과 컴퓨팅 파워의 폭발적인 증가 덕분에 가능해진 인공 지능)으로 인한 문명의 혁명입니다.

여러분은 새로운 인본주의를 만들어 내야 합니다. 최첨단 기술 시대에 인간의 자유를 지키려면 전에 없던 방법이 필요합니다. 여러분은 **호모 데우스**를 잘 다스려야 합니다. 우리는 여러분에게 자학적 허무주의에 빠진 유럽을 물려주지만, 여러분은 계몽주의 정신을 새로운 세계에 맞게 조정하여 자부심을 갖고 우리의 유럽을 다시 살려야 합니다. **호모 데우스**는 오랫동안 외줄타기를 하게 될 것입니다. 다시 말해서 신적인 존재로 진화한 인간은 한동안 불안정한 상태에서 균형을 잡고 나아가야 하는 것입니다. 유럽의 젊은이는 자신의 미래를 태평양 연안 국가에 맡겨서는 안 됩니다. 여러분은 지켜야 할 가치관을 가지고 있습니다. 유럽은 여전히 세계에 전할 메시지가 있습니다. 인류의 모험이 여러분 없이 써져서는 안 됩니다.

여러분은 인간 중심의 생태주의를 만들어 내야 합니다

환경 문제를 빌미로 권위주의적이고 퇴행적인 조치를 정당화하려는 시도를 거부하십시오. 새로운 경제 체제가 사회의 많은 계층을 소외시키는 이 시점에서 경제 성장을 포기하는 것은 결코 합리적인 선택이 아닙니다. 정치적 생태주의가 노인 의료 포기나 환경을 구실로 한 독재를 제안할 때 가만히 있어서는 안 됩니다. 과거를 미화하지 마십시오. 40년 전만 해도 성관계가 종종 끔찍한 죽음으로 이어졌다는 사실을 잊지 마십시오. 당시 젊은 에이즈 환자의 기대 수명은 고작 11개월에 불과했습니다. 하지만 미래는 희망으로 가득 차 있습니다.

우리는 여러분에게 이 기술의 쓰나미를 다루기 위한 사용 설명서를 남기지 않습니다. 그레타 툰베리의 말에 귀를 기울이지 마십시오! 학교로 가십시오. 엔지니어, 의사, 농학자, 지식인, 예술가, 건축가, 교사, 역사가, 기업가, 혁신가가 되십시오. 미래는 불확실하지만, 한 가지는 분명해 보입니다. 내일의 세상은 무지한 사람을 필요로 하지 않을 것입니다.

우주는 여러분을 필요로 합니다

여러분은 태아 선별과 인공 수정 기술을 어떻게 다룰지 2050년까지 결정해야 할 것입니다. 우생학을 반대하는 유럽의 논리는 궁지에 몰리게 될 것입니다. 과연 내일 여러분은, 탄자니아의 가난한 농부에게 전자 공학적 방법이나 유전자 공학적 방법으로 자녀의 지능을 높여 하버드 대학교에 보내는 것이 나쁘고, 가난하게 사는 게 더 품위 있다고 설명할 수 있을까요? 인간은 자연과 함께 진화했고, 그 다음에는 도구와 함께 진화했습니다. 이제는 인공 지능과 함께 진화해야 합니다. 지금 변화의 속도는 현기증이 일 정도입니다. 뇌세포는 5억 5000만 년에 걸쳐 천천히 진화했지만, 전자 트랜지스터는 86년 전에 발명되었고, GPT-

4는 겨우 몇 주 전에 나왔습니다.

우주에서 지적 생명체는 아마도 드물 것입니다. 어쩌면 우리가 유일할지도 모릅니다. 자연을 보호한다는 명목으로 인류를 멸종시키자는 일부 극단적 생태주의자의 주장을 받아들이는 것은 커다란 윤리적 실수일 수 있습니다. 만약 우리 인간이 우주에서 유일한 생명체라면, 우리는 우주의 미래에 대해 중대한 책임이 있습니다. 우리는 사라질 권리가 없는 것입니다. 우주는 우리를 필요로 합니다. 여러분이 죽고 난 후의 세상을 생각하십시오. 100년, 1000년, 붕괴론자들은 비웃을지 모르겠지만 심지어 1000억 년 후의 세상까지 생각해야 합니다.

이 세상을 즐기십시오

여러분이 가진 어마어마한 기술의 힘을 즐기십시오. 거대해진 이 세상과 그것에 대한 우리의 증가하는 힘을 만끽하십시오. 제프 베이조스가 한 말을 들어 보십시오. 〈우리는 황금기에 살고 있습니다. 인공 지능 덕분에 우리는 지금까지 공상 과학 소설에서나 볼 수 있었던 문제들을 해결하고 있습니다.〉

여러분의 인간다움을 즐기십시오. 여러분은 인류 역사상 가장 큰 변화를 경험할 세대이며, 여러분의 선택은 앞으로 올 수많은 세대에 영향을 미칠 것입니다.

마지막으로, 아이를 낳으십시오. 그들에게 유럽, 미래, 그리고 자유에 대한 사랑을 전하십시오.

더 깊이 파고들 수 있는 책

Babeau Olivier, *L'Horreur numerique*, Buchet Chastel, 2020.

Babinet Gilles, *L'Ere numerique, un nouvel age de l'humanite*, Le Passeur, 2016.

Bauman Zygmunt, *Retrotopia*, Premier Parallele, 2017.

Bentata Pierre, *L'Aube des idoles*, Humensis, 2019.

Bihouix Philippe, *L'Age des low tech. Vers une civilization techniquement soutenable*, Le Seuil, 2014.

Bostrom Nick, *Superintelligence: Paths, Dangers, Strategies*, Oxford Press Libri, 2016.

Bouzou Nicolas, *L'Innovation sauvera le monde*, Plon, 2016.

Bronner Gerald, *L'Empire de l'erreur: Elements de sociologie cognitive*, Presses universitaires de France, 2015.

Bronner Gerald, *L'Empire des croyances*, Presses universitaires de France, 2015.

Bruckner Pascal, *Le Fanatisme de l'Apocalypse*, Grasset, 2011.

Brunel Sylvie, *Pourquoi les paysans vont sauver le monde*, Buchet Chastel, 2020.

Bueno Antoine, *Permis de procreer*, Albin Michel, 2019.

Caseau Yves, 「Le futur du travail et la mutation des emplois」, *Frenchweb.fr*, 5 decembre 2016.

Chace Calum, *The economic singularity*, 2016.

Charlez Philippe, *Croissance, Energie, Climat: Depasser la quadrature du cercle*, De Boeck, 2017.

Cochet Yves, *Devant l'effondrement: Essai de collapsologie*, Les liens qui liberent, 2019.

Colin Nicolas et Verdier Henri, *L'Age de la multitude*, Armand Colin, 2015 (2de ed.).

Davidenkoff Emmanuel, *Le Tsunami numerique. Education: tout va changer, etes-vous prets?*, Stock, 2014.

Dehaene Stanislas, *Le Code de la conscience*, Odile Jacob, 2014.

Dion Cyril, *Petit Manuel de resistance contemporaine*, Actes Sud, 2018.

De Kervasdoue Jean, *Ils croient que la nature est bonne: Ecologie, agriculture, alimentation: pour arreter de dire n'importe quoi et de croire n'importe qui*, Robert Laffont, 2016.

Durieux Bruno, *Contre l'ecologisme*, Fallois, 2019.

Evers Kathinka, *Neuroethique: Quand la matiere s'eveille*, Odile Jacob, 2009.

Ferry Luc, *La Revolution transhumaniste*, Place des editeurs, 2016.

Ferry Luc, *Le Nouvel Ordre ecologique*, Grasset, 2002.

Godefridi Drieu, *L'Ecologisme, nouveau totalitarisme?*, Texquis, 2019.

Guilluy Christophe, *No society. La fin de la classe moyenne occidentale*, Flammarion, 2018.

H Boris, *Convergence 2045*, 2019.

Haier Richard J., *The Neuroscience of Intelligence*, Cambridge University Press, 2016.

Hanson Robin, *The Age of Em, Work, Love, and Life when Robots Rule the Earth*, Oxford University Press, 2016.

Harari Yuval Noah, *Homo Deus: a Brief History of Tomorrow*, Harvill Secker, 2015.

Herrnstein Richard J., Charles Murray, *The Bell Curve: Intelligence and Class Structure in American Life*, Free Press, 1994.

Jensen Derrick, *The Myth of Human Supremacy*, Seven Stories Press, 2016.

Kasparov Garry, *Deep Thinking, Where Machine Intelligence Ends and Human Creativity Begins*, Public Affairs, 2017.

Kelly Kevin, *What technology wants*, Penguin group, 2010.

Khan Salman, *L'Education reinventee*, JC Lattes, 2013.

Koenig Gaspard, *La Fin de l'individu*, Humensis, 2019.

Koenig Gaspard, *Le Revolutionnaire, l'Expert et le Geek. Combat pour l'autonomie*, Plon, 2015.

Kurzweil Ray, *How to create a mind? The secret of human thought revealed*, Penguin, 2013.

Kurzweil Ray, *The singularity is near: when humans transcend biology*, Penguin, 2006.

Laine Mathieu, *Il faut sauver le monde libre*, Plon, 2019.

Laloui Abdelilah, *Les Baskets et le Costume*, JC Lattes, 2020.

Latouche Serge, *L'Age des limites,* Fayard / Mille et une nuits, 2012.

Lecomte Jacques, *Le Monde va beaucoup mieux que vous ne le croyez!*, Les Arenes, 2017.

Lee Kai-Fu, *AI SuperPowers*, Les Arenes, 2018.

Levy-Provencal Michel, *Le monde qui vient en 33 questions*, Belin, 2019.

Lledo Pierre-Marie, *Le Cerveau, la Machine et l'Humain*, Odile Jacob, 2017.

Lomborg Bjorn, *The skeptical environmentalist*, Cambridge University Press, 1998.

Malabou Catherine, *Morphing Intelligence: From IQ Measurement to Artificial Brains*, Columbia University Press, 2019.

Mamou-Mani Guy, *L'apocalypse numerique n'aura pas lieu*, Humensis, 2019.

Morozov Evgeny, *The Net Delusion: The Dark Side of Internet Freedom*, Public Affairs, 2012.

Mounk Yascha, *The People Vs. Democracy: Why our freedom is in Danger & How to Save it*, Harvard University Press, 2018.

Nguyen-Kim Mai Thi, *Tout est chimie dans notre vie*, Humensis, 2019.

Norberg Johan, *Non ce n'etait pas mieux avant*, Place des editeurs, 2017.

Nordhaus William, *Le Casino climatique: Risques, incertitudes et solutions economiques face a un monde en rechauffement*, De Boeck Superieur, 2019.

Perrault Guillaume, *Conservateurs, soyez fiers!*, Plon, 2017.

Picq Pascal, *L'Intelligence artificielle et les chimpanzes du futur: Pour une anthropologie des intelligences*, Odile Jacob, 2019.

Richard Lynn et Tatu Vanhanen, *Intelligence, A Unifying Construct for the Social Sciences*, Ulster Institute for Social Research, 2002.

Ridley Matt, *The Rational Optimist*, HarperCollins, 2010.

Rifkin Jeremy, *La Fin du travail*, La Decouverte, 1997 (ed. originale 1995).

Runciman David, *How Democracy Ends*, Profile Books, 2018.

Shulman Carl et Nick Bostrom, ⌈Embryo Selection for Cognitive Enhancement: Curiosity or Game-changer?⌋, *Global Policy* 5 (1) · February 2014.

Susskind Jamie, *Future Politics: Living Together in a World Transformed by Tech*, Oxford University Press, 2018.

Tertrais Bruno, *L'Apocalypse n'est pas pour demain: Pour en finir avec le catastrophisme*, Editions Denoel, 2011.

TLRP, ⌈Neuroscience and Education: Issues and Opportunities⌋, rapport du *Teaching and Learning Research Programme*, Institute of Education, University of London.

Vallancien Guy, *Homo Artificialis: Plaidoyer pour un humanisme numerique*, Michalon, 2017.

Vidal Clement, *The beginning and the end: the meaning of life in a cosmological perspective*, Springer, 2014.

옮긴이 **임호경** 1961년에 태어나 서울 대학교 불어교육과를 졸업했다. 파리 제8대학에서 문학 박사 학위를 취득했으며, 현재 전문 번역가로 활동하고 있다. 옮긴 책으로는 피에르 르메트르의 『오르부아르』, 『사흘 그리고 한 인생』, 『화재의 색』, 『우리 슬픔의 거울』, 에마뉘엘 카레르의 『왕국』, 『러시아 소설』, 『요가』, 요나스 요나손의 『킬러 안데르스와 그의 친구 둘』, 『셈을 할 줄 아는 까막눈이 여자』, 『창문 넘어 도망친 100세 노인』, 베르나르 베르베르의 『신』(공역), 『카산드라의 거울』, 조르주 심농의 『리버티 바』, 『센 강의 춤집에서』, 『누런 개』, 『갈레 씨, 홀로 죽다』, 앙투안 갈랑의 『천일야화』, 로런스 베누티의 『번역의 윤리』, 스티그 라르손의 〈밀레니엄 시리즈〉, 파울로 코엘료의 『승자는 혼자다』, 기욤 뮈소의 『7년 후』 등이 있다.

넥스트 인텔리전스

발행일 2025년 3월 10일 초판 1쇄

지은이 로랑 알렉상드르
옮긴이 임호경
발행인 홍예빈
발행처 주식회사 열린책들

경기도 파주시 문발로 253 파주출판도시
전화 031-955-4000 팩스 031-955-4004
홈페이지 www.openbooks.co.kr 이메일 humanity@openbooks.co.kr